批判的マルクス入門

批判的マルクス入門

小泉信三

書肆心水

目次

I

批判的マルクス入門

凡　例

一、本書は小泉信三の論文選集である。収録論文の選出と配列は本書刊行所がおこなった。書名も本書刊行所が付けたものである。底本には『小泉信三全集』(文藝春秋刊行)を使用した。

一、本書収録の各篇は左記単行本に収録されたものである。収録された単行本名は各篇末尾に記載した。(『マルクス死後五十年』は、一九三三年に改造社刊行の初版、一九三七年に改造社刊行の改訂版、一九四六年に好学社刊行の増訂版、一九五一年に角川書店刊行の文庫版で収録内容に違いがある。本書に収めたものは全て文庫版に含まれている。)

『マルクス死後五十年』
『社会思想史研究』(一九四七年、和木書店刊行)
『共産主義批判の常識』(一九四九年、新潮社刊行)
『私とマルクシズム』(一九五〇年、文藝春秋新社刊行)
『共産主義と人間尊重』(一九五一年、文藝春秋新社刊行)

一、底本は原則的に新字体漢字が使用されているが、まれに旧字体が見られる。これは新字体に置き換えた(人名を除く)。「廿」「卅」は旧字体ではないが便宜的に「二十」「三十」に置き換えた。異体字関係にある漢字は、現今普通に使われているもののほうに統一した(例、翻／飜)。

一、なくともよいと考えられる読み仮名ルビは削除し、望ましいと考えられる読み仮名ルビを付加した。

一、現今一般に漢字表記が避けられるものは平仮名に置き換えた。送り仮名は現今一般の慣例と異なるものもそのまま表記した。

一、著者の元の記述では「カール」のように長音符(音引き)は使用せず「カアル」のように表記されているが、本書では長音符に置き換えて表記した。

一、部分的に全くあるいはほとんど重複する記述がある場合があるが、中略せずにそのまま掲載した。

一、二行割の行内挿入注は本書刊行所によるものである。

I

マルクス死後五十年

前文

マルクスが死んだのは一八八三年三月十四日のことであるから今年（昭和八年）三月は正にその歿後五十年に相当する。この機会にこの五十年を回顧して、マルクス及びマルクシズムについて若干の所感を述べたいと思う。

私はマルクス心酔者ではないし、また、度々の機会に彼れに対する反対批評を試みた。しかし今日吾々同様もしくはそれ以下の年輩の文筆者でマルクスを知らず、また全くその影響を感じないという者はあり得ないはずだと思う。私はかつて拙著の小経済思想史中にマルクスのことを述べたところで大体左のように書いた。

まことにマルクシズムには許多（あまた）の誇張偏頗（へんぱ）独断矛盾が蔵せられており、これを指摘することはまた必ずしも難事ではない。しかしこれ等の欠点あるに拘らず、予言者的直覚と革命家的情熱と透徹せる異常の推理力とによって、そうしてこれに加うるに精励無比なる文献渉猟に基づいて書かれた『資本論』は、恐らく十九世紀後半における経済学に対する最大の貢献をもって許すべきものであろう。マルクシズムは十九世紀末葉に至って、ドイツ、フランス、イギリス、ロシヤ等における社会党の綱領に採用せられ、二十世紀に入ってからは、ロシヤ革命の指導理論となり、また一部分はその学問的価値自体のため、一部分はこれ等の実践的影響のために、現代における社会科学の研究に対する最大の刺戟者となった。云々。

また別の機会には書いた。概して独創多き著者は多く読書せず、多く読書するものは独創を欠くのが常であるのに、マルクスにあっては珍しくもこの両者が充分の程度に兼ね備わっていると。

右はいずれもマルクシストでない者にも同意される点であろうと思う。

マルクシズムの現代にとっての意義はこの通りであるが、しかしマルクシズムが理解されるまでには割合に時を要した。『共産党宣言』の後約三十年、『資本論』公刊の後約十年の一八七五年に、肝心のドイツ社会党がゴータ綱領の如きマルクシズムに理解を欠いた綱領を決定採用した一事だけでもその消息をば窺うことが出来る。ドイツ社会党員中かなり多数の者は始めはラッサールの指導に従い、後にはオイゲン・デューリンクのマルクス批評にも耳を傾けた。エンゲルスがかの「反デューリンク論」を党の機関紙『フォアヴェルツ』に連載し始めた時には、党内にエンゲルス攻撃の声が起り、その寄稿の続載を禁止すべしという決議案が僅かのところで通過しそうな勢いであった。それがようやく或る人の提案で、これを『フォアヴェルツ』本紙でなく、その特別附録に連載することにして問題が片附いたということである。今日の状態と比較すれば誠に隔世の感がある。

マルクスにとっては、エンゲルス及びごく少数の者以外にはかくその本国においてすらその理解者を見出し得ないということはよほど不愉快であったろうと想像される。彼れは実践運動者として不成功に終ったのみならず、思想家としても、その生前においては不遇の人であった。彼れがブラッケその他宛ての回状中に、ゴータ綱領案を逐条的に小意地悪く批評した不機嫌な語調は、この不愉快から説明されるものであろう。それだから偶々『資本論』の理解者を見出すことは、マルクスにとっては非常な満足であったらしい。一時彼れがフォン・シュヴァイツェルに好意を示したのもそのためではなかったかと想像される。

シュヴァイツェルはマルクス、エンゲルスが秘かに敵視したラッサールの後継者であって、その親ビスマルク政策は無論マルクスの許し得ぬものであったのみならず、マルクスの指示に対して、理論上の教えは有難く拝聴するが、運動戦術上の指図は受けぬ、「時々の党略の実際問題については、予は貴下がこれ等の事物に判断を下さんがためには、運動の中心にいなければならぬことを一考せられんことを乞う」（云うまでもなくマルクスは当時ロンドンにいた）という無遠慮な答えをしてマルクスを怒らせた人物である。しかし彼れの理論把握の能力は当時の多くの社会主義者、殊にマルクスの弟子リープクネヒト等に比較して遥かに卓越していたものと見え、その後一八六八年になって

『資本論』に対して極めて理解ある評論を試みた。その後間もなくマルクスはシュヴァイツェルに与えた手紙にこう書いた。「予は貴下が労働者運動上に発揮せらるる才智と気力とを無条件に承認する。予は予のこの意見を友人の誰れに向っても匿したことがない。予が公けに発言しなければならぬ場合には――国際労働者協会総務委員会において、また当地の共産主義者協会において――常に貴下をわが党の士として取り扱い、未だかつて貴下との意見の相違点について言葉を漏らしたことがない」と（一八六八年十月十三日附）。これは容易に人に許さぬマルクスとしてはよほど愛嬌の好い文言である。

シュヴァイツェルの『資本論』評論についてはマルクスはそのエンゲルスに与えた一八六八年三月二十三日附の手紙の中に「同時にシュヴァイツェルを送る。読んだらどうか返送してくれ給え。……シュヴァイツェルの附帯動機は何であろうとも、一つ彼れに許さなければならぬことがある。そこここで間違いを犯してはいるものの、とにかく彼れはこの問題を骨折って勉強している、そうして何処に重点があるかを承知している」と書いてシュヴァイツェルの才能を認めている。（マルクス・エンゲルス往復書簡集のベルンシュタイン版には索引に、「資本論の理解」と題して上記の一節を指示している。然るにリャザノフ版の索引にはこれを掲記せぬのみならず、緒言の中にマルクスがシュヴァイツェルの才能を認めたと書くことを好まぬらしい語気を漏らしている。）

マルクスはこの通り始めは容易に理解されなかったものである。マルクスは難解とされている。私は必ずしもそれに賛成しない。難解難解と称せらるるために、かなり正常平明の解釈が妨げられたと思う。読者の側で素直に納得できないことでも、何か深遠な理窟があるのだろうと、考え過ぎて凝り過ぎて、独り相撲に類する解釈を下した例が従来かなりあったと思う。しかしいずれにしても『資本論』その他の著作が、その結構及び用語の上から見て決して平易な本でないことは勿論である。その理解に年月を要したのも無理ではない。而して潜心熟読してようやくその真髄を掴み得たと信ずる者は、先ずその祖述と弁明とに力を注ぐのが当然の順序である。マルクスの死後五十年間における大多数マルクシストの事業は、この祖述と弁明とに終始し、少数の例外を除けば未だマルクスから出発しながら忌憚なくマルクスを批評し、その欠陥、不備、誇張、矛盾を指摘して大胆に自家の見解を述べるところにまで到達していない。反マルクシストは別として、マルクス主義者側からのマルクス批評は、彼れの死後五十年の今日以後に期待さるべきである。

マルクスの人物

色々の問題に触れるが、先ずマルクスの人物について述べる。

マルクスの書簡、著述及び人々の記述を読むと、彼れは大体において、敢えて人民を愛さぬではないが、それよりも強く圧制者を憎むという側の人物であったように見受けられる。私はかつて彼れの人物を評して、その孝子たり、良き夫たり、慈愛深き父たる一面と、その敵に対して辛辣毒悪厭うべく憎むべき一面とが著しい対照をなしていると書いたことがある。その後フォアレンダーの『マルクス伝』（K. Vorländer, *Karl Marx, Sein Leben und sein Werk*, 1929, S. 6, 67.）を見ると、父の死後、婚約、職業の選択、財産分配等の問題について彼れは母親と不和になり、遂に全く和解するには至らなかったようであるが、しかし全体において、家庭の人としては彼れは良き父であり、夫であった。その書簡集を見ると彼れがその子供のことを心配して書いている個処などは、ほとんど可憐と評しても好いくらいの真情を示している。

然るに、そのマルクスが一たび家庭外の世間に出て、殊にその敵対者に面すると全く別人の趣を呈し、嘲罵、当てこすり、あらゆる手段をもって毒焔を吹きかけたことは、誰れしも承知している通りである。ただ敵対者の攻撃に猛烈だったばかりでなく、彼れは愛する人が少なく憎む人が多い人物であった。彼れはかつて親しく交った者と大概後には相背き、エンゲルスその他二三を除けば、彼れと交誼の終りを全うした者がない。無論マルクス側としては言い分があるに相違ないが、彼れが我執に強く、情誼や局量に欠ける点があったと見ることも正当であろう。彼れがエンゲルスの妻の訃音に接して、簡単に一二行の弔辞を述べた直ぐその後に、長々と自家の窮乏を訴えて金策を依頼し、流石のエンゲルスを怒らしたのは（一八六三年一月八日、十三日、二十四日附書簡）無論一場の過失に相違ないが、しかしまた彼れのデリカシーを欠いたエゴイストの一面を示したものと評されても致し方あるまい。

バクーニンやラッサールは、これは元来マルクスの親友ではない。また彼等に対するマルクスの非難には、第三者から見ても充分の道理がある。しかし彼等に対するマルクスの態度や処置は、一々皆な公正を失わぬものだったとは考えられない。この点マルクス伝の権威者間に意見の相違があって、フランツ・メーリンクが割合にバ、ラ、二人に対して寛大であるに対し、リャザノフは一々マルクスが正しくて相手が不当であるという立場から見ているが（前記の妻の死亡を通知した返事に金の無心を持ち込んで、エンゲルスを怒らした事件も、ベルンシュタイン版と違って、リャザノフ版マ、エ、書簡集の索引には指摘してない）、これは公平とは思われない。ラッサール対マルクスの関係のことは少し調べたことがあるから、簡単に書いて見よう。

ラッサールが一八六三年ドイツで社会党運動を起した功績は、後にマルクスも承認した。前記のシュヴァイツェルに対して彼れは「ラッサールは十五年の仮睡の後、再びドイツに労働者運動を覚醒せしめた。――これは彼れの不朽の功績たるもの」だと言っている。しかしこれはラッサール死後のことで、その生前においては彼れはただにこの運動を援助しなかったのみならず、エンゲルスとの往復書簡を見ると、二人はひそかにこの運動を攻撃する時の戦闘準備を整えていた。何故かかる態度でこれに臨んだかといえば、マルクス自身に言わせると、ラッサールの運動方針が彼れと相容れなかったからである。即ち「彼れが余りに時々目前の事情によって動かされ」、目的のために手段を択ばな過ぎたからであるという。これも充分理由のあることである。けれども別の場合には、マルクス、エンゲルス自身も、とにかく組織ある労働者運動を起すことが肝要であって、運動の初期においては綱領の原理などは余り喧しく言うには及ばない、という態度を取っている。例えばマルクスが起草した第一インタナショナルの規約理由書の如きにもそれが示されている。別の機会にエンゲルスは、「どの国でも新たに運動に参加する国において肝要なる最初の第一歩は、独立の政党として労働者を組織することであって、それが特別の労働党でありさえすれば、如何にしてかは敢えて問わない」と明言している。これ等の場合と、ラッサールに対する態度とは確かに違っている。やはりここにマルクス対ラッサールの私交上の悪感情も働いたと見るのが当然であろうと思う。

マルクスとラッサールとの交際は一八四八年以来のものであるが、爾来二人の間には度々不愉快な出来事が起っており、一八六二年の夏ラッサールがロンドンに彼れを訪問した時、マルクスの不快は頂点に達した。

この時マルクスがエンゲルスに向って、汚物を吐き出すような調子でラッサールを罵った文言は、ベルンシュタインが原文のままには書簡集に収録し兼ねたものである。「ユダヤ人黒奴ラッサールは幸いにも今週の終りに出発するが、彼れは相場をやり損って幸いまたもや五千ターレルを失った。あの男は、利子と元金とが保障されていても、なお金を『友人』に貸すよりはむしろ泥溝へ投げるであろう。それは自分がユダヤ人男爵として、或いは男爵化された（多分ハッツフェルト伯爵夫人を通じて）ユダヤ人として生活しなければならぬという考えから出発しているのだ。考えて見てくれ給え。あの男はアメリカとの話その他を承知しながら、即ち僕の目下の危機を承知しながら、失敬千万にも僕の娘の一人をハッツフェルトの『附添婦人』に出してはどうか、また僕自身をゲルステンベルクに世話させようかときくのだ。あの男は僕に時間を費させた。そうしてあの畜生（Vieh）は、僕が今何も『仕事』をしないで『理論的労作』のみをやっているから、彼れと一緒に時間を潰しても差支えないと思っているのだ。この小僧に対して多少の外観を繕うため、妻は釘付け、鎹留めになっていない物はことごとく質屋に運ばなければならなかった。」

これは一八六二年七月三十日附の書簡の一節である。「そこへ持って来て、作り声の絶え間なき饒舌、美的でない見せ附けの身振り、人を教える語調だ」という文言もある。

何故ラッサールがこれほどの不快をマルクスに感ぜしめたかというに、同じ手紙の中の別の文言によれば、一にはドイツの文壇での成功者たるラッサールの成金振り、学者気取り、思想家気取りに堪えられなかったのである。

そこへ更に不愉快な金銭問題が搦らんで来た。それはマルクスが窮境を脱するためにエンゲルスに手形を振り出させ、その引受けをラッサールに求めたところが、ラッサールが念のためエンゲルス自身の証明を要求したので、マルクスが怒って皮肉を言い、それを更にラッサールが怒ってマルクスに詰問したことから、両者の感情が極度に悪化したのである。その後マルクスは反省したか、珍しく和解の態度を示し、お互いに誤解があったけれどもこれほどのことで仲違いすべきではない、「我々の友情における実質的なものは、かかる衝撃にも堪え得るだけの力を有すると僕は思う。……だから僕は吾々の古い関係が『凡べてのことにも拘らず』依然として傷つけられずに続かんことを望む」と言ったのであるが（一八六二年十一月七日附ラッサール宛書簡）、既に時機を失したのでラッサールはこれに答えない。これで二者の文通は絶えたのである。前のエンゲルス宛書簡その他を読んでいる第三者には、今更「我々の友情の実質的なもの」云々といわれてもラッサールの答えなかったことが（無論ラッサール自身はマルクス、エンゲルスの文通内容は知らないけれども）当然に感じられる。

この後間もなくラッサールの運動が起ったが、マルクスは無論これを援けず、エンゲルスとの文通で盛んにラッサール嘲罵を交換した。マルクスがラッサールを援けなかったのはその主義方針に不同意のためであるというのは、無論事実である。しかしそれだけではない。ラッサールが人に、マルクスとは金銭問題のため仲違いしたといったのも、真相は尽していないが、事実無根ではない。この点リャザノフのマルクス伝は公平を失していると思う（拙著『社会問題研究』参照）。

これは一の挿話に過ぎないが、マルクスの人物を描くための一の材料として引いた。マルクスは人を愛さぬとはいえないが、より多く、より強く憎み、嫌う型の人物であったように見える。彼れは共産主義社会の善美に憧憬しない訳ではないが、遙かに強く資本主義社会の醜悪に反感を感じた。或る人のいう通り、社会主義者たるマルクスの『資本論』には、資本主義のことは書いてあるが社会主義のことは書いてない。社会主義の建設よりも資本主義の崩壊の解剖が特に彼れの性情に適したのである。彼れが特にユトーピヤを描かぬと称する理論は好く分っているが、しかしこの理論の背後にはこの偉大なる否定者の性情が働いていたように見える。彼れがゴータ綱領案批評の回状中に、数言将来の共産主義社会の状態を嘆賞的に予想して記したのは、ちょっと気がゆるんだという形である。歴史の進行は畢竟悪しき一面が善き一面を克服することに外ならぬという説（『哲学の窮乏』）は、マルクスの発明ではないとしても、この憎悪者、否定者に最もふさわしい説である。

ゾムバルトはその著『プロレタリヤ社会主義』（*Der proletarische Sozialismus*, II Bde. 1924.）の中でマルクスの性格の特色を五つ挙げている。学問的稟賦（ひんぷ）、激情的支配欲、政治能力の欠乏、否定的攻撃的性情及び憎嫉（Ressentiment）がそれである。また彼れの性格の特色をなすものは、「敵に対する憎悪と報復欲、競争者に対する羨望と嫉妬、随従者に対する君主感、人類一般に対する深き軽蔑」だという評語にも同意している（Bd. I, S. 73, 63.）。ゾムバルトのマルクス評は決して公平冷静なものとは受取れないが、しかし度の強さを加減すれば、これ等の評語に確かに同意し得るものがある。

ついでに記すとマルクスの人物については、マルクス自身の唱えた唯物史観をマルクスの人物そのものに試みると称して奇僻なる観察を試みたものがある。『マルクス、生涯と事業』の著者オットー・リューレがそれである（Otto Rühle, *Karl Marx, Leben und Werk*, S. 472.）。それによると、マルクスの生涯において肝臓病は夙くから一の役目を働いている。この病気はマルクス家の世襲病と思われ、マルクス自身もその遺伝があると思っていた。リューレはマルクスの人物をその健康状態によって説明せんとしている。彼れは生涯ひそかに肝臓病を恐れていた。彼れの肝臓病は多分消化器の虚弱と胃腸全体の障害と密接の関係を持っていたものらしい。彼れは肝臓病の徴候に苦しんだのみならず、重症なる新陳代謝機能の障害及びその附随現象と見るべき食欲欠乏、便秘、胃腸カタル、痔疾、瘍腫等にも苦しんだ。リューレはこの新陳代謝機能の障害にマルクスの性癖を求めている。例えばかくいう。「彼れが食事に対して正しき関係を有せずして、或いは少なく、或いは不規則に、或いは不愉快に食べ、しかしその代りにその食欲を常に mixed pickles（西洋福神漬の類）や、強き香料や醋漬の胡瓜やカヴィヤー等で刺戟したように、彼れは仕事に対し、人間に対して正しき関係を持たなかった。悪しき飲食者は悪しき労作者、悪しき僚友である。彼れは何も食わぬか、胃腑を飽満せしむるか、全然仕事を厭うか、仕事のために倒れるか、人間を避けるか、誰れもが利益せぬ凡べての人の友となるか、である。彼れは常に極端に動く。……学生として講義に出席し、職業のための準備をする代りに、彼れは哲学的文学的 mixed pickles をその精神的胃腑に詰め込んだ。マルクスには規律と秩序の念と摂取と消化との正しき比例に対する感覚とが欠けていた。しばしば幾月も全然筆を執らぬかと思えば、たちまち学問の深淵に突入してチタンの力をもって労作し、昼も夜も蔵書全部を掘り返して山の如き抜萃を作り、部厚な原稿を書き、死ぬ時は半成未完の作物の堆積を後に遺した。……彼れは甚だしく精神的美味を愛する人であった。しばしば家族は飢えに瀕して原稿料を待っているのに、彼れは締切到来の論説を、常に援助を辞せぬエンゲルスに押し付けて、自分はギリシャ・ローマの古典に耽り、図書館の最も貴重なる宝物を捜り、美味なる文学のカヴィヤーを舐め、或いはスノッブ的快楽をもって高等数学を営んだ」（四五一頁）。

唯物論的考察を個人の伝記に試みることは決して無意義でない。しかし如何にこの方法を適用すべきかはよほど困難な問題である。昔の俗説とは反対に、今日の新しい通俗説は歴史進行上において特定の個人が勤める役割をなるべく低く、小さく見ることに努めている。これは無論反動としてやむを得ないが、しかしシーザー、ナポレオン、ビスマルク、マルクス、レーニンの位置に他の何人を代りに置いても、歴史の経過内容に変りはなかったろうということは、無論云えない。即ち特定個人の個性、——その勇気、意志力、智能、性癖等——は確かに歴史の経過に影響する。そこでそれ等の特定人の個性は如何にして因果的に説明すべきものであるか。これを唯物論的に説明するとすれば、やはり先ず遺伝と環境とに着目しなければなるまい。従って体質健康ということも無論無視することは出来ない。しかし外界の事物が個々人の心意上に起す反応は、定量的に測定し得るものでないから、或る人の性格や遭遇をその疾病によって説明せんとする如きは、即ち例えばマルクスの人物を肝臓病患者として説明せんとする如きは、目下のところただ奇抜な観察と評すべきであって、未だ学問的に価値ある結論としては取り扱うことが出来ない。ただここにはリューレの説を、往年のマックス・ノルダウの Entartung に類する性格解剖の一の試みとして紹介するだけである。

マルクスとヘーゲル

次に、マルクスの思想についてあまり順序なく所感を述べたい。

マルクスにプロレタリヤ階級なるものの存在と人間解放者たるその歴史的使命とに着目せしめ、また而してその人間の解放は私有財産の解消によって行われることを納得させたものは、フランスの社会主義者及び共産主義者であったといわれる。時々引用される通り、マルクスは始め共産主義反対者であって、一八四二年十月十六日の文章では、まだ「共産主義思想には、その現時の形態においては、決して理論的現実性を認めず、従っていわんやその実践的実現を希わず、それを可能とも考え得ぬ」と言ったのであるが、その後間もなく社会主義の確信に到達した。即ち一八四四年発表の「ヘーゲルの法律哲学批判」では、既にプロレタリヤの革命的使命を教え、ドイツ解放の積極的可能性を、私有財産の廃止を要求するプロレタリヤ階級の形成に求めた。

然るにプロレタリヤを発見し、社会主義の結論に到達する以前に、マルクスには既にヘーゲル哲学があって、その一切の思想の出発点を成している。ヘーゲルの歴史哲学は一個の弁神論（Theodizee）だといわれている。彼れは世界史において、遂行せらるべき、且つ遂行せられたる合理的なる世界計画、世界精神の形における神の啓示を見たのである。「神は世界を統治する。その統治の内容、その計画の遂行が世界史だ」と彼れはいっている。既に計画であるからそれは予定の終極目的がある。その終極目的は何か、人間の自由である。然らばこの終極目的によって以って実現せらるる手段は何であるか。人間の行為、欲望、利害、激情の働き全体である。世界史上においては激情と私欲なしには何事も行われるものではない。ヘーゲルはいう。人間は本来悪なるものだといえば、人は、何か偉大な事を言ったように思っているが、何ぞ知らん、人間は本来善なるものだという言葉は、更に遙かに偉大な事を言い現わしているのである。ここにいう悪は、歴史的発展の動力が現れる形式である。利欲や激情はそれ自体として決して善きものではないかも知れないが、この善くないものによって世界史の終極目的が成就される。世界精神はその目的を実現するために、これ等人間の欲望や利害関係や激情等を道具として、手段として利用する。各人はそれぞれ己れの利害を追求して行動する中に、知らず識らず、或いはその意図に反して、神の世界計画を実現するように仕組まれているのである。各人は主観的には全然自由に独立に行動しているつもりかも知れないが、人間は実は世界精神の傀儡であって、世界精神によって割り当てられた戯曲の役目を演じているに過ぎない。これ即ち彼れの所謂「理性の欺瞞」である。即ちヘーゲルにあっては、或る人または或る民族の歴史的使命という言葉が、ただ一片の比喩的形容でない、真実の意味を持っている。即ち世界計画を成就するために世界精神によって特定の個人または民族に割り当てられた役目である。

マルクスは後にフォイエルバッハによってヘーゲル主義の檻から出たといわれるが、しかし彼れにとっても、世界史の終極目的が自由の実現であるということは変らない。ただこの自由の実現せられた状態は如何なるものかということ、マルクスは社会主義者の影響によって、それは私有財産の廃止された状態であって、この状態を実現すべき歴史的使命を担えるものがプロレタリヤであるという確信に到達したのである。

「哲学がプロレタリヤにおいて物質的武器を見出す如く、プロレタリヤは哲学においてその精神的武器を見出す」云々は、マルクス自身の思想的閲歴の記録とも見ることが出来る。而して既にヘーゲル哲学者がプロレタリヤを発見すれば、私有財産の解消、共産主義の必然的実現は、ただブルジョワ社会とプロレタリヤとを対立せしむることによって、それ以上は何等の実証的知識をまつことなしにも、純論理的に結論することが出来る。

『神聖家族』(一八四五年)の一節に彼れはそれを試みた。彼れは私有財産の世界の両形成物として富とプロレタリヤとを対立せしめ、この対立が共産主義において止揚されることを説いた。陳腐であるがその本文を引用する。

「私有財産は私有財産として、富として己れ自身、またそれとともにその対立者、即ちプロレタリヤを存続せしむることを余儀なくされている。これがこの対立の積極的方面、己れ自体において満足せる私有財産である。」

「これに反し、プロレタリヤはプロレタリヤとして己れ自身、またそれとともに、己れを制約する対立者、彼れをプロレタリヤたらしむる対立者を即ち私有財産を、止揚することを余儀なくされている。これは対立の消極的方面である、それ自体における不安、解消せられたる、また解消しつつある私有財産である……。」私有財産からは対立維持の運動が起り、プロレタリヤからは対立絶滅の運動が起る。

「尤も私有財産はその経済的運動において、自ら己れを駆って自己の解消に赴かしめる。しかしそれは、己れ以外に独立する、無意識なる、その意志に反して行われ、事の性質によって定めらるる発展によって、即ちプロレタリヤをプロレタリヤとして造ることによって、己れの精神的肉体的窮乏を自覚せる窮乏、己れの非人間化を意識し、従って己れ自身を止揚する非人間化を造ることによってそれをするのである。プロレタリヤは私有財産がプロレタリヤを造ることによって自己の上に下した判決を執行すること、あたかも他人の富と己れの窮乏とを造ることによって賃銀労働が己れ自身の上に下した判決を執行すると同様である。プロレタリヤが勝利を得ても、それはそれによって決して社会の絶対的方面とはならぬ。何となれば、それはただ己れ自身とその対立者とを止揚することによってのみ勝利を得るからである。その暁には、プロレタリヤも、これを制約する対立者即ち私有財産も、等しく消滅しているのである。」

この引用によって見れば、マルクスはこの時既によほど『共産党宣言』の思想に近づいている。しかしここに引用されただけのところでは、私有財産解消の必然性は、ただ抽象的先験的に論結されているもので、まだ現実社会の実証的研究に基づいて論結したものではない。敢えてその当時のマルクスが経済学に不通であったとは言わないが、仮りに全く不通であったとしても、ヘーゲルによって、「肯定―否定―否定の否定」なる階梯による事物の論理的発展ということを学び、世界史の予定目標は自由の実現であるということを学び、而してその上に、現行財産制度の否定者たるプロレタリヤの存在を指示されれば、仮りに現実社会の機構に無知識であっても、プロレタリヤは己れ自身とその対立者とを止揚することによってのみ勝利を得る、という結論に到達することは出来る。右に引用されただけのところでは、社会主義の結論は弁証法応用例題の解答という程度以上には出ていない。しかし無論マルクスの思索はここで停止しているものではない。

ヘーゲルの世界精神とマルクスの物的生産力

プロレタリヤは私有財産の否定者であるという。そのプロレタリヤは何時、如何にして私有財産を否定するか。マルクスはここで更にその奥にプロレタリヤそのものを動かす力を求めて、「物的生産力」に到達した。

プロレタリヤは私有財産の否定者ではあるが、決して随時随意にその事を遂行し得るものではない。第一、プロレタリヤの発生そのものが、彼れ自身の自由なる選択の結果ではない。プロレタリヤ自身は、或いは主観的には自由に意欲し、自由に行動したつもりかも知れないが、実は事物の背面にこれを促進し、または制約するものがある。物的生産力がこれである。

プロレタリヤは舞台の上で演技する役者である。しかしこの役者は勝手気ままに動くのではなくて、舞台の下、もしくは背後からこれを動かす作者がある。ただ真実の役者とは違って世界史上の俳優は、自分が一定の筋書の或る役割を演じていることを自覚せず、自分では全く自分の意思欲望に従って自由に行動しているつもりでいるかも知れない。しかもその自覚するとせざるとを問わず、客観的には一定の筋書に従って動くものであることに変りはない。マルクスはこの背後から舞台上の演技者を動かす最後の力を物的生産力に求めたのである。彼れは既に『神聖家族』の中に、一時代の「工業、もしくは生命の直接生産方法」を知ることなくしてはその時代の歴史的現実を認識することは不可能である旨を暗示し、「歴史の出生地」は天上の雲霧の中でなくて、「地上の粗なる物質的生産」に求めなくてはならぬと説いている。然るに「工業もしくは生命の直接生産方法」を知ることは経済史経済学によらなければならぬ。即ち彼れが長足歩をもって経済学の研究に驀進した所以である。

「ドイッチェ・イデオロギー」の中に彼等（マルクス、エンゲルス）は、生産力の発展が階級的対抗を発生せしめ、この階級的対抗が独り階級的対抗のみならず、階級そのものを撤廃せんとする革命を生み出すということを、かなり明確に説いている。生産力の発展とプロレタリヤ或いは革命階級一般についてはこう書いている。

「生産力の発展上において到達する或る段階において、喚び起さるる生産力及び交易手段は、現存関係の下においてはただ害のみをなし、従って最早生産力たらずして破壊力（機械、貨幣）たるに至る。——而して、これと関聯することであるが、社会の利益を享受することなしに、その一切の重荷を負担しなければならぬ一階級を、社会から押し出され、他の凡べての階級に対して決然たる対抗に立つことを余儀なくせらるる一階級を出現せしめる。この階級たるや一切社会成員の多数者を成し、根本的革命の必要に関する意識即ち共産主義意識のそれよりして発生するところの階級である。云々。」（*Marx-Engels Gesamtausgabe*, Abt. I, Bd. 5, S. 59.）

既にこの立場に立てば、また当然宗教哲学道徳等の精神的産出物は凡べて独立の存在を有するものでなくて、究極的には物的生産力から説明せらるべきものだとしなくてはならぬ。有名な「意識が生活を定めるのでなくて、生活が意識を定める」という文言も、既に「ドイッチェ・イデオロギー」の中に見出すことが出来る。かくしてマルクスにとっては物的生産力が最終のものになった。然るに物的生産力を吟味することは、経済学の任でなければならぬ。

『神聖家族』以前のマルクスが経済学に無知識であったとは言われないが（最近校訂発表せられたマルクスの「哲学的経済学的手稿」は初期のマルクスの経済学勉強の跡を示している）、それ以後における彼れの主力が市民社会の経済学的解剖に傾けられたことは当然である。この頃以後のマルクスには、その歴史哲学上の立場には何ほどの変化も認められないが、経済学者としての彼れは著しい進歩を遂げた。既に「ドイッチェ・イデオロギー」（一八四六年）によって唯物史観の原理を学んだ者は、「経済学批判序文」（一八五九年）における有名な公式を見ても少しも驚くところはないが、『哲学の窮乏』（一八四七年）の経済学と『資本論』（一八六七年）『余剰価値学説論』におけるそれとは同日にして語ることが出来ない。但し注意すべきは、経済学者として進歩したというのは、資本的生産方法に対する解剖の精緻を加え、経済学文献に対する知識が豊富を加えたことを指して言うのであって、私有財産制度の必然的解消という社会主義的結論は『神聖家族』の時代と少しも変ってはいない。故に別の章にも書いた通り、マルクスの経済学研究はマルクスの結論を動かしてはおらぬ。彼れの経済学研究は既成の「構造を改変せぬ限りにおいての竣成必要工事——恐らく若干の補強工事及び装飾を含む——であった。」

以上の如くにしてマルクスはヘーゲルを離れ、彼れ自身の言うところによれば「ヘーゲルとは正反対の」弁証法を得た次第である。成程確かにマルクスの弁証法とヘーゲルのそれとは違っている。理念と物質、意識と生活とに関する二者の見方は確かに正反対だといって好い。しかしなおそれにも拘らず、吾々はマルクスに対するヘーゲルの強い影響を看過することが出来ない。それはマルクスもヘーゲルも共に世界史をもって既定の世界計画の遂行と見ていることとである。世界史の究極目的は、両者いずれにとっても既に定まっている。ヘーゲルにとっては自由の意識の実現である。マルクスにとっては私有財産の解消による人間の解放である。世界史に直接参加する者はいずれも現実の人間であり、人間は種々なる欲望、野心、本能等によって動かされて動く。しかしその直接の動機の何たるによらず、それ等個々人または集団の行動は必ず人類を一定の方向に導く結果の生ずるように按配せられてある。その一定の結果が必ず生ずるように按配する者は誰れであるか。無論ヘーゲルの場合には世界精神であるし、マルクスの場合には物的生産力である。人間はヘーゲルの場合に世界精神の道具として使われるように、マルクスの場合には物的生産力の傀儡として踊らされる。ヘーゲルは英雄の世界史上における役目を論じている。それによれば、英雄とは自己の欲望と世界計画の必要との一致せる人々、「その自己特殊の目的が、世界精神の意志なる実体的なるものを含める」偉大なる人々をいうものであって、歴史上における偉大なる事業はこの世界史的人格の激情によって始めて行われるという。これは正にマルクスのプロレタリヤ観に相当する。プロレタリヤがブルジョワジーの搾取抑圧を撤廃せんとするは、ブルジョワジーがこれを維持せんとすると等しく同じ程度の私欲に発している。しかもプロレタリヤのこの私欲の行動は、自由の実現という世界史の究極目的を実現する道具となる。即ちプロレタリヤは正にその特殊目的と世界史の必要との一致せる英雄（ヘーゲルの場合における）である。ただこの英雄は、ヘーゲルの場合における如く世界精神の道具でなくて、凡べての上に支配する物的生産力の道具として、その志すところを遂行する使命を担う英雄である。ここに物的生産力の「志すところを」と書いたのは必ず異様に思われるであろう。無論物的生産力に意志のあるはずはない。しかしマルクスの歴史観上において物的生産力というものが、ヘーゲルの世界精神の如く、「志すところ」があり、また志すところを必ず遂げる力を有するものの如くに取り扱われていることも事実である。プロレタリヤ階級の歴史的使命という言葉をしばしばマルクシストは口にする。しかし「使命」ということは、厳格にいえば、一定の目的の達成を托せらるる場合に始めて意義をなすはずである。ヘーゲルの場合には、歴史は或る目的の遂行過程であるから、無論それは厳格な意味に解しての意味を有する。しかしマルクスの場合には、本来物的生産力の発展のため因果的に或る結果が生ずるというに止まり、世界計画を立て、世界史の終極目的を予め定める者はないはずでなくてはならぬが、しかもなお且つ或る階級の歴史的使命を云々するのは、暗々裡にやはり世界史を、人間を道具に使っての或る目的の遂行過程と見るからであろう。その目的は誰れが立てたか。無論マルクスは生産力以上の理念をここへ持ち出す訳に行かない。彼れにとっては物的生産力が最高最終のものでなくてはならぬ。即ちマルクス及びマルクシストが往々物的生産力を必ず一定の方向に動く意志あるものでもあるかのように取り扱う所以である。現在社会の与えられたる条件の下において資本主義の崩壊、共産主義の実現は多くのポシビリチーの中の一に過ぎない。マルクシストがこれを唯一のポシビリチーとして説いているのは、運動者の志気を鼓舞する戦術上の策略も含まれていると思うが、同時に世界史をもって既定の目的の実現行程と見るヘーゲル的歴史観の影響も看過することが出来ぬ。

マルクシズムと千年王国の信仰

マルクスの唯物史観なるものが物的生産力を絶対的なるものとし、この物的生産力が人類を駆って既定の世界計画を遂行せしめるとなす歴史形而上学に陥らんとする趣があり、而してこの点において強くヘーゲルの影響を示すことは、前段に述べた。これと関聯して記すべきはマルクス、エンゲルスに存すと見らるる千年王国の信仰（Chiliasmus）である。

ここに千年王国の信仰というのは、必ずしもかのヨハネ黙示録（第二十章）に見える、世界の終りに先だつところの地上におけるキリストと信者との千年間の支配のみを指すと限る必要はない。広く幾多の民族に伝わる、人類はその過去において失った楽園（または黄金時代）を必ず将来において取り戻すという神話に対する信仰の謂である。過去に失われた楽園については、聖書のエデンのことは誰れも承知している。同様の神話はヘシオドにもヴァジルにも、またエッダにも見出されるということである。

将来の楽園については旧約アモス書には、「エホバ言ふ視よ日いたらんとす、その時には耕者は刈者に相継ぎ葡萄を践む者は播種者に相継がんまた山々には酒滴り岡は皆鎔て流れん」（第九章十三）とあり、イザヤ書には、「おほかみは小羊とともにやどり、豹は小山羊とともにふし犢牡獅肥たる家畜ともに居てちひさき童子にみちびかれ、牝牛と熊とはくひものを同にし、熊の子と牛の子とともにふし獅はうしのごとく藁をくらひ、乳児は毒蛇のほらにたはふれ、乳ばなれの児は手をまむしの穴にいれん。斯てわが聖山のいづこにても害ふことなく傷ることなからん、そは水の海をおほへるごとくエホバをしるの知識地にみつべければなり」（第十一章六―九）とあることはしばしば引用される通りである。

キリスト教では、これが千年王国の約束として現れている。ヨハネ黙示録によれば、世界の終り、永遠の幸福に先だって、一千年間救世主と信者との支配が行われる。その時天使は天より降ってかれ悪魔たりサタンたる竜、すなわち老蛇を執ってこれを千年のあいだ繋ぎ置き、またイエスの証および神の道のために首斬られたる者は皆生きてキリストとともに千年の間王となるというのである。

エッダに見える北欧伝説にも、将来の楽園に関する同様の記述があって、この世界が滅びた後には、海洋の胎から一の新しい世界が生れ、そこには争闘の代りに平和が、嫉妬の代りに愛が、欲情の代りに喜悦が、暴力の代りに正義が行われるとされているそうである。

過去において――恐らくは罪過のために――失われた楽園が将来再び取り戻されるという信仰とヘーゲル歴史哲学との関係については、必ず論ずべき題目があると思うけれども、今それをするだけの準備がない。ただこの楽園回復の思想が多くの社会主義者に認め得られるということは同感の士があることと思う。もとより「科学的」なるマルクス、エンゲルスに、千年王国の信仰が上述の如き文字をもって表白せられていないことは言うまでもないが、しかし原始共産主義の崩壊によって一たび失われた楽園が、人類の苦難の長き歳月の後、プロレタリヤによる私有財産の解消によって再び恢復せらるるものの如くに説き、個々人の意志如何に拘らず、人類は目に見えぬ力に導かれて、階級なく、争闘なく、暴力なき状態に向って進みつつあると説くところには、やはり冥々の裡にヒリヤスムスの影響があると解せられる。而して一般に社会主義、殊にマルクス主義の勢力は、この信仰に負うところがすくなくないのである。

マルクス、エンゲルスにおけるヒリヤスムスは、例えばマサリックの如きもこれを指摘している。その書に曰く、「マルクスに従えば、進歩にも拘らず、史的発展はその出発点に復帰するのである。それは畢竟旧約全書の観方である。マルクスは始原の楽園を信じ、また将来の楽園をも信ずる。従って資本主義時代全体は単に一のインテルメッツォに過ぎない。共産主義のアダムは楽園から逐われたが、しかしまた再びそこに復帰して救われるのである」と。(T. G. Masaryk, *Die philosophischen und soziologischen Grundlagen des Marxismus*, 1899, S. 213. 社会主義と千年王国の信仰の問題は Gerlich, *Der Kommunismus als Lehre vom tausendjährigen Reich*, 1930 に論ぜられている。)

前述の如くマルクスは「歴史の出生地」を天上の雲霧でなく、「地上の粗なる物質的生産」に求めなければならぬという思想を進めて、世界史の起動力たる物的生産力に到達した。この物的生産力の発展が人間社会を、——無論人間の意欲の上に作用することによって——或る一定の方向に駆り立てるとしたのである。然るに物的生産力は本来盲目的なものであるから、この生産力の発展が社会的関係の上に或る変化を持ち来すということは差支えないが、この力に駆り立てられて、人間社会が果して何処へ往くかは、往って見た後でなければ分らないはずである。(無論多くのポシビリチー、或いはプロバビリチーは認められるが。)然るにマルクス等が、生産力の発展は必ず共産主義の実現というただ一つの方向に向って人間を推進するかの如くに信じ、もしくはそう説いたのは、前述の如くヘーゲルの形而上学的歴史観の影響によるものであるが、また千年王国の信仰もこれに手伝っていると解せられる。(希わしいものを必然なるものと認め、或いは揚言するという心理については別に説く。)

故に厳格なる唯物史観の立場から言えば、物的生産力の発展は因果必然的に或る結果をもたらすというだけのことで、一の状態とその次に起る状態との間には価値の高下の差別は有るべからざるはずであるが、上述の通り、マルクス、エンゲルスは暗々裡に、或いは明白に、生産力の発展から起る変化を凡べて或る終極目的に向っての変化と見ているから、発展は必ずより高きものへの発展、即ち進歩(Fortschritt)である。而してこの厳格な唯物史観にとって本来異分子とも見るべき進歩の思想が、却って唯物史観普及の有力原因となっていることは、既に指摘している学者もある。

自由主義者ルードウィヒ・ミーゼスの『共同経済論』(*Die Gemeinwirtschaft, 2. Aufl., 1932*)の論旨は一々皆正鵠を得たものだとは思われない。しかし彼れが唯物史観に存する進歩思想に却ってこの史観の人気の原因があると論じているのは同感である。彼れに従えば、唯物史観には三つの要素が含まれている。即ち歴史的社会学的研究方法としての唯物史観、社会学説としての唯物史観、而して一の進歩理論としての、即ち人類の運命、人間生活の意味及び本質、目的及び目標に関する学説としての唯物史観がそれである。研究方法として、社会的発展の認識に対する発見原理としての唯物史観からは、無論社会主義社会の必然的実現という結論は生じない。社会学説としての唯物史観についても同様である。一切従来の歴史は階級闘争の歴史であるという社会理論からは、何故に他年一日一切の階級闘争が全くその跡を絶たなければならぬかは説明することが出来ないという。ただ進歩理論としての唯物史観となると全く趣がちがう。曰く、「ただその進歩理論たる限りにおいてのみ、唯物史観は史的発展の目標について能く断言を下し、資本主義的生活秩序の没落とプロレタリヤの勝利とが等しく不可避のものであると主張することが出来る。社会主義思想の普及を助成したること、この社会主義不可避性に対する信仰に如くものはない。社会主義反対者の多数者もまたこの学説の呪縛を受け、これがためにその抵抗力の麻痺を感ずる。識者は自ら『社会的』精神を吹き込まれておらぬことを示して時勢遅れ（unmodern）と見られることを恐れている。何となれば、今や社会主義の時代、第四階級の日が明けたから、そうして今なお自由主義に固着せるものは反動的だということであるから。いやしくも吾々を社会主義的生産方法に近づかしむる社会主義思想の成功は一々皆な進歩として尊重せられ、個別所有保護の方策は一々皆な退歩と認められる。或る者は鬱憂、否な悲哀をもって、他の者は歓喜をもって、個別所有の時代が時の変化とともに消え去ることを眺める。しかし凡べての者は皆なその没落の運命は歴史の定めるところでまたいかんともすべからざるものであることを信じている」と（S. 251-2.）。

進歩理論としての唯物史観は、最早経験を超越し、経験し得べきものを超越した形而上学の領域に踏み入るものである。

唯物史観と世界史の究極目標

前記の通り、ここではヘーゲル歴史哲学とヒリヤスムスとの関係は論じないが、両者いずれの立場から見ても史的発展には究極の静止点があるように思われる。歴史的発展は或る終極目標があって、この目標に到達すると発展がやむのであるかの如き印象を受ける。然るにマルクス、エンゲルスにもやはりそれがある。即ちこの二人の所説を読めば、プロレタリヤによる私有財産の廃止、共産主義の勝利によって、世界史はその究極点に到達し、人類はそのなし得る限りの最高の発展を成就したものとされているように感ぜられる。もしも史的発展が所謂弁証法によって行われるならば、即ちもしも一事物は必ずその内から自己に対する否定を生み出し来り、この肯定と否定との矛盾が一段高い否定の否定への発展によって止揚せられ、このより高い段階は更にその中から自己に対する否定を生み出し来り、更に第二の矛盾の止揚が行われるものとするならば、そこに無際限の発展が行われなくてはならないはずである。

然るにマルクス、エンゲルスの言説によれば、共産主義の実現によって、人類はまさにその到達すべき本然の状態に到達、もしくは復帰したものとせられているようである。共産主義の実現以前において人類が幾度となく繰り返して来た生産力と社会形態との衝突、またそれを反映する階級と階級との闘争が、共産主義実現以後の歴史においても更に際限なく反覆されるのだとは説かれていないのである。

弁証法殊に唯物弁証法を教えられた者の中には、当然疑問を起すものがあるであろう。いわく、物的矛盾の止揚によって共産主義が実現されるように、共産主義の中から更にそれに対する否定が生れ出で、例えば原始共産体が崩壊して私有財産制度が起ったように、将来の共産主義の中から更にこれに対する否定として新たなる私有財産制度が生じ来るのではなかろうかと。

しかしマルクス等は将来の共産主義から「弁証法的に」生れ出で来るべき、共産主義そのものに対する否定のことは説かぬ。矛盾の止揚による発展といい、悪しき一面が善き一面を克服することによって行われる歴史の進行というのは、ただ共産主義実現に至るまでの歴史について言われたものであるか。或いは人類の歴史のあらゆる段階について適用があるのであるか。読者は必ず尋ねたいと思うであろう。しかもマルクス、エンゲルスは極めて簡単に、ブルジョワ社会形態とともに人類社会の前史は終るとか、或いは共産主義の実現とともに人類の必然の国から自由の国への飛躍が行われるとか言い張る（behaupten）ことによって、弁証法学生の質問を封じてしまった形がある。

共産主義の実現せられたそれ以後の人間社会の唯物弁証法的発展というものは、果して如何にして行われるか。思うに、これは必ずマルクシズム学習者を悩ます疑問であろう。往年『無産者新聞』の紙上では、一時盛んにマルクシズム理論に関する読者編輯者の質疑応答が行われたが、私は参考のため、努めてその中の興味あるものを書き抜いて置いた。今の場合に関係ある問答としては左記のものがある（大正十五年十二月二十五日）。

（問）社会が常に弁証法的に進化するとせば、未来社会の胎内にやがて孕まるべき「矛盾」とは如何なるものでありましょうか。（牛込〇生）

（答）「哲学者は世界をいろいろと説明した、だが世界を変革することが問題だ」とマルクスは教えています。我々は解決し得る問題のみを問題とする、共産社会の現実的発展は我々には明らかではない。だが我々にとっては現社会が必然的に崩壊するということ、及びそれが如何なる発展過程を取るかということの究明――実践――が問題です。理論はそれが真実であることを実践によって証明されねばならぬ。理論のための理論は、理論が単に理論として正しいかどうかを考え込むことはやくざな小ブルジョワ的スコラ哲学流であります。あなたのそういう考え方を匡正するために前掲の書物をお読みになることを希望します。（「前掲の書物」とはエンゲルス著佐野文夫訳『フォイエルバッハ論』、河上肇訳『レーニンの弁証法』、福本和夫著『社会の構成並に変革の過程』、『理論闘争』等を指す。）

ここでもやはり質問が封じられている。それは未来社会における「矛盾」を論ずること、否な未来社会における「矛盾」の可能を認めることが、当面の実践にとって不得策だからであろう。しかしそれと同時に反面には、繰り返して言うように、共産主義を世界史の窮極目標と見る形而上学がここに働いているからだと解せられる。

唯物史観の一面と革命的実践

自然の順序として唯物史観と革命的実践との関係を論じたい。

もしも物的生産力の発展が必然的なものであり、而して物的生産力の発展がまた必然否応なしに資本的生産方法を崩壊せしめて、社会主義的社会秩序を到来せしめるものであるならば、実践的革命努力はそもそも如何にして根拠づけられるかということは、マルクシズム入門者の必ず一度は起す疑問で、また常に簡明な答を与えてもらえない疑問である。

しかしこの問題は後廻しにして、私は先ずマルクシズムにおいては、その唯物史観が、実践的行動の一の根拠を提供している一面を先ず指摘したいと思う。

マルクスはフォイエルバッハによってヘーゲル主義の檻を脱出したといわれている。しかしマルクスは一度は彼れを導いたフォイエルバッハにも直ぐ不満足を感じ、彼れを越えて更に前進した。それは彼れが後者の受動的唯物論に満足することが出来なかったからである。彼れは前記の通り、フランス社会主義者によって解放者たるプロレタリヤの歴史的使命なるものを理会した。而して一たびこの所謂哲学者にとっての「物質的武器」を見出すと、彼れは最早世界の客観的なる解釈者たることをもって甘んぜず、直ちにプロレタリヤに接触を求めてこれとともに実践的行動に進もうとした。彼れがパリにおいて熱心に労働者の会合に出席し、またブルュッセルに逐われてからも労働者の間に組織を造るに努力したことは、伝記者の記している通りである。然るに抽象的理論的なるフォイエルバッハの唯物論は、実践行動者たるマルクスにとっては不満足に堪えない。彼れは一層具体的、主観的、実践的、行動的なる唯物論を求めたのである。

「一切従来の唯物論――フォイエルバッハのも含める――の主なる欠陥は、対象、現実、感性が単に客体もしくは観照の形式の下にのみ把握せられて、感性的人間的行動として、実践として、即ち主観的に把握せられぬことである。故に行動的方面は唯物論と反対に観念論――無論現実的感性的行動そのものを知らぬところの――から抽象的に展開される。フォイエルバッハは感性的なる、実際に思惟の客体と区別せられた客体を欲している。しかし彼れは人間行動そのものを対象的行動として把握せぬ。故に彼れはキリスト教の本質において、ただ理論的態度をのみ純人間的態度と見る一方、実践はその醜汚なるユダヤ人的現象形態においてのみ把握され注視されている。従って彼れは『革命的』『実践的批判的』行動の意義を理解せぬ。」

「果して人間の思惟に対象的真実性が属するや否やの問題は、理論の問題でなくて、一個実践の問題である。実践上においては、人間はその思惟の真実性、即ちその現実性及び威力、此岸性を証明しなければならぬ。思惟の現実性及び非現実性に関する――実践から孤立せる――争いは、一個純然たる煩瑣哲学的の問題である。」

「境遇及び教育の変化についての唯物論的教理は境遇が人間によって変更せらるること、教育者そのものが教育されなければならぬことを忘れている。境遇の変更と人間行動の変更、即ち自己変化との一致は、ただ革命的実践としてのみ把握せられ、且つ合理的に会得せられ得る。」

以上は所謂「フォイエルバッハ論稿」の両三節で（*Marx-Engels Gesamtausgabe*, Abt. I. Bd. 5, S. 533, 534.）、いずれもフォイエルバッハの非実践的なるに不満を表明して、能動的行動を強調したのでないものはない。然らばマルクスにおけるこの実践の強調は何処から出て来るかと言うに、それは第一に彼れの革命的政治意志の要求だと答うべきであろう。しかしながら、それと同時に、彼れがその唯物論を徹底せしめて、一切のイデオロギーの独立存在を否認するに至ったことがその実践行動に対する根拠を与えているとも解せられる。即ち彼れはその唯物史観によって宗教、哲学、一般的に一切のイデオロギーを所謂「地上の粗なる物質的生産」の反映もしくは幻影と見る結論に到達した。然るに宗教、哲学等がそれ自体によって存在し、それ自体によって変化するものならば、これに攻撃、批評の加えらるることは有意義であるが、もしも彼れの今信ずる如く、意識一般は物質的生産生活の反映に過ぎないとすれば、物質的生産そのものを放置して、ただイデオロギーを批評することは、あたかも鏡の中の映像と格闘すると同様の無意義の所為であろう。唯一の有効にして有意義なる批評は、映像の鏡面外における実体に加えられるものでなくてはならぬ。而して現実的生産生活に対する批評は、現存の世界を否定し、目前の事物を「実践的に攻撃する」より外にはない。哲学に対する単に哲学的なる批評の如きは無意義である。ここにマルクスの「実践」を重んずる根拠が与えられるのである。

もとよりこれが唯物史観から生ずる唯一の結論だというのではない。マルクシストの反対あるにも拘らず、唯物史観が或る意味の決定論にも力を添えることは事実である。しかしマルクスが、イデオロギーに独立の存在を認めず、従って単にイデオロギーの世界内における争闘を無意義なりとし、唯一の有意義なる批評は革命的実践以外にはあり得ないとする根拠が唯物史観に存することも注意して置くべきである。そこで「哲学者は世界をただ様々に解釈して来た。肝要のことはこれを変革することである」という結論が生ずる。言うまでもなく、問題の変革者たるものは資本主義の世界においてはプロレタリヤである。すなわち曰う、この世界を変革するために、「万国のプロレタリエルよ、団結せよ」と。

社会主義運動の根拠

しかしここに多年来の問題がある。世界は何故に「変革」しなければならぬか、また如何ようにそれを「変革」すべきであるか。

この問に対する答は唯物史観によっては与えられない。唯物史観は生産力の或る程度の発展が或る種のイデオロギーを生み、また或る社会階級の或る方向に向っての努力を生むということは説明する。しかしそのイデオロギーまたは運動が、果して正当であるか否か、または何故に正当であるか、を説明することは出来ない。例えば資本主義の発達は多分プロレタリヤの団結の努力を生むであろう。唯物史観はその間の因果の関係を説明し得るはずである。しかしその発生の因果的に説明されるものは、必ずしもすべて是認し得るものではない。資本主義の発達は必ずプロレタリヤの団結の努力を生む。故に「プロレタリエルよ、団結せよ」といったら滑稽であろう。資本主義の発達から起る運動はプロレタリヤの団結努力のみではない。それ以外の幾多のもの、またそれに反対する幾多の努力も起り得る。これ等の諸運動は皆な資本主義社会の必然的所産であるから、皆な同等の存在権を持つ、と言えば、それは実践上の無主義に帰着する。現に資本主義社会において、一方において共産主義、他方においてファシストの運動が行われている。而して、もしも唯物史観が正しいものなら、この立場に立つ者は必ず生産力の発展ということによって、当然共産主義運動の起るべき所以を説明し、また他方当然ファシスト運動の起るべき所以を説明し得るはずである。然らば共産主義運動も当然起るべき原因があって起り、ファシスト運動も同じく当然起るべき原因があって起った。故に両者はともに等しく正当であると言って差支えなかろうか。無論マルクシストはそう言ってはならないはずである。マルクシストは必ずその一方を取って他方を排撃しなければならぬ。けれども、その一方を取り他方を排する根拠は、その発生が唯物史観で説明されるか否かという点に存するのではない。説明されるという点から言えば、両者は共にそれぞれの原因があって発生したのであるから、共にそれぞれ説明されなければならぬ。しかし説明のつくものは正しいものだとは言われない。既にシュタムラーも言う通り、誤謬の見解も原因があって生じ、不当の行為も原因があって生ずる。もしもその生起の説明せらるるものは皆な正しいというならば、誤謬の見解も正しく、不当の行為も正しいという、真偽正邪絶滅の暴論に陥らなければならぬ。真偽のことはしばらく措く。人がもし共産主義運動に参加してファシスト運動に敵対するとすれば、それはこの二つの運動にその因って起るべき原因があるか否かという点に懸るのでなくて、それは必ず一方が正しく、他方が不当だとするからでなくてはならぬ。それは無論一方の行為が価値ある、もしくはより高き価値ある目的を実現するための適当なる手段であり、他方は然らずとする倫理的確信に基づくものでなければならぬ。表面上マルクシズムから排除せられているはずの倫理的規範の上に立つものでなくてはならぬ。或いは「万国のプロレタリエルよ、団結せよ」といい、或いは共産党に参加してファシストを排撃せよというとする。この場合にかくすることの結果として得らるるものが価値なきものであるならば、それを得んがために「団結せよ」とか、「参加せよ」とかいうことは無論無意義であるし、また云々の行為をなすとなさざるとに拘らず、一定の結果は必ず実現せらるるものならば、云々せよということはこれまた至極の無意義である。どうしてもこの場合には倫理的確信に基づいて正しき目的に対する正しき手段如何の問題が答えられなければならぬ。而してこの倫理的判断は無論選択の自由を予想するものである。別言すれば、この社会主義の実現を真実必然とすれば、正邪可否の判断は意義をなさない。

　もしも社会主義社会の実現が必然であるならば、何の必要があってこの必然の結果のために努力しなければならぬか、というのは古くからの問題である。そこでその必然の意味如何であるが、もしもそれが全然他のポシビリチーを容さぬ、真実厳格なる必然の意味であるなら、こういう意味の必然の結果に向って努力するということは、それこそ或る人のいう通り「旭日よ、昇れ」「四季よ、循れ」と努力するにも等しい、全くの無意義である。

　無論社会的事象は人間の意欲を通じて変化するから、これを日出日没や四季の循環と全く同様に取り扱う訳には行かない。しかし、もしも或る外象が人間の意欲の上に或る働きをなし、それから一定の行為が生れ、その行為が社会関係上に一定の結果を生むというその因果の関係において、個々の連鎖が全く抜き差しならぬ、且つまた全然他の可能性を容さぬものであるならば、意欲を通じて動くというのは名ばかりで、それは自然現象と撰ぶところはない。或る目標に向って努力せよという場合には、無論、黙って置けば努力しないという可能性と、努力しなければその目的は成就しないという可能性とを前提しなければならぬ。それでもなお且つ社会主義の必然的実現を云々するとすれば、それは前述の如き歴史形而上学に頼らぬ限りは、運動当事者に免れ難い、かくあれかしと願うところと必ずかくあると認めるところのものとの善意の混同に出でたか、或いは運動者を激励するための宣伝技術と見るべきであろう。

マルクスは歴史的経過の受動的観察者でなくて、実践的に現存状態を動かさんとする革命家である。しかし「世界を変革する」ことが肝要だという場合のマルクスに、現存状態に対する倫理的批判、共産主義社会に対する倫理的希求がないはずはない。物的生産力発展の必然の結果は資本主義の崩壊、社会主義秩序の実現をもたらすというが、マルクスはもとより生物学者が生物体の変化を観察するように、その間の因果関係を究めようとしたのではない。右の所謂「必然の結果」は、マルクス、エンゲルスの熱烈なる希願の対象である。而してこの希願が資本主義社会に対する倫理的批判に発することは言をまたぬところである。ただ彼等はこの倫理的批判を整然たる体系に構成することを憚り、ただその瞋恚(しんい)を「圧迫者と被圧迫者」とか「破廉恥なる搾取」とか、ブルジョワジーは「人格的品位を交換価値に解消し、無数の確認せられたる既得の自由に代らしむるに一の無良心なる交易の自由をもってした」等の文言に洩らしている。これ等の文言が倫理的規範をその背後に持たなければ意味をなさぬことは言うまでもないところである。事実マルクス、エンゲルスの各時代の著作から、自然法的、功利主義的基礎付けと解せらるべき文句を拾い出すことは少しも困難でない。フォアレンダーはその「マルクス伝」中に、マルクスがライン新聞主筆時代、ライン州会における林木盗取法問題を論じて、人間は森林所有者よりも重んぜられねばならぬという法律的道徳的根拠から、力強く「貧しき、政治的に社会的に無資産なる群衆」の味方をした事実を挙げて、最初マルクスを駆って社会主義に赴かしめたものは道徳であったことを示す一例としているが、誠にその通りであろう。(K. Vorländer, *Kant und Marx*, II.

Aufl., 1926, S. 285 ; *Karl Marx*, 1929, S. 54)。

マサリックは、政治的に、実践的に、且つ感情的に「マルクスもまた科学的社会主義者たるよりも遙かに夙く社会主義者であった」といっているが（S. 39, Anm.）、事実上彼れを社会主義者たらしめたものは唯物史観ではなかったろうし、またそれでなかったことが当然である。換言すれば、マルクスは実はその熱烈に希う状態を、生産力発展の必然の結果として、否応なしに到来する状態として、説いたと見られる。前に述べた、共産主義実現後における弁証法的発展如何の問題の如きは、この見地から見れば問題にはならないのである。マルクスは何よりも第一に共産主義を欲している。それが出発に先だって既に与えられてある結論である。ただ彼れは、それを欲していると言わないで、それは必然的に到来すると言った。だから共産主義から先きの弁証法的発展の如きは彼れにとってはどうでも好いことであったろう。前に私有財産とプロレタリヤとを「肯定」及び「否定」として「弁証法的」に共産主義の結論を引き出したが、肯定と否定とには何と何とが当てはめられようとも、「否定の否定」は必ず共産主義でなくてはならぬ。それがマルクスの予定の結論である。やや酷評に聞えるかも知れないが、マルクスはその好むところの結論を引き出さんがためにただ弁証法的口吻を弄した形跡のあることも否定し難い事実である。ゾムバルトはマルクス、エンゲルスの著作について共産主義によって止揚さるべきものとされている種々様々の「矛盾」を拾い出して列記している。それによると左記の諸事項が肯定及び否定として対立させられている。

富の生産――貧窮の生産
生産力の発展――抑圧力の発展
ブルジョワ的富の生産――個々人の富の破壊
封建的独占――競争
経営内の組織――市場における無政府
私有財産――資本家による収奪

而していずれの場合においても「否定の否定」は常に共産主義である（*Der proletarische Sozialismus*, Bd. I, S. 231-21

4.)。これでは読者に何度ふり直おしても六の目の出る骰子を想起させるであろう。

共産主義必然論

唯物史観に含まるる必然論と社会主義運動の論拠とを如何にして相調和せしむべきかは、マルクシズム研究者に早速起る難問である。而して多くの場合この疑問は正面的の答を与えらるることなくて斥けられているようである。一例として再び『無産者新聞』相談欄の問答を引用する(大正十五年四月二十四日)。

(問)唯物史観によれば、「世の中はほって置いてもなるようになる」と解釈されるのに、インタナショナルの運動は理想主義的運動で、これは明らかに矛盾ではないかとの末梢的非難に対してどんな風に答えたらよいでしょうか。(ＡＢＣ生)

(答)どんな風に答えたらよいかとのお尋ねですが、もしそういう疑問を抱く人がいたら、「君は一体どの階級に属する人だ、資本家か労働者か、地主か小作人か」と聞き返してごらんなさい。そうして社会的現実の立場から観察すれば唯物史観が研究論であるかどうかは労働者には直ぐ了解されます。理想主義と自然主義の矛盾、決定論と自由主義の矛盾は唯物的弁証論が解決した問題ですからその方面から説くことも良いでしょう。しかしただ唯物的弁証論は資本家階級には宿らないことだけは注意を要します。余白がないために簡単にします。

これは無論質問者を満足させる解答ではあるまい。質問者は編輯者の不興を買い、不適当の質問をしたことに対して訓戒でも与えられたような感想を得たであろう。しかしこれは珍しいことではない。これに類する質問応答はマルクシズムの教師と学生との間に今日まで幾度となく繰り返されている。ここにはただその一例として『無産者新聞』の問答を借用したに過ぎないのである。

以上引続いて述べたことを綜括して繰り返していうと、マルクスの共産主義必然論は

一には、世界史をもって既定の窮極目的に向っての進行と見る形而上学に基づき、

一には、社会主義者のかくあれかしと願うところのものと必ずかくあると認めるところのものとの善意の混同に出

で、

また一には、社会運動上において同志者を激励し、反対者を志気沮喪せしめんがための政策的揚言として聴くべきものである。

マルクシズムはそれが形而上学に立脚する限りにおいては、もとより学問的研究の範囲外に属する。かくあれかしと願うところのものと、かくありと認めるところのものとの混同は、これは錯覚であるから問題にはならぬ。もしまたそれが政策的揚言であるならば（マルクス主義者の言説に政略的揚言もあることは、無論彼等自身も自認するであろう。如何なる政党でも究極における自党の勝利を揚言せぬものはない。）、それはその本質が明らかになった瞬間に効力を失う。いずれの点から見ても必然論は成立しない。吾々の言い得ることは、ただ社会主義者の努力はそれに有利なる、また不利なる様々の条件の下に行われる。その条件の如何によって社会主義の実現は可能である、もしくは蓋然的（probable）であると言うに尽きる。それ以上に進んで必然といえば、それは上記の場合のいずれかに帰着するであろう。而して社会主義者の努力そのものの根拠は倫理的根拠でなくてはならぬ。或る社会形態を実現しようとする努力はその社会においてより善きより正しき生活が保障されたという確信以外のものをもってジャスチファイすることは出来ない。それを憚り、もしくは含羞（はにか）んで、ただ言葉の表面で倫理を排斥することは全く無益の所為である。

マルクスの社会学に対する貢献

以上些かマルクスに不利なる評言を列ねた。次には唯物史観の長所、その社会学的研究に対する至大の貢献について述べなければならぬ。それは人間の経済的活動と社会形態の変化との関係の考察がマルクスによって多大の進歩を遂げたこと、これである。

社会主義者の努力、一般に言って、一の新たなる社会秩序の実現に向ってする努力が倫理的に基礎づけられねばならぬことは前に述べた。しかしこれ等の努力の成功するか否か、或いは果してどの程度まで成功するかは、与えられたる条件の如何にもよることであって、決して彼等の努力如何によってのみ決せらるるものではない。否な、この努力そのものが勝手気ままに起るものではない。人間はその精神的視野の限界内に入り来れる事物以外のものは問題にしない（出来ない）のみならず、明らかに遂行不可能なる事は当初からその遂行を企てない。故に一の新たなる社会形態の実現に向ってする努力そのもの、またその努力の成否如何ということが、既に与えられた現存の社会事情に極めて強く拘制せられているとともに、また新社会実現に向っての努力が起るということそれ自身が、すでに現存の状態の中にこの努力を促し起すべき原因があり、且つこの努力の成功の条件（と認めらるるもの）が既に存在することを示すものだと見て好いのである。故にマルクスの、人間は自らその歴史を造るが、「しかし人間はそれを自由なる材料から造らず、自ら選択した事情の下に造らずして、直接目前に与えられた、伝来の事情の下に造る」といい、また「人類は常にその解決し得る課題のみを自ら課する」という言葉は、社会的考察にとって極めて価値ある真理を含んでいる。このことは充分力説しなければならぬ。

前述の通り、マルクスの功績は社会を営む人間の経済行動と、人がその内に生活する社会形態の変化との関係の考察に多大の光明を投じたことである。そもそも社会を営む個人の行為は、その直接の意図から見てこれを二つに分つことが出来ると思う。一は与えられたる社会秩序の内で、それに従って生活しようとしてする行為であり、一は意識的に自己がその内に棲息する社会秩序そのものを動かさんとする行為である。仮りに前者を私益的順応行為、後者を公益的対応行為と名づける。

労働者が生活のため他人に傭われて労働したり、収得した貨幣で必要品を購入したり、或いは郵便局に貯金したり、質屋から融通を受けたりし、企業家が労働者を傭い入れたり、生産物を売却したり、トラスト、カルテルを組織したり、地主が資本や土地を賃貸したり、家主が借家を建設したりすることは皆な右の前者に属する。これ等の場合当事者は皆な与えられたる社会秩序を容認し、その秩序の容（ゆる）す範囲内で自己の利益を追求する。これに反し、一般に財産制度の変革を企図したり、或いはそこまで行かないでも、工場法を制定または改正したり、社会保険の制度を設けたり、最低賃銀を公定したり、sweating system を禁止したりする努力は、私のいう公益的対応行為である。これ等の行為は行為者自身の私益を目的とせず、また与えられた社会秩序の枠に順応するのでなくて、枠そのものを変更しよ的批判から出発する。即ち背後に何等かの社会的理想を持たなければならないのである。

然るに、この私が二つに分けたこれ等の行為は、互いに単独無関係に行われるものではない。現行の社会秩序は過去の公益的行為の結果であるから、私的行為は無論公的行為の拘制を受ける。しかしまたこの現在の枠に順応する行為が枠そのものを動かす結果を生むのである。而してこの結果は一は期せずして行われ、一は意識的に行われる。例えば、市場が拡大せられて一国全体或いは国境を超越した生産配給の組織が造られるとか、また生産力の増進によって中小経営の多くの者が没落して独立を失い、生産は少数の大経営に集中して行われるようになるとか、或いは労働者相互の競争のため、労銀が低落し、労銀の低落によって利潤の獲得、資本の蓄積が促進されるとかいうことは、いずれも社会秩序の変化であるが、しかもこれ等の変化は意識的により善き社会状態を造り出すという目的をもって努力の行われた結果ではない。譬えば蟻がただその生活を営むために労働した結果、期せずして（恐らく）巨大なる蟻の塔を造り出し、而して既に蟻の塔が造り出された上は、ここに適応して生活しなければならぬと同様に、資本家なり労働者なりは、ただ利潤を獲得し、またはその日の生計を営むという目的のみを念頭にして活動する結果が、期せずして一定の社会秩序の建設またはその変更となるのである。しかもかく無意識なる社会的秩序の変化が行われると同時に、他面その中からそれに基づいて、社会秩序の枠を意識的に動かそうとする努力が起って来る。その最も著大な例を挙げれば、現存社会の下において生産力発展のために階級的分岐が簡単となり（ブルジョワジー――プロレタリヤ）而してもし労働者階級の窮迫が加われば、労働者の間には一方現行秩序の下で自分だけこの窮迫を逃れようとする努力も行われるとともに、他面現行の秩序そのものを動かそうとする運動が生れて来るであろう。更に一二例を引けば、新たに工場工業が起り、工場労働の弊害が甚だしくなれば、これを矯正抑制するために労働者保護法が制定せられ、失業が大衆現象となるに至って始めて労働紹介または労働保険の施設が行われる。しかもこれ等一切の現行秩序変更の努力は、それが現存状態を如何ように変更せんとするにもせよ、必ず与えられたる現在の状態から出発する。卑近の例についていえば、工場工業未だ興らず、従って工場労働の弊害も未だ見えない処では、無論十時間法運動その他、労働保護立法の努力は起らない。未だ大衆現象としての失業を見ない処で労働紹介所や失業保険制度の設けられないことも同様である。のみならず現状変更の努力の方向如何についても、人は明らかに不可能と分っていることを実現しようとは企てないから、この方向というものも、やはり現在の与えられた条件によって拘束を受ける。即ち現行秩序変更の努力は努力それ自身の起ることも、またその方向も、強く前述の所謂私益行動によって造り出された現在の状態によって制限されるのである。

ここに私のいう私益行動によって構成せらるる社会が、ヘーゲルが或るところで「私的利害の闘争場」と呼んでいる所謂市民社会（bürgerliche Gesellschaft）にほぼ相当する。そうすると、右に述べて来たことは、畢竟一の新たなる社会秩序を実現せんとして行われる努力は著しく市民社会に倚頼（いらい）するというに帰着する。マルクスが、法律関係や国家形態はそれ自体から理解さるべきものでもないし、また所謂人間精神の一般的発展から理解さるべきものでもなく、むしろその総体をヘーゲルが市民社会という名の下に総括した物的生活関係に根ざすものだ、と教えたことは、社会学研究にとっては極めて貴重な暗示である。ただマルクスはこの価値ある理論を適用するに当って、その強烈なる政治的意志のために動かされて、多くの誇張、偏頗、歪曲に陥った。生産力の発展が社会を駆って共産主義の実現というただ一つの方向に推進するということを、必然既定の約束として説いたのがそれである。

前に私は、一の新たなる社会秩序の実現に向ってする努力が成功するか否かは、与えられたる条件の如何にもよることであって、決して努力そのものの如何のみによっては決せられないといった。しかしこれは無論、努力の如何が事の成否と無関係で、ただ与えられたる客観的外部的条件のみが問題を決するというのではない。一の運動が一定の客観的外部的条件の下において、活きた抵抗に打ち克って成功するか否かは、無論努力の如何によって定まることである。またそれなればこそ努力の必要があるのである。努力の必要を認めることは無論必然を否認することである。

また私は書いた。人間はその精神的視野の限界内に入り来たる事物のみを問題にするのみならず、明らかに遂行不可能なることは当初からその遂行を企てないから、一の新たなる社会秩序を実現せんとする努力そのもの、またその方向は、極めて強く既存の社会事情に拘制さるるとともに、この努力が起るという事実それ自身が既に現存状態の中にこの努力を促し起すべき原因があり、且つこの努力の成功の条件（と認めらるるもの）の既に存在することを示すものだと見て好いのであると。

まことにその通りである。けれどもかくいうことは決して一定の社会事情から必ず単一なる変革運動が起るという意味ではない。何故かといえば、第一、人間はその精神的視野の限界内に入り来る事物のみを問題とするのではあるが、この視野の広狭は、人によって甚だしく違う。或る人の認め得る事物を他の人が認めないという実例は、一々数える遑（いとま）もないことである。その上に誤認錯認ということがある。更にまた、明らかに不可能な事は当初からその遂行を企てないとはいうけれども、一定の事情の下で或る事を可能と認め、不可能と認めることは、主観的判断によるものであって、無論人によって同じくない。現に同じ一の資本主義社会の内から種々様々なる、否な正反対の方向の変革運動が生れているではないか。例えば或る者は社会主義秩序の実現はただに望ましくないのみならず、明らかに不可能であると確信しており、社会主義者はその正反対を確信している事実があるのである。

同一の与件に基づく判断が既にこの通り違うのである。一の社会事情から生れた変革運動が皆な等しく成功を約束されたものだということは無論あり得ない。マルクスの「人類は常にその解決し得る課題を自ら課する」という命題は極めて妙味あるものではあるが、それは決して一の運動の起るという事実そのものが直ちにその成功の一切の条件の具備することを示すという意味に解して承認すべきではない。例えば、フランス革命当時におけるバブッフの共産（平等）主義陰謀について、マルクス、エンゲルスは『共産党宣言』の中で、これを未だその成功の物的条件の備わらぬ処に起り、当然失敗に終るべくして終った陰謀だと評している。しかしバブッフ自身は無論失敗を予期して運動を起した訳ではない。既にこの通りの誤認がある。一の運動の行わるることが直ちにその必然的成功の約束にならないことは明白である。

同様の事は、マルクス、エンゲルス自身についてもある。例えばエンゲルスは一八四五年の頃、既にイギリス資本主義はその終末に達したものと信じ、その著『イギリス労働者階級の状態』の終りに、「問題の平和的解決法を講ずるには、既に晩（おそ）い」といっている。また一八四八年当時にもマ、エ二人は既に資本主義の行詰まりは目前に迫れるものとして立言した。その後においても、二人は幾度も資本主義の発展は既にその極点に達したということを言明した。これ等の観察は皆謬っていた。そうして殊にエンゲルスは、晩年に至って率直に自己の誤謬を容認した。「歴史は吾々及び吾々と同様に考えた凡べての人々が間違っていたという判決を下した。歴史は大陸における経済的発達の程度が資本主義的生産撤廃のためには当時まだ遙かに未成熟であったことを明らかにした。歴史はこの事を、一八四八年以来全ヨーロッパ大陸を捉え、フランス、オーストリヤ、ハンガリヤ、ポーランド及び近年はロシヤに始めて大工業を帰化せしめ、ドイツを正に第一流の工業国たらしめた経済的革命――しかもそれを凡べて資本主義の基礎の上に、即ち一八四八年当時はなお大いに拡張の余地があった基礎の上においてした経済的革命――によって証明した」と、彼れはマルクスの『フランスにおける階級闘争』への序文（一八九五年）の中で明言した。

与えられたる条件の下で如何なる変革が可能であるかの判断は、この通り人によって違うし、また同じ人でもこの通り時代によって違う。だから社会変革の努力が勝手気ままに起るものでないということは正しいが、それは決して与えられたる条件の下に必ず一定の運動のみが起るという意味に取ることは出来ぬ。人間はその歴史を自由に造り得るものではなくて、これを「直接目前に与えられた、伝来の事情の下に造る」ということは真理であるが、その与えられた事情の下に行われる将来の変化発展は様々のものが可能である。それを予め或る特定の一つのみが可能であると言うことは、形而上学の援けを借らなければなし得られないことである。

唯物史観は社会学理論にとっては極めて価値ある所得である。ただ社会主義者たるマルクスは、この理論の適用において極めて傾向的であったといわなければならぬ。

経済法則の歴史性、非歴史性

市民社会の経済学的解剖においてマルクスが非凡な成績を挙げ得たことは、何人も争う者はあるまい。ただこの場合においても、マルクスの考察及び結論は、その強烈なる政治意志のために動かされて、多くの場合においてその結論が傾向的であることを免れなかった。二三の事例についてこのことを説いて見よう。

マルクスは歴史的発展の上に持つ市民社会の意義を知り、而して市民社会の解剖は経済学に求むべきことを知るや、直ちに経済学の研究に突進してこれに没頭した。なかんずく彼れに多大の所得をもたらしたものはリカードー研究であった。プルドンを批評した『哲学の窮乏』(一八四七年)あたりには、殊によくリカードーの影響が現れている。極言すれば、彼れは、一々リカードーに拠ってプルドン経済学を撃つと言っても好いくらいの有様であった。しかもかくリカードーを尊重しながら、マルクスは夙くからリカードーのみならず、一般に在来の経済学者に共通なる誤謬を指摘している。それは彼等が現在の経済生活を一定の歴史的発展の所産と見ず、これを永久不易の自然的事実なるかの如くに解し、一定の時代、即ち資本主義社会にのみ効力あるべき法則を、ややもすればそのまま人間生活のあらゆる段階に適用せんとすることがそれである。例えば「リカードーはブルジョワ的生産をもって地代決定上の必要条件であると前提して置きながら、地代という観念をあらゆる国々の土地所有に適用している。こういうことはブルジョワ的生産の事情をもって永久的のものとなす一切の経済学者に共通するところの錯誤である」と既に前記の書の中に説いている。

この見地からマルクスは、例えば従来行われた、生産の結果たる生産用具そのものを直ちにもって資本とする経済学者の通説を排して、資本はただ一定の社会関係の下においてのみあり得るものだということを力説した。生産用具をもって直ちに資本となす学説を、奴隷とは何ぞやというに対して、奴隷とは黒人だという答えに等しいものだといったことは、誰れも承知している。

彼れはまた、同じ見地から、例えば特定の社会を離れた生産それ自体というものを論ずることも排斥した。遺稿「経済学批判緒論」に、彼れは「スミス及びリカードーがそれをもって出発した、個々の孤立せる猟夫及び漁夫は、十八世紀の空想力に欠けた空想の一に属する。社会以外における単独個人の生活は……ともに語る人なくしての言語の発達と同様の荒唐無稽事である。……故に生産という時には、常に一定の社会発達段階上における生産——社会的個人の生産をいう」と言っている。また「経済生活の一般的諸法則は、その現在に適用せらると過去に適用せらるるとを問わず常に同一のものである」という見解を排し、人間生活が一の段階から他の段階に移るや否や、直ちに別の法則によって支配され始めることを説いた（資本論第一巻第二版跋）。

このマルクスの見解は旧派経済学に対する批評としては極めて適切であるが、しかしここにもまた彼れの政治意志が働いていることが認められる。そもそも人間の経済生活には、特定の社会形態に制約せらるる歴史的可変的なる一面と、特定の社会形態と離れた、論理的不易的なる一面とがある。生産用具が営利資本となったり、地主が地代を収得し、労働者が労銀をもって雇傭せられたりすることは、この可変的な一面に属するし、人間が労働によってその欲望を満たし、欲望を満たすに最も有効、合理的になさんと努力し、或いは生産用具を獲得せんがためには、その時々の生産力をそれだけ浪費財の生産から割いてこれに充てなければならぬ等のことは、特定の社会形態と関係なく、恒に不易的に行わるる一面に属する。然るに変革者たるマルクスは、人間経済生活にこの両面があるということを言わずに、経済生活が歴史的可変的なることのみを強調した嫌いがある。その著しい一例は、マルクスの人口法則に見える。

元来マルサスの人口原則は社会主義反対論の論拠として唱えられたものである。もしもマルサスの言う通り、現社会における貧困と罪悪が一に人口と食物量との関係から生ずるのであるならば、社会変革の努力は凡べて徒労に帰するといわなければならぬ。故に社会主義者は社会主義者としては皆なマルサスの人口原則を排斥し、一切の重大なる害悪は皆な現在の社会形態から起ると言わなければならぬ。多くの社会主義者が種々の方法でそれを試みた。マルクスも無論それを試みている。

彼れは特定の社会形態に関係なき普遍的の人口法則というものは動植物界にはあるが、人間社会には行われないといって、簡単にこれを否定する。それでは人口法則というものは全くないかというと、歴史的人口法則ならばある。「特定の歴史的生産方法は、各々その特有なる、その時代に限って真なる人口法則を有する」と言う。その人口法則とは畢竟現社会における資本の蓄積は失業者即ち産業予備軍を発生せしめる、マルサスが食物に対する絶対的過剰人口と見たものは、実は資本に対する相対的過剰人口であって、従って資本主義の撤廃せられた暁には、この現象も跡を絶つというにある。

この見解には無論道理がある。今日大衆の窮乏は決して人口に対する食物の欠乏のみによるものではない。過剰人口と見えるものが実は失業者に外ならぬことを指摘したのは、ともかくも慧眼であろう。しかし人口問題は果して失業問題に終始するかといえば、無論そうではない。マルクスが失業問題以外に人口問題なしと言わんとしたのは、マルサスと正反対の方向に走った誇張の論断である。成程マルサスの人口論が人気を博したのは、マルクス等が指摘する通り、党派的利害にもよるものだろうが、マルクスが普遍的な人口法則なるものはないと主張するのも、同じく党派的利害に動かされたものであろう。現社会における窮乏が食物量対人口の不均衡から起ると承認することは、マルクスの政治的目的から見て不利益なのである。

　無論人口に対する充分の食物があっても、なお失業が困窮を生ぜしめることは争い難い事実だろうが、しかし仮りに失業問題が完全に解決されたとしても、その暁には常に必ず人口を養う充分の食物があるとは言われない。マルクス自身の理論を見ても、人口問題は決して無用の問題ではない。人口と食料とは、なお資本関係を挟んで相対立しているのである。マルクスの場合に失業者の有無大小を労働需要の側から決するものは資本額、詳しくいえば総資本中の賃銀支払に充てらるる部分、即ち所謂可変資本額である。しかし労働者就業の能否は、単に可変資本額のみによって定まるものではない。問題の他の一半を決するものは依然として人口である。仮りに可変資本額を一定せるものとすれば、就業機会の大小は、やはり大いに人口増減の遅速によって左右される。マルクスは資本蓄積に伴う可変資本の相対的減少を力説したが、これはただそのために失業者が人口増加よりも速かなる速度をもって発生し得ることを説明するに止(とど)まり、決して人口対食物の関係が労働者の状態に無関係だという結論は生まない。人口増加の速度及び人間の努力に対する自然の反応如何は、常に人類の福祉を決する最も重要なる究極の問題である。然るにこの一面を言わず、歴史的人口法則以外に人口法則なしと主張するのは、やはり政治意志に動かされた、傾向的の結論だといわなければなるまい。

価値論、余剰価値論

マルクスの重（おも）なる経済学説たる価値論、余剰価値論、産業予備軍説、生産過剰の理論等は、いずれも貴重なる思想産物たるに相違ないが、そのいずれに対しても右と同様の批評が該当する。

価値論、余剰価値論の批評では、既に余りに度々議論したから、今は特にそれ以上に附け加えて言ぅべきこともない。私の見るところでは、商品の価値は需給の関係によって、従ってその価格によって定まり、労働費用はただこの供給を左右する因素として価値決定上の一の役目を――但し極めて重要の役目を――演ずるといぅに止まる。而してマルクス自身の理論も推しつめて行けば、結局これに帰着せざるを得ないはずだといぅのである。しかし、もしこれに帰着するとすれば、凡べて商品はその価格だけの価値を持つといわねばならぬことになり、それを労働の価値にも適用すれば、結局経済理論上においては、搾取論、余剰価値論は成立不可能となる。

しかし、もしこの結論を容認したならば、マルクス経済理論はその宣伝価値の大なる部分を失ぅであろぅ。マルクシストの大多数がこれを容認しないのは当然である。

元来厳密にいえば、価値、余剰価値の理論は生産力の発展による資本主義崩壊の理論とさほどに緊密な関係を持っているものではない。余剰価値は支払われざる労働をもって成るといぅことは、マルクスにとってはただ単に一個の事実たるに過ぎない。彼れはこれを正当だとも不当だともいぅのではない。彼れの共産主義の根拠は吾々の目前に行われつつある資本主義の必然的崩壊にあるのであって、決して搾取が不当だからこれを撤廃しなければならぬといぅ道義的要求にあるのではない、といぅことを、エンゲルスは特に『哲学の窮乏』の序文の中で言っている。

まことに理論上から言えばその通りである。彼れの産業予備軍説、彼れの消費過少説らしい生産過剰説の如きは、余剰価値論をまたないでも、説明すれば出来るものであろぅ。けれどもそれは純理上から言ぅ場合のことであって、大衆の実践的政治行動を促す上から言えば、余剰価値論は極めて大きい効力を持っている。資本家の収得する利潤は余剰労働の所産である、不当なる搾取である、と説くことが、この不当なる状態の変革に向って人の努力を促す第一歩でなければならぬ。故に理論的にいえば、余剰価値論はただ一個の事実を述べたに過ぎないと言ぅかも知れないけれども、事実上マルクス自身は、この「事実」を風が吹いたり雨が降ったりする現象と同様には見ていない。許すべからざる、不当の事実として、その撤廃を遂げなければならぬものとして、見ているのである。「搾取」という言葉、更に「破廉恥なる搾取」という言葉が充分彼れの態度を示している。

マルクスも元来はリカードーとともに、労働費用が需要供給の関係を通じて諸商品の交換比率を左右するという立場から出発したものであった。然るに、彼れは何時か進んで、相交換せらるる二商品に共通なる或るものでもあり、また共通ならざる或るものでもあるという、捕捉し難い価値概念を立て、而して直ちに労働をもってこの価値の形成者となし、これに基づいて余剰価値論を打ち立て、利潤利子地代は凡べて支払われざる労働をもって成ることを説明した。ここでも意識的無意識的に彼れの社会主義者としての政治目的が働いたと見て好かろう。

資本家的蓄積法則

マルクスの産業予備軍説に至っては、無論多くの根拠をもって唱えられている。何人もこれを虚妄だとして排斥することは出来ない。しかしここでも、彼れは資本主義の将来を故らに暗黒に描いている。彼れの理論は、畢竟資本の蓄積が進行するに連れて、生産力増進のため、所謂資本の有機的組成が変化し（高度化し）、労働者賃銀として支払わるべき部分（可変資本部分）の割合が減少して、機械、道具、原料等の物的手段に換えらるる部分（不変資本部分）が増大し、従って資本の蓄積とともに労働者の位置は益々不安となるというのである。これを簡略して言えば、機械採用のために人間が不要になるということである。

もとより機械は多くの場合、人手を省く目的をもって採用されるのであるから、機械採用の直接の結果が一部労働者の失業であることは、これは当然の次第である。ただ問題は、かくして先ず差し当り失業した労働者が結局において再び吸収せらるるを得るか否かということである。再び吸収されるという楽観論の論拠は、第一には機械が一方で人を失業せしめるとしても、その機械そのものの製造に労働を要すること、次に機械の採用によって生産費が低廉となれば、低廉となったその物に対する需要が増進するか、然らずんば他の何物かに対する購買が増すか、或いは貯蓄余力が生じ、いずれにしても労働に対する需要の原因となるということにある。

しかし果してこの通りに行くかどうかは、場合によって同じでない。機械の製造そのものに労働者を要するというけれども、機械に改良が加えられ、既存の工場で今までよりも有効な（即ち人手を節約する）機械が製造される場合には、特に今までよりも機械の製造に人手を要するということもないはずである。また生産費が低廉となれば、廉くなったその物か或いは他の何物かに対する購買が増すか、然らずんば貯蓄が増すというけれども、これは仮りに消費者の購買力は不変なるものとしての話である。もしも機械の採用のために失業した者がその購買者である場合には、右に記したような補償（compensation）作用は起らない。それ故もしも機械が凡べての産業部門に亙って、しかも急速なる勢いをもって採用されたならば、労働者を顧客とする産業部門は操業を短縮する。また失業者を出す。その失業者がまた他の失業者を造る。という風にして全労働者を失業せしめることも、理論上は不可能ではない。

ただ実際問題として機械の採用は如何なる程度において如何なる速度をもって行われるかということであるが、過去の事実としては、機械採用の速度は失業者の吸収を不可能ならしめる速度をもっては行われていない。それは何よりも簡明に、工業人口の急速なる増加の事実によって見ることが出来る。言うまでもなく、今日工業と農業と何処に多くの機械が採用されているかといえば、無論工業である。然るにオッペンハイマーの夙に指摘する通り百余年来、いずれの文明国においても、農村人口は非常な勢いで都市に流入しているという事実がある。個々の部分によし如何なる現象があるにもせよ、この大きい事実は、全体において機械を使用する工業がそれを使用しない農業よりも労働雇傭力に優れている証拠だと見て好い。そこで将来の問題であるが、将来非常に急速な勢いで一時に普遍的に機械が採用されるということは、無論絶対不可能だという保証は出来ない。しかし決して必ずそうなるということは、なお出来ない。ただ今日までの事実をもって将来を推せば、機械の採用は強く労働者を吸収する力を持っているだろうといえる。この点でも、社会主義者たるマルクスは、その好むところに偏する結論を引いていると思う。

マルクスの生産過剰の理論に至っては遂に断片のままで遺された。資本が蓄積されて行ったらば一体どうなるか。生産せらるる消費財は都合よく資本家、地主、労働者の所得で丁度買い取られるか。生産せらるる生産財は都合よく蓄積せらるる資本をもって買われるか。果してそれが調和的に進行し得るか、得ないか。これはマルクシズムにとって最も重要な問題であるが、マルクスは遂にこの理論を大成せず、また吾々に遺された断片は必ずしも相互によく吻合しない。それがためにその解釈についてマルクス主義者の間に異論百出して、或る者は調和的進行が可能だといい、或る者は不可能だと主張して、仲間内で争っている有様である。

しかも、かくこの理論は遂に完成しなかったにも拘らず、資本主義は救い難き生産過剰に陥るという結論は、既に夙くからマルクスに与えられていた。『共産党宣言』には無論それが見えている。エンゲルスに至っては、更にそれ以前から、夙くも資本主義の行き詰まりを説いていた。即ち自由貿易の問題に関聯して、彼れはもしもドイツが自由貿易を採用すれば、ドイツ工業は英国の競争に滅ぼされて大衆の失業が社会革命を必然ならしめ、また保護貿易を実施すれば、ドイツ工業は発達して国内市場は狭隘を告げ、英国工業と海外市場を争奪して二者いずれかの没落となるが、一国における資本主義の没落は他の諸国プロレタリヤの叛起を喚び起すから「共産主義はドイツにとってたとえ歴史的必然ならぬまでも、しかも一個の経済的必然である」と説いた。これが一八四五年のことである（*Marx-Engels Gesamtausgabe*, Abt. I, Bd. 4, S. 382.）。即ちエンゲルスは自由貿易を行っても保護関税を採用しても、いずれにしてもドイツ資本主義の没落は免れぬといったのである。

即ちマルクス、エンゲルスはその資本蓄積の理論を大成せず、厳密にいってその真意の那辺に存するかをも説明せぬ以前に、既に資本主義の経済的行き詰まりを断定している。忌憚なくいえば行き詰まりは何よりも彼等の好むところの結論であって、精密なる経済的分析はむしろ後から試みられたという形跡が見える。これもまた彼等の考察が傾向的だという一の材料になるであろう。

然らばこの傾向的なマルクシズムが何故に今日青年思想界の勢力となり得たかといえば、その最大原因の一はロシヤ革命である。ロシヤ革命は資本主義爛熟の結果として起ったものではない。故にもしもマルクスのいう如く、生産力発展のために倒壊することが、資本主義発展の正常行程であるならば、ロシヤ革命は異常原因のために起った偶発事件だという議論も成り立ち得るが、議論はとにかくとしてロシヤ革命は儼然たる目前の事実であって、而してこれによって出現したソヴィエト聯邦はマルクシズムをその国教として奉じている。敢えて第三インタナショナルの宣伝をまつまでもなく、この世界史上の大事件とその指導哲学とが青年思想家を強く衝撃することは当然予期すべきところである。かつてフランス革命が当時のヨーロッパ思想界を揺り動かしたように、今日の思想界はロシヤ革命という事件のため、更に幾倍強く揺り動かされている。而して昔フランス革命の激動が相当の年月を待って始めて鎮静したように、今日の思想界がロシヤ革命の影響から脱することもまたかなりの年月を要するであろう。(註。第二次大戦前に記す。)

次にマルクシズムが一部の思想家に歓迎せらるる所以はそれが最も力強き否定の哲学であることにある。前にも述べたように、マルクスはほとんど共産主義のことを説かず、専ら資本主義の解剖に主力を用いた。共産主義社会は如何に構造せらるるものであるか、またそれは現在の資本主義社会と比較して如何なる長所を有するものであるか。これについてはマルクスは極めて僅かの言葉を費すに止め、専ら辛辣なる言葉をもって資本主義社会の醜劣を鳴らし、またその倒壊が必然の約束であって、如何なる力をもってしても到底避け得られぬものであることを説いた。しかも否定は常に強い。否定は責任を伴わない。故に批判力あるものには、現存事物の否定は常にその肯定よりも喜ばれる。もしもマルクスにしてその計画するところの共産主義社会の構造を述べてその優越を主張したならば、必ずこの主張そのものに対する否定的批評が起ったであろう。然るにマルクスはユトーピヤを描かずと称して、将来社会についてはほとんど記述するところなく、資本主義社会の現状否定に力を傾けた。それが今日批判的思想家の間におけるマルクシズムの勢力の一の秘密である。いやしくも多少の批判力を具えたもので、資本主義社会の現在の状態をそのまま是認する者はあるはずがない。

マルクシズム盛行の原因はもとよりこれで尽きるものではない。マルクシズムに真実価値ある要素の含まれていることは、既に前にも述べ、また度々別の機会にも述べたことであって、或る方面におけるマルクスの成功はたしかにその真実の価値あるものにもよること勿論であるが、しかもなお右記の事情の如きも少なからずその盛行を助ける原因となっていることは、争う余地がないと思う。

以上マルクス死後五十年を機会に平生マルクシズムについて考えていることを一通り述べた。なおマルクスの国家論、その破局説と社会政策その他論ずべき問題を残しているが、これ等の問題については、既に別の機会に一再ならず論じたこともあるから、凡べてここには省略して擱筆する。これ等の点については、もし拙著『社会問題研究』拙訳『ラッサール、労働者綱領』解題、等参照せらるるを得ば甚だ幸いである。

私はマルクスを評してしばしばその議論が傾向的で誇張があるといった。しかし偏頗ならざる思索家必ずしも深遠なる思索家ではない。現社会変革の熱情は彼れの考察、結論を偏頗ならしめた。しかし同じ熱情が彼れを精到なる資本主義解剖者たらしめたのである。前の事とともに後の事も私は充分認めているつもりである。

（『マルクス死後五十年』所収）

マルクシズム（講義要項）

前言

カール・マルクスは実践家としても理論家としてもその生前には不遇の人であった。彼れは一八四八年前後の革命期における実践運動にも失敗し、また一八六四年より一八七二年までの第一インタナショナルの指導においても結局は失敗したのみならず、理論家としてもその生前においてはほとんど何等の注目すべき批評を受けなかった。『共産党宣言』が出て後約三十年『資本論』が出て後約十年の一八七五年になってまだ肝心のドイツ社会党がマルクスの意に背くも甚だしいゴータ綱領の如き綱領を可決採用したという一事がすでに充分這般の消息を物語っている。オイゲン・デューリンクの攻撃に対してマルクスを弁護し、彼れの真趣旨を明らかにせんとしたエンゲルスがかの有名な「反デューリンク論」を党の機関紙『フォアヴェルツ』に連載し始めた時、デューリンク心酔者の多い党内にはエンゲルス攻撃の声が起って、この原稿の続載を禁止もし兼ねまじき勢いであったが、ようやく或る人の提案に従い、右機関紙の本紙でなく、その特別附録に掲載させることにしてようやく問題が処理されたという如きことは、今日ではほとんど聞いても信じ難いほどのことであるがしかし間違いのない事実であった。

マルクシズムがようやく社会主義運動者及び学界に認められ始めたのは、十九世紀も一八九〇年代に入ってのことである。マルクスが生前注目すべき批評を受けなかったことは前に述べたが、彼れの死後におけるマルクシズムの影響は、マルクシズム文献の増加によってこれを卜(ぼく)することが出来よう。ゾムバルトがその『カール・マルクスの事業』（一九〇九年）という小冊の中に報道するところによればマルクスの歿年（一八八三年）までにマルクスについて書かれた著作は僅かに二十を算するに過ぎなかったということである。それがそれから一八九四年資本論第三巻の出るまでには五十八を数え、一八九四年から一九〇四年までの間には既に二百十四に上ったということである。然るにマルクス・エンゲルス・アルヒーフによれば、世界大戦開戦以来一九二五年九月に至るまでにヨーロッパ語（ロシヤ語を除く）をもって発表されたマルクス文献は八百六十余篇の多きに上った（*Marx-Engels Archiv*, Bd. I）。而してマルクシズムのこの盛行を促進した最大原因の一は、いうまでもなくロシヤ革命である。この革命が全世界各国に与えた影響は、百余年前フランス革命が当時の欧洲諸国に与えたそれに比較すべくしてその深刻は更に幾倍を加えるものである。独り欧米のみならず東洋文化の諸国において、マルクスの著作は必ず多少の程度においてその国青年の思想を動かしている。わが邦のマルクス文献については今正確に記すことは出来ないが、前年大原社会問題研究所の調査するところに従えば（内藤絅夫編『邦訳マルクス・エンゲルス文献』昭和五年）、マルクス・エンゲルスの著作にして日本語に翻訳されたものは、昭和三年（一九二八年）十二月までに約二百二十種に上っている。それにその後の刊行及びマルクス・エンゲルスを論ずるものを加えたならば、よほどの数に上ることであろう。ただ一つの『資本論』についても、高畠素之氏の翻訳はその改造社から出版せられた分のみで発売部数は確実に十万部（五十万冊）を超えたと聞いている。しかもこの多数のマルクス・エンゲルス文献で、年時の上からいってロシヤ革命以前に属するものは僅かに二種もしくは三種しか挙げられていない。それには或いは脱漏があるかも知れないが、とにかく日本でもロシヤ革命がマルクシズム盛行の大原因たることは疑いないのである。最近においてはマルクス主義者の言説が陳套に流れて生気を失い、また有力なる共産主義者に変説転向する者が続出したりしたため、ややマルクシズム退潮の観を呈しているが、しかもマルクシズムは最も力強き否定の合理主義的理論を含んでいるから、しばらくその真実の学問的価値を別としても、今後もなお充分青年及び被支配階級の心に訴える力を失わぬものであろう。（第二次大戦以前に記す。）

マルクシズムを論ずるには、まずマルクス、エンゲルスの生涯、事業及びその著作のことを述べなければならぬはずであるが、今時間がそれを許さぬから、左に簡略なるマルクス、エンゲルス年譜を掲げてこれに代える。無論この二人の閲歴でその思想を理解するために必要なる限りのものは、左記マルクシズム生成を説く条下において自然言い及ぶことになるはずである。

一八一八年　ドイツ、トリエルに生る（五月五日）、名はハインリヒ・カール。父ハインリヒ弁護士を業とす。母はヘンリエッテ、プレスブルグ氏。共にユダヤ教を奉ず。

一八二〇年　フリードリヒ・エンゲルス、パルメンの由緒あり富裕なる商家に生る（十一月二十八日）。

一八二四年　マルクスの同胞キリスト新教に改宗す（八月二十六日）（但し父ハインリヒはこれより先き一八一六年の頃新教の洗礼を受けていた）。

一八三〇年　トリエルの中学に学ぶ。パリに七月革命起る。母、子等と同じく改宗す。

一八三一年　ヘーゲル、ベルリンに死す。ポーランドの叛乱起る。

一八三二年　ハムバハ祝祭行わる。

一八三五年　中学の業を卒え、ボン大学に入る（十月十五日）。

一八三六年　ジェニー・ヨハンナ・ベルタ・フォン・ウェストファーレン（一八一四年二月十二日生）と婚約す。ベルリン大学法学部に入り（十月）法学、哲学、史学を修む。

一八三七年　エンゲルス中学を去って商業に就かしめらる。英国にチャーチスト運動起る。

一八三八年　父死す（五月十日）。

一八三九年　五月パリにブランキ党の叛乱起る。

一八四〇年　プルドンの『所有とは何ぞ』（*Qu'est-ce que la propriété?*）出づ。

一八四一年　イエナ大学にエピクルス哲学に関する論文を提出して学士の称号を受く。ボン大学の私講師たらんと試む。果たさず。エンゲルス、志願兵として近衛砲兵隊に入る。モーゼス・ヘスの影響を受く。

一八四二年　フォイエルバッハの『キリスト教の本質』(*Das Wesen des Christentums*) 出づ。

一月一日ライン新聞発刊。その寄稿家となり、次でキョルンに移り、その主筆となる(十月)。エンゲルス匿名にてシェリンク批評の文を公けにす。マルクス始めてエンゲルスに会う。エンゲルス英国マンチェスターに赴き、父の工場に執務す。

一八四三年　シュタインの『フランス社会主義及び共産主義』(*Der Sozialismus und Kommunismus des heutigen Frankreichs*) 出づ。ワイトリンク『調和と自由との保障』(*Garantien der Harmonie und Freiheit*) を著わす。ライン新聞主筆を辞す(三月十八日)。結婚す(六月)。パリに移る(十一月)。

一八四四年　アルノルド・ルーゲとともに『ドイツ・フランス年誌』(*Die deutsch-französische Jahrbücher*) を発刊す。エンゲルス英国よりの帰途マルクスを訪い(九月)、二人生涯の提携ここに始まる。長女ジェニー生る。

シュレジエンに麻織りの暴動起る。

一八四五年　パリ退去を命ぜられ、ブルュッセルに移る(年初)。エンゲルスもこの地に来る。共著『神聖家族』(*Die Heilige Familie*) を出す。夏エンゲルスとともにイギリスに旅行し、六週間滞在す(八月二十日帰来)。エンゲルス『イギリス労働階級の状態』(*Die Lage der arbeitenden Klasse in England*) を著わす。次女ラウラ生る。

フォイエルバッハの『宗教の本質』(*Das Wesen der Religion*) 出づ。

一八四六年　前年の晩夏以来執筆せる共著「ドイッチェ・イデオロギー」(Die deutsche Ideologie) 夏の始めほぼ成る。出版に至らず。プルドンの『窮乏の哲学』(*Système des Contradictions économiques, ou philosophie de la misère*) 出づ。ワイトリンクと交わる。

一八四七年　共産主義者同盟に加盟す。十一月「同盟」の会議に列せんがためロンドンに赴く、宣言起草の依嘱を受く。プルドン駁論『哲学の窮乏』(*Misère de la philosophie : Réponse à la philosophie de la misère de M. Proudhon*)

一八四八年　を公けにす。長男エドガー生る。

共著『共産党宣言』(*Manifest der Kommunistischen Partei*)発表せらる(二月)。二月革命起る。ブルュッセル退去を命ぜられてパリに移り、更にキョルンに帰る(四月)。新ライン新聞を起し、その主筆となる(六月)。新聞三週間発行を停止せらる(九、十月)。始めてラッサールを知る。パリ六月暴動。

一八四九年　新聞紙法違反及び武装抵抗教唆の廉をもって告発せられ、無罪の宣告を受く(二月)。新ライン新聞廃刊す(五月十九日)。プロシャ国籍を失う。パリに移る(六月)。パリ退去を命ぜられ、ロンドンに移る(八月)。エンゲルス、バーデンの叛乱に参加す。次男グゥィドー生る。

一八五〇年　雑誌新ライン新聞(*Die Neue Rheinische Zeitung, Politisch-ökonomische Revue*)を発刊し、六号を出す。エンゲルス、マンチェスターに赴き、その父の経営する紡績工場に傭わる。「共産主義者同盟」分裂す(九月)。

一八五二年　ニューヨーク・トリビュンへの通信を始む(一八六二年に及ぶ)。三女フランチスカ死す。「共産主義者同盟」解散(十一月十二日)。

一八五五年　長男エドガー死す(聖金曜日)。

一八五九年　『経済学批評』(*Zur Kritik der politischen Oekonomie*)を著わす。

イタリヤ戦争につきラッサールと所見を異にす。カール・フォクトと争う。

一八六〇年　『フォクト君』(*Herr Vogt*)を著わす。

一八六一年　ベルリンに赴きラッサールと会見し、また郷里に母を省す。

一八六三年　ラッサール、ドイツ全国労働者協会の運動を開始す。マルクス、エンゲルス沈黙を守る。

一八六四年　エンゲルス工場の組合社員となる。ラッサール決闘に斃る。国際労働者協会(インタナショナル)ロンドンに創立せられ、本部をロンドンに置く(九月)。マルクスその指導者となる。バクーニンと会見す(十一月三日)。

一八六六年　インタナショナル大会をジュネーヴに開く(九月)。バクーニン国際社会民主主義同盟を組織す。

一八六七年　『資本論』の原稿を携えてハムブルグの出版者マイスナーを訪い、ハンノヴァーにクーゲルマンを訪う。資本論第一巻（*Das Kapital. Kritik der politischen Oekonomie*）出づ。インタナショナル大会をロザンヌに開く。

一八六八年　インタナショナル大会をブルュッセルに開く。次女ラウラ、仏人ラファルグに嫁す。

一八六九年　インタナショナル大会をバーゼルに開く。（バクーニン始めて出席す）。エンゲルス業務より退く。

一八七〇年　普仏戦争起る（七月）。エンゲルス、ロンドンに移る（九月）。

一八七一年　パリ・コムミュン乱起る（三月十八—五月二十九日）。
マルクス『フランス内乱』（*Der Bürgerkrieg in Frankreich*）を書く。

一八七二年　ハーグにおけるインタナショナル大会に出席す。バクーニン除名せらる。インタナショナル本部をニューヨークに移す旨決議せらる（事実上の解散）。アムステルダムの労働者集会において演説す。

一八七五年　ドイツ労働党の所謂ゴータ綱領案を批評す。長女ジェニー仏人ロンゲーに嫁す。

一八七六年　バクーニン死す。

一八七七年　インタナショナル解散す。

一八七八年　エンゲルス『排デューリンク』（*Herrn Eugen Dührings Umwälzung der Wissenschaft*）を著わす。

一八八一年　妻ジェニー死す（十二月二日）。

一八八三年　長女ジェニー死す（一月十二日）。マルクス死す（三月十四日）。ロンドン・ハイゲート墓地に葬る。

一八八四年　エンゲルス『家族の起源』（*Der Ursprung der Familie, des Privateigentums und des Staates*）を著わす。

一八八五年　資本論第二巻エンゲルスの校訂によって公刊せらる。（原稿は主として一八七〇、同七七、七八年の頃に成る）。

一八八八年　エンゲルス『ルードウィヒ・フォイエルバッハ』（*Ludwig Feuerbach*）を著わす。

一八九一年　ドイツ社会民主党のマルクシズムに基づく「エルフルト綱領」採用せらる。

一八九四年　資本論第三巻出づ。（原稿は大部分一八六四—六五年の頃に成る）。
一八九五年　エンゲルス、ロンドンに死す（八月五日）。遺言して遺骸の灰を海に投ぜしむ。
一八九九年　ベルンシュタインの『社会主義の前提』（*Die Voraussetzungen des Sozialismus*）出づ。
一九〇五—一〇年　資本論第四巻たるべかりし『余剰価値学説論』四冊（*Theorien über den Mehrwert*）カール・カウツキーの校訂を得て公刊せらる。（原稿は一八六一—六三年の頃に成る）。
一九一七年　ロシヤ革命起る。レーニンの『国家と革命』（*Staat und Revolution*）出づ。十一月七日ボルシェヴィキ政権を取る。
一九三二年　「ドイッチェ・イデオロギー」の全篇始めて公けにせらる。

マルクス、エンゲルスの人物

思想家の思想をその性格によって説明することは困難でもあり、また危険も伴うが、しかしまた或る人の性格を知ることは確かにその人の思想を理解する一の途たることは失わぬ。マルクスとエンゲルスとはその性格において長短相補うところが多かったようである。マルクスは厳格で執拗で、何事もいやしくもしない。形容していえば、新聞の通信文を作るにも学位論文でも書くほどの参考書調べをしなければ承知出来ぬという趣の人物であった。エンゲルスの方は軽快敏捷で、酒を好み遊戯に長じ、ユーモアを解し、ほとんどあらゆる欧洲国語に通じ、筆を下せば千言立ちどころに成るという風の人であった。マルクスはもとよりエンゲルスを敬重し、エンゲルスの金銭上並びに文筆上の援助に負うところが大きかったのは争われないが、しかしその性格力、その学問的稟賦から見て、マルクシズムはやはりマルクスのもので、エンゲルスは援助者であったと見るのが正当であろう。

マルクスの著述、書簡、同時人が彼れについて報道するところによって受ける印象からいうと、彼れは大体において強い憎悪者、攻撃者、否定者であったように見える。彼れは敢えて民衆を愛さぬではないが、それよりも強く圧制者を憎むという側の人物であったように思われる。彼れは家庭においては良き夫良き父であって、その妻を思い、子を思う真情はしばしば人を動かすに足るものがあるが、一度家庭外に出で、殊にその敵に対する時は、辛辣毒悪、厭うべく憎むべき一面を発揮する。かつて彼れの友人同志であった者とも彼れは多くはやがて仲違いして、エンゲルスとその他ごく少数の者を除けば、彼れと交誼の終りを全うしたものがない。かかる性格の人物に、歴史の発展は常に階級闘争によって行われ、「結局善き一面に打ち克つものは悪しき一面である」という説があることは（『哲学の窮乏』）決して偶然でない。彼れは共産主義を肯定するよりはむしろ強く資本主義を否定した。彼れは共産主義社会の理想を描き、その実現を待望するよりも、むしろその憎悪するところのブルジョワ社会が、目に見えぬ力に駆られ、如何なる手段をもってしても抑止することの出来ぬ必然性をもってその崩壊に急ぎつつあるということを説く方に、深き満足を感じたように見受けられる。彼れが将来社会についてユトーピヤを描かぬという理論には確かに相当の根拠もあるが、しかもこの理論の背後にこの大なる否定者の否定的性情が動いていたと見ることも根拠なしとはいわれぬと思う。

　マルクスの性格の一面を語る資料に、彼れが昔行われた家庭遊戯として物の好き嫌いの問いに答えた告白がある。これは彼れの娘のローラ・ラファルグによって保存せられ、リャザノフによって発表されたものであるが（*Neue Zeit*, 31. Jahrg. 1912/13 854-862）、その間多少笑談を交えているかも知れないが、またマルクスの人物を窺わしむるに足るものがある。それによると、彼れの愛する徳は、質素、殊に男子にありては力、最も重んずべき性質は意志の統一、最大の幸福は闘争、最大の不幸は屈従、様々の不善の中最も恕し得べきは軽信、最も厭うべきは卑屈、好む仕事は蠹魚（とぎょ）たること（bookworming）、愛する詩人はシェクスピア、アイシロス、ゲーテ、好むところの英雄は、確信のために一切の物を棄てたヨハン・ケプレル及び奴隷の首領スパルタークス、好むところの女主人公は自然なるもの、誠の女らしきものの典型たる「ファウスト」のグレッチェン、而して愛するところの格言は「人間的なるものは何物も吾に遠からず」（Nichts Menschliches ist mir fremd.）というのであった。

そもそも社会主義の何ものたるかについては諸説紛々であるが、結局搾取撤廃のために財産制度の変革を求めることがその共通の要求を成しているといって好い。この思想はほとんど私有財産制度そのものとともに古い。私有財産のある処、必ずこれを否定する思想が行われたといって好いくらいである。然るに十八世紀以降における社会主義思想の発展を見ると、そこに明らかに一の顕著な階段がある。マルクスの社会主義とマルクス以前の社会主義とを分つものが即ちそれである。マルクス主義者はマルクスの社会主義を科学的社会主義、これに対してそれ以前のものを空想的社会主義と称している。科学的空想的の名称の適否は問題であるが、とにかくマルクス以前の社会主義者とマルクスとの間にはその根本思想に全然趣を殊にする点がある。それはマルクス以前の社会主義者はいずれも或る永遠不易の倫理的規範を打ち立て、これに照らして、一方現行制度を否認するとともに、他方この規範に適える新制度を考案せんとするものであるに対し、マルクスは現行制度の倫理的是非は問題とせず——少なくも形式上問題にせず——ただ発展の道程上において、現制度はそれ自体の内に包蔵される矛盾のため必ず崩壊せざるを得ないと同時に、共産社会は現行社会が崩壊する時には既にその胎内に成熟していると主張するのである。マルクス以前の社会主義者は現行制度を単に背理不当なるものとして排斥し、これと異なる合理的な、正当なる制度を案出し、これに到達しようと努力するものであるから、社会主義の実現を促すものは、この将来に立てられた目標であるが、マルクスにあっては、現行社会形態に含まるる矛盾が必然的に社会形態それ自体の崩壊、従って新社会形態の実現をやみ難きものたらしめるというのであるから、いわば起動力は現在並びに過去にある。かれにあっては、社会主義は目的によって実現せられ、これにあっては、原因によって実現される。故にかれにあっては、常に目的、即ち合理公正なる将来社会の形態の細目が考究されるに対し、これにあっては、ただ将来には私有財産が解消されるという原則以外には、ほとんど言葉を費すところなく、ただ社会主義実現の原因を含める現行生産方法の解剖のみが問題となる。マルクスの大著が資本論と称し、その資本主義の解剖は微に入り細を穿つに拘らず、社会主義社会の叙述がほとんど皆無であるのは、決して理由のないことではない。

もしも現在の資本主義的社会秩序が一個永遠不易の倫理的原則に牴触するものであるならば、それは何時、如何なる処でも不合理な、不当なものとして排斥せられなければならぬはずであるが、もしもマルクスのいう如く、資本主義の発展そのものが社会主義の実現を必然ならしめるのであるならば、資本主義そのものの発生、その発展は社会主義の前提であり、その省略すべからざる予備階段である。この根本思想をマルクスは「一切の現実的なるものは合理的である」と言った哲学者ヘーゲルに獲た。もとよりマルクスはヘーゲルに学んでヘーゲルに停まることをせず、更に進んでヘーゲルの観念論を脱却したから、後に到っては「予の弁証法的方法はただに根本的にヘーゲルのと異なるのみならず、実にその正反対のものである。ヘーゲルにとっては思惟過程は――ヘーゲルはそれを観念なる名称の下に一個独立の主体たらしめてさえいるが、――現実世界の創造主で現実世界は単にその外面的表現に過ぎないが、予にあっては反対に、観念的なるものは人間頭脳中に転置せられ翻訳せられた物質世界に外ならぬものである」と言うに至った(資本論第二版跋文)。しかしマルクスの思想はヘーゲルによって基礎を与えられたのみならず、後に至ってもなお彼れの思想の根本には争うべからざるヘーゲルの影響の跡を留めている。故に先ずヘーゲルに出発して、後にこれを脱却するマルクシズム生成の跡を辿ることは、マルクシズムそのものを理解し、並びにこれを評価する上に少なからざる助けとなる。

ヘーゲル

ヘーゲルにとっては、世界は絶対者たる理(Logos)理念(Idee)または理性(Vernunft)の論理的(弁証法的)自己発展の過程である。而してこの発展が矛盾の止揚、即ち肯定、否定、否定の否定、或いは即自、向自、即向自(Ansichsein, Fürsichsein, Anundfürsichsein)の段階によって行われるとしたことは、何人も聞き知っている通りである。絶対者たる理念は、弁証法によって先ず理念の他在態(Anderssein)たる自然に発展し、更に発展して自己に還る。これが即ち精神である。故にヘーゲルに従えば、精神も自然とともに理念の一発展段階に外ならぬものであって、絶対者は、自然たる以前に既に精神であるのである。これに基づいて、ヘーゲルの体系は三大部門に分たれる。即自のままなる絶対精神或いは理念自体、及びそれに存する弁証法的発展の必然性を考察する論理学(同時に形而上学)、その他在態における精神、即ち向自として、与えられたるもの、外的のものとして現わるる精神を論ずる自然哲学、及び現実的精神を対象とする精神哲学がこれである。

さて精神の発展もまた三段階において行われる。主観（個人）的精神、客観（一般）的及び絶対（神）的精神がこれである。而して右の中の客観的精神を取り扱うものが法律哲学で、名は法律であるが、内容はそれよりも広く、これがほぼ今日の社会学に相当するものである。この客観的精神の発展が、また三段階において行われる。法（Recht）道徳（Moralität）及び両者の綜合たる団体道徳（Sittlichkeit）がそれである。而して団体道徳は更に同じく三段階によって発展する。家族、市民社会（bürgerliche Gesellschaft）及び国家がそれであって、ヘーゲルにとっては、国家は「道徳的理念（die sittliche Idee）の実現」であった。然るに、世界中の国家はただ一つではない。国家と国家とは或いは相和し、或いは相戦う。然るに、国家と国家との関係については、その曲直を裁決する審判者（Prätor）がない。「より高き審判者たるものは、独り一般的なる、即自且つ向自に在る精神、即ち世界精神のみである。」この審判者の有する法廷は世界史である。即ち世界史（Weltgeschichte）は、諸国民の権利と運命とを決する世界法廷（Weltgericht）である。然らば、世界史は如何なる意味と目的とを有するか。これに答えるものは歴史哲学であるから、ヘーゲルの「法律哲学は歴史哲学において完了する」というべきである。

ヘーゲルは世界史において、遂行せらるべき、且つ遂行せられたる合理的なる、世界計画、人類及びその諸国民において発展する世界精神の形における神の啓示を見る。「神は世界を統治する。その統治の内容その計画の遂行が世界史である。」世界史の哲学は、この意味において一個の弁神論（Theodizee）である。故に歴史哲学の答うべき、解決すべき問題は、次の三つとなるのである。

（一）世界史の目的及び終極目的は何であるか。（二）この目的の実現せらるる手段は何であるか。及びその客観的形態は如何。（三）世界史の行程如何。

これに対する解答を略言すれば、（一）世界史の終極目的は人間の自由である。それも単に状態としての自由でなくて、己れ自身の知識としての、意識としての自由である。（二）この目的の依って実現せられ、成就せらるる手段は、人間の行為、欲望、動機、激情の働きの全体であり、自由の客観的形態は、国家である。(三) 世界精神の行程は、人類の発展もしくは段階行程であって、これ等の段階たるものは、世界史的諸国民である。

物質の本質が重量なる如く、精神の本質は自由である。しかしながら、単に精神が自由なるだけでは充分でない、精神はまたその自由なることを知らねばならぬ。精神は精神自体においてあるところのものに成らなければならぬ。而して一切の精神の生成はその活動をもって成るのであるから、精神は自体を自体においてあるところのものにしなければならぬ。故にその自由はその事業、その行為となり、その意識の対象とならなければならず、この対象もまたその事業であって、精神はその自由を客観的に形成し、公けの状態として、即ち国家としてこれを造り上げ、且つ直観しなければならぬ。独りかくの如くすることによってその自由の意識は発生し、且つ進歩する。故に曰く、「世界史は自由の意識における進歩である」と。また曰く「東洋人は僅かに一人の人が自由であることを、ギリシャ及びローマの世界は数人の人が自由であるを知ったということ、然るに吾人は凡べての人そのものが、即ち人が人として自由であることを知っているということ、これがまた同時に世界史の区分となるものである。」

世界の偉大なる諸目的、また人類の終極目的がよって以って実現せらるる一切の手段は、人間の行為、欲望、利害及び激情をもって成る。人間世界においては、如何なる事も行動する個人がそれぞれ特殊の目的をもってそれに参加し、利害関係を感ずることなしには生起するものではない。利害関係なくしては何事も起ることなく、激情なくしては偉大なる如何なる事も起ることがない。善事は決して善事なるがために起るものではないのである。「この意欲、利害及び活動の無際限の群集は、世界精神がその目的を遂行し、これを意識にまで高め、且つ実現するための道具であり、手段である。」終極目的は状態及び対象としての自由、自由の意識における進歩であり、手段は人間本性に根ざすところのあらゆる利己的動機の大群であって、この自由と必然との結合が世界史の特性を成すものである。自由の理念と人間激情の色様々の葛藤とは、いわば前者は世界史という絨氈の経、後者はその緯をなすものである。

ヘーゲルは所謂英雄の世界史上における役目を論ずる。それによれば、英雄とは即ちその特殊の目的が、同時に時に適える、世界の大目的たるところのその人々、「その自己特殊の目的が、世界精神の意志なる、実体的なるものを含める」偉大なる人々をいうものであって、歴史上における偉大なる事業は、この世界史的人格の激情によって始めて行われ得る。即ち世界史的個人は、世界精神の道具、手段たるものである。(クノー・フィシャーに拠るところ多し。)

かくの如く自然現象も歴史的経過もヘーゲル哲学にあっては、皆な絶対者たる理、もしくは理性の自己発展のために起る、といわんよりはむしろ理性の自己発展そのものの表現である。然るに理性は矛盾を容さない。矛盾は必ずこれを止揚する発展を喚び起さざるを得ないのである。そこで「矛盾は一切の運動及び活力の根源である。或る物はそれ自体の内の矛盾を有する限りにおいてのみ運動し、衝動と活動とを持つ」。従って自然及び歴史上の発展は、ヘーゲルにあっては論理的必然だということになる。

マルクスはベルリン時代始めヘーゲルを好まなかったが、途中感ずるところがあって、ヘーゲル研究に没頭し、ヘーゲル主義者となった。彼れはこの頃「クレアントス、別題哲学の出発点及び必然的進行について」(Kleantus, oder vom Ausgangspunkt und notwendigen Forgang der Philosophie)と題する一篇の対話を作って、その中で「神性が概念自体として、宗教として、自然として歴史として顕わるるその神性の哲学的弁証法的発展」を説こうとした。これは明かにヘーゲル思想を示すものである。

フォイエルバッハ

マルクスをして「ヘーゲル流の観方の檻から」脱出せしめたものはルードウィヒ・フォイエルバッハであった。フォイエルバッハは言った。「曰く、如何にして人間が自然から、即ち精神が物質から発生し得るかと。先ず第一に予に、如何にして精神から物質が発生するかとの問に答えよ。もし君にしてこの問に対し、何等の少なくも合理的なる答えを見出さないならば、ただ反対の問のみが君を目的に到達せしむることを覚るであろう」と。フォイエルバッハの人本主義(Humanismus)は決して宗教そのものを否認するにあらず、ただこれを天上から人間界に引き下ろし、神の代りに人間そのものを人間にとっての最高の存在たらしめようとした。「……人間が持つだけの価値を人間の神は持ち、それ以上を持たぬ。神の意識は人間の自意識である。神の認識は人間の自己認識である」と彼れは説いた。

当年の急進論者をもって見れば、ヘーゲルの弁証法とその観念論とは相容れぬ。一八四一年のフォイエルバッハの著『キリスト教本質論』が、一挙にしてこの「矛盾」を粉砕するものとして感激をもって迎えられたことは、後にエンゲルスが晩年の著『ルードウィヒ・フォイエルバッハ』の中に書いている。マルクスはエンゲルスほどには彼れに傾倒しなかったと認むべき理由があり、また彼れよりも夙くフォイエルバッハの影響を脱したのであるが、しかも彼れもまた一時後者に強く影響されたことは争い難いところである。彼れはその著『神聖家族』（一八四五年）の一節にフォ氏の功績を揚げて左の如く言っている。

実体と自意識に関するストラウスとバウエルとの争いは、ヘーゲルの思弁哲学内部の争いである。ヘーゲルにはスピノザの実体、フィヒテの自意識、この両者のヘーゲル的必然的矛盾的統一、即ち絶対精神、という三要素がある。神学の領域内において、ストラウスはスピノザの立場においてヘーゲルを、バウエルはフィヒテの立場においてヘーゲルを、徹底せしめた。両者は、両要素の各々をその一方的、即ち徹底的遂行にまで発展せしむる一方、ヘーゲルにおいて両要素が各々を他方によって不純化せらるる限りにおいては彼れを批判した。――故に二人ともその批判においてヘーゲル以上に出でているが、二人もまた彼れの思弁哲学内に留まって、各自彼れの体系のただ一面を代表するに過ぎぬ。「フォイエルバッハは形而上学的なる絶対精神を『自然の基礎に立つ現実の人間』に解消することによって、ヘーゲルをばヘーゲルの立場に立って完成し、且つ批判したのであるが、そのフォイエルバッハに至って始めて、ヘーゲル思弁哲学の批判、従ってまた一切形而上学の批判のために偉大にして美事なる輪廓を描くことによって、宗教の批判を完成したのである」（改造社版マルクス、エンゲルス全集第一巻六六四頁参看）。マルクスが「ヘーゲル法律哲学批判緒論」の中において「宗教の批判は人間にとって最高本質は人間であるという教義、即ち人間をば賤しめられ、奴僕とせられ、見棄てられたる、軽蔑すべき存在たらしむるところの一切の関係を覆えすべき無上命令をもって終る」。「唯一の実践上可能なるドイツの解放は、人間を人間にとっての最高本質となす理論の立場に立っての解放である」というが如きも、また同じくフォイエルバッハの影響を示すものと見て宜かろう（改造社版マルクス、エンゲルス全集第一巻四四九、四五五頁参看)。

しかしマルクスは一切事物は矛盾の止揚によって発展するという論理学をヘーゲルに学び、而してその次にフォイエルバッハに従って、ヘーゲルの形而上学を放棄して、人間に対する絶対的精神の支配を否認するに至ったとしても、それだけでは、その矛盾の止揚によって起る発展が何故に共産主義へ向っての発展でなくてはならぬか、また所謂矛盾が何故にプロレタリヤ対ブルジョワジーの対立でなくてはならぬかに対する説明にはならぬ。換言すれば、弁証法と唯物論とだけでは、未だ直ちに人を社会主義者たらしめるには足らぬのである。

この点については、マルクスその人の境涯、性格、気質殊にその道義感が強く作用していることは否定し難いところであろう。フォアレンダーはそのマルクス伝の中に(*K. Vorländer, K. Marx,* 1929, *S.* 54)、マルクスがライン新聞紙上で、ライン州会における所謂林木盗取法問題を詳論して、始めて法律的道徳的理由に基づいて力強く貧民の身方をした事実を挙げ、これを当初マルクスを駆って社会主義に赴かしめたものは道徳であったことを示す一例としているが、予も同感である。しかしこれと同時に考えなければならないのは、フランス社会主義者の影響である。

フランス社会主義者の影響

マルクスがライン新聞の主筆をしていた一八四二年の頃、隣国フランスの社会主義者の声は微かながら一部ドイツ思想家の耳に入りはじめた。マルクスは後に当時のことを回想して、「フランス社会主義の淡く哲学的着色を帯びた反響」が聞こえて来たと記している(『経済学批判』序)。

マルクスがこの新思想に対して如何なる態度をもってこれを迎えたかは、あたかもその頃彼れが草した新聞論説に現れている。彼れが一面においてこの思想を拒否し、他面においてこれに牽引を感じている心意状態は、後の彼れの思想と対比して甚だ興味がある。彼れは一八四二年十月十六日掲載の論説中、一方において当時現在の形における共産主義思想には、「決して理論的現実性を認めず、従っていわんやその実践的実現を希わず、それを可能とも考え得ぬ」といっているが、同時にピエール・ルルー、コンシデラン、なかんずく炯眼なるプルドンの著作の価値を認めてこれ等の著作は根本的な研究をした上でなければ批評し得られないものだといっている。同時に彼れは共産主義の「危険」がその実践に存せずしてその理論に存することを説いている。実践的の試みは大砲をもって鎮圧し得るけれども「吾々の知性に打ち克ち、吾々の操持を征服し、吾々の良心が悟性によってそれに繋縛せらるる思想というものは、人がその胸を裂くことなしには断つ能わざる鎖であり、人がそれに服従することによって始めて征服し得る悪魔である」というのである。

然るにマルクスはその後久しからずして社会主義の結論に到達し、世界史の終極目標は、私有財産の解消せられた状態であり、而して人類をこの状態に到達せしむべき歴史的使命を帯びるものは、近世産業の産物たるプロレタリヤだという確信を得た。かくマルクスを社会主義の結論に到達せしめる上において、あたかも当時公刊されたロレンツ・フォン・シュタインの名著『今日のフランスの社会主義及び共産主義』（一八四二年）は果してマルクスに影響したろうか否かという古い考証問題がある。

これは今日喧しく論議する価値のない問題であるが、このドイツの知識階級にはじめて社会主義を知らしめたと言っても好いほどの著作が、筆を「プロレタリヤ」の一章をもって起し、プロレタリヤの歴史的特質を説き、「所有は持たぬが、しかし労働力と而してまた労働力を行使する」意志とを有するプロレタリヤが往時の貧民とは異なる所以を説き、所有者とプロレタリヤとの対立については「前者にとってはそれは不可侵の条件であり、後者にとっては拒否すべからざる要求である。前者にとっては現存事物は正当であり、後者にとっては不当である」云々と説き、またプロレタリヤをもって社会主義共産主義の「真正の生命力」となし、また「共産主義はプロレタリヤにおいてのみ可能である」と言っていることは注目を要する。マルクスがそのプロレタリヤの歴史的使命に関する社会主義的結論を必ずこの書によって学び得たというだけの確証はないが、恐らくはこの書に影響せらるるところが多かったであろうという推定は大過なきものではないかと考えられる。

とにかくいずれにしても、マルクスはフランス社会主義の影響によって社会主義の結論に到達した。彼れが「ヘーゲル法律哲学批判」の緒論において、ドイツの解放はプロレタリヤにおいて始めて行われると説くようになったのは、即ちその結実と見て好いのである。それによれば、ドイツにおいては今日市民社会の階級には一般的解放を行うべき慾望と能力とを有するものは一もない。ただ一の階級がある。それは「人間の完全なる喪失であり、従って人間の完全なる回復によって始めてよく自己を獲得し得る」一階級即ちプロレタリヤである。彼等が私有財産の否定を要求するのは、社会が「プロレタリヤの原理にまで高めたものを、……社会の原理にまで高めるに外ならぬ。」「哲学がプロレタリヤにおいて物質的武器を見出す如く、プロレタリヤは哲学においてその精神的武器を見出す。」ドイツ人「解放の頭脳は哲学でその心臓はプロレタリヤである。哲学はプロレタリヤの止揚なくしては己れを実現すること能わず、プロレタリヤは哲学の実現なくしては己れを止揚することを得ぬ」というのである（邦訳マルクス、エンゲルス全集、第一巻四五四—五頁）。

以上の如くヘーゲル哲学をもって出発し、而して私有財産の解消者としてのプロレタリヤに逢着すれば、所謂弁証法的に共産主義の結論を引くことは、僅かに一投歩の労に過ぎぬであろう。即ちマルクスはそれを『神聖家族』の一節に試みている。即ち左の如くである。

「私有財産は私有財産として富として、己れ自身、またそれとともにその対立者、即ちプロレタリヤを存続せしむることを余儀なくされている。それがこの対立の積極的方面、即ち己れ自体において満足せる私有財産である。」「これに反し、プロレタリヤはプロレタリヤとして己れ自身、またそれとともに己れを制約する対立者、彼れをプロレタリヤたらしむる対立者を、即ち私有財産を、止揚することを余儀なくされている。それは対立の消極的方面である。それ自体における不安、解消せられたる、また解消しつつある私有財産であろう。」私有財産からは対立維持の運動が起り、プロレタリヤからは対立絶滅の運動が起る。

「尤も私有財産は、その経済的運動において、自ら己れを駆って自己の解消に赴かしめる。しかしそれは己れ以外に独立せる、無意識なる、その意志に反して行われ、事の性質によって定めらるる発展によって、即ちプロレタリヤをプロレタリヤとして造ることによって、己れの精神的肉体的窮乏を自覚せる窮乏、己れの非人間化を意識し、従って己れ自身を止揚する非人間化を造ることによってそれをするのである。プロレタリヤは私有財産がプロレタリヤを造ることによって自己の上に下した判決を執行すること、あたかも他人の富と己れの窮乏とを造ることによって賃銀労働が己れ自身の上に下した判決を執行すると同様である。プロレタリヤが勝利を得ても、それはそれによって決して社会の絶対的方面とはならぬ。何となれば、それはただ己れ自身とその対立者とを止揚することによってのみ勝利を得るからである。その暁にはプロレタリヤも、これを制約する対立者即ち私有財産も、等しく消滅しているからである。」

この引用によって見れば、マルクスは既にこの時、『共産党宣言』の思想の隣まで来ている。ただここまでのところでは私有財産解消の必然性は、ただ抽象的先験的に論結されているだけで、まだ現実社会の実証的研究に基づいて論結されたものではない。

マルクスと経済学

上記の如くプロレタリヤは私有財産の解消という歴史的使命を帯びたものとされた。しかしこのプロレタリヤは任意に発生し、任意に成長し、任意に私有財産を否定し得るものではない。プロレタリヤが自ら任意の選択によってプロレタリヤとなったのでないことは言うまでもないが、私有財産の否定ということも、彼れが随時に任意に実行し得るものではない。主観的には任意に行動しているつもりかも知れないが、実は背後に彼れを拘束し、また彼れを動かす力があることは、あたかもヘーゲルの場合に、各人が任意その慾望に従って行動していると感じながら、実は理念の傀儡として使われると同様に、プロレタリヤもまた有意的無意的にその背後にあってこれを動かす力に促されて動くものとマルクスは見た。この背後の力が即ち物的生産力である。この物的生産力がプロレタリヤを促進し、また抑止し、またその行動を成功せしめ、失敗せしめる。もとより現実の人は、その様々の観念によって動かされる。しかしこの観念なるものは、独立に存在するものではなくして、畢竟物質生活の反映に過ぎない。歴史の経過を定める最高最終の力は、右の物的生産力であるという。この思想は既に「ドイッチェ・イデオロギー」にはよほど詳細に説かれている。

然らばこの物的生産力とは如何なるものであるか。それを吟味するものは即ち経済学経済史である。マルクスの研究は当然経済学に向わざるを得ぬ。それより以前のマルクスといえども決して経済学に不通であったとはいわれないが、『神聖家族』以後のマルクスは、長足の歩をもって経済学の研究に進んだ。そうして彼れは幾多の経済学書を貪読したが、なかんずく多くの影響を与えられたのはデヴィッド・リカードーであった。「ドイッチェ・イデオロギー」著作以後、彼れの歴史理論には内容的に何ほどの変化も見られないが、経済学者としてのマルクスは「ドイッチェ・イデオロギー」（一八四六年）『哲学の窮乏』（一八四七年）『賃銀労働と資本』（一八四九年）『経済学批判』（一八五九年）『資本論』（一八六七年）と次を逐うて著しい進歩の跡を示している。但しここに経済学者として進歩したというのは、資本的生産方法に対する解剖の精密となり、経済学文献に対する知識の豊富となったことを指していうのであって、プロレタリヤによる私有財産の解消によって人間の解放が遂げられるとする彼れの社会主義的結論は、この経済学研究によって動かされてはおらぬ。この一点のみについては、上に引用した『神聖家族』の一節は、既に彼れの思想の到達点を示していると言ってよい。故に予は度々の機会に繰り返して言うのであるが、マルクスの経済学研究は彼れの体系の構造を改変せぬ限りにおいての竣成必要工事——恐らくは若干の補強工事及び装飾を含む——であった。

以上述べ来ったところによれば、マルクスは先ずヘーゲルをもって出発し、フォイエルバッハによってヘーゲルの観念論から脱離し、次いで社会主義者によってプロレタリヤによる私有財産の解消を学び、最後に物的生産力、或いは市民社会を解剖することを経済学に頼った。ヘーゲル（及びフォイエルバッハ）は無論ドイツの哲学者である。社会主義はフランスの産物である。而して経済学は、——少なくとも当時の経済学は——英国の学問である。故に形容していえば、マルクシズムは当時の独、仏、英三大文化国の産物たる哲学と社会主義と経済学とを打って一丸とせんとしたものだとも言える。或いはまたプロレタリヤにおいて物質的武器を見出した哲学者（マルクス）はドイッチェ・イデオロギーと絶縁して実証科学的社会主義者となったともいえるであろう。

附記　一八四五年の夏、マルクスはエンゲルスとともに英国に渡航し、マンチェスターを主にして六週間滞在した。彼れはこの時ここでトムソン、コベット、シーニオア、クーパー、エドモンヅ、トウク、リカードー、マッカロック、ウェードを読んだことがその手記（*Marx-Engels Archiv*, Bd. I, S. 214）に窺われる。更に一八四七年の『哲学の窮乏』によると、彼れの渉猟は更にアダム・スミス、ローダーデール、シスモンヂ、ストルヒ、アトキンソン、ホプキンス（正しくはホジスキン）、ブレー、ジョン・ミル、サドラー、ボワギュイベール、ケネー、セー、ルモンテーに及んでいる。

唯物史観と実践

マルクスはフォイエルバッハによってヘーゲル主義を離脱したと言われている。しかも彼れはフォイエルバッハに満足して停止することをしなかった。彼れは如何なる点でフォイエルバッハに不満を感じたものであろうか。答えて曰く、彼れはフォイエルバッハの受動的理論的唯物論に満足しないで、能動的実践的唯物論を求めたのであると。それは遺憾なく彼れの有名な「フォイエルバッハに関するテーゼ」に現れている。そうしてその中で最も頻繁に引用せられ、また最も平明で了解し易いのは、かの「哲学者は世界をただ様々に解釈して来た。肝要のことはこれを変革することである」という一句である。その他なお「一切従来の唯物論——フォイエルバッハのも含める——の主なる欠陥は、対象、現実、感性が単に客体もしくは観照の形式の下にのみ把握せられて、感性的人間的行動として、実践として、即ち主観的に把握せられぬことである。故に行動的方面は唯物論と反対に観念論——無論現実的感性的行動そのものを知らぬところの——から抽象的に展開される。フォイエルバッハは感性的なる、実際に思惟の客体と区別せられた客体を欲している。しかし彼れは人間行動そのものを対象的行動として把握せぬ。故に彼れはキリスト教の本質において、ただ理論的態度をのみ純人間的態度と見る一方、実践はその醜汚なるユダヤ人的現象形態においてのみ把握せられ、注視せられている。従って彼れは『革命的』『実践的批判的』行動の意義を理解せぬ」とか、或いは「果して人間の思惟に対象的真実性が属するや否やの問題は、理論の問題でなくて、一個実践の問題である。実践上においては、人間はその思惟の真実性、即ちその現実性及び威力、此岸性（Diesseitigkeit）を証明しなければならぬ。

思惟の現実性及び非現実性に関する――実践から孤立せる――争いは、一個純然たる煩瑣哲学的の問題である」等の文言も同じ趣旨に出たものと解すべきである。

マルクスは如何なる理由で、受動的抽象的唯物論を嫌ったものであろうか。それは無論一半は彼れの革命的政治的意志の要求だと答えて好かろう。しかし他面において彼れの実践要求には、その唯物史観に基づく根拠もあることを注目して好い。

彼れは前述の如く既に物的生産力なるものに到達した。歴史的経過の究極の説明は、ただ独りこの物的生産力まで遡ることによって得られる。思想、観念等の如きものも決して歴史的経過に影響しないという訳ではない。しかしこれ等のものは、物的生産力の反映に過ぎないものであって、それ自体で存在し、それ自体で変化するものではない。もしもこれ等のものが独立の存在を持つものであるなら、宗教や哲学に批評を加えることも有意義であろうが、マルクスの今確信する如く、意識一般は物的生産生活の反映に過ぎないとすると、これに批評を加えることは、あたかも鏡中の影像と格闘するにも等しい無意義の所為である。唯一の有意義なる批評は、その影像の実体に加えらるるものでなくてはならぬ。この実体に加えらるる批評とは何か。即ち実践的に現存の世界を変革することである。ここに唯物史観に基づいて実践行動の根拠が与えられる。勿論唯物史観は一種の決定論と解釈される余地も充分あるが、しかし一面においてここに彼れの受動的抽象的理論的哲学――フォイエルバッハの唯物論をも含める――を排斥する根拠も与えられていることを注目すべきである。

マルクスは右に「肝要のことは世界を変革することだ」と言った。この「変革」を担当するものは、言うまでもなくプロレタリヤである。しかし前にも言ったように、プロレタリヤは任意に随時この「変革」を遂行し得るものではない。この「変革」の成就するや否やは、一に直接目に見えぬところに作用する物的生産力がこれを決する。物的生産力は一面において促進し、一面において抑制する。物的生産力の発展は、一定の社会形態の変革を不可避ならしめるが、しかしまた他面において、生産力の未発達は革命的努力を無効に終らしめるのである。即ち生産力の発展があれば否応なしに変革は起るが、その代りまた生産力の発展が足りなければ、一の社会形態を変革しようとする努力は決して持続的成功をかち得るものではない。この故にマルクスは『共産党宣言』の一節で、フランス革命当時におけるバブッフの平等主義的陰謀を、当然失敗に終るべくして失敗に終ったといった。その理由は、プロレタリヤそのものが未だ発展せず、またその解放の物的条件がまだ備わらなかったからであるという。これは後の『経済学批判』の序文に出て来る文章であるが、彼れは「一社会形態は、そこに余地ある限りの生産力が発展せぬ中は決して没落することなく、新たなるより高き生産関係は、それの物的生存条件が旧社会そのものの胎内において孵化せぬ中は、決してこれに代ることがない」と言っている。即ちマルクスにあっても「一切の有るものは滅亡に値する」と同時に、またヘーゲルにおけると同様に、「一切の現実的なるものは合理的である」のである。

『共産党宣言』

上述の如くにしてマルクシズムは成長した。勿論マルクスの思想は『資本論』を度外しては論ぜられないが、その社会主義体系は最も簡潔に『共産党宣言』に説かれているから、前述の分と重複するところもあるが、それによってその全体を窺うのが簡便であろう。

それによれば、一切従来の歴史は階級闘争の歴史である。封建制度の廃墟から生じた今日のブルジョワ社会においてもまた同様の闘争が行われている。即ちブルジョワジー対プロレタリヤの階級闘争がそれである。而して「宣言」はブルジョワジーの没落とプロレタリヤの勝利との共に不可避なることを予言する。その根拠は何処にあるかといえば、ブルジョワジーが必然的に発達せしめる物的生産力は、必ずブルジョワ社会に包容し切れぬほどに増大して、破壊作用を逞しうすると同時に、同じくブルジョワ社会の発展とともに必然的に発展するプロレタリヤが、必ず政治的にブルジョワジーの支配を顚覆するというのである。それを形容してマルクス等は「ブルジョワジーが以って封建制度を倒した武器（生産力）は今ブルジョワジー自身に向けられる。しかしブルジョワジーはただに己れに死をもたらす武器を鍛えたのみならず、この武器を用いるべき人々をも造り出した――近世的労働者、プロレタリエルが即ちそれである」。生産力の現行生産関係または所有関係に対しての過大なる発展の結果は、恐慌となって現れて「ブルジョワ社会全体を混乱に陥らしめ、ブルジョワ所有を危うからしめる。」一方、プロレタリヤは工業の発達とともにその数を加え、その組織を堅くし、而していよいよその力を自覚する。あらゆる階級闘争は政治的闘争であって、プロレタリヤの階級への組織は政党への組織となる。やがて隠密なる内乱は公然たる革命に破裂し、「ブルジョワジーの強行的倒壊によってプロレタリヤがその支配を確定する」時が到来するというのである。一切の従来の運動は少数者が少数者の利益のためにする運動であったが、プロレタリヤの運動は、絶大なる多数者の絶大なる多数者のためにする独立の運動である。現在社会の最下層たるプロレタリヤは、公認社会を形成している諸階層の上部建築全部を空中に飛ばすにあらずんば、自ら起き自ら立つことが出来ないのである。さて政治的支配権を獲得したプロレタリヤは、その権力を「ブルジョワジーから漸次一切の資本を剥奪し」、「一切の生産用具を国家、即ち支配階級として組織せられたプロレタリヤの手中に集中し、生産力の量を能う限り速かに増加せしめる」ために利用するであろう。かくしてやがて階級別が消滅したならば、公権力はその政治的性質を喪うであろう。けだし「真個の意味における政治的権力なるものは、一階級の他の一階級を抑圧するための組織せられた権力」に外ならぬからである。かく政治的性質を帯びた権力が消滅するということは、後にマルクス、エンゲルスの説くところによって、国家の消滅と同じ事を意味することが明らかである。国家の消滅した後に残るものは、階級及び階級的対抗のない社会である。それを「各人の自由なる発展が全員の発展のための条件である一のアッソチアチオン」とマルクス等は称している。

このプロレタリヤ革命の指導者が共産主義者である。少し詳しくいえば、常にプロレタリヤの利害を、しかもその国民性と関係なき共通の利害を代表し、また大衆に先んじて「プロレタリヤ運動の条件、行路及びその一般的結果を洞察する」先頭者である。而してこの共産主義者は、従来の社会秩序の強行的倒壊によって始めてその目的は達せられるといい、そのために「万国のプロレタリエルよ、団結せよ」と叫ぶものである。

価値論余剰価値論

上述の如き径路を経てマルクスが究極到達した、動かすべからざる結論は、資本主義は資本主義そのものの中に育てられた生産力のために必然的に崩壊し、資本主義の崩壊したその跡には社会主義社会が実現されるというのである。しかし資本主義に養われた生産力が資本主義そのものを崩壊せしめるということは、漠然たる抽象的命題に過ぎない。これは具体的に何を指していうものであろうか。私の見る限りでは、既にエンゲルスも或る処で言っているように、資本主義的生産方法の発達は、傭われ得ない労働者と販売され得ない商品と、即ちこの生産方法自身にとっての過剰労働者と過剰商品とを造り出すことによって自己の存続を不可能にするというに帰着すると思う。前の主張は、マルクスの産業予備軍説に説明せられ、後の説は、彼れの販路欠乏説によって説明されている。而してこれ等一切の理論の基礎としてマルクスはその価値論余剰価値論を置いている。これ等の学説はほとんど皆な既に一八四〇年代の著作即ち『共産党宣言』『賃銀労働と資本』その他に既に説かれているが、資本論に至って最も詳細に展開された。その大略は左の如くである。

マルクスはいう、資本主義生産方法の行われる社会の富は無数の商品集積をもって成ると。商品とは、人間労働の生産物であるが、しかし生産者自身の欲望を充たすためでなくて、他人に売るために生産せられたものの謂である。従って商品は性質上当然売買される。その売買は価値法則によって行われる。その法則は結局、商品の価値はその生産に要せらるる労働量によって定まり、その高下とともに騰落する、否な、労働は実に「価値形成実質」であるというのである。但し或る時一物の生産に要せらるる労働量は、人により、生産設備その他によって決して一様でない。一商品の価値を定める労働量とは、実際に特定の個人が費すところの労働量ではなくて、該商品を生産するため「社会的に必要なる」労働量である。「社会的に必要なる」労働量という言葉は、大概の場合には、普通平均の場合に必要なるという意味に用いられている。（但し別の意味に用いられる場合もあるが、それは別に説く）。即ち一商品を生産するため、現在普通の生産条件と労働の熟練及び労働強度の社会的平均程度をもってして必要なる労働量である。

この価値の理論をば特殊の商品であるところの労働力というものに適用すると、ここに余剰価値論が立てられる。即ち労働力の価値は労働力を生産するため社会的に必要な労働時間によって定められる。と言うことは、労働者及び家族の生活に必要なる物品の価値によって定まるということである。然るに資本家に労働力を売却した（賃銀で傭われた）労働者がその生活必需品の再生産に必要な程度を超えて労働させられると、ここに消費された衣食住用品及び消耗させられた生産手段の補償以上に新たに価値が造り出される。これが余剰価値（m）であって、これが資本家の生産に放下した資本に対する利潤となるものである。

然るに、この余剰価値は一に活きた労働のみから生じ、既に生産手段に体現された労働は、ただその生産上に消耗されただけがそのまま生産物の価値に移転されるに過ぎないというところから、マルクスは資本の中労働力に変形せらるる（即ち賃銀として労働力の購買に充てらるる）部分を可変資本（v）と称し、これに対して、原料道具機械等の物的生産手段に変形せらるる部分を不変資本（c）と称している。而して新たに生じた余剰価値の可変資本に対する比例（$\frac{m}{v}$）が所謂余剰価値率、それが資本全額に対する比例（$\frac{m}{c+v}$）が利潤率である。然るにその全資本額中において可変資本と不変資本との占める割合は、技術上の関係から一定量の労働に対して建物、機械、道具、原料を要する程度の同じからざるため、生産部門によって一々相違するはずである。この技術上の理由に基づいて決定せらるる資本の不変部分の価値と可変部分の価値との組合せを称して資本の有機的組成といっている。

資本の有機的組成がかく均一でないとすると、ここに一の問題が起る。それは、もしも一切の商品がその価値通り、即ち労働費用通りに交換されるものとし、而して余剰価値率は均一なるものとすると、利潤率は生産部門によって一々異なり、可変資本が重きを占めている産業で高く、然らざる処において低くなければならぬはずである。然るに現実においてかかる事実は認められないのみならず、マルクス自身も利潤率の平均することを認めている。これは資本論第一巻に述べられた労働価値法則を承認したものから見れば、即ち互いに交換せらるる商品間に共通なる等量のものが即ち価値であるということを承認したものから見れば、一見したところ異様に感ぜられる。然るに、マルクスはその価値法則を放棄することなしに利潤率の平均を説明するという。如何にして説明するかというに、それはそもそも利潤率に異同があれば比較的利潤率の低い生産部門からは資本が流出し、その比較的に高いところへは資本が流入して、一方の生産額を減じて他方の生産額を増加せしめ、従って一方の価格を騰貴、他方の価格を下落せしめて、利潤率の平均するに至って始めてその流動はやむというのである。けれどもこの場合、生産せられた商品が最早

第一表

	資本	余剰価値率	余剰価値	利潤率	消耗不変資本	商品価値	費用価格
I	80c+20v	100%	20	20%	50	90	70
II	70c+30v	100%	30	30%	51	111	81
III	60c+40v	100%	40	40%	51	131	91
IV	85c+15v	100%	15	15%	40	70	55
V	95c+ 5v	100%	5	5%	10	20	15

第二表

	資本	余剰価値	消耗不変資本	商品価値	費用価格	商品価格	利潤率	価値と価格との差
I	80c+20v	20	50	90	70	92	22%	+2
II	70c+30v	30	51	111	81	103	22%	-8
III	60c+40v	40	51	131	91	113	22%	-18
IV	85c+15v	15	40	70	55	77	22%	+7
V	95c+ 5v	5	10	20	15	37	22%	+17

その労働費用に従って売買されないことは明らかであって、商品の或るもの、即ち平均以上の可変資本をもって生産せられた商品はその価値以下、反対に、平均以下の可変資本をもって生産せられたものは、その価値以上の価格をもって売買されなければならぬ。この価格が即ちマルクスの所謂生産価格で、それはマルクスの死後資本論第三巻で初めて発表された学説である。

然らばこの生産価格なるものは、いずれの高さに定まるか。また当然その中に含まるる平均利潤は資本に対して如何なる割合を占めるものであるか。マルクスによれば、平均利潤は、社会全体の総資本額に対する余剰価値総額の比率によって定まる。かくして定まった比率をそれぞれの放下資本に乗じたものが、各産業部門の資本家が収得すべき利潤であり、一商品の費用価格にこの平均利潤を加えたものが、前記の生産価格である。費用価格とは可変資本（賃銀）と生産上に消耗せられた不変資本との和である。これをマルクスは表を作成して説明した。左記（本頁上掲）第一表は、各生産部門に使用せらるる総資本額の同一なるに拘らず、その有機的組成に大小あるため、「搾取」せらるる余剰価値が一々異なり、従って利潤率の一々異なることを示し、第二表は平均利潤率が幾許であるか、各資本家に平均利潤を収得せしむるには生産物を幾許の価格をもって売買すれば好いか、この商品の生産価格とその価値との間にはどれだけの差違があるか、を示している。

即ちこの表に見える通り、各商品の生産価格は或るものは価値以上に上り（2+7+17）或るものはその価値以下に下る（-8-18）が、その正負を通算すればあたかも零となって、価値の総額と価格の総額とは一致し、また余剰価値総額と利潤総額とも一致する。しかしかく諸商品がその価値から離れた価格で売れることは、決して一時的偶発的の現象でなくて、資本の有機的組成に異同があり、而して利潤率の平均するところでは必然的永続的に起らなければならぬ約束の事実である。もしも商品の市場価格がその生産価格から離隔すれば、必ず反動が起って、生産の増加または減少が促され、生産価格と一致する市場価格を成立せしめなければやまないという。

産業予備軍説

余剰価値は右述の如く、労働者がその生活必要品の再生産に必要な限度を超えて労働させられる場合に発生する。しかし仮りに労働者がかように労働させられたとしても、もし労働者がその生産した余剰価値全額を賃銀として収得することを得たならば、余剰価値は造り出されても、それは資本家の利潤にはならぬ。故に所謂搾取が行われるためには、ただに労働者の生活必要以上の労働が行われるのみならず、彼れの賃銀が或る程度以下に抑置されて上らないということが必要である。この場合に労働者は自由なる労働者であるから、資本家は権力をもって賃銀率を強制する訳には行かぬ。労働者がその自ら造り出した価値の全額を収得し得ないのは、全く労働市場において需給の関係が労働者に不利なる賃銀率を成立せしむる故に外ならぬ。この消息を説明するものが、マルクスの産業予備軍説である。

産業予備軍とは畢竟失業者、または就職を求めて得ない労働者である。これが如何にして発生するか。そもそも資本家が労働者を雇傭して生産を営む唯一の目的は、余剰価値の獲得である。しかし資本家はこの事を、他の資本家との競争場裡に行わねばならぬ。而してそれがためには、資本家は極力生産費の低減に努めなければならぬ。労働時間の延長（ママ）賃銀の引下げは無論その方法であるが、しかしこの方法には自ら限度がある。そこで結局労働組織の改善、機械の採用による労働生産力の増進という方法に出でなければならぬ。資本家はその贏得（えいとく）した利潤を更に新たなる資本として利潤獲得のために用いるが、この資本蓄積の進行とともに、上述の理由によって、資本家の資本の益々大なる部分は不変資本となり、可変部分は相対的に益々減少することになる。略言すれば、機械が人間を不要ならしめる。そこで資本の蓄積せらるることいよいよ大にして雇傭せられざる労働者はいよいよ多く、労働者の地位はいよいよ不安なるものとなる。「この法則は資本蓄積に対応する貧困蓄積を生ぜしめる。一方の極端における富の蓄積は同時に他の極端、即ち自己の生産物を資本として造り出す階級の側における貧窮、労働苦、隷属、無智、動物化、堕落となる」とマルクスは言っている。

この法則が資本主義の存続を不可能ならしめるというのである。

販路欠乏説

販路欠乏説は結論としてはマルクス、エンゲルスの夙くから抱懐するところであった。それは既に『共産党宣言』にも説かれ、『賃銀労働と資本』にも説かれている。かように結論は夙くから定まっていたが、この結論を説明する理論は、最後まで完成せられずに了った。要するに問題は、資本が益々蓄積されて行く場合に、生産せらるる消費財は果して都合よく資本家、労働者の所得をもって買い取ることが出来るか。また生産せらるる生産財はやはり都合よく蓄積された資本をもって買い取ることが出来るか。必然的にその間に過不及が生ずるや否やという点に懸る。無論マルクスの立場としては、生産せられた消費財と生産財とがともに都合よく所得と資本とによって買い取られ得るということをば否認したい、また否認しなければならぬのである。然るに、この肝要の点についてマルクスは、その理論を完了せしむるに及ばず、資本論の原稿は空しく断片のままで残されたのである。

ただこの点について不充分ながら一の説明らしいものは、資本論第三巻の或る部分に見出される。それは資本主義生産方法の下で生産力は急激に増大するに拘らず、購買力がこれに伴わぬところから生産と消費との不調和が起るという説明である。購買力が生産力の増進に伴わぬということは、消費者大衆たる労働者に関する限りにおいては、前記の産業予備軍説によって説明される。然らば利潤を収得する資本家の購買力は如何というに、これは購買力があっても行使しない。それは資本家が自存の必要上、その所得の大なる部分を蓄積して資本とする必要に迫られているため、その消費財購買のために投ずる所得部分はごく限られるからというのである。そもそも資本家が生産によって利潤を獲得し得んがためには、第一、生産行程上において労働搾取が行われ、第二、生産せられた商品が販売せらるることを必要とする。もしもそれが販売されぬか、或いは生産出費と普通利潤とを加算しただけの価格をもって売れぬとすれば、その場合には成程労働者は搾取を受けるが、この搾取は資本家にとっては利潤として実現せられないのである。直接搾取の条件と搾取実現の条件とは同一でない。「前者は社会の生産力によってのみ制限せられ、後者は様々なる生産諸部門間の比例と社会の消費力とによって制限される。」然るに社会の消費力なるものは絶対的の生産力によっても、また絶対的の消費力によっても定まるものではなく、「人民大衆の消費を多かれ少なかれ狭隘なる限界内においてのみ変動し得る最低限度に引下げる、対抗的分配関係を基礎とする消費力によって定められる」のである。一方「更にまたそれは蓄積衝動――資本の増大と拡大せられた規模における余剰価値の生産とを求める衝動――によっても制限される。」とマルクスはいっている。この説は恐慌理論上ロードベルトス等の唱えた消費過少説と同じ趣旨に帰着するものと解せられる。既にマルクス自身明瞭に「さながら社会の絶対的消費能力だけが限界であるかの如くにして生産力を発展せしめんとする資本制生産の衝動に比較して考えた大衆の貧困及び消費制限が、常に凡ゆる現実的恐慌の終局原因となっている」と言ったのである（高畠訳『資本論』改造社版（5）二五頁）。

然るに、以上の説は、今日これをマルクスの恐慌説として了解して差支えないか否か、実は疑問がある。というのは、上記の説よりも後に書かれた第二巻の原稿には、これを打ち消すような文書があるからである。即ち恐慌は「支払能力ある消費または消費者の欠如から来ると説くのは一の純然たる重語（Tautologie）である」というのがそれである。独り重語たるのみならず、労働者の消費力不足のために恐慌が起るというのは、事実に反するという。それは恐慌は常に「賃銀が一般的に昂騰し、労働者階級の手に帰するところの年生産物中の消費に予定された部分が現実的に増大する、一の期間によって準備される」からであるという（改造社版（3）三六九―三七〇頁）。これによって観れば、とかくの批評よりも先ずこの問題に対するマルクスの真意が何処にあるかを知ることが困難である。

この外なおマルクスは資本論第二巻で、資本蓄積の可能性について、数式を按じてその証明を試みようとしている。しかしそこでは、彼れは生産せられた消費財は資本家並びに労働者の所得（所得の中の享楽消費に支出せらるる部分）をもって購買せられ、生産せられた生産財は資本中不変資本として使用せらるる部分をもって購入されるのであるから、資本の蓄積、即ち生産規模の拡大が円滑に行われるためには一定の釣合をもって生産の増加が行われなくてはならぬという自明の道理を説いている。即ち彼れは全生産部門を生産財産業（Ｉ）と消費財産業（Ⅱ）とに分け、Ｉ部門における可変資本（賃銀）と余剰価値（その全部が消費に支出せらるるものとすれば）との合計が、Ⅱ部門における不変資本額と一致すれば――Ｉ部門がⅡ部門に提供する生産財と、Ⅱ部門がＩ部門に提供する消費財とが一致すれば――生産の過不及は起らないというので、これは誰れにも異存のないところである。これは資本家によって余剰価値の全額が享楽消費に支出せらるる場合のことであるが、資本家が余剰価値の一部を更に資本として使用する場合においてもその理は変らない。即ち新たに蓄積せられた資本の一部分は可変資本（賃銀）、他の部分は不変資本として使用されるのであるから、やはり、Ｉ部門の可変資本と余剰価値の消費部分との合計が、Ⅱ部門の不変資本と一致すれば、蓄積は円滑に進行するのである。

しかしマルクスがここで説明している限りでは、資本主義の行き詰まりは説明されないで、却って資本蓄積の円滑進行が説明されている。現にマルクス後継者の或る者はこの理論から出発して、資本蓄積は何処までも円滑に進行し得るのだという結論を引いている（ヒルファヂング、バウエル等）。勿論マルクスに出発して資本主義行き詰まりの必然を論証しようとしたものはあるが（ローザ・ルクセムブルグ、フリッツ・シュテルンベルグ、グロースマンの如き）、しかもその説明は区々に出ているのみならず、マルクス自身から太(はなは)だ離れた説明によって行き詰まりの結論を引き、却ってマルクシスト仲間の批評を招いているのである。

要するに、マルクスの販路欠乏説は、その結論と意向とだけは分っているが、その説明は遂に――少なくもマルクス自身の手では――成功しなかったと言うべきである。

マルクスの価値論余剰価値論に対する批評

マルクスの価値論に対しては如何なる批評が下されるか。

商品の価値はその生産に必要なる――無論社会的に――労働量によって定まるとマルクスはいう。これはそもそも何を意味するか。

この命題は、第一にこれを一個の倫理的要請と解することも出来る。商品の価値が労働費用によって定まることが正当であるとする見解である。この思想は全然マルクスにないとは言われない。私かに考えるところによれば、マルクスにもまたこの如き一種の正義論的価値論が、少なくも知らず識らずの間に抱懐されていたように見える。しかし正式にいえば、マルクシズムはかかる正義観と無関係でなくてはならぬ。彼れにとっては、商品相互の交換はただ一個の事実たるに過ぎず、それが良いとも悪いとも言うのではない。彼れの価値論はかくあれかしと主張するものではなくて、かくあることを説くものである。そこで彼れの価値概念を吟味しなくてはならぬ。

『資本論』の始めに価値法則を打ち立てんとするところでは、彼れは互いに交換せらるる商品に共通なる或るものであると価値を解している。彼れが一商品の一定量と、他の商品の一定量とが例えばx量の鉄とy量の小麦という如く互いに交換せらるる表面の現象から推究を進めて、この両商品には必ず共通なるものが含まれてなければならぬ、而してそれは労働でなければならぬと論結する場合、彼れは商品の一定の交換関係を直ちに価値の外面的表現と解している。それ以外の何物とも解することは出来ないはずである。

しかし、もし価値をかくの如きものとして解するならば、――かく推究する論理的過程の欠陥はしばらく措き――価値から外れる生産価格の成立は容認することが出来ぬ。何となれば、この価値概念から行けば、互いに交換される商品は、当然その価値を等しくしなければならぬはずであるが、生産価格説は、各商品の実際に売買さるる基準価格は生産価格であり、而して一商品の生産価格は当然その価値とは一致しない、と教えるからである。即ちこれで行けば、その生産価格を同じうする諸商品には当然等しき価値が含まれていなければならぬはずであり、しかも価値を等しくする商品には無論等しき価値が含まれていなければならぬ。しかも、価値と生産価格とは当然一致しないという。これを承認することは、畢竟AがAにして且つ同時にA+a(もしくはA-a)なることを承認するに等しいのである。

既にマルクスのいう価値は、生産価格説の成立する以上は、相交換せらるる商品に共通なる或る物としては考えることが出来ない。然らばどう考えたら好いか。リカードーその他が市場価格に対して自然価格を立てたように、マルクスの価値は商品価格の旋廻中心として解すべきであろうか。マルクスも確かにこう考えた時代がある。例えば、『賃銀労働と資本』(一八四九年)にはそう説いている。労働費用以上に上った商品価格はいわば自動的に下降し、それ以下に降ったものは自動的に上昇するとしたのである。その理由は、価格が労働費用以上に上った場合には生産者は普通以上の利潤を取得するから、資本がこの産業部門に流入して生産額を増加せしめ、反対に、価格が労働費用以下に下降した場合には、資本が逃亡して生産額が減少するからである。この説明によると、価格と価値との一致は利潤率の平均によって実現されるのであって、即ちリカードーの説明と正しく同軌に出でたものである。

しかしこの説明も生産価格説の立てられた以上は最早容認する訳には行かぬ。何となれば、生産価格説では利潤率の平均によって、価値と外れた生産価格が成立するはずであるのに、右の説明では、利潤率の平均によって価格が価値と一致しなければならぬことになっているからである。

そこでマルクスの説明には混乱が導入された。即ち或る場合の彼れは、利潤率の平均によって商品価値と価格との一致が実現するといい、他の場合の彼れは、利潤率の平均によって価値と価格との一致が妨げられると説いたのである。利潤率を平均せしむるものは、言うまでもなく自由競争である。故にマルクスにあっては、同じ自由競争が価値と価格とを一致せしむる条件でもあり、またこの二者を離隔せしむる原因ともなっているという混乱を見るのである。マルクス主義者中或いは私のこの批評に対して、価値と価格とを一致せしむる自由競争は一産業内同業者間の競争であり、価値と価格とを離隔せしむる競争は産業部門間の競争であるといって、マルクスを弁護せんとしたものもあったが、けだし無理解の言たるを免れぬ。そもそも同一産業内の競争なるものは、同種同質の商品が同一市場において異なる価格で売買せらるることを妨げるに過ぎぬ。かくして成立した同一の価格をその生産費に惹き着けるという作用は、一に産業部門間の競争によって行われるのである。もしこの産業部門間の競争が行われなかったならば、仮りに或る商品の価格がその生産費よりも遙かに高く定まっても、供給を増加せしめてこれをその生産費のところまで引下げる作用が行われない。例えば中世的同業組合の制限が存して、一生産業に外部から競争者の来り加わることを妨げる場合は、正にその一に該当する。かかる場合には、仮りに生産物の価格が遙かに生産費以上に離れても、この価格は何時までもこのままに止まるであろう。故にこの場合取るべき途は二つのいずれかより外にはない。即ち自由競争の行われぬものとして、商品の価格が全然費用と無関係に定まるものとするか——独占財、再生産不可能財の場合はそれである——或いは自由競争が行われ、従って利潤率が平均し、従って商品の価格は価値ではなく、費用価格に平均利潤を加えた生産価格に帰着することを認めるか、のいずれかである。換言すれば、一般的に費用価値説一切を断念してしまうか、然らずんば生産費説（労働価値説でなく）を認めるかのいずれかである。資本の有機的組成に異同のあることを容認する限り、価格が価値に一致するということは如何なる場合にも認められないのである。

然らばそもそもマルクス価値学説、従ってまた余剰価値説の根本的難点はどのところに存するものであろうか。私をもって見れば、やはり、需要を無視して価値法則を立てようとしたところに根本の無理があったといわなければならぬ。或いはマルクスを弁護して、彼れは決して需要を無視しないと言う者があるかも知れぬ。この弁護も一応尤もである。資本論第三巻の或る章においてマルクスはたしかに非常に多くの言葉を需要について費している。しかし注目しなければならぬ。需要を顧慮する限りにおいて、彼れは自らその価値法則の維持を放棄しなければならない必要に迫られるのである。

マルクスによれば、商品価値は商品の生産に社会的に必要な労働量によって定まるという。かくいうことは、果して一定量の労働は、生産物に対する需要の有無如何を問わず、何物の生産に投ぜらるるも常に同一の価値を造ることを意味するや如何。マルクスは多くの場合にこの問を肯定するようである。価値は生産行程に費された労働によって造られる。その生産せられた商品に対して需要があれば高く売れ、なければ廉く売れるであろう。しかし売買価格の高低如何によらず、その商品に一定の価値のあることに変りはないというのが、マルクスの主張であるように見える。

この立場を貫けば、いやしくも人間の労働力の支出は、そのいずれの用途に投ぜらるるを問わず、常に同一の価値を生ずるといわなければならぬ。果してそう言って差支えないか、如何。

如何にも有り得べからざる極端の仮想であるが、例えば一の家屋を建築するに、その時の普通条件によれば、一、〇〇〇単位の労働を要し、更にこれを破壊するに一〇〇単位の労働を要するものとする。今一、〇〇〇単位の労働を費して建築した家屋は住居の用をなすが、一、〇〇〇の労働に更に一〇〇を加えて、一旦建ててまた破壊した家屋は何の役にも立ち難いものである。しかし単に労働を費したという点から見れば、居住できる家屋よりも破壊された家屋に多くの価値がなくてはならぬ。いやしくも価値の法則を需要を離れて立てようとすれば当然これを認めなければならぬ順序となる。しかし何人もこれに躊躇する。マルクスも躊躇する。また躊躇するのが当り前である。即ちマルクスは、他面においては生産物に対する需要をもって、その価値の前提要件とするのである。即ち彼れは、或る場合には明らかに、労働そのものが価値を造り出すのではなくて、有用労働のみが価値を造り出すと説いている。例えば「……如何なる物も、使用対象たることなくしては価値たることを得ない。物が無用であるとすれば、その内に含まれている労働もまた無用であって、かかる労働は労働とは認められず、随って何等の価値をも形成するものではない」と言う如き（改造社版『資本論』第一巻一一頁）はそれである。即ち無用の物に投ぜられた労働は、マルクス自身によっても価値を生まないとされているのである。

しかし既にかく、同じ労働を費しても生産物の有用無用によって或いは価値が形成されたり或いはされなかったりするとすれば、同じ道理によって、同一量の労働を費して生産したものであっても、これによって満たされる慾望の緊切なると否とによって、形成せらるる価値額に大小があるものと見るのが至当であろう。かくして詮じ詰めて行くと、強き需要の対象たるものは価値多く、弱き需要の対象たるものは価値小なりといわざるを得ないことになる。これはマルクスにとっては望ましくないかも知れないが、論理の必然は、彼れにこのことを承認せしめなければやまなかった。そこで彼れも処々で、需要が商品価値を造り、もしくは需要の欠如が商品価値を削ることを認めているのである。しかも彼れははじめ自ら立てた、「社会的必要」労働量が価値を形成するという最高原則は決して譲歩しない。

そこで彼れは、私の想像するところでは、この「社会的に必要なる」労働量という用語に違った解釈を下してこれを活かそうとした。即ち「社会的に必要」を既述の如き技術上普通に必要という意味でなく、供給と需要とを比例せしむるための必要という意味にも用いようとした。即ちこの用法によれば、例えば一商品Aの一単位生産にn量の労働が費されても、需要に対してその供給が多ければ、その商品はそれだけの労働を含有しないものと見るのである。この意味のことをマルクスは、私の知る限り二三箇所で言っているが、その明瞭なるは資本論第一巻の或る個処で、リンネルを生産する場合、「もし市場の胃腑が、一ヤール当り二シリングの平準価格ではリンネルの全部を吸収し得るものでないとすれば、これは取りも直さず、社会的労働時間中の余りに大きな部分がリンネル機織業の形で支出されたことになり、その結果は、個々のリンネル機織工がその各々の生産物に対して社会的に必要なる労働時間以上を支出した場合と異なるところはないであろう」(第一巻七七頁)といっているのがそれである。

しかしマルクスは別段詳細の説明も下さず、匆々の間にこう説いているが、立ち止まって考えて見れば、「社会的必要」をこの意味に解することは、彼れの理論にとって極めて重大な意味を有するものである。何となれば、この文言に従えば、結局一商品の価値は、それに費された労働量とは関係なく、その需要供給の関係によって定まることを認める結果に帰着するからである。更に別言すれば、それによってマルクスの価値と価格との関係が顚倒し、結局一商品はその市場において需給によって定まる価格だけの価値を持つといわねばならぬことに帰着するからである。もしこれを容認するとすれば、それはマルクスの価値学説の放棄を意味するであろう。

更にこの変改された「社会的必要」労働の概念を労働力そのものの価値に適用すると、結果は一層重大で、マルクスは遂に余剰価値または搾取の理論を放棄しなければならぬことになる。かくいうと如何にも矯激の言に聞えるかも知れないが、決してそうではない。その理由は左の如くである。

前述の如く「社会的必要」を需要に対する必要の意味に解すれば、結局一商品の価値は、需要供給の関係によって定まる価格によって定められざるを得ない。もしそれを労働力の価値に適用すると、労働力の価値は労働力の価格即ち賃銀によって定まるということになる。労働力の価値はその生活費によって定まるとなし、而して労働者がこの生活費を償う以上の労働に従事するところから消耗された以上の価値が造られるというのが、余剰価値説の本質であるが、もし労働力の価値は賃銀によって定まるということを承認すれば、ここに事態は全く一変する。

マルクスは労働者は資本家に対して労働力を売却すると説いている。しかし少しく仔細に観察すれば、資本家が労働者から購入するのは労働力そのものでなくて、労働の給付である。強いて労働力という言葉を用いるなら、労働力の使用を購入するというべきである。人格の自由の承認せらるるところで最早労働力の売買が行われないことは、さきにはヘルマン、近くはオッペンハイマーが特に力を入れて説いている。今日の社会で資本家がなし得ることは、賃銀を払って労働者にその労働力を行使せしむることに外ならぬ。あたかも土地を賃借するものが、地主の土地の地力を使用すると同様に、雇主は労働者の労働力を使用する。故に労働者を傭うことは労働力の売買ではなくて、その賃貸借と見るべきである。このことは出来高払いの賃銀について見れば殊に明白である。マルクスは資本論の個数賃銀を論ずる章において、頻りにこの賃銀支払法が賃銀削減の手段に利用されることを説いている。その当否はここでは問題でないが、ただ与えられたる個数賃銀率の下に、一日三十個の仕上げに対して二十個の仕上げに対するよりも多くの支払がなされるとすれば、ここで売りもしくは買われるものは、労働力そのものではなくて、労働力の支出たる労働給付であることは争うまでもないと思う。時間給賃銀の場合には、ただこれほど明白に表面に見えぬというだけであって、実際に売買されるものが労働力そのものでなくて労働の給付であること、即ち労働力の売買でなくてその賃貸借が行われるのであることは依然として変らないのである。

そこで労働者が資本家に傭われる場合、彼れが売却するものは労働力そのものでなくて労働の給付であるとする。而してこの労働給付の価値は、前述の如く労働給付の価格即ち賃銀によって定まるものとする。そうすると如何なる結論が生ずるか。答えて曰く、支払われざる労働または搾取の概念は、少なくも経済理論の範囲内では成立しないということこれであると。

そもそも搾取が行われるということは、労働者がその提供した労働に対してそれより少ない価値をもって酬いらるるということを意味するものである。然るに前段において、吾々は労働者が賃銀に対して資本家に提供するものは、労働力そのものでなくて労働の給付であることを論究した。更にまた一般に売買せらるる商品は、需要供給関係によって定まる価格だけの価値を有し、従って、提供せらるる労働も需要供給関係によって定まる賃銀だけの価値を持つということを論究した。即ちこれによれば、労働者は必ずその提供した労働に相当しただけの価値を取得することになる。即ち不等価交換ということはあり得ないという結論になるのである。

そもそもマルクスの価値理論は、搾取を説明するためにあるといっても好いものである。然るに今推究し得たところによれば、マルクスの立場から出発しても、結局搾取はあり得ないという結論になる。もしこの推究が正しいとすれば、マルクスの理論は全然無意義のものとならざるを得ぬ。根本的の困難は、労働費用が需要と無関係に商品価値を形成すると言い得ない点にある。而してまた需要を顧慮すれば、結局は需要供給説へ退却して、右の如く搾取の可能性そのものを否認しなければならぬ結論に到達するのである。

マルクスの価値論はリカードー説の一つの展開である。しかも彼れの理論は、リカードー――ミルを離れた限りにおいて失敗に終っている。而してその失敗は、労働を商品の供給を左右する重要なる一要素と見るに止めず、進んで或いは労働を価値形成実質となし、或いは凝結労働即ち価値となすところに起因すると思う。マルクスといえども無論この立場をもって一貫することは出来なかったのである。もし一商品の価値をもって該物が他物と交換せらるる力と見るか、或いはこの力を決定する或る物と見るならば、この意味の価値は直ちに労働の所産ではない。労働は商品の供給を左右する重要原因であり、任意に生産し得べきものにあっては――需要を予定すれば――その長時に亙る相互の交換比率は、その供給事情によって左右されるというだけのことに過ぎないのである。そうすると結局価値価格の問題は、その慾望に対する稀少性によって決せられるといわなければならぬ。生産物の価値は労働費用が稀少性を左右する限りにおいてこれによって左右される。

マルクスの価値論は上記の如く厳密な吟味には堪えないものである。然るをなおマルクシストが容易にこれを放棄しない強い理由の一は、その宣伝上の価値にあるであろう。

マルクスの産業予備軍説は、一面においてマルサス人口原則の排棄を意味する。マルサスは人口と食物との増加速度を相対照して、後者が前者に及ばざることを断定したのであるが、マルクスは、マルサスが食物に対しての絶対的過剰人口と見たものは、実は簡単にいえば、機械の採用による失業者に外ならぬといい、従って、資本主義的生産方法の撤廃とともに所謂人口過剰の原因もまた一掃せらるべきことをその中に含めたのである。しかしながら、マルクスの見地に立脚しても、人口増減の速度はやはり労働者状態を決定する一因素たるを失わない。仮りに可変資本額は不変なるものとすれば、この需要に対する労働力供給量は、人口によって定められる外はない。もとよりマルクスの見地からいえば大経営との競争のため没落して、余儀なく無産者群に身を投ずる中産階級者をも斟酌しなければならぬが、しかも労働者数を決定する最大因素が人口の増減であることは争い難いところであろう。殊にマルクス自身をして言わしむれば、資本主義の発展とともに中産階級は没落して益々薄弱なる階層となるべきはずであるから、労働者階級がこの階層から補充せらるる割合は、将来益々減少するものと見なければなるまい。かように見来れば、マルサスにとっての問題は、マルクスにとっても同じく問題でなくてはならぬ。与えられたる一定の可変資本額に対するものとすれば、賃銀なり就業の機会なりは、人口増加の遅速によって定められる。人口の増加が急速ならば、やはりマルサスの言う通り、それが困窮と罪悪とによって制圧される可能性は残されているはずである。マルクスは可変資本の総資本に対する相対的減少を力説しているけれども、それは人口増加よりも速かなる速度をもって失業者の発生し得べきことを承認せしめるに過ぎぬであろう。

残るところは可変資本の増減、もしくは増加の速度如何である。しかしマルクスの論証だけについて見れば、この要素は全然未知未定の事項である。吾々はマルクスによって総資本に対する可変資本の相対的減少を教えられる。そうしてそれは容易く承認し得るところである。しかし労働者の福祉の程度を定めるものは、総資本に対する可変資本の割合ではなくて、人口の増減に対する可変資本絶対額の増減の速度如何の一事である。可変資本絶対額の増減は、当然総資本蓄積の遅速と、資本組成の高度化の遅速とによって定まる。前者が後者よりも速かならば可変資本は増加し、反対ならば減少する。而して、かくして知り得た可変資本額の増減を、更に人口の増減と比較しなければならぬ。即ち労働者将来の境遇を判定するためには、吾々はこれを決定する三の要素を先ず確かめねばならぬ。人口と資本蓄積と資本高度化とのそれぞれの速度即ちこれである。而してこの三者皆なこれを理論的に決定し得るだけの条件は与えられておらぬのである。従って爾今産業予備軍が益々増加し、マルクスの論拠では理論的に論証し得ないはずである。「労働者の窮乏、労働苦、隷属、無智、動物化、道徳的堕落等云々」が益々甚だしきを加えるということは、マルクスによって考うれば、人口と可変資本との関係が如何に労働者に有利であっても、賃銀の騰貴には或る限度があるとは言い得るであろう。けだし賃銀の騰貴が或る程度以上に搾取率（余剰価値率）を減少せしむるに至れば、或いは利潤の刺戟が鈍らされて蓄積の勢いが阻碍せらるるか、或いは資本の高度化（人間労働に対する機械代用）を促進することによって、可変資本対労働者数の関係を再び後者に不利とならしめるものと予期されるからである。けれどもそれは余剰価値に対しての賃銀騰貴の限度についてのことであって、労働者の所謂実質賃銀（即ち賃銀額をもって購入し得る必需品、快適品、享楽品、或いは贅沢品の数量）は労働の生産力が増進しさえすれば、理論上は定限なく騰貴し得るはずである。

ここに機械採用の労働需要に及ぼす影響を考察しなければならぬ。労働節約は機械の本務である。従って機械の採用はその事自体を見れば、当然労働者を不要ならしめる結果となるべきはずである。問題は、かくして不要にされた労働者は、遂に不要にせられたままで終るか、或いは直接間接何処かに雇傭の途を見出し得るかということに存する。最も都合好く想像すれば、左の如くなるであろう。

即ち一産業に新たに機械が採用されれば、生産費従って生産価格が低廉となり、需要の反撥を惹き起す。従って、もし仮りに生産入用人員が半減し、生産物の価格も半減したために需要が倍加したとすれば、機械採用のために結局一人の失業者をも出さずに済む訳である。この想像は余り好都合すぎるであろう。しかしこれも絶対的にあり得ないことではない。また低廉となった生産物それ自身に対する需要は増さずとも、その消費者の他の貨物に対する購買余力は、そのために増進するとも考えられる。従って他の貨物の購買量が増加し、これ等貨物の生産が機械による失業者の一部または全部をば、直接間接に吸収するであろう。またもし貨物は低廉となったのに、その貨物をも、他の貨物をも買わぬとすれば、その購買力の余裕は貯蓄されると見て好かろう。貯蓄は何等かの方法において労働者雇傭資力となって市場に出現するはずである。更にまた機械の採用というが、機械の製造そのものが人手を必要とする。（但しこの場合に明白なることは、機械によって節約せらるる労働量は、機械製造のために要せらるる労働量よりも必ず少なくなくてはならぬ。もしそうでなければ、機械の採用は全く意義を成さぬ。）とにかく、かくの如き理由によって、或る学者等は、機械によって不要となった労働者は、必ず機械の採用そのものによって直接間接に雇傭の途を発見すると主張する。

勿論上述の如き場合が決して起り得ないとは限らない。例えば、印刷機の発明によって失業した写字生の数は、たちまちこれに取って代った植字工印刷工の数に凌駕される。また今日鉄道従業員の数は、遙かに往時の駕籠かき人数を超過するであろう。しかし上述の場合において機械採用のために生産物が低廉となると同時に一方において消費者の購買力には変りがないものと仮定している。然るに、この仮定は必ずしも事実に合しない。機械の採用のため失業者を出した場合、もしその失業者自身がその産業自身の顧客であったならば、生産物の低廉はその限りにおいて毫も需要の増加を惹き起さぬであろう。故に機械採用に基づく失業に対しては、補償は行われ得るが、しかし理論上必ずそれが完全に行われるという保障はない。

結局問題は、ミルもいう如く、機械その他生産上の改良の採用の速度如何によって決せらるるであろう。もし機械その他が大なる程度において突然採用せられたならば、この場合には、これに固定せらるる資本の大なる部分は、既に流動資本として使用せられていた基金から供給せられねばならぬから、労働者の利益はそのために傷つけられるであろう。しかしミルは生産上の改良がかく急激に採用せらるることは先ずないものと見ておった。すなわち曰く「しかしながら、改良は常に極めて徐々に導入せられ、それが流動資本を現実の生産から撤回することによって行われることは稀有或いは絶無であって、年々の増加によって行わるることを常とする。流動資本が同じく急速に増加しておらぬ時と処とにおいて、固定資本の大いに増加する実例は、たといあっても少数である。」「故にただに固定資本の増加が流動資本を犠牲にして行われる場合のみならず、固定資本の増加が、人口の成長が慣習的にそれ自身を適応せしめたるその普通の増加を妨げるほどに多大且つ急速なる場合においてすらも、労働階級は必ず苦しまなければならぬけれども、しかもこのことは事実上においては極めて起る見込みの少ないことである。何となれば、その固定資本がその流動資本に対する比例以上の比率をもって増加するという国は、恐らくないからである」と。ここに所謂流動、固定両資本は、事実上においてはほぼマルクスにおける可変不変両資本に相当するものであるから、不変資本の増加率については、ミルの所見はマルクスのそれと隔たりのあることが認められる。しかし事実上可変資本の増加は少くも人口増加と歩を保っている。これは畢竟生産力の増加によって結局資本の蓄積、従って不変可変両資本の増加（その速度は異なるにもせよ）が促進されるからだと見て好かろう。とにかく資本の有機的組成が高くなっても、被傭労働者の員数の増加はそのために妨げられぬであろう。このことはオッペンハイマーが農村人口の都市流入の事実によって証明せんとしたところである。もしも産業予備軍は不変資本の相対的増加によって造り出されるものならば、機械を使用すること多き工業がこれを造り出して、むしろ農業がこれを吸収しなければならぬはずである。然るに実際においては、それと正反対の運動が、しかも余りに顕著に行われている。ドイツの一例を引用しても一八二〇年においてドイツ全人口約二千四百五十万人中六百万が都市、千八百五十万が村落住民であったのに、世界大戦（第一次）前においては農村人口は千七百万人に減少し、工業人口は五千万に増加している。文明諸国の統計を見れば、何処の国においても同様の現象に逢着する。人口は到る処において、不変資本の増加の速かならざる農村を去って、その速かなる都市に集中しつつあるのである。これは確かにマルクスの理論とは相反する著大なる現象である。

唯物史観批評

上記の個々学説の根柢をなすものは唯物史観である。従ってマルクシズムに対する根本的批評は唯物史観批評でなくてはならぬ。

唯物史観に対しては如何なる批評が下されるか。答えて曰く、唯物史観は価値ある真理を含み、しかしながら、傾向的に誇張せられ、歪曲せられた理論であると。

唯物史観は理想を排斥し、倫理を排斥する。マルクス、エンゲルスは現存社会において労働搾取の行われることが不当であるから、それを改めようと主張するのではない。資本主義の下における生産力の発展は、必ず資本主義それ自体を崩壊せしめて、社会主義社会を出現せしめるというのである。これに対して先ず起る疑問は、もしも社会主義社会の出現が生産力発展の必然の結果であるならば、何処に社会主義運動の必要があるか、ということである。この疑問は従来幾度となく学者非学者によって提起せられて来たが、マルクス主義者は一種の警句か或いは罵詈をもってするの外これに答えていない。これは唯物史観に対する最も幼稚な質問であって、且つ同時にまた最も問題の核心に触れた質問である。

マルクス、エンゲルスは無論世界の「解釈者」たるに甘んじないで、これを実践的に「変革」せんと欲するものである。そのために彼れは「万国のプロレタリエルよ、団結せよ」と言っている。しかしすでに「何々せよ」というからには、放って置けばそうならぬ可能性を認め、また「何々する」ことが価値ある目的を達するための手段であることを認めていなければならぬ。右のプロレタリエル云々についていえば、団結の結果として得らるるものが価値なきものであるならば、そのために団結せよということは無意義であるし、また団結すると否とに拘らず、或る結果が必ず実現せらるるならば、やはり「団結せよ」ということは無意義である。また説くと説かざるとに拘らず、必ずプロレタリエルが団結するものであるならば、「団結せよ」ということは、これまた至極の無意義である。この場合社会主義者にとっての問題は正しき目的に対する正しき手段如何の問題であって、これに対する答は倫理的確信に基づくものでなくてはならぬ。而してもしも倫理的確信に基づく問題であるならば、社会主義の到来は必然ではない。必然の支配するところに倫理的判断は成り立たないのである。

唯物史観は如何にして一の運動、または一の思想が起ったかということを物的原因によって説明する。しかしこの運動、この思想は正しいか否か、或いは何故に正しいかという解答にはならぬ。もしも一の思想または運動の発生が或る原因によって説明されるということそれ自身が、直ちにそのもののジャスチフィケーションとなり得るならば、誤謬の起るにも原因はあるはずだから、いやしくも有るものは皆な正しい、誤謬も不当の見解もまた正しいという、真偽正邪絶滅の暴論に陥らなければならぬ。真偽の方はしばらく措くとして、一の運動の当不当についていえば、資本主義社会において、この社会の維持、変革、改正については様々の方向の運動が行われている。そうしてそれ等の運動は皆それぞれその起るべき原因を持っている。しかしその原因が明らかになったということで直ちにその運動が至当だということにはならぬ。唯物史観を奉ずるマルクシストは無論社会主義運動に賛成して、これに反対する運動に反対するであろう。しかし社会主義運動とともにこれに反対する各種の運動も皆それぞれの原因があって起ったものである。マルクシストが社会主義運動を取って他の運動を排斥する論拠は、唯物史観以外に求められなければならぬ。

或いはこの場合に往々社会主義の実現は既定の歴史的順序に属するかの如くに説くものがある。これに対してはその歴史的順序なるものは一体誰れが定めたものか、また吾々は如何にしてそれを知り得るかを問わなければならぬ。ヘーゲルの歴史哲学においては神の世界計画の遂行が世界史であった。マルクスは勿論この立場を放棄しているはずであるから、世界計画云々を口にすることは、出来ないはずであるが、しかし私の見るところでは、後年のマルクスにもなお多分のヘーゲル主義が残存していたから、マルクスの読者は、なおヘーゲルの歴史哲学において、人間が世界精神の道具として使用せられ、個々の個人の意志すると否と、また意識すると否とを問わず、必ず一定の結果が実現せらるるように按配せられてあるものと説かれたと同様に、マルクスにおいても、資本主義の下において行わるる百般の行為努力は、意識せらるると否とは問わず、皆な資本主義の崩壊、社会主義の実現というただ一の結果に導くように按配されてあるのかという如き印象を受ける。しかしこれはもとより厳密なマルクシズムとは相容れぬ形而上学に外ならぬ。しかしこの形而上学が存外人に訴え易く、資本主義の崩壊、社会主義の実現が既定の歴史的順序であるというかの如き説がかなり多数の智識階級人によって無吟味に承認せられているのである。

なおこれと関聯して記すべきは、かの千年王国の信仰と、マルクシズムとの関係である。千年王国（ヒリヤスムス）というのは、ヨハネ黙示録にある、世界の終りに先だつ、地上におけるキリストと信者との千年の間の支配をいうものであるが、独り聖書のそれに限らず、人類はその過去に失った楽園（または黄金時代）を必ず将来において回復するという信仰である。マルクス、エンゲルスの、原始共産主義の崩壊によって一たび失われた楽園が、長き人類の苦難の後、プロレタリヤによる私有財産の解消によって再び恢復せらるるものの如くに説くところには、変形せるヒリヤスムスを認めることが出来る。而して一般に社会主義殊にマルクシズムの勢力は、この信仰に負うところが少なくない。素朴なる精神にとってこの伝説は意外に強く訴える力を持っている。

以上述べたところによって見るに、マルクシズムに存する社会主義必然論には、世界史を既定の世界計画の遂行と見る形而上学に立脚するところが多く、その限りにおいて科学的討究の範囲外に属するものである。（勿論それ以外に社会主義運動者を激励するための一個の政略として社会主義の必然的到来を云々することもあり、またかくあれかしと希望するところを、かくあるものと錯認するところから必然を云々することもあろう。これ等は凡べてここでは論外とする）。

以上マルクシズムに不利なる批評を下したが、しかし他面唯物史観に極めて社会学上価値あるものの含まれていることも否認できぬ。社会主義者の努力は、上記の如く、倫理的に基礎づけられなければならぬものではあるが、この努力の成就すると否とは、現に与えられたる物質条件に倚存（いぞん）するところが多い。例えば小農民が人口の多数を占めるフランスの如き国では、生産手段の集合化は甚だ困難であるというが如きことは、誰れしも承認するところである。故に歴史は人間の意欲を通じて経過するものだから、その点自然現象と同一視すべきではないが、しかも人間は決して勝手気ままに歴史を作り得るものではない。マルクスが「人間はそれ自身の歴史を造るが、しかし人間はそれを自由なる材料から造らず、自ら選択した事情の下に造らないで、直接目前に与えられた伝来の事情の下にこれを造る」といったのは、動かし難い真理である。また人間の視野はその環境によって限られるし、また明らかに不可能なることは企てないのが常である。この意味において、マルクスがいった「人類は常にその解決し得る問題のみを提起する」という言葉には多分の妙味が含まれている。

故に社会変革の努力が勝手気ままに起り、勝手気ままに成功するものでないというのは正しいが、与えられた事情の下に行われる将来の変化は様々のものが可能である。それを予め特定の一のみが可能であるかの如くに説くことは、前記の如く、形而上学の援けを借らなければなし得られないのである。唯物史観は社会学にとって極めて価値ある所得である。ただ社会主義者たるマルクスはこの理論の適用においてその政治目的に動かされて、極めて傾向的であったといわなければならぬ。

結論

以上、マルクシズムには真実の価値あるものが含まれるとともに、他面多分の独断誇張とデマゴギーも含まれていることを述べた。然らば日本その他或る国々においてマルクシズムが最近まで（第二次大戦前に記す）青年思想家の間に多くの勢力を保ち得たは何故であるか。

それは無論一部分はその真実価値あるものにより、他の一部分はそれに含まるるデマゴギーによるものであるが、それが力強き否定の理論であることが、批判を好む理智的青年に喜ばれたことを看過する訳に行かぬ。マルクスは共産主義を肯定するよりもむしろ強く資本主義を否定した。否定は強い。否定は責任を伴わない。また否定は理智的人物に優越を自覚せしめる。これが現時の思想界におけるマルクシズムの勢力の一の秘密である。ただマルクシズムのこの特徴とこの勢力とは、現今のわが邦において怠惰なる思想家を群生せしめた嫌いがある。彼等は共産主義の実現に努力するだけの熱意を欠いているが、他方資本主義の必然的崩壊ということは、いわば当然のこととして承認しているから、目前多数民衆の窮苦を見ても、敢えてこれを救済軽減するための積極的実際的な社会政策を考究し、実行することは敢えてしない。どうせ何をしても無駄だという態度を取り易い。やや酷評すれば、ただ批評をするのみで、責任を取って努力することをしないという一種の型の知識人を造り出した。独りマルクシズムのみが責任を負うべきではなかろうが、マルクシズムも多くの責任を免れないことは争い難き事実であり、これがマルクシズム流毒の一として挙ぐべきものである。

附記。マルクシズムについては従来度々の機会に論述しており、その大部分について私の意見は変易していないから、本篇においても新旧の自著を頻りに利用した。読者幸いに諒せられたし。重に利用した拙著の書は左記の通りである。

『近世社会思想史大要』（岩波書店）

「マルクシズム」（岩波講座『世界思潮』）（本書次章）

『ラッサール、労働者綱領』解説「『労働者綱領』と『共産党宣言』」（岩波文庫）

『マルクシズムとボルシェヴィズム』（千倉書房）

『価値論と社会主義』（改造社）

（『マルクス死後五十年』所収）

マルクスとヘーゲル

マルクスがヘーゲルに出発し、後にこれを離れて唯物史観、または史的唯物論に到達したことは既に人の承知している通りである。マルクスはその弁証法的思考法をヘーゲルに学び、後年に至ってもまた好んで弁証法的語句を弄するの癖があった。しかしながら彼れがヘーゲルの観念的弁証法を非とするに至ったことは、しばしば引用される資本論第一巻第二版序文の一節に遺憾なく表明せられている。曰く「予の弁証的方法はただに根本的にヘーゲルのと異なるのみならず、実にその正反対のものである。ヘーゲルにとっては、思惟過程は――ヘーゲルはそれを観念なる名称の下に一個独立の主体たらしめてさえいるが――現実世界の創造主で、現実世界は単にその外面的表現たるに過ぎないが、予にあっては反対に、観念世界は人間頭脳中に転置せられ翻訳せられた物質世界に外ならぬものである」と。

そもそもヘーゲルにとっては、世界は絶対者たる理（Logos）理念（Idee）または理性（Vernunft）の論理的即ち弁証法的自己発展の過程であって、而してこの発展は肯定―否定―否定の否定、別言すれば正―反―合（These, Antithese, Synthese）の段階をもって行われるというのであった。絶対者たる理念は、弁証法によって先ず理念の他在態（Anderssein）たる自然に発展し、更に発展して自己に還る。これが精神である。故にヘーゲルに従うと、精神も自然と同じく理念発展の一段階に外ならぬものであって、絶対者は自然たる以前に既に精神であるのである。さて精神もまた三段階によって発展する。主観（個人）的精神、客観（一般）的精神及び絶対（神）的精神がこれである。この中の客観的精神を論ずるものがヘーゲルの法律哲学である。名称は法律というけれども、その内容はそれよりも広くて、ほぼ今日の社会学に相当するものである。客観的精神の発展がやはり三段階において行われる。法、道徳（Moralität）及びこの二者の綜合たる団体道徳（Sittlichkeit）がそれである。而して団体道徳は更に同じく三段階によって発展する。家族、市民社会（bürgerliche Gesellschaft）及び国家がそれである。而してヘーゲルは国家を「道徳的理念の実現」といった。然るに世界の国家はただ一つではない。国家と国家とは相和し、相戦う。この国家対国家の関係においてその曲直を審判するものは「世界精神」であり、この審判の行わるる法廷は世界史である。すなわちヘーゲルの「法律哲学は歴史哲学において完了する」といわれる次第である。

ヘーゲルは世界史において、遂行せらるべき、また遂行せられたる、合理的なる世界計画、世界精神の形における神の啓示を見る。「神は世界を統治する。統治の内容、その計画の遂行が世界史である。」歴史哲学はこの意味において一個の弁神論（Theodizee）である。ヘーゲルによれば、世界史の終極目的は人間の自由であって、人間百般の行為、欲望、動機、激情の作用はこの目的の依って実現せらるる手段である。而して自由の客観的形態が国家だというのである。

かくの如く、自然現象も歴史的経過も、ヘーゲル哲学にあっては、皆な絶対者たる理、もしくは理性の自己発展のために起る。といわんよりは、寧ろ理性の自己発展そのものの表現である。然るに理性は矛盾を容さない。矛盾は必ずこれを止揚すべき発展を喚び起さざるを得ないのである。そこで「矛盾は一切の運動及び活力の根源である。或る物はそれ自体の内に矛盾を有する限りにおいてのみ運動し、衝動と活動とを有する。」従って自然及び歴史上の発展は、ヘーゲルにあっては論理的必然だということになる。

マルクスはそのベルリン在学時代に始めてヘーゲルを読んだ。ベルリンから郷里の父に与えた書簡（一八三七年十一月十日附）の中に、彼れは自己の思想生活の動揺と進歩とについて書いている。彼れは感ずるところがあって病中ヘーゲルを「始めから終りまで」と、また併せてその弟子の大多数の者を学んだと、それに言っている。これより先き、彼れは既にヘーゲル哲学の断片を読んでいたが、その「怪奇なる巌石の旋律」は彼れを喜ばせなかった。今彼れは、彼れの言葉でいえば、「純粋の真珠を求め得てこれを日光にかざさん」とする確乎たる目的をもって再び海底に潜らんとしたのである。彼れは「クレアントス。別題哲学の出発点及び必然的進行について」(Kleantus, oder vom Ausgangspunkt und notwendigen Forgang der Philosophie) なる一篇の対話を作り、その中で、「神性が概念自体として、宗教として、自然として、歴史として顕わるるその神性の哲学的弁証法的発展」を説こうとした。まことに彼れ自身のいう通り、この「最後の命題はヘーゲル体系の発端」であったのである。

フォイエルバハ

然るに、マルクスのその後における思想の発展は、彼れが見る現実世界と観念との関係を顚倒せしめた。彼れにとっては物質世界が第一の実在となり、観念は物質の人間頭脳中における反映に外ならぬものとなったのである。この思想の転回は、フォイエルバハに促されたものといわれている。フォイエルバハの人本主義（Humanismus）は決して宗教そのものを否認するのではなくて、ただこれを天上から人間界に引き卸ろし、神の代りに人間そのものを人間にとっての最高の存有たらしめようとした。「……人間が有するだけの価値を人間の神は有して、それ以上を有せぬ。神の意識は人間の自意識である。神の認識は人間の自己認識である。」即ち在来の宗教に代えるに人間宗教をもってせんとしたのである。フォイエルバハのマルクスに及ぼした影響については、同志のエンゲルスが後にその『フォイエルバハ論』中に書いている。

エンゲルスによれば、ヘーゲルの唯心論とその弁証法とは、本来相容れぬものであった。ヘーゲルの弁証法を取った、政治上、宗教上の急進主義者は、この矛盾に悩まされていた。宛かもそこへフォイエルバハの『キリスト教の本質』が出た（一八四一年）。エンゲルスはいう。「この書は単刀直入、再び唯物論を玉座に復せしめて以って一撃にして矛盾を粉砕した。自然は一切の哲学と独立して存在する。自然は同じく自ら自然産物たる吾人人類がその上に生長せる基礎である。自然及び人類以外には何物も存在せず、吾人の宗教的空想が造り出したより高き本質は、吾々自身の本質の空想的反射に過ぎざるものである。魔術は破れ、『体系』は飛散し、放棄せられ、矛盾は単に空想上においてのみ存在するものとして解消せられた。——本書の解放的効果は躬らそれを体験したものでなくてはこれを想像することが出来ぬ。熱狂は一般的であった。吾々は皆な一時フォイエルバハ党であった。マルクスが如何に熱情的にこの新見解を迎え、また如何に、――批評的留保はしながらも――これによって影響せられたかは、『神聖家族』についてこれを窺うことが出来る。」

マルクスはフォイエルバハに対して、エンゲルスほどには傾倒しなかったと信ずべき理由があり、また『神聖家族』の著作を了えた時には、エンゲルスに先んじて既にフォイエルバハを脱却していたのであるが（Rjazanov, *Marx-Engels Archiv*, I. S. 216.）、しかもなお彼れが一時後者のために強く影響せられたことは争うべからざるところである。

フォイエルバハのマルクスに対する影響は、彼れがライン新聞の主筆を罷めて、一八四三年の末、パリに転居した頃からその著作物に現れている。ライン新聞に掲げて、「哲学は宗教事項を新聞論説中にも論ずべきものなりや」を論じた文章の中で、彼れはなお国家をもって人間の自由がその内で実現せらるる一大有機体としている。「最新哲学は国家を見るに、法律上、道徳上、政治上の自由がその内において実現せらるる大なる有機体をもってし、而して個々の公民は、国家の法律において、単に彼れ自身の理性の自然法則を遵奉するに過ぎぬものと見る。」ここにいう最新哲学は、無論ヘーゲル哲学で、この頃のマルクスは未だ純然たるヘーゲル主義者であったらしい。これが一八四二年七月のことである。

然るに、一八四四年パリで独仏年誌に発表した、「ヘーゲル法律哲学批判」の緒論には、既に人間そのものを人間にとっての最高本質とする思想が現れている。即ち彼れは「ラヂカルであるということは事物の根蔕を摑むことである。然るに人間にとっての根蔕は人間そのものである。ドイツの理論のラヂカリズムに対する明白な証拠、従ってその実行力に対する明白なる証拠は、それが宗教の断乎たる積極的止揚から出発していることである。宗教の批判は人間にとっての最高本質は人間であるという教義、即ち人間をば賤しめられ、奴僕視せられ、見棄てられたる、軽蔑すべき存在たらしむるところの一切の関係を覆えすべき無上命令をもって終る。」といい、また「唯一の実践上可能なるドイツの解放は、人間を人間にとっての最高本質となす理論の立場に立っての解放である」といっているのである（*Marx-Engels Gesamtausgabe*, Bd. I. S. 615, 620）。

これと同時にマルクスは、革命の物的条件ということを言い出している。「革命は一つの受動的要素、一個の物質的基礎を必要とする。理論は、一国民において、それがその国民の欲望の実現なる限りにおいてのみ実現される。……思想が実現を迫るだけでは充分でない。現実が己れ自身を思想に圧し付けなければならぬ」(S. 616)。

フランス社会主義者の影響

しかし弁証法的に思考し、また唯物論を取ることとは、そのこと自身必ずしも社会主義の結論に導くものではない。ここに注目すべきは、マルクスにおける上記の思想転向とフランス社会主義の影響との関聯である。マルクスは後に『経済学批判』(一八五九年)の序文中に、ライン新聞主筆たりし当時に「フランス社会主義及び共産主義の淡く哲学的着色を帯びた反響が」、ライン新聞に聞えて来たが、当時の彼れには社会主義、共産主義そのものの内容に敢えて批判を加えるだけの素養がなかったと記している。その頃アウグスブルグ・アルゲマイネツァイトゥング新聞がライン新聞は共産主義に秋波を送るという批評をした。マルクスのこれに答えた文章には、当時の彼れの社会主義、共産主義観が現れている。彼れは「共産主義思想には、その現時の形態においては、決して理論的現実性を認めず、従っていわんやその実践的実現を希わず、それを可能とも考え得ぬ」と言っているが、しかし同時にピエール・ルルー、コンシデラン、なかんずく烱眼なるプルドンの著作の価値を認めて、これ等の著作は決して「その時の皮相なる落想によってでなく、長き、持続的にして根本的なる研究の後に始めて批評し得る」ものだといっている。それと同時に、彼れは謂わゆる共産主義の「危険」がその実践になくて、その理論にあることを説いている。「吾々は、真正の危険を成すものは共産主義思想の実践的試みでなくて、理論的遂行であるということを堅く確信する。」というのは、実践的試みに対しては、大砲をもってこれに応えることが出来るからである。然るに、「吾々の知性に打ち克ち、吾々の心術を征服し、吾々の良心が悟性によってそれに繋縛せられた思想というものは、人がその胸を裂くことなしには絶つこと能わざる鎖であり、人がそれに服従することによって始めて征服し得るところの悪魔である」からである。これは一八四二年十月十六日附の文である(S. 263)。マルクスはこの時、共産主義の「危険」を云いながら既にその理論的価値を認め、その魅力を感じていたのである。

然るに、「ヘーゲル法律哲学批判」の緒論では、マルクスはプロレタリヤの革命的使命を説き始めている。これより先き、上記の新聞論説の一節にも、彼れは既に「今日何物をも所有せぬ階級（Stand）が中流階級の富に参加せんことを要求する」はマンチェスター、パリ、及びリヨンにおいて何人の目にも触れる一事実である、と書いているが、ここに至って、「緒論」では、ドイツの解放はプロレタリヤによって始めて行われると説いている。

「ドイツ解放の積極的可能性は何処に存するか。

「答えて曰く、それはラヂカルな連鎖をもって一階級の形成せらるること、市民社会の階級にあらずして市民社会の階級たる一階級、一切の身分（Stände）の解消たる一身分の形成せらるること、その普遍的苦痛のために普遍的性質を有し、特殊の不正を加えられずして不正そのものを加えらるるが故に、何等特殊の権利を要求することなく、最早歴史的資格のために訴えずして、能く人間的資格のためにのみ訴え、またドイツ国家の結論に対して一方的対立をなさずして、その前提に対する普遍的対立をなすところの一分域（Sphäre）の形成せらるること、而して最後に、自己を社会の爾余一切の分域から解放するとともに、社会の爾余一切の分域を解放することなくしては己れを解放すること能わざる一分域、一言もっていえば、人間の完全なる喪失であり、従って人間の完全なる回復によって始めて能く自己を獲得し得る一分域の形成せらるることに存する。かくの如く、特殊の一身分として社会の解消たるものは即ちプロレタリヤである。」

マルクスの、プロレタリヤは社会全体を解放することによって始めて自己を解放し、一切の支配、一切の搾取を一掃することによって始めて自ら抑圧を免れるという思想は、ここにその萌芽を示している。「プロレタリヤが従来の世界秩序の解消を告げるのは、それ自身の存在の秘密を表明するに外ならぬものである。何となれば、彼等はこの世界秩序の事実上の解消であるからである。プロレタリヤが私有財産の否定を要求する時、それは社会がプロレタリヤの原理にまで高めたものを、即ち既にプロレタリヤの協力を待たずして社会の消極的結果として彼等の中に体現せられているものを、社会の原理にまで高めるものに外ならぬのである。」

プロレタリヤの歴史的使命に、マルクスの注意を促したものは誰れであったか。豊富なる智識と、透徹せる理解力とをもって書かれ、当時のドイツ有識者の目を幾ど始めて西隣国の社会主義、共産主義に開かしめたシュタインの名著『現代フランスの社会主義及び共産主義』(*Der Sozialismus und Kommunismus des heutigen Frankreichs*) は筆を「プロレタリヤ」なる一章をもって起している。それによれば、プロレタリヤはただの古代もしくは近世の無産者の階級とは違う或るものである。それは「自ら統一体として感じ、一個の意志を有し始め、また共同の行為を思う、一個の独立せる全一体にまで己れを高めた。」人格性の理念と所有不平等の制度とは相容れぬ。その相容れぬことが自覚せらるるに従って「……群集は直ちに彼等の要求に仕える主義を中心に集合し、貧困なる、働き、苦しむ階級が、一個の強大なる、一切を否定し、脅威する統一体、即ちプロレタリヤとなる。」(二八頁) 而して「共産主義は独りプロレタリヤにおいてのみ可能である」といっている (三五五頁)。このシュタインの書は一八四二年に出た。既に指摘している学者もある通り、マルクスは始め恐らくこの書によってフランスの社会主義、共産主義を学び、またこの書によってプロレタリヤの使命に着目を促されたものであろうと察せられる。

哲学者、法学者として出発したマルクスは、ここに革命要素たるプロレタリヤを獲た。而していう、「哲学がプロレタリヤにおいて物質的武器を見出す如く、プロレタリヤは哲学においてその精神的武器を見出す」と。また曰く、「解放の頭脳は哲学で、その心臓はプロレタリヤである。哲学はプロレタリヤの止揚なくしては己れを実現する能わず、プロレタリヤは哲学の実現なくしては己れを止揚することを得ぬ」と。すなわち彼れはこの新しい見地に立って、そのヘーゲルに得た弁証的思考法を市民社会の発展に試みた。富、資本、もしくはその所有者たるブルジョワジーが肯定である。プロレタリヤがこれに対する否定である。而して私有制度の廃除、即ち従ってプロレタリヤの廃除によってこの矛盾が止揚されるとするのである。

『神聖家族』にいう。「プロレタリヤと富とは対立物である。両者は対立物として一個の全一体を成している。それは私有財産の世界の両形成物である。……

「私有財産は私有財産として、富として己れ自身、またそれとともに、その対立者、即ちプロレタリヤを存続せしむることを余儀なくされている。これがこの対立の積極的方面、己れ自体において満足せる私有財産である。

「これに反して、プロレタリヤはプロレタリヤとして己れ自身、またそれとともに、己れを制約する対立者、彼れをプロレタリヤたらしむる対立者を、即ち私有財産を止揚することを余儀なくされている。これは対立の消極的方面、それ自体における不安、解消せられたる、また解消しつつある私有財産である。

「有産階級及びプロレタリヤ階級は、同じ人間の自己疎外を示すものである。しかし第一の階級はこの自己疎外に快適と保証とを感じ、この疎外を自己の勢力として意識し、それを人間的生存の証券とする。第二の階級は、この疎外に滅亡を感じ、その中に自己の無力と非人間的生存の現実を見る。……

「故に対立の内部においては、財産私有者は保守党、プロレタリヤは破壊党である。前者からは対立維持の運動、後者からは対立絶滅の運動が起る。

「尤も私有財産はその経済的運動において、自ら己れを駆って自己の解消に赴かしめる。しかしそれは、己れ以外に独立せる、無意識なる、その意志に反して行われ、事の性質によって定めらるる発展によって、即ちプロレタリヤをプロレタリヤとして造ることによって、己れの精神的、肉体的窮乏を自覚せる窮乏、己れの非人間化を意識し、従って己れ自身を止揚する非人間化を造ることによってそれをする。プロレタリヤは私有財産がプロレタリヤを造ることによって己れの上に下した判決を執行すること、宛かも他人の富と自己の窮乏とを造ることによって賃銀労働がプロレタリヤ自身の上に下した判決を執行すると同様である。プロレタリヤが勝利を得ても、それはそれによって決して社会の絶対的方面とはならぬ。何となれば、それはただ己れ自身とその対立者とを止揚することによってのみ勝利を得るのだからである。その暁には、プロレタリヤもこれを制約する対立者も、即ち私有財産も、等しく消滅しているのである。」(*Aus dem literar. Nachlass von K. Marx, F. Engels u. F. Lassalle*, Bd. II. S. 133)

この引用は、マルクスが既に余程『共産党宣言』の思想に近づいて来たことを示している。しかもこの時代のマルクスは、既にその方面に一日の長あるエンゲルスと接触してはいたが、その経済学に関する智識はなお極めて浅薄のものであった。彼れは市民社会の実証的考察によるよりは、むしろ論理的に私有財産消滅の結論に到達したといってよいのである。

前記の如く、マルクスをしてヘーゲル主義の檻を脱出せしめたものは、フォイエルバハであった。然らば、マルクスはフォイエルバハに満足したかといふにそうではない。彼れはさきにドイツからフランスへの転居とともにヘーゲルを離脱したと同様に、パリからの退居とほぼ同時に、更にフォイエルバハをも超えて前進した。彼れはフォイエルバハのどの点を不満としたか。大体において、彼れはフォイエルバハ哲学の抽象的、客観的、観照的、理論的なるにあきたらずして、具体的、主観的、実践的、行動的なる唯物論を立てようとしたものだと言ってよい。マルクスは既にプロレタリヤの革命的使命を認識している。而して彼れはパリ滞在中、既に労働者と接触し、ブラッセルにおいて更に労働者の間に組織を作ることに努力している。彼れをしてフォイエルバハに不満を感ぜしめたものは、一方において彼れの革命家としての実行意志であったと見ることが出来る。フォイエルバハ批評の断片的手控によれば、マルクスは特に人間の能動的行為の一面を強調している。例えば、「一切従来の唯物論――フォイエルバハのも含める――の主なる欠陥は、対象、現実、感性が単に客観もしくは観照の形式の下にのみ把握せられて、人間的、感覚的活動として、実践として把握せられず、主観的に把握せられざることである。従って、この活動的の方面は、唯物論の反対に唯心論によって抽象的に――唯心論は当然現実的、感覚的活動そのものを知らぬから、――展開せられた。フォイエルバハは思惟の客体と区別せらるる、感覚的客体を欲する。しかしながら、彼れは人間行為そのものを対象的行為として把握しておらぬのである。故に、彼れはキリスト教の本質において、独り理論的態度をのみ純人間的態度と見ている一方に、実践は、その汚穢なるユダヤ的現象形態においてのみ把握せられ、固定せられている。従って彼れは、『革命的』、実践的、批判的活動の意義を理解しない。」というのがそれである（*Marx-Engels Archiv*, Bd. I. S. 227）。

またこうも言っている。

「果して人間的思惟に対象的真理が到達するや否やの問題は、理論の問題でなくて、一個実践の問題である。実践上においては、人間はその思惟の真実、即ち現実性及び威力、此岸性を証明せねばならぬ。思惟の現実性及び非現実性に関する――実践から孤立せる――争いは一個純然たる煩瑣哲学的の問題である。」

「境遇と教育の変化についての唯物論的教理は、境遇が人間によって変更せられ、教育者そのものが教育せられねばならぬことを忘却している。……境遇の変更と人間活動の変更、即ち自己変更との一致は、ただ革命的実践としてのみ把握せられ、且つ合理的に会得せられ得るものである。」

而してマルクスの、「哲学者は世界をただ様々に解釈して来た。肝要の事は、これを変更することであろう。」と言ったことは、しばしば引用せらるる通りである（*Archiv*, S. 227, 230）。

ドイッチェ・イデオロギー

この肝要なる「変更」の事に当るものは、現存世界についてはプロレタリヤである。しかしプロレタリヤそのものは決して任意に発生し、また任意に「変更」を行い得るものではない。これを発生せしめ、またその事業たる「変更」を可能且つ必至ならしむるものは、マルクスによれば、或いは「生産力」或いは「工業及び商業」の発達である。マルクスをして単なる「批評」に満足しないで、実行、革命を説くに至らしめたものは、思想は物質的生活そのものの所産に外ならぬという認識であった。彼れは『神聖家族』の中に、一時代の「工業、もしくは生命の直接生産方法」を知ることなくしては、その時代の歴史的現実を認識することは不可能である旨を既に暗示しているが（S. 259）、彼れの思想は、『神聖家族』著作後、経済史、経済学の研究によって、急角度を描き、また長足の歩をもってこの方向に発展し、その成果は、エンゲルスとの第二の共作なる「ドイッチェ・イデオロギー」に開陳せられている。この作は作者自身これを公刊せんとしてその生前遂に果たさなかったものであるが、後にリャザノフによって先ずその第一部を成すフォイエルバハ論（Marx und Engels über Feuerbach <Erster Teil der „Deutschen Ideologie“> *Marx-Engels Archiv*, Bd. I. S. 230-306）が、次いでその全部が発表された。これによって見れば、マルクスの唯物史観はこの著作に既に幾（ほとん）ど完成している。而して推定せらるる著作の年時は晩くも一八四五年の秋である。

マルクス、エンゲルスはいう。旧ヘーゲル主義者は、それが一個のヘーゲル的論理的範疇に遡及せらるるや直ちに一切のものを理解した。少壮ヘーゲル主義者は一切のものに宗教的表章を強い、またはこれを神学的と宣言することによってこれを批評した。しかし少壮ヘーゲル主義者は、宗教、概念、現存世界における普遍的なるものの支配を信ずることにおいて、旧ヘーゲル主義者と一致している。ただ一方はこの支配を僭奪なりとして攻撃し、一方はこれを正統なりとして謳歌するだけの差異がある。少壮ヘーゲル主義者も、意識を攻撃するだけで現実の現存世界を攻撃せぬ点においては、保守主義者たるものである。「これ等哲学者の誰れにも、ドイツの哲学とドイツの現実との関係、彼等の批評と彼等自身の物的境遇との関係を問うことは、思い及ばなかったのである。」然らばその「物的境遇」というものを二人はどう説いているか。

人間はその生活上自然に頼らなければならぬと同時に、その行為によって、自然そのものに変形を加える。この自然と人間による自然の変形とが一切の歴史の出発点である。人間はその生活資料を生産する。個人の果して如何なる者たるかは、その生産の物的条件によって定められる。然るに「この生産は、人口増加とともに始めて起る。それはそれ自身、再び個人相互間の交易を前提とする。この交易の形態は、再び生産によって定められる」(S. 238)。すなわち一定の方法をもって生産を行う一定の個人等は、一定の社会的、政治的関係を結ぶのである。「社会的編成、及び国家なるものは、常に一定の個人の生活過程から発生する。」しかしその個人というのは、表章上の個人でなくて、不随意なる一定の物的制限、前提及び条件の下に活動する個人である。然るに、この人間の物的活動、物的交易と理念、表章、意識とは直接に織り合わされている。「意識は意識せられたる存在以外のものであり得ず、人間の存在はその現実的生活過程である」(S. 239)。「意識が生活を定めるのでなくて、生活が意識を定めるのである」(S. 240)。「意識は当初から既に一個の社会的生産物であり、そもそも人間なるものの存在する限り、依然として然るを失わぬ」(S. 247)。マルクス等にとって見れば、フォイエルバハの欠陥はこの点に存する訳である。彼等によれば、成程フォイエルバハは人間もまた感性的対象なることを認めたる点において大いに「純粋唯物論者」に優るところがあるのであるが、彼れは人間をその与えられたる社会的関聯において、即ち人間をその今あるが如きものたらしめた、現在の生活条件の下において考察することをしなかったから、彼れは遂に現実に存在し活動する人間に到達せずして、「人間」なる抽象物で停止し、「人間の人間に対する」「人間的関係」としてはただ「愛と友情」しかもその理想化せられたものしか知らなかった。故にいう「唯物論者たる限りのフォイエルバハにあっては、歴史は現れておらぬ。而して歴史を考察する限りにおいては、彼れは唯物論者でない。彼れにあっては、唯物論と歴史とは全然相岐(わか)れる……」(S. 244)。「フォイエルバハは『宗教心』そのものが一個の社会的産物であって、彼れが分析する抽象的個人は、一定社会形態に属するものなることを見ていない」と(S. 229)。

上述するところによって分る通り、マルクス等は、生産力、または生産及び交易の発展に歴史発展の原動力を求めるものである。而して生産力の発展は、階級的対抗を発生せしめ、この階級的対抗が独り階級的対抗のみならず、階級そのものを撤廃せんとする革命を生み出すというのである。この事を二人はやや公式的に述べている。曰く

(一)生産力の発展上において到達する或る段階において、喚び起さるる生産力及び交易手段は、現存関係の下においてはただ害のみをなし、従って最早生産力たらずして、破壊力(機械、貨幣)たるに至る。——而して、これと関聯することであるが、社会の利益を享受することなしに、その一切の重荷を負担せねばならぬ一階級、社会から押し出されて、他の凡べての階級に対して決然たる対抗に立つことを余儀なくせらるる一階級を出現せしめる。この階級たるや一切社会成員の多数者を成し、根本的革命の必要に関する意識、即ち共産主義意識のそれよりして発生するところの階級である。無論この意識は、この階級の位置の考察によって他の諸階級の間においても、形成せられ得るものである。

(二)一定の生産力がその内部において適用せられ得る諸条件は、社会の一特定階級の支配の条件である。この階級の、その所有に由来する権力は、その時々の国家形態をその実践的、観念的表現とし、従って革命的闘争という闘争は、皆な従来支配者たりし階級に向けられる。

(三)一切既往の革命においては、労作の仕方はそのままにせられて、ただこの労作の分配のみが改められ、別の人々への労働の新たなる分配が行われたるに対し、共産主義革命は従来の労作の仕方に向けられ、労作は排除せられ、あらゆる階級の支配を階級そのものとともに止揚する。何となれば、この革命は、現社会の内部においては最早階級たるの資格なく、階級として承認せられずして、既に一切の階級、国民性等の解消の表現たるところの一階級によっ

て行われるからである。

「(四)この共産主義的意識の大衆的産出、並びに主義そのものの貫徹のためには人間の大衆的変更が必要であり、この事は実践的運動において、革命においてのみ行われ得るものである。されば革命は、支配階級を他の方法をもっては顚覆し得ないから必要であるのみでなく、顚覆者たる階級は、独り革命において始めて能く一切の古き汚物を棄てて以って新たなる社会の建設に当る能力を具えることが出来るから必要なのである」(S. 257-8)。

更に続けていう。「さればこの歴史観の基づくところは、現実の生産行程を、しかも直接生活の物質的生産から出発してこれを展開せしめ、而してこの生産方法と関聯し、且つこれによって造られた交易形態、即ちその種々の段階における市民社会をば、歴史全体の基礎と解し、この市民社会をばその国家としての発動において叙述するとともに、様々なる理論的産出物、意識の諸形態、宗教、哲学、道徳等の全部をこれよりして説明し、これ等のものから生ずるその発生過程を尋ねることに存するものである。この場合、無論問題は、その全体においても（従ってこれ等諸方面の相互に対する交互作用をも）叙述せられ得るのである。この歴史観は各時代において、唯心史観の如く一個の範疇を求めることを要せずして、引続き現実的歴史地盤の上に停まり、実践を理念から説明せずして、理念の形成を物的実践から説明し、それに応じてまた左の結果にも到達する。曰く、意識の一切諸形態及び一切産物は、精神的批評によって、自意識への解消、『妖怪』『幽霊』幻想等への転形によって解消せらるるものではなくて、これ等唯心論的冗言の発生の源なる、現実的社会関係の実践的顚覆によって、始めて解消せられ得るものである。歴史の推進力は批評でなくて革命であり、宗教、哲学及びその他の理論についてもまた然るものであると」(S. 259)。

右に生産力及び交易の発展が歴史の推進力であると述べたが、両者の中の本源的なるものは前者であって、後者はその派生物である。従って前者の発展のため「生産力と交易形態との矛盾」が起り得る訳である。始め生産力発展の条件であった交易形態が後にその桎梏となる。

「……より発展した生産力及び同時により進歩せる個人の自己発揮の仕方に適応する新しき交易形態が、桎梏となった従来の交易形態に代る。今度はこれが再び桎梏となり、次いで一つの新たなるものによって代られる。」ここにいう、生産力と交易形態との矛盾が後に彼れのいう生産力と生産関係の矛盾となるものであろう。然らば、この生産力の発展そのものは何によって促されるかというに、一、二の個処では、人口増加がその起因たるが如く説かれている。生産は「人口増加とともに始めて起る」といい、また生産率の増進及び欲望増加の「根柢に横たわる人口増加」といっているのである（S. 238, 248）。而してこれに関聯して重要視されているのは、分業である。即ち分業は「従来の歴史の主要勢力の一つ」とせられ、また分業発達の程度は、生産力発展の程度を示すものとせられている（S. 265, 303）。

『共産党宣言』

『哲学の窮乏』及び『共産党宣言』では、「ドイッチェ・イデオロギー」で既に把握せられた理論が、ただやや精錬せられて説かれている。少なくも史的唯物論については、根本的に新たなるものは附け加えられておらぬといってよい。前の著作からしばしば引用されるのは、「社会的関係は生産力と密接に結び付けられている。新生産力の獲得とともに、人間はその生産方法を変更し、生産方法、即ちその生産必要物獲得の仕方の変更とともに、彼等は一切の社会的関係を変更する。手磨臼は封建諸侯を戴く社会を生じ、蒸汽製粉機械は工業資本家を有する社会を生ずる。然るに、自己の物質的生産方法に応じて社会的関係を形成するその同じ人間は、また自己の社会的関係に応じて原理や理念や範疇をも形成する」という一節であるが、右にも引用した通り、この理論は既にドイッチェ・イデオロギーの中に様々の文言をもって説かれているのである。

かかる段階を経過して而して『共産党宣言』が書かれた。「宣言」によれば、一切従来の歴史は階級闘争の歴史である。封建社会の廃墟から生じた今日のブルジョワ社会においても、また同様の闘争が行われている。即ちブルジョワジー対プロレタリヤの階級闘争がそれである。而して「宣言」はブルジョワジーの没落とプロレタリヤの勝利との共に「避くべからざる」ことを予言する。その根拠は何処にあるかというと、ブルジョワジーが必然的に発達せしめる物質的生産力は、必ずブルジョワ社会に包容し切れぬほどに増大して、破壊作用を逞しうすると同時に、同じくブルジョワ社会の発展とともに必然的に発展するプロレタリヤが、必ず政治的にブルジョワジーの支配を顚覆するというのである。それを形容してマルクス等は、「ブルジョワジーが以って封建制度を倒した武器（生産力）は、今ブルジョワジー自身に向けられる。しかしブルジョワジーはただに已れに死をもたらす武器を鍛えたのみならず、この武器を用いるべき人々をも造り出した――近世的労働者、プロレタリエルが即ちそれである。」生産力の現行生産関係または所有関係に対しての過大なる発展の結果は、恐慌となって現れて「ブルジョワ社会全体を混乱に陥らしめ、ブルジョワ所有を危うからしめる。」一方、プロレタリヤは工業の発達とともにその数を加え、その組織を堅くし、而していよいよその力を自覚する。あらゆる階級闘争は政治的闘争であって、プロレタリヤの階級への組織は、政党への組織となる。やがて隠密なる内乱は「公然たる革命に破裂し」、「ブルジョワジーの強行的倒壊によってプロレタリヤがその支配を確立する」時が必ず到来する、というのである。一切従来の運動は少数者の少数者の利益のためにする運動であったが、プロレタリヤの運動は絶大なる多数者の絶大なる多数者のためにする独立の運動である。現在社会の最下層たるプロレタリヤは、公認社会を形成している諸階層の上部建築全部を空中に飛ばすにあらずんば、自ら起き自ら立つことを得ないのである。さて政治的支配権を獲得したプロレタリヤは、その権力を「ブルジョワジーから漸次一切の資本を剝奪し」、「一切の生産用具を国家、即ち支配階級として組織せられたプロレタリヤの手中に集中し、生産力の量を能う限り速かに増加せしめる」ために利用するであろう。かくしてやがて階級別が消滅したならば、公権力はその政治的性質を喪うであろう。けだし「真個の意味における政治的権力なるものは、一階級の他の一階級を抑圧するための組織せられた権力」に外ならぬからである。かく政治的性質を帯びた権力が消滅するということは、ここには言っておらぬが、後にマルクス、エンゲルスの説くところによって、国家の消滅と同一事を意味することが明らかである。国家の消滅した後に残るものは、階級及び階級的対抗のない社会である。それを「各人の自由なる発展が全員の発展のための条件である一つのアッソチアチオン」とマルクス等は称している。

　このプロレタリヤ革命の指導者が共産主義者である。「ドイッチェ・イデオロギー」では、著者はフォイエルバハの観照的唯物論者なるに対して、或いは「実践的唯物論者即ち共産主義者」といい、或いは共産主義は彼等にとって、「造り出さるべき状態」ではなくて、「現今の状態を止揚する現実の運動」だといっているが、共産党宣言では、常にプロレタリヤの利害を、しかもその国民性と関係なき共通の利害を代表し、また大衆に先んじて「プロレタリヤ運動の条件、行路及びその一般的結果を洞察する」先頭者だとせられている。而してその共産主義者は、従来の社会秩序の強行的顚覆によって始めてその目的は達せられるといい、そのために「万国のプロレタリエルよ、団結せよ」と叫ぶものである。

『共産党宣言』から資本論の公刊までにはなお約二十年の歳月が経過する。しかしこの二十年に近い経済学の研究は、ブルジョワ社会が必然的に発達せしめる生産力と、延いて同じく必然的に発達せしめるプロレタリヤとが、ブルジョワ社会の崩壊を避け難きものたらしめるという結論を、毫も動かさなかった。共産主義者たるマルクス、エンゲルスの立場は、共産党宣言において終結的に確定したのである。後年エンゲルスは唯物史観と余剰価値論とをもってマルクスの二大発見なりとし、社会主義はこれによって科学になったといった。しかしながら、余剰価値論大成のためにマルクスがたとい如何に惨憺たる苦心を費したるにもせよ、労働賃銀以外の所得は支払われざる労働をもって成るという理論は、決して彼れの独占物ではない。元来社会主義者という社会主義者は、皆な搾取の撤廃を努力の目標とするはずであるが、交換社会における搾取の事実を証明するには、何等かの価値学説をその根拠として持たなければならぬ。即ち労働者はその労働によって提供しただけの価値を酬いられておらぬことを言わなければならぬのである。而してこの理論は、一八一七年リカードーの「原論」が出て長足の進歩をなした。即ち一部英国社会主義者に「リカードー派社会主義者」なる名称ある所以である。しかしリカードーの価値論を余剰価値論の出発点にすることは、独りリカードー派社会主義者に限ったものではない。近世の注目すべき社会主義体系は、その経済理論においては皆なリカードーに出発しているといってもよいくらいである。ロードベルトス然り。プルドン然り。而してマルクスまた然りである。故にマルクスの余剰価値論と他の諸家のそれとの間に如何に精粗の差異があるにもせよ、これをもって彼れの新発見とすることは当らない。この点においても唯物史観と余剰価値論とは同列に取扱うべきものでない。然るに、新発見なりや否やの論を措いて、マルクシズムの体系におけるその位置如何ということになると、二者の軽重は更に遙かに甚だしきものがあるのである。マルクス、エンゲルスの資本主義崩壊の結論は、唯物史観によって与えられたものである。余剰価値論に出発するブルジョワ社会の経済学的解剖は、前述の如く、毫もこの結論を動かしてはおらぬ。マルクシズムの大建築は、既に唯物史観によってその構造が決定している。彼れの「宣言」後における経済学の研究は、この構造を改変せぬ限りにおいての竣成必要工事――恐らく若干の補強工事及び装飾を含む――であったのである。

マルクシズムの成長再説

ここに再びマルクスの思想発展の跡を回顧すれば、彼れは先ずドイツのヘーゲル哲学者であった。当初彼れにとっては、世界は理念の弁証法的発展の過程であった。そのマルクスに、フォイエルバハが現れて、人間的本質が人間にとって最高の存在なることを教えた。フォイエルバハに導かれて、彼れは先ず天上の理念界から人間界に降ったのである。これと同時にマルクスの心を捉えたものは、社会主義であった。ロレンツ・フォン・シュタインを通じて、もしくは直接に、彼れはフランスの社会主義、共産主義を知った。而して市民社会の中から生れて市民社会そのものを否定せんとするプロレタリヤなる革命的要素に逢着した。謂わゆる哲学は物質的武器を見出し、プロレタリヤは精神的武器を見出したのである。ヘーゲルに学び得た弁証法は、直ちにマルクスをして、ブルジョワ社会或いは私有財産を肯定、これより出でてこれに対峙するプロレタリヤを否定、として相対立せしめた。而してこの矛盾は私有財産の解消、従ってプロレタリヤの消滅において止揚せられ、ブルジョワ社会は、已れより出でたプロレタリヤ（für sich）が再び已れに帰る（an und für sich）ことによって、より高きものに発展するとしたのである。既述の如くマルクスは、『神聖家族』の一節に、一時代を認識するためにはその時代の工業、即ち生命そのものの直接生産方法を知るの必要なるを説き、「歴史の出生地」は天上の雲霧の中でなくて「地上の粗なる物質的生産」に求めなくてはならぬと説いてはいるが、彼れの私有財産止揚の結論は、経済史、経済学の研究によって始めて学び得たものではなくて、ブルジョワ社会、ブルジョワジー、もしくは私有財産を肯定とし、私有財産制度の所産たるプロレタリヤを否定としてこれに対立せしむることによって、論理的に到達せらるる必然の結論であった。『共産党宣言』は、ブルジョワジーの倒壊とプロレタリヤの勝利とは共に避け難き結果であるという。しかしこの結果の避け難きことは、帰納的に証明せられたのではなくて、既に『神聖家族』で弁証法的に論結せられているのである。

事のついでにいうと、論理の必然、或いは矛盾の止揚ということは、思惟過程の上にあることであるから、自然現象もしくは歴史の経過について論理的必然をいうのは、自然及び歴史を厳格に思惟過程、即ち理性発展の過程と解する場合か、或いは比喩としてのみ許さるべきことであるように思われる。今マルクスの場合は、このいずれに属するものであろうか。富とプロレタリヤとプロレタリヤの否定なる発展云々が一個の比喩に過ぎぬのであるならば、それは単にヘーゲルの口吻を弄したというだけのことであって、それだけではこの結論に何等の厳密な意味の必然性はない。もしまた、歴史の経過を厳格に理性発展の過程と解するならば、それは既にマルクスの脱却したはずのヘーゲルに復帰するものである。然るにヘーゲルは、世界をもって絶対者たる理（ロゴス）もしくは理念の発展過程とするものであるから、彼れにあっては理性の発展を説明する論理学は、同時にまた形而上学である。従ってこの立場からいえば、論理的必然は即ち形而上学的必然だという訳である。マルクスは素よりブルジョワ社会の止揚をもって形而上学的必然とする解釈を承認せぬであろう。しかしマルクス自身及びマルクス主義者が往々、資本主義の崩壊、社会主義の実現は既定の順序に属し、ブルジョワ社会内において、人が各種の利害、各種の感情に促されてする活動が、その意識せらるると否とを問わず、凡べて皆なブルジョワ社会崩壊のために行わるるかの如く説くところには、ヘーゲルの謂わゆる「理性の欺瞞」を憶起せしむるものがあることは事実である。

論理的必然の意味はいずれにもせよ、私有財産の解消は、マルクスにとってはやむを得ざる必然ではなくて、その熱烈に希うところであり、その政治的意志の目的とするところであった。この点において彼れはフォイエルバハの唯物論の単に観照的、受動的なるを非として、実践的、能動的なる唯物論を打ち立てようとした。成程フォイエルバハは抽象的思惟に満足しないで、観照を欲したが、しかも「彼れは感覚性を実践的、人間的、感性的なる行為として把握しなかった」のである。而してマルクス、エンゲルスにとっては、実践的唯物論者は即ち共産主義者であったのである。しかしマルクスがかく実践を重んじ、行為を重んじたことは、一面その革命意志によって説明すべきものたるとともに、他面その唯物論を徹底せしめて、宗教、哲学、一般に一切の意識を、その謂わゆる「地上の粗なる物質的生産」の反映、もしくは幻影と見るに至ったからでもある。そもそも宗教、哲学がそれ自体において存立するものならば、攻撃、批評のこれに加えられることは至当であるが、もしも意識一般が物質的生活の反映に過ぎぬとすれば、これを批評することはなお鏡裡の映像と格闘するが如きものであろう。唯一の有効にして有意義なる批評は、映像の実体に加えられるものでなくてはならぬ。而して映像の実体は現実的生産生活である。而して現実的生産生活に対する批評は、「現存の世界を革命し、目前の事物を実践的に攻撃する」より外にはない。哲学に対する単に哲学的なる批評は無意義である。ここにマルクスの「実践」を重んずる根拠が与えられる。而して「現実生活にあって思弁のやむところは、即ち現実的、実証的科学、即ち人間の実践的活動、実践的発展過程の叙述の始まるところである」(「ドイッチェ・イデオロギー」)。前日のマルクスはプロレタリヤを獲た哲学者たるに過ぎなかった。今のマルクスは革命家にして科学者たるものである。実践的唯物論者は即ち科学的社会主義者である。而してその謂うところの科学は経済学であった。マルクスいう。「私の研究はこういう結果に到達した。法律関係並びに国家形態はそのもの自体よりして理解すべきものでもなく、また謂わゆる人間精神の一般的発展よりして理解すべきものでもなくて、むしろその総体をヘーゲルが十八世紀のイギリス人及びフランス人の先行に従って『市民社会』の名称の下に総括した、その物的生活に根ざすものであるということ、然るに市民社会の解剖はこれを経済学に求むべきものであるということ、これである」と。天上の理念界から、フォイエルバハに導かれて「人間」界に降来したマルクスは、更にフォイエルバハを離れて遂にその脚を現実的物質生活に立てた。哲学者は経済学者となった。およそ共産党宣言時代以後におけるマルクスの進歩は、その経済学者としての進歩である。

経済学によって市民社会の解剖を試みたマルクスは、遂に生産力なる概念を獲た。これが歴史の窮極動因である。マルクスによれば、意識は物質生活の反映に過ぎぬものである。故に意識の発展は歴史の起動力とはなり得ぬはずである。自立的に存在し、自発的に発展し得るものは、ただ生産力のみである。市民社会は自らその内からこれに対立するプロレタリヤを生み出し、プロレタリヤがプロレタリヤたるを失うことによって、この矛盾は止揚せられるという。この事が行われるのは凡べて生産力の発展によるのである。マルクスによれば、プロレタリヤはブルジョワ社会の止揚者、釈放者である。しかしプロレタリヤは任意に発生し、任意にブルジョワジーに対抗し、また任意に階級対抗を止揚し得るものではない。かかる階級別そのものの発生、この階級闘争の経過結末、皆なその当事者の意志以外に存する原因、即ち生産力がこれを定める。一切既往の歴史は皆な階級闘争の歴史であるという。しかしその階級そのものは、謂わば生産力の発展がこれを舞台上に演技せしめるのであることは、ヘーゲルの歴史哲学において、歴史的人物が、理念もしくは世界精神発展の傀儡、もしくは用具とせらるるに甚だ類するところがある。

　かく生産力は歴史の起動力たるとともに、また当然人間行動の制約者となる。生産力は人を動かすとともに、また人の行為はその生産力発展の程度に適応するもののみが成就するのである。即ち共産党宣言が、フランス革命当時におけるバブフの平等主義謀叛に論及して、「一般的激動の時代、即ち封建社会顛覆の時において、直ちに自己の階級的利害を貫徹せんとしたプロレタリヤの最初の試みは、必然的にプロレタリヤそのものの発展せざる形態、並びにその解放の物質的諸条件の欠如のために蹉跌した……」という所以である。マルクスによれば、プロレタリヤは決して随時にブルジョワジーの支配を覆えし得るものでなく、また任意に社会主義社会を建設し得るものでもない。故に曰う、プロレタリヤがブルジョワジーの政治的支配を覆えしても、「歴史の経過において、その『運動』において、ブルジョワ的生産方法の撤廃、及び従ってまた政治的ブルジョワ支配の決定的顛覆をも必然ならしめる物的諸条件の未だ造り出されぬ限り、プロレタリヤの勝利は単に一時的のものに過ぎぬであろう……。」これを更に一般的にいえば、「一社会形態は、そこに余地ある限りの生産力が発展せぬ中は決して没落することなく、新たなるより高き生産関係は、それの物質的生存条件が旧社会そのものの胎内において孵化せぬ中は、決してこれに代ることがない」と。即ちマルクスにあっても「一切の有るものは滅亡に値する」と同時に、また「一切の現実的なるものは合理的である」（ヘーゲル）のである。

前述の如く、『共産党宣言』以後のマルクスの発展は、その経済学者としての発展であったと言ってよい。而してその多年の研究の結果は「宣言」の結論を立証するものであった。マルクスが経済学研究の必要を感じたことは、前段に引用した『神聖家族』の章句によっても窺われる。「ドイッチェ・イデオロギー」述作の前後において、パリで手を着けた彼れの経済学研究は著しく進歩したようである。一八四五年の夏、マルクスはエンゲルスとともに英国に渡航し、マンチェスターを主にして六週間滞在した。彼れはこの時ここで、トムソン（Thompson）コベット（Cobett）シーニオア（Senior）クーパー（Cooper）エドモンヅ（Edmonds）トウク（Tooke）リカードー（Ricardo）マッカロク（McCulloch）ウェード（Wade）イーデン（Eden）等の著書を読んだことがその手記によって窺われる（*Marx-Engels Archiv*, Bd. I. S. 214）。而して彼れの経済学素養は始めて一八四七年の『哲学の窮乏』に現れた。これによって見ると、彼れの渉猟は、右記諸書の外更にアダム・スミス、ローダーデール（Lauderdale）シスモンヂ（Sismondi）ストルヒ（Storch）アトキンソン（Atkinson）ホプキンス（Hopkins 正しくは Hodgskin）ブレー（Bray）ミル（J. S. Mill）サドラー（Sadler）ボワギュイベール（Boisguibert）ケネー（Quesnay）セー（Say）ルモンテー（Lemontey）に及んでいる。しかしこれ等経済学者の中で、最も強くマルクスに影響しているのは、明らかにリカードーであった。彼れは幾多の点において、リカードーの説をそのまま祖述している。例えば価値論において、アダム・スミスが或る時は商品の生産に必要なる労働時間をもって、また或る時は労働の価値、即ち労働と交換せらるる貨物量をもって価値の尺度としたことを非とするが如き、また賃銀の引上は物価を騰貴せしめるという見解を難じて、それはむしろ物価の部分的下落を、即ち主として機械の助けをもって造られる商品の価格の下落を惹き起すと主張するが如きはそれである。而してプルドンの経済学説を撃つ場合に彼れはしばしばリカードーを引用し、これに対する尊敬の意を表明している。例えばいう。（高畠素之訳『哲学の窮乏』三二―三頁）

「リカルドは、価値を構成するところの、ブルジオア的生産の現実的運動を我々に示した。プルドーン君は、この現実的運動から抽象した。彼れは新たなる手続を発明し、以つて彼れみづから新しい公式と呼んでゐるところのもの（実は、リカルドに依つてあのやうに美しく説明された現実的運動の学説的言ひ現はしに過ぎないものだが）に従つて世界を整理しようと、もがいてゐる。プルドーン君は構成価値を起点に採つて、この価値に依り一の新たなる社会的世界を構成せしめようとしてゐる。プルドーン君にとつては、構成価値は循環運動をなして、既にこの価値標準に基いて十分に構成された世界に対し更らに構成的のものとならねばならぬ。労働時間に依る価値決定はリカルドにとつて交換価値の法則であり、プルドーン君にとつては使用価値と交換価値との綜合である。リカルドの価値説は、現在の経済生活に対する科学的説明であり、ブルドーン君の価値説はリカルドの学説に対するユートピア的な解釈である。リカルドはその公式を凡ゆる経済的事実から推論し、この方法で一切の現象を、地代や、資本の蓄積や、利潤に対する労銀の関係やの如き、一見彼れの公式と矛盾するやうに思はれる現象でさへも説明し、以つて彼れの公式の真理なる所以を確証した。この事実こそ正に、彼れの学説を一の科学的体系たらしめるところのものである。然るに、プルドーン君は全く専擅的な臆説に依り、リカルドのこの公式を再発見したのであつて、これがため彼れは個々の経済的事実を探し出して附会し変造し、以つてこれらの事実をば彼れの創造的観念の実例として、その既存の適用として、実現の萌芽として示し得るものたらしめようとすることを余儀なくされたのである」と。

しかもかくリカードーの価値を認めながら、マルクスは他面において単にリカードーのみならず、一般に在来の経済学者に共通なる錯誤を指摘している。彼等が経済生活を一定の歴史的発展の所産と見ずに、これを永久不易の自然的事実なるかの如くに解し、一定の時代、即ち資本主義社会に限ってのみ効力あるべき法則を、人間生活のあらゆる段階に適用せんとすることがそれである。例えば、「リカルドはブルジオア的生産を以て、地代決定上の必要条件であると前提して置きながら、地代といふ観念を凡ゆる国々の土地所有に適用してゐる。斯ういふことは、ブルジオア的生産の事情を以て永久的のものとなす一切の経済学者に共通するところの錯誤である」（前掲書、二〇九頁）。マルクスは経済学の研究に驀進するとともに、早くも経済学の批評者であった。

この見地からマルクスは、従来行われた、生産の結果たる生産用具そのものをば直ちに以って資本とする経済学者の通説を排して、資本はただ一定の社会関係の下においてのみあり得るものだということを力説する。新たなる生産に手段として役立つところの、蓄積せられた労働が即ち資本であるという学説は、マルクスをもって見れば、黒人奴隷とは黒色人種に属する人間だという説明に等しきものである。「黒人は黒人である。一定の関係の下において彼れは始めて奴隷となる。紡績機械は棉を紡ぐ機械である。ただ一定の関係の下において始めてそれは資本となる。……資本もまた一個の社会的生産関係である。それはブルジョワ社会のブルジョワ的生産関係である」。これは『哲学の窮乏』とほぼ同時に起草せられ、やや遅れて公刊せられた『賃銀労働と資本』(一八四九年)の一節である。

然らば、如何なる生産関係の下において資本は成り立つか。それは生活資料や生産用具が先ず交換価値を有する商品であって、而してかかる商品が「直接の活きた労働に対して交換せらるることによって、社会の一部分の力として已れを維持し、増殖することによって」である。即ち「労働能力の外、何物をも所有せざる一つの階級の存在することは、資本の欠くべからざる前提である。」「資本は賃銀労働を前提し、賃銀労働は資本を前提する。両者は互いに条件付け合い、互いに相手を呼び出し合う」のである。資本は労働と交換せらるることによってのみ、賃銀労働を発生せしむることによってのみ、能く増殖し得るものである。而して労働力、賃銀労働は、資本を増殖せしめ、已れを奴隷とする力を増勢せしむることによってのみ資本と交換せられる。「されば資本の増加はプロレタリヤ、即ち労働者階級の増加である。」

さてこの労働者と資本家とは、マルクスによれば、利害互いに相反する。賃銀と利潤とは、リカードーのさきに力説したる如く、互いに反対に昇降するのである。「賃銀と利潤とは反比例する。資本の交換価値、即ち利潤は、労働の交換価値、即ち日傭賃銀の下落するに比例して騰貴し、また反対の場合はまたその反対である。利潤は賃銀の下落する程度において騰貴し、賃銀の騰貴する程度において下落する」というのである。然らば、往々経済学者のいう如く、資本の増殖は果して労働に対する需要の増進を伴い、従って賃銀の騰貴を来たすべきものであるかというに、マルクスはこれを否定する。その理由は、資本の増殖に伴う生産力の増進が労働需要を相対的に減退せしめるというのである。資本が増加すれば、資本家間の競争が激甚となる。この競争に勝つためには、商品の生産費を低廉にする方法を講じなくてはならぬ。その方法は分業と機械の採用改良とである。即ち資本の蓄積集中は必ず分業の進歩、新機械の採用、旧機械の改良を伴わざるを得ないのである。分業は労働者の生産力を増して、一人の労働者をして能く五人、十人、二十人の仕事をなさしめる。即ち労働者間の競争は五倍、十倍、二十倍となるのである。また分業は特殊の熟練を不要ならしめて労働を単調厭うべきものにする。それと同時に、その競争は益々激烈となる。機械は不熟練労働をして熟練労働を、女子をして男子を、小児をして成人を駆逐せしめる。機械の新たに採用せられた所では、手工労働者は多数一括して路頭に投げ出され、その改良完成せられた場合には、労働者はより小規模に解雇せられる。資本家間の戦争においては、よく労働軍を徴募する者よりも、よくこれを解雇する者に勝利は帰する。将軍即ち資本家は、互いに誰れが最もよく産業兵士を解雇し得るかを競うのである。要するに、「生産資本が増加すればするほど、分業と機械の応用とが進み、分業と機械の応用とが進めば進むほど、それだけ労働者間の競争は拡大せられ、またそれだけ彼等の賃銀は収縮する」というのである。

この学説もこれを同じくリカードーに得たものであるか否かは的確に考証し難いが、リカードーに同軌の説があったことは事実である。彼れは始め、機械の採用はただ労働者に転職をやむなからしめるに過ぎぬ、という意見であったが、後にこれを改めて、機械採用の事あるがため、「労働に対する需要は、資本の増加とともに引続き増進するであろう。しかしながら、それは資本の増加には比例せぬ。増進の比率は必然的に逓減するであろう。」従って労働者が懐ける、機械の使用はしばしば彼等の利益を傷(きず)けるという意見は、「成心や誤謬に基づくものではなくて、経済学の正しき原理に一致」せるものだというようになった。マルクスも別の機会には、その己れと同軌の説を唱えたことを認める者の中にリカードーの名を挙げている（*Value, Price and profit*, 1865. ch. XIV）。

かかる賃銀論、利潤論を述べるに先だって、マルクスは商品の価値及び価格の法則を説いている。而して一商品の価値はその生産費、即ちその生産に費さるる労働量によって決せられるといっている。一商品の価格は需要供給の関係によって決定せられる。しかしながら、需給による価格の騰落は、決して放恣に行われるものではなくて、必ず商品の生産費を中心としてその周囲を旋廻するのである。さて「一商品の価格騰貴の結果は何であろうか。多大の資本が繁栄なる産業部門に投ぜられるであろう。而してこの特に有利な産業区域への資本の流入は、それが普通利潤を挙げるところまで、或いはむしろ、過剰生産のため生産物の価格が生産費以下に下降するまでは継続するであろう。」「反対に、一商品の価格がその生産費以下に下降すれば、資本はこの商品の生産から引き去られるであろう。一産業が最早時勢に適応せぬ場合、即ちその滅亡しなければならぬ場合を除けば、資本のこの逃亡によって、かかる一商品の生産、即ちその供給は、需要に適応し、従ってその価格が再び生産費の高さに引上げらるるまで、或いはむしろ供給が需要以下に降るまで、即ちその価格が再びその生産費以上に上るまでは、減退するであろう。けだし一商品の時価は常にその生産費以上もしくは以下にあるものであるから。」然るにこの生産費は何をもって構成されるかというに、それは一商品生産のために直接、間接に費された労働量（労働時間）に外ならぬ。「生産費による価格の決定ということは、一商品の製作に要する労働時間による価格の決定ということに等しい。何となれば、生産費は第一には、原料及び用具、即ちその製作に一定量の労働日の費されたる、従って、労働時間の一定量を示すところの工業生産物から、第二に、時間をその尺度とする直接労働から成立つからである。」

正統派経済学、殊にリカードーの原論では、商品の価格に市場価格及び自然価格のあることを分ち、前者は常に後者をその引力中心として動揺するものであるとされている。何故前者が後者に吸引されるかといえば、二者の合一せぬ場合には、利潤率の不平均を来たし、比較的不利なる産業部門から資本が逃れて有利なる部門に流入し、以って一方における供給の減少、他方におけるその増加という結果を促すからであるという。而して一商品の自然価格を定めるものは、その生産に要せらるる労働量であった。今右にマルクスの説くところは、全然これとその軌を一にするものであった。同一の理によって、今日においては一個の商品なる労働の価格即ち賃銀も、またその生産費によって定められる。而して労働の生産費とは即ち「労働者を労働者として維持し、これを教育して労働者となすに要せらるる費用である。」

『資本論』

マルクスの主著『資本論』（一八六七年）における価値論、余剰価値論はここに出発したものである。マルクスは上述の如く既に自由競争の結果、商品価格はその生産費、即ちその生産に必要なる労働量によって決せらるること、即ち偶発的、一時的現象を除けば、相交換せらるる二商品には等量の労働が含まれているはずだという結論を得た。而して既に一たびかかる結論を得た後に、彼れは資本論においては推究の順序を逆にして、先ず諸商品の様々の比率をもって相交換せらるる事実を捉え、これより出発して、相互に交換せらるる商品には等量の労働が含まれてなくてはならぬ、と結論するのである。即ち資本論巻頭（第一巻、第一章）について見るに、仮りに小麦一クォターと鉄二ツェントネルとが相交換される事実があるとすると、マルクスはこれを

小麦1クォター＝鉄2ツェントネル

なる式で現し、さてこの式は何を意味するかとの問を設け、自らそれに答えていう。「それはこの一クォターの小麦と二ツェントネルの鉄という、二つの相異なる物の内に、等量の共通なる或る物が存在することを示すのである。即ちこの二者は二者のいずれにもあらざる或る第三の者に等しい。二者の各々は、それが交換価値なる限り、この第三のものに約元されなくてはならぬ」と。然らば、その「共通なる或る物」は何かというに、マルクスはそれが商品の幾何学的、物理学的、化学的またはその他の自然的性質ではあり得べきはずがないとして、これ等の諸性質を抽象し去れば、その跡に、ただ二者ともに人間労働の生産物たる一性質のみが残るという。「これ等のものは、今その生産に人間の労働がそれに蓄積されているということのみを示している。而してこの両者に共通なる社会的実質の結晶としてこれ等のものは価値―商品価値である。」これよりして一商品の価値は、その物の生産のため社会的に必要なる労働量、即ち普通生産条件の下に、普通の熟練、普通の労働強度をもってして、一物の生産に要せらるる労働時間によって決せられるという結論が生ずる。

『賃銀労働と資本』におけると同様に、マルクスはこの価値法則を一個の商品たる労働力に適用して而して余剰価

値論に到達する。労働力の価値もまた労働力という「この特殊の物品の生産、従ってまた再生産に必要なる労働時間によって決定される。」ということは、一定の国、一定の時期において、労働者（及びその子女）の生活維持に必要なる生活資料の生産に必要な労働時間によって決せられるということに帰着する。ただマルクスは、前に労働の価値もしくは価格といったのを改めて、労働力の価値とし、労働力の使用を労働とすることになった。そこで今、労働力を購入した、即ち労働者を雇入れた資本家が、その労働者に労働力の維持に必要な時間以上の労働に従事せしめると、ここに新たなる価値の増加が生ずる。これが即ち余剰価値で、資本家の資本全体に対する利潤を形成するものである。

資本家が労働力を購入するのは、無論、余剰価値獲得のためである。しかも資本家は他の資本家との競争場裡においてこの事をしなければならぬ。それをなし得る方法は、結局生産費節減の外にない。生産費を低減せしむるには、労働組織の改善、機械の採用という途に出なければならぬ。元来資本家は、その収得する利潤を更に資本として更に新たなる労働搾取のために用いるのであるが、この資本蓄積の進行とともに、上述の如く労働生産力が増進すれば、一部分その原因として、一部分その結果として、謂わゆる資本の有機的組成が変化する。詳しく言えば、賃銀として労働力購買の用に充てられる、謂わゆる資本の可変部分が相対的に減少して、機械、道具、原料等に支出せらるる謂わゆる不変部分の占める割合が増大するのである。そこで労働者は、自分で造り出した資本のために自分が衝き放されるという結果になる。而してかく衝き放された労働者が謂わゆる産業予備軍であって、この予備軍が重錘となって現役軍の賃銀が抑圧される。即ち一たび発生した資本家的生産方法が存続し、労働者が引き続き資本家の搾取に甘んぜざるを得ないのは、一にこの産業予備軍あるがためである。而してこれがために、「一方の極端における富の蓄積は、同時に他の極端、即ち自己の生産物を資本として造り出す階級の側における貧窮、労苦、隷属、無智、獣化、堕落となる」のである。この説が、前記、一八四九年の小冊子『賃銀労働と資本』中における「生産資本が増加すればするほど……労働者間における競争は拡大せられ、またそれだけ彼等の賃銀は収縮する」という説の展開であるのは言うまでもないことである。かく生産力の発達するとともに中小資本家は大資本家の競争に圧倒せられて、多く没落してプロレタリヤに帰し、大資本家もまた相互に競争してその最も強大なる者のみが残る。

同時にマルクス、エンゲルスは、かく生産力が発達すれば、これによって産出せらるる商品は、早晩必ず資本主義社会そのものの購買力を超過せざるを得ないはずだと考えていた。生産力増進とともに恐慌が益々増加することは、既に共産党宣言にも、「賃銀労働」にも説かれており、エンゲルスは更にそれ以前から(一八四五年)、もしもドイツが自由貿易を採用すれば、ドイツ工業は英国の競争に滅ぼされて、大衆の失業が革命を破裂せしめるし、また保護貿易を実施すれば、ドイツ工業は発達して国内市場は狭隘を告げ、英国工業と海外市場を争奪して、二者いずれかの没落となるが、一国における資本主義の没落は、他の諸国プロレタリヤの叛起を喚び起すから、「共産主義はドイツにとってたとい歴史的必然ならぬまでも、しかも一個の経済的必然である」と説いていた(*Liter. Nachlass von Marx-Engels-Lassalle*, Bd. II. S. 393)。マルクスは畢竟、資本主義的生産力は速かに増進するのに、その生産力の増進そのものが労働者を或いは失業せしめ、或いは貧困ならしめるとともに、資本家はその利潤所得を消費せずに、益々その大なる部分を蓄積して資本化するの必要に迫られているから、生産力と消費もしくは購買力とが均衡を保ち得なくなるというものである。そもそも資本家が利潤を獲得し得るためには、第一に生産行程上において労働搾取が行われ、第二に生産せられた商品が販売されることを要する。もしそれが販売されぬか、僅かに一部分販売されるに止まるか、或いは生産出費と普通利潤とを加算しただけの価格では売れぬとすれば、その場合には、労働者は成程搾取は受けるが、この搾取は資本家にとっては搾取としては実現せられないのである。直接の搾取の諸条件と搾取実現の諸条件とは同一でない。「前者は社会の生産力によってのみ制限せられ、後者は様々なる生産諸部門間の比例と社会の消費力とによって制限される。」然るに社会の消費力なるものは絶対的の生産力によっても、また絶対的の消費力によっても定まるものではなくて、「人民大衆の消費を多かれ少なかれ狭隘なる限界内においてのみ変動し得る最低限度に引下げる、対抗的分配関係を基礎とする消費力によって定められる。」「更にまたそれは蓄積衝動——資本の増大と拡大せられた規模における余剰価値の生産とを求める衝動——によっても制限される。」かくの如くにして起る「内部的矛盾は生産の外部的舞台を拡大することによって均衡を保とうとする。然るに生産力がいよいよ発展するに従い、それはいよいよ消費関係の依って立つ狭隘な基礎と撞着するのである。」即ち「資本家的生産の真の制限は資本そのものである。」ということになる。（高畠訳、資本論、改造社版(4)二〇八、二一三頁）

かくの如く、マルクスによれば、資本家的生産方法の下に発展する生産力は、一方においては資本それ自身の雇傭し切れぬ相対的過剰人口、他方においては、生産力それ自身によって定められた消費力をば超過する過剰商品を産出する。これが即ち資本主義の行き詰まりであって、この行き詰まりはプロレタリヤが国家権力を掌握し、謂わゆる「剥奪者を剥奪する」（資本を労働者国家の手に移すこと）によって始めて打開されるというのである。

唯物史観に対する批判

マルクシズムに対する根本的批評は、唯物史観に対する批評でなくてはならぬ。

マルクスは唯物史観に基づいて、生産力発展の結果、資本家的生産方法は必然的に崩壊しなければならぬと同時に、社会主義的組織の要素は資本主義社会そのものの内に成形発達するという結論を下した。マルクスは社会主義の論拠を道義の上に置かずして、その謂わゆる科学に求めた。故に、彼れは資本主義をば不当、不正なるものとしてその撤廃を要求するのではない。エンゲルスの言った言葉がある。「唯一の真実の生産者としての労働者に、一切の社会的生産物、即ち彼等の生産物は属するものだという、……リカードー理論の応用は、直ちに共産主義に導くものである。しかしながら、これはマルクスも……示している如く、経済上においては形式的に謬っている。けだしそれは単に経済に対する道徳の適用に外ならぬからである。ブルジョワ経済の法則によれば、生産物の大部分はそれを造った労働者には属せぬ。そこで我々が、これは不当である、そうあってはならぬ事である、といえば、それは直接経済には毫も関係なき事である。我々は、単にこの経済的事実が我々の道徳感情と相容れぬというに過ぎぬ。故にマルクスは、決してその共産主義的要求の根拠をここに求めることをなさずして、これを我々の目前に日々益々行われている資本家的生産方法の必然的崩壊に求めたのである……」（『哲学の窮乏』序文）。

マルクスも言っている。「労働者階級は実現すべき何等の理想を有せぬ。崩壊しつつあるブルジョワ社会の胎内に既に発達せる新社会の要素をば、彼等はただ釈放するをもって足る」（『フランス内乱』）。

これに対して起る疑問は、生産力の発展（例えば、マルクスのいう、蒸汽製粉機が手磨臼に代ったこと）が、その究極の結果として、何故に他のものをもたらさずして社会主義をもたらすか、及びもしも資本主義の崩壊、社会主義の到来が生産力発展の必然的結果であるならば、社会主義運動の必要は果して何処にあるか、ということである。これは恐らく始めてマルクシズムに接した者の何人も一度は懐く疑問であろう。而してそれはまた当然起こされねばならぬ疑問である。

先ず後の問題についていえば、マルクス、エンゲルスはくり返し「万国のプロレタリエルよ、団結せよ」といった。既に「団結」せよというからには、かくすることが或る価値ある目的を達するための適当なる手段たることを認めているのでなくてはならぬ。「団結」の結果として得らるるものが価値なきものならば、そのために「団結せよ」ということは無意義である。また「団結」すると否とに拘らず、或る結果が実現せらるるものならば、「団結」せよということは同じく無意義である。即ちこの場合の社会主義者にとっての問題は、正しき目的に対する正しき手段如何の問題であって、これに対する答は、倫理的確信に基づくものでなくてはならぬ。マルクシズムから排除されているはずの倫理的確信に基づくものでなくてはならぬ。而してもしも答が倫理的確信に基づくものならば、社会主義の到来は必然ではない。

資本主義の発展は必然的にプロレタリエルの団結の努力を喚び起し、この努力が必然的に社会主義を実現せしめる、というように説いても、やはり難関は通過されていない。もしもこの因果の連鎖が絶対的に動かすべからざる、可能なる唯一の連鎖であるならば、社会運動は同じく無意義である。もしそうであるならば「万国のプロレタリエルよ、団結せよ」ということは、それこそ「旭日よ、昇れ」、「四季よ、循れ」というに類するものであろう。「プロレタリエルは必ず団結する、故にプロレタリエルよ、団結せよ」というのは無意義である。カントに、これに対する適切の評語となるものがある。「……自然の考察においては、経験は吾人に規則を授け、また真理の泉源たるものであるが、道徳的法則に関しては、経験は遺憾ながら仮象の母であって、予はまさに何をなすべきかに関する法則をば、何がなさるるかに求め、またそれによって制限せんとするは最も非難すべきことである」と。

唯物史観の与える如き、そもそも如何なる原因により、如何にして一つの思想、一つの運動が起ったか、また起るか、という説明は、そもそもこの思想は何故に正しいか、この運動は何故に起さねばならぬかとの問に対する解答にはならぬ。もし右の説明が直ちに該思想もしくは該運動を正当のものたらしめ得るならば、即ちもしも文字通り「理解することは恕すること」であるならば、在るものは皆な正しい、誤謬もまた正しいという、学問上、道徳上の無政府主義に陥らなければならぬ。何となれば、誤謬にもまた由って生ずる原因があるから。シュタムラーもいう通り、「誤謬もまた自然必然的に発生し、不当の欲求もその生成上には因果の法則に従う」からである。具体的にいえば、唯物史観なるものも一定の原因があって発生したのであろうが、唯物史観と相容れぬもの、例えば唯心史観もまた同じく一定の原因のために生じたのであるから、原因があって発生したという点においては、二者択ぶところはないのである。更に私有財産制度についていえば、今日これに対しては、これを肯定し、これを否定し、或いはその中間の何処かに位置する様々の思想学説がある。而してもしも唯物史観が正しいものであるなら、この様々なる思想学説が何故に発生し、また存在するかということを物的原因によって因果的に説明し得なければならぬ（もし得なければ、それは唯物史観の破産である）。しかしながら、その説明がなされたからといって、即ち様々なる思想学説にはいずれもそれぞれの原因のあることが明らかにせられたからといって、そのいずれもが正当であるというならば、それは社会主義者としては主義の放棄に外ならぬ。所詮、一つの主張が正しく、他が謬りであることをいうには、唯物史観以外別の根拠によらなければならぬ。この場合、往々亜流マルクシストに見るが如く、私有財産制の存続は歴史的順序に逆らうものであるから不当である、というように説くならば、先ずその歴史的順序、または歴史的必然なるものは、そもそも誰れが定め、何処に掲示されてあるかを問わなければならぬ。而してこれを論ずると、吾々はマルクシストの謂わゆる歴史的必然にしばしば形而上学的の意味あるものの如きを感ずることがある。

社会運動の根拠は、倫理的理由に存せねばならぬということについて、マルクス主義者オットー・バウエルが適切な実例を引いてこの問題を論じている。一労働者が彼れの許に来て、同盟罷工の際になすべき自己の進退について教えを求めた。この労働者は窮乏の甚だしいため、自己の利害からいえば、罷工破りとなることが有利なのである。バウエルはこれに対して、道徳観念の発生その他に対する唯物史観的説明を与えたが、労働者は一向これに耳を藉さぬ。「貴下は、私が此の決意または彼の決意をなした場合に、如何にしてそれを説明すべきかをではなくて、如何なる決意を私がなさねばならぬか」を私に告げねばならぬ、というのが彼れの答であった。バウエルは同志マックス・アードラーがマルクシズムをカント的に根拠付けようとすると同様に、マルクスの欠陥をカントをもって補充しようとしている。唯物史観は我々をして能く現在一切の相容れざる、諸々の主張を「その必然性」において理解せしめるが、カントの批判哲学は我々に、「同じく必然なる諸々の行為に対して異なる評価を下し」、一方を排斥して他方に就くことを得しめる。もしこれがなければ、我々は倫理上の懐疑主義、または相対主義に陥らなければならぬ。世界を認識し、理解せんとする者はそれに甘んずるかも知れぬが、それは「意欲し、行動し、生きんとする者を決して満足せしめぬであろう」という。

前述の如く、マルクスは決して歴史的経過の受動的観察者ではなくて、実践的に世界を変更せんと欲する革命家であった。故に労働者階級は実現すべき理想を有せぬという一方に、彼れが資本主義に対する倫理的批評を廃し得なかったのは当然である。ただこの批判が、理論的結構を成さずして、例えば、「破廉恥なる搾取」とか、ブルジョワジーは「人格的品位を交換価値に解消し、無数の確認せられたる既得の自由に代らしむるに一つの無良心なる交易自由をもってした」等の感情表白の語句に漏らされている。而してこれ等の語句がその背後に倫理的標準を持たなければ意味をなさざることは勿論である。しかし「科学」をもって「空想」に代らしめんとするマルクス等は、理想を立てるのを憚って、その理想として希うところのものを、人間が背後の原因に動かされて必ず到達せざるを得ない終極状態なりとして説いた。そこで彼等は社会主義者の努力を求めながら、目的手段の撰択を排するという困難に陥ったのである。社会主義の到来は真に必然であるか。然らば社会主義運動は無意義である。社会主義運動は有意義であるか。然らば謂わゆる必然は認識せられたものでなくて、単に希望せらるるものか、然らずんば社会主義将卒の士気を鼓舞する激励手段たらしめんとするに過ぎぬものであろう。

マルクシズムの欠点は右の如くであるが、他面唯物史観に極めて価値ある真理の含まれていることは否認することが出来ぬ。社会主義者の努力は倫理的にのみ根拠付けらるべきこと上記の如くであるが、彼等の努力の成功すると否と、或いはその程度如何は、社会主義者自身の努力のみによっては決せられぬ。これを与かり決する最も有力な条件は、経済的関係である。具体的にいえば、例えば、今は過去の事になったが、農民が全人口の八割を占めているロシヤでは、生産用具の集産化は、土地が少数大地主に兼併せられているイギリスなどよりも遙かに困難であろうとか、或いはプルドンの思想がフランスに勢力を得たのは、フランスが小農小工業の国なるがためであるとかいうことは、普通に誰れも言うところであり、また吾々の承認し得るところであるが、かくいうことは充分の意味における唯物史観に適えるものであって、吾々は識りつつ、もしくは識らずに、この史観の価値を承認しているのである。フランスが小経営の国であることは、プルドン主義者に有利の事実である。しかしフランスの事情をかくあらしめたものはプルドン主義者の努力ではない。またプロレタリエルの増加、恐慌の不可避的襲来は、マルクス的社会主義者に有利視せらるることであろう。しかもこの無産者の増加、恐慌の破裂は、マルクシストの努力の結果ではない。否な、何人の努力の結果でもない、と言って差支えなかろう。もとよりこれ等の社会的事実は、いずれも人間の意識行動錯綜の結果であるから、その点決して自然現象と同一視するを容(ゆる)さぬけれども、到達する結果が何人の意図にも存せず、否な、或いは人の欲求に反しても生起し来るという点においては、そこに一種の自然的必然があると言い得られる。この意味において、マルクスが「人間はそれ自身の歴史を造る。しかし人間はそれを自由なる材料から造らず、自ら撰択した事情の下に造らずに、直接目前に与えられたる伝来の事情の下にこれを造る」というのは動かすべからざる真理である。また人間の視野はその環境によって限られる。また人間は明らかに不可能なる事は、その敢行を思わないのが常である。この意味においては、マルクスがいった「人類は常にその解決し得る問題のみを提起する」という言葉に多分の妙味が含まれている。

但し究極生産力の発展程度によって定められるという経済関係は多種多様であるから、その中には社会主義者の努力に有利なるものもあるし、不利なるものもあり得るはずである。生産力の発展が造り出すところの諸事情、資本主義社会における意識、無意識一切の行動がことごとくみな社会主義実現の準備をなすものであるかの如く説くのは、例えばアダム・スミスが、個人の一切の自利的行動は「目に見えぬ手」の導きによって、必ず社会全体の利福を増進せしめると説いたのと同様なる、形而上学的楽天観に陥ったものである。而してマルクスに全然その嫌いなきにあらざることは、前段にも一言触れて置いた。この点において彼れは未だ全然ヘーゲル形而上学を脱却するに至らなかったという批評を或いは免れ得ないのである。社会主義の実現は、創造計画中に定められたものではない。或いは定められていたかも知れぬが、それは「科学的」社会主義者の議論の平面上には属せぬことである。予をもって見れば、明らかに社会主義に有利と認むべきは、資本主義の発達が、一方において、生産を比較的少数の大経営に集中し、社会階級の分岐を比較的単純ならしめて、無資産にして境遇を同じうするプロレタリエルが社会成員中の比較的多数を占めるに至らしめ、且つプロレタリエルの相接触、団結し、その智能、殊にその権利思想を啓発するに有利な事情を造り出した一事である。但しこの点においても、階級的分岐の単純化、プロレタリヤの階級的利害の等一、及びプロレタリヤの社会全員中に占める比率等について、マルクスの記述もしくは予想に誇張の多かったことは認めなければならぬ。

しかし上述の批評は論理上から立てたものであって、運動戦略からいえば、問題はやや別になる。運動戦略の上から云えば、勝利の確実性に対する信仰は、心理上しばしば当事者の努力を弛緩せしめないで、却って闘志を振作する効果がある。マルクス及びマルクシストの資本主義崩壊及び社会主義実現必至論には、この戦略的の意味が含まれているところも無いとは言えまい。而してこれも現時の思想界におけるマルクシズムの勢力の一つの秘密をなしているのである。

マルクスの経済理論批判

『資本論』の出発点となったマルクスの価値論については、『資本論』第一巻における価値法則と同第三巻における生産価格説とは相矛盾することなきや否やという、多年来の問題がある。既述の如く、マルクスによれば、余剰価値なるものは、労働者が労働力の再生産に必要な程度以上労働することによって発生する。従って労働者の生活必要費も労働時間も共に均一なるものとすれば、雇傭労働者が多ければ多いほど、生み出される余剰価値は多額となるべきはずである。然るに、生産技術の関係上、資本家がその資本を直接労働者雇傭のために支出する（可変資本）部分とそれ以外の原料、道具、機械、建物等の生産要具に支出する（不変資本）部分との比例は、産業の種類によって一定しておらぬから、同一額の資本の投下に対して造り出さるる余剰価値額は同じからず、従って、各商品がその含有労働量の比例通りに売買せられ、一産業部門において造り出された余剰価値がその産業部門の資本家によって収得せらるるものとすれば、総資本に対する余剰価値の比率、即ち利潤率は、産業部門によって一々相異しなければならぬ。しかし利潤率に相異があれば、資本は必ずその比較的低い部門から高い部門へ流動して、利潤率を平均せしめるような商品の需給状態を造り出さなければやまぬ。かくして形成せられた需給状態の下における商品の交換比率は、最早その各々に費された労働量に一致するものではない。かくてマルクス自身のいうところによれば、資本主義的生産方法の行わるる今日においては、諸商品はその費用労働量即ち価値によらず、支出賃銀及び不変資本消耗額と総資本に対する平均利潤との和、即ち謂わゆる生産価格に応じて相交換されるのである。生産価格がリカードー等における自然価格と同じく、時々現実の市場価格の旋廻中心となるのであるという。これが資本論第三巻における謂わゆる生産価格説である。

かく、マルクスに従えば、今日では、価値を同じうする商品同志でなくて、生産価格を同じうする商品同志が相交換されることを本則とし、而して価値と生産価格とは僅かに例外的にのみ一致するのである。そこで生産価格を等しくして相交換せらるる二種の商品の一定量を

X小麦＝Y鉄

なる式に現わして、さてマルクスがした如く、この両商品に果して如何なる共通物が存するかとの問を設くれば、彼れの推究を正しいものとする限り、吾々は前と同じく、両者に共通なる等量の或るものは労働以外にはあり得ないという結論に達しなければならぬ。即ち一商品の一定量に費さるる労働量は、同じ商品のそれよりも多き（もしくは少

なき）数量に費さるる労働量に等しいという結論を得なければならぬ。もしこの不合理を避けようとして、前の蒸溜的推究法は生産価格による交換比率には適用せず、価値通りの交換比率にのみ適用するというならば、吾々は推究の結果として得らるべきものを、推究の前に得て置かなければならぬ。所詮彼れの推究法は、価値の理論を立てる上には何の用をもなさないのである。

今日商品が価値と一致せぬ生産価格をもって売買されるのは何故であるかというに、マルクスの説明によれば、それは資本間の競争によって起る利潤率平均のためである。そこでマルクス自身及びマルクス主義者の或る者は、価値通り、即ち労働費用通りの商品交換を妨げるものは利潤率の平均であるから、ただ資本間の競争ということさえなくば、商品は価値通りに交換されるのだといおうとした。

しかしながら、これはマルクス自身自己の思索の出発点を忘却するものである。前段引用の『賃銀労働と資本』及び一八六五年の『価値、価格及び利潤』の中に、彼れは商品の価格が生産費（即ちこの場合は労働費用）をその吸引中心とすると説き、これによって、相交換せらるる商品には同一量の労働が含有せらるるという観念に到達したのである。しかも商品の市場価格が何故にその労働費用の周囲に旋廻するかといえば、それはリカードーの場合と同じく、自由競争による利潤率の平均があるためであったのではないか。たといマルクスの労働価値説の出発点がここにあったのを忘却したことは問わぬとしても、そもそも資本間の自由競争の排除せられている処で、そもそも労働費用による商品交換の行わるべきはずがない。資本間の自由競争の行われぬ処というは、即ち何等かの程度の独占の存する処に外ならぬ。独占の存する処においては、商品の価格と生産上の犠牲、従って労働費用との関係が遮断されることが明白である。需要供給の関係上、商品が犠牲に比して如何に高価に売買せられても、他から競争者の来り加わってその供給量を増加せしめ、犠牲（費用）と価格との懸隔を短縮するということが出来ないからである。故にマルクスも商品がその価値通りに売買されるためには、「何等の偶生的または人為的独占存せざること」を条件としている。即ちマルクスは自由競争を、一方においては価値通りの商品交換を妨げる事情となし、他方においては価値通りの商品交換の条件としたのである。

かくの如き自家撞着の根柢には、そもそもマルクスの価値が労働によって造られるという謬想が存するのである。しかしながら、労働が造るものは生産物であって、価値、少なくも交換価値ではない。ただ労働は、一方生産物を造り出すと同時に、他面、物の供給上に忍ばるる犠牲である。それ故、商品の価格がこの犠牲に比例せぬ場合には、或いは生産の増加或いはその減少が促されて、結局犠牲に比例する価格を成立せしめるような需要供給関係が造り出されるとはいうことが出来る。物の価格を定めるものは何処までも需要供給関係であって、ただ生産上に要せらるる労働が供給を左右するというに過ぎぬ。決して労働が価値を生むというが如くに考うべきものではないのである。マルクス流の労働価値説の根本的困難も、またこの需要に関聯するものである。問題は、商品の価値を決定するという社会的必要労働時間とは、純生産技術的に解せられた必要労働時間であるか、或いは商品に対する需要がそこに顧慮せられているか否かに存する。

マルクスの説くところによれば、必要労働時間は、大概の場合には生産技術的の意味に解すべきもののようである。然らば、需要の有無大小を問わず、一定量の労働は常に同一価値を生ずるものとなすべきであるか。これはマルクスの立場からしても承認し兼ねることであろう。マルクスのいう商品は、何等かの人間欲望を満たすものでなくてはならぬ。何等の欲望満足に供すべからざるものは、それが如何に多量の労働を投じて生産せられても無価値でなくてはなるまい。既に労働を費すの必要如何に拘らず、欲望満足に供すべからざるものは無価値なりとすれば、生産上に同一量の労働の費されたものは、これに対する需要の強弱如何を問わず、同一の価値を有するということもまた不合理でなくてはならぬ。しかし同一量の労働が費された商品も、これに対する需要強弱の程度如何によってその価値を殊にするものとすれば、マルクスの謂わゆる社会的必要労働時間は、全然別様の意義を取得し、その価値法則は根柢から動揺せざるを得ないのである。しかもマルクス自身は、或る場合、明らかに謂わゆる必要労働時間は需要を顧慮しての「必要」時間であると言っている。即ち資本論第一巻中に「市場の胃腑が亜麻布の全量を一ヤード二シリングの正常価値で吸収することが出来なければ、それは全社会的労働時間中の麻織業の形で費された部分が大き過ぎたことを示しているので、各個の麻織りがその各自の生産物に対して社会的に必要なる以上の労働時間を投じたのと結果は同じである」といい（高畠訳『資本論』改造社版⑴七七頁）同第三巻第三十七章（同書⑸一七六頁）も同趣旨に解せらるる文言を掲げているのがそれである。

しかし労働価値法則をかくの如き意味に解すれば、マルクスの学説はその特殊の意義を喪失し、商品の価値がその価格を支配するのでなくて、需要供給によって定められたその価格が却って価値を定めるということになるであろう。即ち右記の例における亜麻布は、生産行程上において費された労働量からいえば、一ヤード二シリングの価値を有すべきであるのに、需要に対して供給の過大なるため、一ヤード二シリングだけの価値を含まぬということになれば、一商品はその生産上に費さるる労働量如何に拘らず、需要供給関係によって定まっただけの価値を有することになる訳である。

かくの如く変改せられた価値法則を労働力の価値に適用すれば、どうなるか。労働者の生活費如何に拘らず、労働力は労働者の収得する賃銀だけの価値を有するということになるのである。然るに、資本家が実際購入せんとするものは、労働力でなくて労働力の消費によって生ずる労働である。成程商品の価値はその生産に要せらるる労働量であるといい、而してこれに相当するものを労働について求むれば、それは労働者の生活必要費であるということも出来よう。而してこの生活必要費によって謂わば生産せらるるものは、労働ではなくて労働力であり、生活費は労働力を維持するものであって、給付せらるる労働そのものの費用と見るべきものではないが、しかし需要者たる資本家の側から見れば、実際需要せらるるものは労働であって、労働力ではない。たとい労働力は同一であっても、十二時間の労働と六時間の労働とに対し、もしくは優秀なる労働と劣悪なる労働とに対して、雇主は決して甘んじて同一報酬を支払うものではない。而して既に労働者の売却するものが労働であって、而して前段の論法によって、労働の価値は需要供給関係によって定まる賃銀額に従うものとすれば、労働者は提供したものと等しき価値を収得するのであるから、搾取ということはあり得ないことになる。これはマルクスの労働価値法則を全然無意義ならしめるものである。

生産行程上に費さるる同一量の労働は、生産物に対する需要の有無強弱に拘らず、常に同一の価値を造り出すものとすれば、全く無用なる物の生産に投ぜられた労働もまた価値を、従って余剰価値、利潤を生むというの不合理に陥らねばならず、これに反し、マルクスが或る場合に認めているように、生産上に費された労働は生産物に対する需要の程度如何に応じて価値を生ずるものとすれば、商品の価値はその価格によって定まり、労働の価値は賃銀によって定まることとなって、搾取ということはあり得ないことになるのである。

社会主義者によるリカードー価値論の展開は、マルクスによってその極点に達し、而してマルクスの価値論は、予の見るところによれば、リカードーから離れることによって失敗に帰している。而してその失敗は、労働をば、供給を左右する重要なる一事情と見ることに止めずして、更にそれ以上の位置をこれに与えようとしたことに存するのである。

（『社会思想史研究』所収）

マルクシズム概観

マルクスの国際主義

カール・マルクスは一八一八年五月五日、ドイツのフランス国境に近いトリエールに生れ、一八八三年三月十四日、ロンドンに死んだ。彼れがドイツを去ってパリに出たのは一八四三年の十一月、即ち彼れが二十五歳のときのことで、その後一八四八年―九年の革命期にしばらく故国に帰って活動した以外は、その六十五年の生涯の中約四十年を国外で、即ちパリ、ブラッセル、そうしてロンドンで、亡命者として送ったのである。マルクスが一生の大半亡命客であった事実は、彼れの思想や行動を理解する上にも常に念頭に置かるべきことであると思う。

マルクスは謂わば故国を持たぬ人であった。彼れが時としてスラヴ人に対し、帝制フランスに対し、またデンマーク人に対して、ドイツ人的偏見を露呈したことも事実であるが、しかもその故国たるドイツをも、彼れは、離れて外部から眺めたという形ちがある。彼れが同時代人で、或る程度の同志であり、同じくヘーゲル哲学から出発したフェルヂナンド・ラッサールと、思想上並びに実際問題についての見解上しばしば相対立したについても、マルクスが久しく故国を離れたに対し、ラッサールが終始プロシャ国民であったという事実を考慮すべきであると思う。ラッサールは或る時ロンドンにいるマルクスに書を寄せたその一節に、「君はドイツの革命家であり、またドイツのために働かんと欲し、且つ働かねばならぬことを忘れ給うな。イギリス化し給うな」といったことも憶い出される。彼れは『共産党宣言』の一節に、『プロレタリヤは祖国を有たぬ、持たぬ祖国を奪うことは出来ぬ云々、といったが、それはかかるマルクスにして始めて発せらるべき言葉であったと謂われるであろう。

ラッサールの後継者として彼れの遺党（社会党の前身たる全ドイツ労働者協会）を率いたフォン・シュヴァイツェルは、最も夙（はや）く『資本論』に対する優秀の理解を示してマルクスに認められた人物であったが、ロンドンにいたマルクスから実際運動上の指図を受けることを悦ばず、敢えてマルクスの当然の不興を冒して、理論上の教えは有り難く拝聴するが「時々の党略の実際問題については、予は貴下がこれ等の事物に判断を下さんがためには運動の中心にいなければならぬことを一考せられんことを乞う」と言ったことがある。マルクスはたしかに広い視界を領する国際主義者であったが、同時にまた立脚の故国を持たぬ偏理主義者でもあった。

ヘーゲル哲学

ドイツに生れ、学び、フランス、ベルギーに流寓し、終にイギリスに身を終えたマルクスは、また独仏英三大文化国の代表的なる思想産物を一の体系に統合することを企てたと称せられている。その三つとは即ちドイツのヘーゲル哲学、フランスの革命思想、そうしてイギリスの経済学である。

マルクスが十八歳でベルリン大学に学んだとき、ヘーゲルはすでにその五年前（一八三一年）に死んでいた。しかし人のいうように、当年のドイツ思想界の空は、このすでに没した太陽の余光に輝やいていたのである。マルクスはベルリン時代、当年のドイツ青年思想家一般とともに、一時ヘーゲル哲学に傾倒し、これに没頭した。彼れは後にヘーゲルを離れ、自ら己れの弁証法はヘーゲルのそれと正反対のものだというに至ったけれども、彼れに対するヘーゲルの影響は深く、且つ久しく、ひとり用語の上のみでなく、マルクスの根本思想も、終生否認し難きヘーゲル哲学の影響を留めていたように見える。

ヘーゲルにとっては世界は絶対者たる理（ロゴス）、理念または理性の論理的自己発展の過程であった。この発展が謂わゆる弁証法的に、即ち肯定―否定―否定の否定、なる階梯において行われるとしたことは既に誰れも聞知している通りである。さて歴史哲学はヘーゲルの体系中において法律哲学と相接するものであるが、ヘーゲルは世界史というものを神の合理的なる世界計画の実現過程と考え、或いは世界精神の形における神の啓示をそこに見た。即ち彼れが「神は世界を統治する。統治の内容、その計画の遂行が世界史である」といった所以である。

既に計画であるから、予定の終極目的がなければならぬ。この目的は人間の自由の実現である。そうして目的実現の手段は、人間の行為、欲望、利害、激情の働き全体である。人間がそれぞれその欲望に駆られ、利害に動かされて行動することによって、知らず識らず、或いはその意図に反して、神の世界計画を実現するように仕組まれてあるというのである。それが即ち彼れの謂う「理性の欺瞞」(List der Vernunft) である。

マルクスはこのヘーゲルによって、やはり彼れと同じく、世界史というものを、自由の実現という予定目的に向っての発展過程と見るようになったと解せられる。

然るにマルクスは、間もなくヘーゲルの観念論から離脱した。マルクスをしてヘーゲル哲学の檻から脱出せしめたものは、一八四一年に『キリスト教の本質』を著したルードウィッヒ・フォイエルバッハであったといわれている。フォイエルバッハの人間主義 (Humanismus) なるものは、決して宗教そのものを否認したのではなかったが、ただ宗教を天上から人間界に引き降ろし、神の代りに人間を、人間にとっての最高存在たらしめんとするものであった。

『キリスト教の本質』が当時いかにドイツの思想界に迎えられたかは、マルクスの同志エンゲルスがほとんど半世紀の後の『ルードウィッヒ・フォイエルバッハ』(一八八八年)という小冊子の中に、なお熱情的に語るところによって充分察することが出来る。マルクスは当時においても全面的にフォイエルバッハに傾倒した訳ではなかったが、しかも或る時期においては、たしかにその影響を受けた。一八四四年の「ヘーゲル法律哲学批判緒論」、またその翌年の著『神聖家族』中の文言には、明らかにその証拠と見るべきものがある。しかしマルクスは、一切の事物は矛盾の止揚(肯定―否定―否定の否定)により発展するという弁証法をヘーゲルに学び、次いでフォイエルバッハによってヘーゲルの観念論から脱却したとしても、これだけではまだ、この矛盾の止揚によって行われる発展が、何故私有財産の解消による自由の実現への発展でなくてはならぬかの説明にはならぬ。また、謂わゆる矛盾が、何故プロレタリヤ対ブルジョワジーの対立でなければならぬかの説明にもならぬ。つまり弁証法と唯物論とだけでは、未だもって人を社会主義者たらしめるには足りないのである。

この点について考えなければならないのは、フランス社会主義者のマルクスに与えた影響である。マルクスは始めてパリに出てきた時以前から、すでに直接間接にフランスの社会主義共産主義文献に接していたが、パリ滞在中いよいよ深くこれに親しみ、遂に世界史の窮極目的は私有財産の解消による自由の実現であり、人を導いてこの境地に到達せしめるものは、近世工業の産物たるプロレタリヤ階級である、との結論に達した。前記『神聖家族』の中にマルクスは、私有財産とプロレタリヤとを、ヘーゲル的に肯定及び否定として相対立せしめ、プロレタリヤが私有財産を止揚することによって己れ自身をも止揚すること（即ち否定の否定）を説いた一節がある。これがマルクスが社会主義または共産主義の結論を、定式通り弁証法的に下した最初の一例である。

しかしプロレタリヤは随意に発生し、成長して、随意に私有財産を否定し得るものではない。主観的には自由に行動しているつもりでも、実は事物表面の背後に、彼れを拘制し、或いは促進する、更に一段奥の力が働いていること、あたかもヘーゲルの場合に、人間が各自その欲望利害等に促されて行動しているつもりで、実は世界精神の傀儡に使われている（「理性の欺瞞」）と同様であるとマルクスは考えたようである。

然らばこの奥に働く力というのは何であるか。物質的生産力がそれであるという。勿論現実の人間は、その様々の観念によって動かされるが、しかしこの観念なるものが、独立に存在し変化するものでなくて、畢竟物質的生産の反映に過ぎず、歴史の経過を定める最高且つ最終の力は、この物質的生産力であるという。この理論が即ち唯物史観と称せらるるものであって、一八四五―六年の頃エンゲルスとともに執筆し、八十余年を経た一九三二年に至って始めて全部公刊せられた「ドイッチェ・イデオロギー」には、既にそれが余程委（くわ）しく説かれている。

マルクスと経済学

物質的生産力そのものを吟味することは、経済学及び経済史の任である。マルクスの研究は、当然経済学に向わざるを得ぬ。勿論これ以前のマルクスといえども、決して経済学に不案内であった訳ではなく、現にその証拠も存しているが、殊に『神聖家族』以後、彼れは長足の歩みをもって経済学の研究に突進した。爾来彼れの経済学書渉猟がいかに広く、委しきに及んだかは、後年、やはりこれも彼れの死後にはじめて公刊せられた『余剰価値学説論』四冊を見れば、思い半ばに過ぎるものがある。なかんずく潜心熟読して最も多くの影響を受けたのは、イギリス人デーヴィッド・リカードーからであった。そうしてその研究はようやく進んで、その成果が遂に一八六七年の『資本論』第一巻となった。但し予定せられた第二、第三両巻は、著者の生前に刊行に至らず、その死後、同志エンゲルスの校訂を待って、始めて出版せられた（第二巻一八八五年、第三巻一八九四年）ものであるが、マルクスの遺稿は、まだ完成に達していなかったし、またエンゲルスの校訂に批判を免れぬ節もあるので、或る種の問題について、著者の真意の捕捉し難い憾みはあるけれども、マルクスが経済学の思索と読書とにいかに精根を傾けたかということは、これによって具さに窺うことが出来る。

マルクシズムは上記の如く、ヘーゲル哲学に出発して社会主義思想の影響の下に形成せられ、最後に経済学による資本主義の解剖をまって完成した。そうしてそれが独、仏、英三文化の産物の統合によって成ると称せられ得ることは、前に記した通りである。

唯物史観と資本主義解剖

マルクスの考えるところによれば、そもそも人間は生活のための必要物を生産しなければならぬが、その場合、人間は一方自然に働きかけると同時に、他方人間に働きかける。そこで、その時の物質的生産力の発展程度に適応した関係が、人間相互間に結ばれる。この生産関係の全体が社会の基礎であって、法律、政治、宗教、哲学、芸術、一言でいえば凡べてのイデオロギーは、この基礎の上に建てられた上部建築である。

さて物質的生産力は発展してやまないが、そうすると、生産力と生産関係、或いはその法的表現である所有関係とが、相牴触することになる。そこで社会革命が始まり、基礎である生産関係の変動とともに、巨大なる上部建築全体が緩慢に、或いは急激に変動する。この生産力と制度との衝突が人間の頭脳に反映したものが革命思想で、資本主義社会秩序と資本的生産力との衝突が生んだ社会主義思想は、即ちその一例をなすものである。

マルクスは社会形態の発展段階としてアジャ的、古代的、封建的及びブルジョワ的（資本主義的）社会を挙げているが、このブルジョワ的生産関係をもって最後の対抗的生産関係であるとなし、ブルジョワ社会の胎内に発展する生産力が、対抗解消の物質的条件を造り出すといっている。換言すれば、資本主義社会の次ぎに来るという共産社会においては、最早対抗関係、即ち生産力と社会制度との衝突も、従って搾取階級と被搾取階級との闘争も存せぬというのである。

かくマルクスは、資本主義社会の下に発展する生産力が資本主義社会そのものを破壊し、同時に社会（共産）主義社会の出現を必至ならしめるというのであるが、これは具体的にいうとどういうことになるのであるか。『資本論』の叙述は、必要以上に迂曲と抽象を弄する嫌いがあって、読者は時に衒学的なるその特殊の論法と術語との前に脅かされ、往々にして独り相撲に類する解釈をすることがある。しかしマルクス独特の語法に眩惑されず、冷静にその言うところを煎じつめて考えて見れば、結局、資本主義が進めば、傭われ得ない過剰の労働者と、売れない過剰の商品とが必ず造り出され、この窮厄と混乱とが資本主義を亡ぼすというに帰するであろう。

然らば何故に労働者と商品との過剰が生ずるかといえば、労働者については、資本の蓄積が進むとともに資本の中の不変部分（即ち機械建物原料等の物的生産手段をもって成る部分）が絶対的且つ相対的に増大するためだとマルクスはいうのであるが、それは結局機械の採用が人手を不要ならしめるという、ごく普通の観察に帰着するものに外ならぬ。そうしてかくして造り出された失業者即ち「産業予備軍」が後ろに控えているために、就業労働者の賃銀が圧迫されざるを得ないというのである。

商品の過剰については、これは後に少し附け加えて言わなければならぬが、一応の解答としては、生産力が増大するのに労働者の消費力（購買力）がこれに伴わぬからだということであろう。もしもマルクスの存意が真にここに在ったのであるなら、それは普通に消費過少説（under consumption theory）と称せらるるものであって、それを奉ずるものは、マルクス以前にも以後にも数多く、近年喧しく論ぜられているケインズの失業理論にも、これと共通の一面があるのである。

労働者過剰（産業予備軍）の理論

マルクスの経済理論から一切の粉飾を除いて、それを右の如きものとして解するときは、これに対する批判もまた自然に明確とならざるを得ない。

機械の採用が労働者の就業に及ぼす影響については、マルクスの理論は決して無根拠ではない。但し偏頗に誇張されているといえる。元来機械の採用が労働者に不利なる作用をなし得ることを認めたものとしては、マルクス以前にはリカードーの例が著しい。リカードーは当初労働者に及ぼす機械採用の影響を楽観したのであったが、後に、即ち彼れの経済原論の第三版（一八二一年）に至って、その見解を改めて「機械を人間労働に代用することは、労働者階級の利益にとってはしばしば極めて有害なることを納得するに至った」のである。リカードーの説はミルによって継がれた。一方マルクスもそれをそのまま受け容れた。皮肉なるシュムペーターは、「マルクスの議論が、何等本質的なるものを附け加えることなしに全然リカードーのそれに倚存（いぞん）すること」産業予備軍説の如きは他にその比を見ないといい、またリカードーの学説は、「鉤も釣糸もそうして錘りも」嚥み込まれたといった。リカードーは（そうしてミルも）機械の採用が労働者に有害なることの有り得べきを認めたに対し、マルクスはその必ず有害なることを断定した。ここでもマルクスは、私がかつて彼れの価値学説についていったように、「リカードー——ミルを離れる限りにおいて」謬ったと言われるであろう。

労働節約は元来機械の本務ともいうべきものであるから、機械の採用によって差し当り不要者を生ずるのは当然の次第である。ただその雇傭に及ぼす直接間接一切の影響を見るには、もっと精細の観察を必要とする。仮りに機械の採用によって企業者の利潤が増加したら、その雇傭に及ぼす結果はどうなるか。生産費の節約によって或る商品の価格が低下したら、その商品もしくは他の商品に対する需要の上に如何なる反動が起ると考えられるか。機械そのものの製造に要せらるる労働は如何。機械の採用または改良の行わるる範囲及び速度は如何。しかしまた、機械のために差し当り失業した労働者その人を顧客とする産業の蒙むる影響は如何。

これ等の点に思い及べば、機械採用の雇傭に及ぼす影響については、マルクスが試みたよりは遙かに複雑なる考察を要することが明らかである。機械が労働者雇傭のために有害である場合は、無論考えられる。しかし同時に、この有害の作用が補償せられ、もしくは補償せられてなお剰りある場合も充分に考えられるのである。すでにミルも指摘しているように、印刷機械の発明は、たしかに写字生を失業せしめたであろう。しかし今日印刷業に雇傭せらるる従業者の総数は、失業した写字生とは比較にならぬ多数に上っているべきことは、何人も争うことは出来ず、また争わんとするものもない。そうしてこれは決して偶然の例外ではない。全体の大勢を通観して、産業部門の中、農業に比して遙かに多くの機械を使用する（少なくも今日までは）工業が、農業に比して益々多くの人口を吸収している事実は、機械と雇傭との関係が、決してマルクスの説いたような単純且つ一面的のものでなく、前にいった補償が行われて剰りあったことを反省せしめるであろう。

産業予備軍の説は決して無根拠とはいわれない。しかしマルクスの推理過程には遺漏があり、且つ誇張があったといい得るのである。

商品過剰の理論

次に過剰商品の生産については、大衆の消費（購買）力が生産力の増大に伴わないというのが一応の解答であると、前にいった。

この問題は結局今喧しく論じられている貯蓄と投資の問題に帰するであろう。さてかかる問題として考える場合、まずマルクスの考察が極めて不充分であったことは直ぐに感じられる。仮りに生産力が増すのに大衆の消費力がこれに伴わぬ場合、その増大しただけの生産力をことごとく大衆消費財の生産に充てたなら、過剰が起るのは当然である。問題は、その増大した生産力をもって生産財を生産したならばどうなるか、ということである。この新たに増加した生産財を、資本家の手に蓄積せられた資本をもって購入することは不可能であるか。この点についてマルクスの思索は、途中できれて完結していない。マルクスは資本論第二巻で、社会の全生産部門を生産財生産部門（Ｉ）と消費財生産部門（Ⅱ）とに分ち、Ｉ部門の労働者及び資本家の消費の合計が、丁度Ⅱ部門における生産財所要額と一致すれば、生産の過不及は起らぬという理法を、数字を仮想して説明した。

この理論構想は、マルクスの全経済学中最も価値多き着想の一と思われるものであるが、しかもマルクスが遺しただけの原稿によっては、過剰生産の必然は説明せられず、却って生産拡大の調和的進行の可能性が説明される。現に或る経済学者（ツガン・バラノウスキー）はマルクスの構想と術語そのままを利用して、如何に極端に労働者の消費力が抑圧せられても、なお且つ生産の拡大は際限なく可能であるとの、逆説的な結論を引き出した。

もとよりツガンの説は多数マルクシストを満足させなかったが、しかしマルクス主義者の間にも調和的進行を認めるものが出たその他面、資本蓄積の行き詰まりを説明せんとしたものは無論出たけれども（ローザ・ルクセムブルグ、シュテルンベルク、グロースマン）、しかもその説明は区々に出で、或いはマルクス自身から甚だ離れた説明によって資本主義行き詰まりの結論を引き、却ってマルクシスト仲間の批評を招くような有様であった。それというのもこの問題に対するマルクス自身の理論が完成しなかったからであり、しかもこの理論を持つより先きに、マルクスもエンゲルスも、ともに幾度かの機会に資本主義の行き詰まりを唱えていたのであるから、「行き詰まり」は、厳密なる理論的推究の帰結よりは、むしろマルクス等にとっては予定の結論、もしくは希望の結論ではなかったかとの疑惑を招くことにもなった。

前に過剰商品の生産について「一応の解答として」とことわった上で、労働者の購買力が生産力の増大に及ばぬことをもってその説明としたが、それはこういう次第である。右の説明は資本論第三巻中の文言に拠ったものであるが、同第二巻の或る個処には、それと相容れない文言がある。ここでは、謂わゆる消費過少説なるものは説明にならない重語（tautology）であるのみならず、恐慌の起る前には賃銀の昂騰があるという事実とも相容れないといい、しかも校訂者エンゲルスは態々脚註に、嘲笑の語気をもって、消費過少説を説いたロードベルトス追随者の注意をここに促している。そうして執筆の前後をいえば、資本論第二巻のこの部分は、同第三巻のあの部分よりも後で書かれている。

そうなるとマルクスのこの問題に対する真意は果たしてどの辺にあったかの疑問が起る。もとより性急にマルクスの前後撞着を結論することは慎まなければならぬが、またマルクスの首尾一貫を弁護することも、この場合甚だ困難であろう。

資本主義発展の現実

いずれにしても、マルクスは右のようにして資本主義の崩壊を結論した。その崩壊が何時起るべきかについては、もとより年月を指定するようなはずもなかったが、それが資本主義発展の窮極に起るべきこと、またそれは理論上資本主義の先進国にまず起るべきものとすることは、当然の解釈であろう。そうしてその時機の観測は、必ずしも一定していなかったが、とにかくにそれを遙遠なる未来の問題としなかったことは、確かであろう。

マルクスの推究の遺漏は、事実によって証せられた。資本主義の現実中に、生産の機械化による失業と購買力不足による過剰生産との素因の存することは認められるけれども、同時にまた、これと逆行し、或いは対抗する有意無意の動因の働くことは、看過せらるべきではない。

『資本論』第二十三章の一節は「資本の蓄積が進むに比例して、労働者の位置は――ますます悪化せねばならぬ」ことを説き、資本の蓄積とともに「一方の極における富の蓄積は、同時にまた、その対極たる、己れ自身の生産物を資本として造る階級の側における窮乏、労働苦、奴隷状態、無知、兇暴、道徳的堕落等の蓄積たるのである」といった。

また同二十四章の一節は、資本の独占集中とともに進む労働行程の社会化、技術の進歩等々について述べ、こういった。「この転形行程に伴う一切の利益を横奪独占する大資本家の数が益々減少すると同時に、窮乏や、圧迫や、隷従や、壊頽や、搾取などの量が益々増大して来る。が、それとともにまた、資本制的生産行程それ自身の機構によって訓練、統合、組織される所の、不断に膨大しつつある労働者階級の反抗が増進する。資本独占は、それとともに、またその下に、開花繁栄した生産方法の桎梏となる。生産機関の集中と労働の社会化とは、その資本制的外殻とは両立し難き点に達する。資本制的外殻は破裂する。資本制的私有の終焉を告ぐる鐘が鳴る。収奪者は収奪される。」(高畠素之訳文による)。

しかし、西ヨーロッパについては、かようなことは、マルクスの生前も死後も起らなかった。労働者の状態が「資本の蓄積が進むに比例して」「ますます悪化」したという事実はなく、また資本主義発達のために資本主義の「外殻が破裂」したという事件も起っておらぬ。マルクスの理論からいえば、何処までも資本制的生産力の増大そのものが資本制的社会形態を破壊するということでなくてはならないのに、資本制的生産力の最も巨大となった西欧及びアメリカ合衆国では、資本制的外殻はそのままに存続し、却ってこれとは距離遠く見えたロシヤに破局が起るという成り行きとなった。アメリカの雑誌『ライフ』(一九四八年一月三日発行)は「一八四八年」を主題として二十ページをそれに関する記事と写真とに割いているが、その中に産業革命の害悪を示すものとして、一八四二年刊行の絵が収められている。残酷醜汚真に目を背けしめるが、しかもそれは正しく当時の実況を正写したものに違いないのである。今日先進諸国においても、その労働大衆の生活並びに労働の状態は、決して人に誇って示し得る水準には達していないであろう。ただ、それが資本主義の発展のために、昔よりも「ますます悪化」したと言われないことは確かである。昔はたしかにもっと遥かに悪かった。それはこの絵にも示されている通りである。今日この絵の如き光景は、文明諸国では最早何処でも見ることは出来ない。強いてこれに近いものを求むれば、資本主義の後れている東欧諸国にでも求めるより外あるまい。もしもソヴィエト・ロシヤ内における一千万人を超えるといわれる強制労働の実情が、アメリカの新聞雑誌に報道される通りのものであるなら、それはややこれと好一対をなすものであろう。

要するにマルクスが資本主義の将来に対し下した結論には、極めて犀利なる観察とともに多くの偏頗と誇張とが含まれていたことは、容易にこれを指示して論証することが出来る。

以上マルクシズムを論評するに際して、私は有名なマルクスの価値及び余剰価値理論というものに触れなかった。それは、右に述べた通りの資本主義崩壊理論と価値法則との間には、客観的に見れば、論理的の関係がないからである。

生産の機械化によって果たして不可避的に失業者を生ずるか、また生産力の増進は不可避的に生産過剰に導くか否かという理論は、商品の価値はその労働費用により、またそれのみにより定まるという意味の労働価値説の当否とは、全く無関係に立てられる。もしも機械の採用が究極的に労働を不要ならしめるという事実があるならば、それを説明するためには、少しも労働価値学説の援けをまつ必要はない。また反対に、工業人口の絶対的且つ相対的増加の事実が、機械の労働不要化を反証するとすれば、如何なる労働価値説もこの事実の承認を拒否せしめる力を持っていない。

生産過剰の理論また然りで、仮りに大衆の貧困と富者の貯蓄とが社会の購買力を減殺することがその原因であるとすれば、このことを認め、また説明するためには、労働価値説は特別に何の援けにもならぬ。同時に、労働価値説の反対である限界効用説も、また少しもそれを妨げるものではない。

かく資本主義崩壊説と労働価値学説とは互いに不可分の関係に立つものではない。但し後者は別の或る意味において、即ち或る政治的ともいうべき意味において、反資本主義実践運動に重要な役目を勤めている。即ちそれは、凡べて商品の価値を肉体労働に帰し、資本家企業家の収得する利子利潤を凡べて労働搾取の獲物であると説明することによって、勤労大衆の資本主義否定の感情を強めることである。エンゲルスはかつてマルクスの著『哲学の窮乏』への序文中に、生産物の大部分が、その唯一の真実の生産者たる労働者に属せぬことを不当とする、といえば、それは誤って、経済に対し道徳を適用するものに外ならぬ。マルクスの共産主義は根拠をここに求めるものではなく、「我々の眼前に日々益々歩を進めつつある資本家的生産方法の崩壊」にこれを求めるものであると謂ったことがある。

それは正しくその通りであったに違いないが、しかし同時に、労働者は搾取を蒙むり、利子利潤はこの搾取の獲物である、と説く経済理論の当否は、社会主義運動の勢力消長と決して無関係ではない。前述の通り、マルクスは資本の蓄積集中とともに不断に膨大する労働者階級の反抗が増進すると説いたが、この反抗は、単に彼等の窮乏のために起るものでなく、実に彼等が搾取を蒙っており、その窮乏は不当の窮乏であるとの意識によって強められる。マルクスの価値、余剰価値理論に対する批評は、論理上直ちに産業予備軍説や過剰生産説を揺がすものではないはずであるのに、マルクシストが決してこれを静観し得ないのは、故なきことではない。

マルクスの価値学説は、これもリカードーに得た価値論を、特殊の方向に徹底せしめたものと見られる。それによると、一商品の価値はその商品を生産するため社会的に――平均的条件の下に――必要な労働量によって定まる。今日の社会では一箇の商品に外ならぬ労働力の価値もまた同様で、労働力の生産に要せらるる労働量によって定まる。ということは、労働者自身及びその家族のために必要なる生活資料の生産に要せらるる労働量によって定まるということである。今、資本家に傭われた労働者が、その労働によって自家労働力の価値に等しいだけの価値を産出した場合には――即ち砕いていえば、労働者及び家族の生活資料を造るため、仮りにn時間の労働を必要とする場合、右の労働者が丁度n時間だけ労働して止めたとすれば――正しく一方において消滅しただけの価値が他方において造り出される次第であるから、そこに何等の価値増減は起らないが、もしもこの場合、右の資本家が、労働者にn+m時間の労働をなさしめたとすれば、ここにm時間の労働によって価値の増加が起る。これが即ちマルクスの謂う余剰価値であって、これが資本家の資本に対する利潤となるものである。

この意味において利潤は搾取の結果であり、生産手段や生活資料がこの搾取の手段となるときに始めて資本となるということになる。然るに今、もし労働者がn+m時間の労働に従事したとしても、彼れがその生産した価値の全部を賃銀として受取ったならば、資本家は利潤を収めることは出来ぬ。故に搾取が行われるには、労働者の賃銀がn+m相当以下の価値に止まることを保障する法則がなくてはならぬ。マルクスはこれを労働力の供給とこれに対する需要との関係に求めた。即ち前に述べた産業予備軍の理論であって、資本の蓄積とともに労働力は相対的に不要となり（相対的過剰人口を生じ）、従って労働者の賃銀は、資本家の利潤獲得を可能ならしめる程度に圧迫されるというのである。

その批判

マルクスの価値及び余剰価値学説の批判は、私も従来あまりに度々試みたので（拙著『価値論と社会主義』第三篇、拙著『経済原論』第三篇第一章）ここにはそれを省略したい。ただ始めてこの問題を考察する人のためには次ぎの諸点に注意を促せば好いと思う。

商品の価値は、それを生産するため社会的に必要なる労働量によって定まる、とマルクスはいうのであるが、かくいうことは、果たして生産技術上必要なる一定の労働量は、その生産物に対する需要の程度と無関係に、常に同一の価値を造るという意味であるか否か。もしもそういう意味ならば、かかる価値法則は直ちに現実と衝突し、且つマルクス自身の或る場処における文言と衝突するであろう。

然らばマルクスの意味は、同一の労働量といえども、その生産物に対する需要の有無、また程度如何によって、価値を生むことがあり、生まぬことがあり、大なる価値を生むことがあり、小なる価値を生むことがある、と謂うにあったと解すべきであるか。もしもそうであるならば労働価値法則は解体し、従って余剰価値理論も不成立に終るであろう。

卑近な例証によって説いて見よう。深海の底に潜って採取される真珠は高い価値を持っている。しかしこの価値は果たして潜水労働によって造り出されたものであるか。真珠と同じ深さの海底から、同じ困難さをもって採取されるものは、役に立つものも立たないものも、美麗なるものもならざるものも、如何なるものも皆な等しき価値を有すると考えられるか。何人もそうでないことを承知している。

第一、人はそのような役に立たぬ、或いは美しからぬ物を採取するために潜水の労苦を敢えて忍ぶという如き物好きをせぬであろう。ということは、価値は労働によって造り出されるのではなくて、物に価値あればこそ、人がそのため労働を費して厭わぬという方が真実なのである。そうすれば、価値は労働投入に先だって存在しなければならぬ。そうして、その有無大小は、物が人間の役に立つか否か（欲望の対象であるか否か）、及びその物が乏しいか有り余っているかによって岐れるとしなければならぬ。普通に物に対する需要の強弱というときに漠然人の想念に浮ぶものは即ちこれである。

然らば物の価値はそれに対する需要の強弱によって定まるとすべきであるか。マルクスは或る場合にそれを認めている。然らば、等しき労働の所産たる商品であっても、それに対する需要の有無大小の様々なるによって、その価値もまた様々であるべきことを認めて好いか。もしこれを認めるなら、それは、商品価値はその労働費用によって定まるという立場を放棄して、価値は需要供給によって定まるという、常識へ退却したことになるであろう。

これを労働者が賃銀に対して給付する労働の価値に適用すると、搾取ということの説明が立たなくなる。そもそも搾取は不等価交換が行われるところに成立する。即ち労働者が資本家から受ける賃銀は、労働者が給付する労働よりも価値が少ないというのである。マルクスが、利潤は支払われざる労働であるというのは、この意味である。しかしながらこの搾取理論は、厳格な労働価値法則の成立をまって始めて可能である。既に前段に述べて来たように、商品の価値は生産上に費さるる労働量ではなくて、これに対する需要の有無強弱如何によって定まることを認めてしまうと、不等価交換ということは起り得ず、従って搾取ということはあり得ないことになる。それはこういう訳である。

既にマルクスも認めている通り、労働者の賃銀は市場における労働の需要供給によって定まる。然るに、労働者がこの賃銀に対して給付する労働は、それに対する需要の強弱に応じてそれだけの価値を有するものとすれば、労働者が給付する労働の価値は、正しく彼れが受け取るだけの賃銀のそれに等しいという結論にならねばならぬ。凡べての価格、従って賃銀は市場における需要供給の関係によって定まるとする限り、かくして相交換せらるるものは互いに等価であるといわなければならぬ。而してそれを承認することは、即ち搾取を否認することである。もしこの結論を拒否せんとするならば、全く需要を度外して労働価値法則を立てねばならず、それをすればたちまち現実と衝突し、且つマルクス自身の或る場所での文言とも衝突することは、前に述べた通りである。

既に需要の強弱が価値を左右することを承認すれば、吾々はここに労働そのものに対する需要と、その労働によって造られた生産物に対する需要ということを考えなければならぬ。それを一考すれば、生産物に対する需要は、常にそれを生産する労働そのものに対する需要よりも強く、従って一切の生産物の価格合計は当然、一切の生産物を造る一切の労働の賃銀合計を超過し、而してこの超過額が、利子利潤を構成することが会得されるであろう。

その理由は外でもない。将来において始めて生産物と化すべき労働そのものは、労働そのままの状態では、既に出来上った生産物ほどには人の欲望を充たし得ないからである。裁縫工の労働は、衣服を作る。しかし衣服ならば着られるが、裁縫工の労働そのままでは着られない。紡績機械は紡績の役に立つ。しかし機械を造るべき労働は、労働のままでは、今すぐ紡績の役には立たぬ。即ち享楽財たると生産財たるとを問わず、既に生産せられた生産物は、これを生産すべき労働そのものよりも必ず強く欲望される。従って既成の生産物と、やがてこの生産物に化すべき労働とが、同じ価格をもって提供されるとしたら、何人も労働を取らずして生産物を択び、従って生産物の価格と労働賃銀との間に或る差額を置いて始めて均衡が成立するであろう。

それは支払われざる労働を示すものではなく、既成の生産物が労働そのままの形における未成の生産物よりも、強き需要の対象であり、その意味においてより高き価値を有するが故に外ならぬのである。仮りにマルクスその人が今ここにいて、前段の論理を逐条推究して問答することが出来れば、この結論を承認させることは、必ずしも不可能ではないように私には思われる。

唯物史観批判（一）

残るところは唯物史観に対する批評である。

人間はたしかに自分で自分の歴史を作るが、それを謂わば真空の内に創造するのではなくて、明日は、必ず昨日の終点である今日の歴史的現実から出発して、その上に築かれる。その与えられた現実そのものは、純然たる自然的条件以外のものは、それ自身人間の作り出したもので、天空から突如として落下したものではない。この意味において人間は過去において自分が作り出したものによって拘束せられ、またそれによって促進もされる。そういう意味において、当然歴史的経過は自由でなく、また偶然でない、といえる。そうしてその「与えられたるもの」の中、生産交通の方法技術、更に広く経済的事情一般は、極めて重要な地位を占むべきものであるから、このことを強調したものと解すれば、唯物史観は史学上社会学上争い難き貴重の理論を含んでいる。

ただ、歴史的経過は自由でないということは、ただ一つの行路のみが必至的であり、それ以外は一切不可能だという意味に解すべきではない。もしも歴史的因果の系列が、絶対的に変更し難いものとして、将来に向ってすでに決定しているという意味において、必然的であるならば、一切の人間の努力、従って社会運動は全く無意義であり、よし歴史は人間の心意を通じて経過するとしても、それがかかる絶対的の意味において必然的であるならば、それはあたかも「朝日よ、昇れ」、「四季よ、循れ」といって努力するにも等しいこととなるであろう。

マルクス及びマルクス主義者は、革命理論家たるとともに革命実践者たるものである。実践は、厳格な意味の必然とは両立しない。実践は、常に価値ある目的のためにする行為であり、そうしてもしもその行為がなければその目的は達成せられぬという可能性の容認がなければ、全然無意義に帰するであろう。

そうして見れば、謂わゆる共産主義必然論には、多くの誇張または希望的観測が含まれていると謂わなければならぬ。資本主義社会の発展は、境遇の相同じき被傭者階級を膨大せしむること、生産を大経営に集中せしむること等によって、社会主義の実現を促し、もしくは可能ならしめると見らるべき事情を造るという点において、社会主義に対する或る可能性（possibility）を示すということはたしかに言える。進んで、ひとり可能であるのみならず、或る蓋然性を示すともいうことが出来よう。ここに社会運動の理由がある。

しかしこれが言い得る極限であって、それ以上進んで、共産主義は必然であるということは、政略的揚言か希望的観測に陥るものであって、経験科学の領域内においてこれを承認せしむべき根拠はない。たしかにマルクスもいう通り、人間は勝手気ままに歴史を作るのではなく、与えられたる材料をもってこれを作るに相違ないけれども、かくして作られる歴史としては、幾多の可能の途が開かれている。その幾多の途の実現公算は同一ではない。その或るものは他のものに比べてより多くの蓋然性を持つ、とまではいうことが出来る。経験科学の領域内において吾々の言い得るところはここに止まり、それ以上に出ることは出来ぬ。

唯物史観批判（二）

しかしマルクスの場合、議論は必ずしも経験科学の領域内に終始せず、歴史的必然の根拠は超越界に求められたかの印象を与えられる。ここにマルクスに対する抜き難きヘーゲル形而上学の影響が感ぜられるのである。

成程たしかにマルクスはヘーゲルの観念論から一応脱却したと謂い得ること既述の通りである。しかしなおそれにも拘らず、両者はともに、世界史というものを既定の世界計画の遂行と見ている点において、同じ根本思想に立っている。世界史の究極目的は、ヘーゲルにあっては、自由の意識の実現であり、マルクスにあっては、私有財産の解消による人間の解放である。世界史に直接参加するものはいずれも現実の人間であり、その人間は、主観的には様々なる動機に促されて動くのであるが、しかも当事者の目に見えぬところにおいて、これ等の人間の行動が必ず人類を世界史の究極目的に向って導くように按配せられているという考え方は、両者に共通であるように見える。

同じく共通なのは、右の究極目標に到達するとともに歴史的発展はそこで停止するという如き考え方である。ヘーゲルの場合には、それは自由の意識の実現であり、マルクスの場合には共産主義の実現であるが、ヘーゲルと同じくマルクスの場合、共産主義の実現とともに、人類はそのなし得る限りの最高の発展を成就し、最早それ以上の進歩はあり得ぬものとされているように見える。

もしも歴史的発展が謂わゆる弁証法的に行われるのであるならば、即ち、もしも一事物は必ず自己の内から自己に対する否定を生み出し来り、この肯定と否定との矛盾が、一段高い否定の否定への発展によって止揚せられ、このより高い段階は、更にその内から自己に対する否定を生み出し来り、更に第二の矛盾の止揚が行われるのであるならば、そこに無際限の発展が行われなければならぬはずである。

果たして然らば、資本主義社会の矛盾が共産主義への発展によって止揚せられた後、更にこの共産主義そのものの内から、それに対する否定が起って来なければならぬはずである。共産主義に対する否定は、私有財産制度以外には考えられぬ。然らば、かつて原始共産体が崩壊してその内から私有財産制度が生じて来たといわれる（マルクス、エンゲルスによって）ように、将来の共産主義社会から、更にそれに対する否定として新しい私有社会が必然的に発生すると解すべきであろうか。

マルクス、エンゲルスの著作には、それは全然説かれておらず、彼等の文言及び言外に感ぜらるる印象からいえば、共産主義社会は人類最高の歴史的段階であって、それ以上の発展は想像思議すべからざるものであるかのようである。然らば、謂わゆる弁証法的発展は、共産主義社会の実現せらるるその時まで世界を支配し、共産主義の実現せらるるとともに、忽然として永遠に停止するというのであろうか。それは人の理性に逆うこと最も甚だしき断定である。

この点については、すでに学者も指摘している通り、マルクスにはなお千年王国的信仰の影響もあったように感ぜられる。千年王国（Millennium）というのは、かのヨハネ黙示録（第二十章）に説かれている、世界の終りに先だつところの地上におけるキリストと信者との一千年間の支配を指していうのであるが、ひとりこれのみに限らず、人類はその過去において失った楽園（または黄金時代）をやがて必ず将来において取り戻すという信仰または憧憬は、様々の形で広く幾多の民族に伝わっている。もとよりマルクス、エンゲルスに、直接かくの如き千年王国の信仰を表白する文言がないことは言うまでもないが、しかし原始共産主義の崩壊によって一たび失われた楽園が、人類の長き苦難の歳月の後、プロレタリヤによる私有財産の解消をまって、再び恢復せらるるものの如くに説き、人類は目に見えぬ力に導かれて、階級なく、争闘なく、暴力なき状態に向って進みつつあると説くところに、冥々の間に、千年王国的信仰の影響があると見ることは、甚だしく無理な解釈ではない。

かかる信仰または憧憬を心に懐だくことは、素より人の自由である。ただそれは、経験科学によって論証しまたは否認し得べきものとは、別の平面に属することである。

マルクスは謂わばヘーゲル形而上学の天上から降下して、ようやく地上の現実に目を定め、かくして遂に唯物史観に到達したものである。この着陸の前後において、彼れは、一時代の「工業または生命の直接生産方法」を知ることなくしてはその時代の歴史的現実を認識することは不可能である旨を暗示し、「歴史の出生地」は、天上の雲霧の中でなく「地上の粗なる物質的生産」にこれを求めなければならぬといったことがある（『神聖家族』一八四五年）。今、上記の如き思想が多少なりともなおマルクスに残存していたとすれば、それは再び歴史の出生地を、天上の雲霧の中に求めるものだと謂わなければならぬ。しかしこの思想は、或る場合マルクシズムの人気の原因となっているのである。個々人の賛成と反対とに拘らず、否な或る場合には、大衆の賛成と反対とにも拘らず、歴史の必然的約束は、絶対的に抗拒すべからざる力をもって、人類を共産主義に導くという説き方、或いは、人類は過去において失われたる楽園（原始共産主義）を再び未来の共産社会において取り戻すという考え方は、救済の約束として、或る場合異常の魅力を大衆に感ぜしめる。しかし、それが厳に科学的たらんことを期するマルクシズムと本来相容れないはずのものであることは、言うまでもない。

こうして考えて見ると、共産主義必然論なるものは有意無意の誇張か、或いは世界史をもって既定の窮極目的に向っての進行と見る形而上学または千年王国的信仰に基づくものである。唯物史観は、既記の通り、史学上社会学上極めて価値ある考察の上に立っている。ただマルクスは、それを傾向的に誇張し、且つ多くの経験超越的断定を、それに結び付けた。吾々の間違いなく言い得ることは、資本主義社会の発展は、幾多の反対の傾向とともに、社会主義の実現に有利と思われる傾向をも示す、ということに尽きる。そこに或る程度の蓋然性が示されている、というだけである。

共産主義必然論の声は、しばしば客観的なる資本主義解剖と社会主義計画経済の長短検討とを妨げた。謂わゆる必然論が、厳格に解して果たしてどれほどの意味を有するかを吟味することは、これ等の客観的なる解剖や検討に進む第一歩である。

（『共産主義批判の常識』所収）

唯物史観と共産主義的帰結

事新しくいうまでもないことであるが、エンゲルスによれば、唯物史観と余剰価値論とが社会主義を科学たらしめたマルクスの二大発見である。しかしながら、唯物史観と余剰価値論とでは、そのマルクシズムにとっての意義において軽重がある。前者は重く、後者は軽い。

もとより余剰価値論なるものは、マルクス得意の一理論であって、その大成のために彼れはよほどの苦心を費したには相違ない。しかしこれは彼れ独特の理論と見るべきものではない。余剰価値論は、畢竟労働賃銀以外の所得は皆な支払われざる労働をもって成るということを教えるものである。然るに、社会主義者という社会主義者は、素とこれ皆な搾取の撤廃を志すものであるが、そもそも強奪によらず、任意交易の方法によって搾取が行われるという事実を証明するためには、必ず何等かの価値理論によらなければならぬ。即ち価値理論に基づいて、労働者はその労働によって提供し、もしくは造り出しただけの価値を、その報酬として受けてはおらぬということを明らかにしなければならないのである。極めて自然の次第として、それをするに社会主義者は大概は労働価値説に拠った。然るに、その労働価値説は、通常解せらるるところによればリカードーによって大成せられたものである。ここにおいてリカードーとほぼ同時代のイギリスは、彼れの価値論に基づいて労働搾取論を立て、また社会主義的改造案を主張する一団の著作家を出した。所謂「リカードー派社会主義者」がそれである。しかしながら、リカードーの価値論に余剰価値論の出発点を求めることは、決してこの一派の人々に限ったものではない。否な、近世の重なる社会主義体系は、経済理論上においてはみなリカードーに出発しているといっても差支えないくらいである。ロードベルトスが然り、プルドンが然り、而してマルクスもまた然りである。故にマルクスの余剰価値論と他の諸家のそれとの間に如何に精粗の差異はあるにもせよ、これをもって彼れの新発見とすることは当を得たものではない。

更に新発見なるか否かを措いて、そのマルクスの共産主義に対する関係如何ということになると、二者の軽重は更に甚だしきものがある。マルクスの余剰価値論が教えるところによれば、資本家の利子利潤、地主の地代は、労働者の産出した価値の搾取に成るものである。しかしながら理論上彼れはこの労働搾取を不当としてこれにその共産主義の論拠を求めたのでないことは、わざわざエンゲルスも指摘している通りである。価値の全部がその産出者たる労働者の手に帰せぬことを不当として、この理由から共産主義的結論を引くということは「経済に対する道徳の適用に外ならぬ」ものであって「経済上においては形式的に謬っている。」然らばマルクスの共産主義的要求の根拠は何処にあるか。彼れは「これを我々の目前に日々行われつつある資本家的生産方法の必然的崩壊に」求めたのだというのである(『哲学の窮乏』序)。而してこの資本主義必然的崩壊の結論が唯物史観の上に立てられたものであるのは言うまでもないことである。然らば、資本主義崩壊の理論に対して余剰価値論はどれほどの用をなしているかというに、その寄与するところは軽少であるように見える。マルクスの唯物史観は、一八四七年の『哲学の窮乏』には既にほとんど完成に近い形で現れているが、近年リャザノフ等によって発表せられた「ドイッチェ・イデオロギー」によって観れば、その根本思想は既にこの原稿の起草せられた時、即ち一八四五年に把握せられていたことが明らかである。否な、更にその前の『神聖家族』の一節にも、マルクスは私有財産の制度の消滅をば、富とプロレタリヤとの対立から必然的に生ずる論理的帰結として説いているのである。しかもこの当時における彼れの経済学的素養は、不充分なものであって、未だ余剰価値理論と称し得べきほどのものを持ってはいなかった。大体において、彼れが価値論余剰価値論に着想し、これを大成したのは、その共産主義的結論に到達した以後のことであったといって好かろう。故に別の機会にもいったように、「余剰価値論に出発するブルジョワ社会の経済学的解剖は……毫もこの結論(資本主義崩壊の結論)を動かしてはおらぬ。マルクシズムの大建築は、既に唯物史観によってその構造が決定している。彼れの『宣言』以後における経済学の研究は、この構造を改変せぬ限りにおいての竣成必要工事——恐らく若干の補強工事及び装飾を含む——であった。」

更にマルクスの余剰価値論及びその根拠たる価値論のほとんど致命的の欠陥ともいうべきは、それが賃銀の決定、従って搾取余剰価値額の決定理法を説明し得ないことである。余剰価値は余剰労働によって造り出されるという。しかしながら、その造り出された余剰価値が労働者自身の手に収得せらるるか、或いは利潤、地代となって有産者のものとなるかは、一に賃銀率の高低によって定まるはずである。その賃銀率の高低が価値論余剰価値論をもってしては説明し得られないのである。

マルクスの思索がそれから出発したリカードーの経済学においては、正しかれ正しからざれ、とにかく商品の価値価格、労働の価値価格に対する統一的の説明がある。商品の市場価格がその自然価格を、即ちその生産費をその引力中心として変動する如く、労働の価格たる賃銀もまた同じくその自然価格即ちその生活費に帰向する約束を持っている、と説いたのである。市場価格が自然価格の上下に離隔する時は、供給を自動的にこれに適応せしむる作用が行われる。商品の場合には、価格が生産費を超過すれば生産が増加し、労働の場合には、賃銀が生活費を超過すれば、同じく労働の生産、即ち人口が増加すると説いたのである。然るにマルクスは、リカードーの賃銀論の根拠となるマルサス人口原則を排棄したから、彼れにあっては、労働力の価格、即ち賃銀に対して最早吸引作用を行うことが出来なくなった。従って、彼れにおいては、賃銀は労働力の供給とこれに対する需要との関係によって定まるというだけに止めるの外なくなったのである。而して労働力の供給を定めるものは結局労働人口であり、労働力に対する需要を定めるものは総資本中の可変部分であるというのであるから、マルクスの賃銀説も結局は一種の賃銀基金説に帰着する。ただその賃銀基金が、彼れにあっては、流動資本の一部分たる可変資本たることを一の特色とする相違があるだけである。かくマルクスの価値論は賃銀の決定理法を説明することが出来ぬものであって、この点において彼れの価値論が彼れの分配理論にとって価値なきことを主張したヂーツェルの意見は、私の全然賛成し得るところである。（H. Dietzel, *Vom Lehrwert der Wertlehre und vom Grundfehler der Marxschen Verteilungslehre*, 1921.）

前年福田博士はマルクスの労働価値学説が決してマルクシズムの「本営」にはあらざること、これをその本営と考えその攻撃その排撃に主力を集中することの誤りなるを説いた（『改造』第十一巻第七号所載「余剰の生産交換分配」第七頁）。私は上段述べ来った理由によって、結論として博士のこの意見に同感なることを欣幸とする。私は前年来幾度となくマルクスの価値論を批評する文章を発表したが、それは彼れの価値論が一個の価値論として正しきや否やを論ぜんがためと、またわが邦における彼れの弁護者の弁護論がいずれも根拠薄弱と認めらるることを云わんがためにしたものであって、決してマルクシズムの全理論が彼れの価値論と共に立ち共に倒れるとは当時も今も考えてはおらず、また既にその意味に類することを附記したこともあるのである。但し当時私は、労働価値説が成り立たぬからとて労働搾取の事実をも無視せんとするのは甚だしい速了である云々と記して置いたが（拙著『価値論と社会主義』二二四頁）、この点今日は少しく所見を異にし、労働価値説の崩壊とともに経済理論的には搾取論は成立せず、これを成立せしむるためには、別に倫理的の標準を必要とすると考えるようになった。この点は今日は措いて別の機会に詳論したいと思う。

少しく岐路に亙ったが、とにかくマルクスの価値論余剰価値論は、マルクシズムの最要部分を成すものではない。繰り返していう。「唯物史観と余剰価値論とでは、そのマルクシズムにとっての意義において軽重がある。前者は重く、後者は軽い」。次に私はマルクスの共産主義的結論と唯物史観との間に如何なる関係があるかを考察したいと思う。

マルクスの思索はヘーゲルをもって出発し、次いでフォイエルバッハの「現実的人本主義」によってヘーゲル的思惟の檻から脱出したとは、ほとんどどの書にも書いてあることである。フォイエルバッハは決して宗教そのものは否認せぬが、これを天上から引き卸ろして、神の代りに、人間そのものを人間にとって最高本質たらしめんとし、「……人間が有するだけの価値を人間の神は持つ。而してそれ以上を持たぬ。神の意識は人間の自意識である。神の認識は人間の自己認識である。」といい、また「神はわが第一の思想、理性はわが第二の、人間はわが第三且つ最終の思想であった。神性の主体は理性であり、理性の主体は人間である」といった。フォイエルバッハの『キリスト教の本質』が出た時に（一八四一年）マルクス、エンゲルスが如何にこれを歓迎したかは、四十幾年後にエンゲルスのなお熱情的に物語るところである（『フォイエルバッハ論』）。マルクスその人は、当時もエンゲルスほどにはフォイエルバッハに傾倒しなかったと認むべき理由があり、また比較的早くその心酔から醒めたのであるが（Riazanov, *Marx-Engels Archiv*, Bd. I, S. 216.）しかもなお彼れも『神聖家族』（一八四五年）の一節に、フォイエルバッハの功績を揚げて下の如く言っている。

実体と自意識に関するストラウスとバウエルとの争いは、ヘーゲルの思弁哲学内部の争いである。ヘーゲルにはスピノザの実体、フィヒテの自意識、この両者のヘーゲル的必然的矛盾的統一、即ち絶対的精神という三要素がある。神学の領域内において、ストラウスはスピノザの立場においてヘーゲルを、バウエルはフィヒテの立場においてヘーゲルを、徹底せしめた。両者は、両要素のその各々を一方的、即ち徹底的遂行にまで発展せしむる一方、ヘーゲルにおいて両要素の一が他方によって不純化せらるる限りにおいては彼れを批判した。――故に二人ともその批判においてヘーゲル以上に出でているが、二人もまた彼れの思弁哲学内に留まって、各自彼れの体系のただ一面を代表するに過ぎぬ。「フォイエルバッハは形而上学的なる絶対的精神を『自然の基礎に立つ現実の人間』に解消することによって、ヘーゲルをばヘーゲルの立場に立って完成し、且つ批判したのであるが、そのフォイエルバッハに至って始めて、ヘーゲル思弁哲学の批判、従ってまた一切形而上学の批判のために偉大にして美事なる輪廓を描くことによって、宗教の批判を完成したのである」（改造社版マルクス、エンゲルス全集第一巻六六四頁参看）。

マルクスが「ヘーゲル法律哲学批判緒論」の中において「宗教の批判は、人間にとっての最高本質は人間であるという教義、即ち人間をば賤しめられ、奴僕とせられ、見棄てられたる、軽蔑すべき存在たらしむるところの一切の関係を覆えすべき無上命令をもって終る。」唯一の実践上可能なるドイツの解放は、「人間を人間にとっての最高本質となす理論の立場に立っての解放である」というが如きも、また同じくフォイエルバッハの影響を示すものと見てよかろう（マ、エ全集第一巻四四九、四五五頁参看）。

しかしマルクスはかく一切事物は矛盾の止揚によって発展するという論理学をヘーゲルに学び、而してその次にフォイエルバッハに従って、ヘーゲルの形而上学を放棄して、人間に対する絶対的精神の支配を否認するに至ったとしても、それだけでは、その矛盾の止揚によって起る発展が何故に共産主義へ向っての発展でなくてはならぬか、また所謂矛盾が何故にプロレタリヤ対ブルジョワジーの対立でなくてはならぬかに対する説明にはならぬ。換言すれば、弁証法と唯物論とだけでは、未だ直ちに人を社会主義者たらしめるには足らぬのである。

この点については、マルクスその人の境涯、性格、気質、殊にその道義感が強く作用していることは否定し難いところであろう。フォアレンダーはその近刊のマルクス伝の中に（K. Vorländer, *K. Marx*, 1929, S. 54.）マルクスがライン新聞紙上でライン州会における所謂林木盗取法問題を詳論して、始めて法律的道徳的理由に基づいて力強く貧民の味方をした事実を挙げ、これを、当初マルクスを駆って社会主義に赴かしめたものは道徳であったことを示す一例としているが、まことにその通りであろう。

しかしこれと同時に考えなくてはならないのは、当時の社会主義者のマルクスに及ぼした影響である。然るに一八四〇年代の始めにおいては、ドイツ本国の社会主義にはほとんど言うに足るほどのものがない。一八四二年に、直ぐ次に述べるシュタインのフランス社会主義に関する名著が出た時にも、その説くところはドイツの公衆には「遠国からのお伽話」の如く聞えたといわれている。そのくらいであるから、仮りにマルクスに影響を与えたとしても、それは無論フランスの社会主義及び共産主義であった。当時「フランス社会主義の淡く哲学的着色を帯びた反響が」聞えて来たと、後年マルクスは記している。当時のマルクスが記すところによれば、彼れは一方において、当時現在の形における共産主義思想には「決して理論的現実性を認めず、従っていわんやその実践的実現を希わず、それを可能とも考え得ぬ」といっているが、しかし同時に、ピエール・ルルー、コンシデラン、なかんずく烱眼なるプルドンの著作の価値を認めて、これ等の著作は根本的な研究をした上でなければ批評し得られないものだといっている。同時に彼れは共産主義の「危険」がその実践に存せずしてその理論に存することを説いている。実践的の試みは大砲をもって鎮圧し得るけれども、「吾々の知性に打ち克ち、吾々の操持を征服し、吾々の良心が悟性によってそれに繋縛せられた思想というものは、人がその胸を裂くことなしには絶つ能わざる鎖であり、人がそれに服従することによって始めて征服し得る悪魔である」からである。これは一八四二年十月十六日登載のライン新聞論説の二三節であるが、この一篇の文章はマルクスの最初の社会主義共産主義観を窺うための最も有用の資料である。彼れはこの時、一方で共産主義の「危険」を言いながら、既に他方でその理論的価値を認め、且つその魅力を感じていたのである。

然るに、その後久しからずして彼れは社会主義者になった。彼れは「営利と商業、所有と人間搾取の制度は……現在社会の内部において旧制度が治癒し能わざる一の破裂に導く」ことを認め（一八四三年五月、ルーゲ宛書簡。全集第一巻四〇五頁）、次いで「ヘーゲル法律哲学批判」の緒論において、ドイツの解放はプロレタリヤによって始めて行われると説くようになった。

それにいわく、ドイツにおいては、今日市民社会の階級には一般的解放を行うべき欲望と能力とを有するものは一もない。ただ一の階級がある。それは「人間の完全なる喪失であり、従って人間の完全なる回復によって始めてよく自己を獲得し得る」一階級、特殊の一身分として社会の解消たるもの、即ちプロレタリヤである。このプロレタリヤは、ドイツにとっては工業運動の侵入とともに生成し始めたものであるが、この階級が「従来の世界秩序の解消を告げるのはそれ自身の存在の秘密を表明するに外ならぬ」ものであり、彼等が私有財産の否定を要求するのは、社会が、「プロレタリヤの原理にまで高めたものを……社会の原理にまで高めるに外ならぬ。」「哲学がプロレタリヤにおいて物質的武器を見出す如く、プロレタリヤは哲学においてその精神的武器を見出す。」ドイツ人「解放の頭脳は哲学でその心臓はプロレタリヤである。哲学はプロレタリヤの止揚なくしては己れを実現すること能わず、プロレタリヤは哲学の実現なくしては己れを止揚することを得ぬ」と（マ、エ全集第一巻四五四―五頁）。

マルクスは更に進んで『神聖家族』の一節に、私有財産とプロレタリヤとの対立が、私有財産なく、プロレタリヤなき状態に止揚されることを説いている。私有財産は私有財産として己れ自身とともにその対立者たるプロレタリヤを存続せしむることを余儀なくせられ、これに反し、プロレタリヤはプロレタリヤとして己れ自身とともに己れを制約する対立者、即ち私有財産を止揚することを余儀なくされている。前者からは対立維持、後者からは対立絶滅の運動が起る。しかし対立を維持せんとする私有財産は、その対立者を造り出すことによって、結局己れ自身を止揚する。「……私有財産はその経済的運動において、自ら己れを駆って自己の解消に赴かしめる。しかしそれは、己れ以外に独立せる、無意識なる、その意志に反して行われ、事の性質によって定めらるる発展によって、即ちプロレタリヤをプロレタリヤとして造ることによって……それをする」のである。しかしプロレタリヤが勝利を得ても、それはそれによって決して社会の絶対的方面とはならぬ。何となれば「それはただ己れ自身とその対立者とを止揚することによってのみ勝利を得るのだからである。その暁にはプロレタリヤもこれを制約する対立者、即ち私有財産も等しく消滅しているのである」(全集第一巻五五一―二頁)。

ここに至ればマルクスは、『共産党宣言』の思想によほど近づいていると言って好い。然らば右述の如きプロレタリヤの歴史的使命に彼れの着目を促したものは果して誰れであったろうか。この問題は畢竟しばしば論ぜられた、マルクスはロレンツ・フォン・シュタインの『フランス社会主義共産主義論』(*Der Sozialismus und Kommunismus des heutigen Frankreichs*, 1842.)から果して何処までの影響を受けたか、の問題に帰着する。(福田博士著『唯物史観経済史出立点の再吟味』前冊一〇九頁には下の如く言っている。「マルクスのフランス社会主義及共産主義に関する研究またブルヂオア社会の解剖を其中に求むべきものだとの結論に達した経済学の研究、而してヘーゲル説の検討、それからの進出については、彼が潜心之れに従事してゐた最中、恰かも公刊された一先覚者の一著作が、軽からぬ関係を有つてゐることは、或は誇大せられ或は故意に軽視せらるゝの別はあれども、とにかく、誰人によつても全くは否定せられてゐない事実である。其著作とは、前にあげた一八四二年刊のロレンツ・フオン・シユタインの『今日のフランスの社会主義及び共産主義』これである。」)

この問題は相当の興味ある問題であって、マサリック、メーリンクがこの影響を否定するのに対して、ゾムバルト、アードラー(Georg Adler, *Die Anfänge der Marxschen Sozialtheorie und ihre Beinflussung durch Hegel, Feuerbach, Stein und Proudhon, Festgaben für A. Wagner*, 1905.)ムックレ(Muckle, *Henri de St. Simon*, 1908.)プレンゲ(J. Plenge, *Marx und Hegel*,

1911.）その他はこれを肯定している（これ以外の関係文献は前記福田博士著書一一五頁に列記されている）。私自身は、シュタインの記述とマルクス自身の言説とに徴して、後者は恐らく前者によって学び得たものがすくなからずあったものと認定するけれども、本文の比較だけではこれ以上の確乎たる断定は下し得ないし、また旁証も十分でない。ただ無論動かし難い証拠とは言えぬが、私の認定の根拠としてはシュタインの書の第一章「プロレタリヤ論」以下諸章の文言を引くことが出来る。

　シュタインはプロレタリヤをもって社会主義共産主義の「真正の生命力」の源泉としている。而してプロレタリヤそのものについては大凡そ次の如く説いている。

　フランス最近史の帰結として、国家団体の諸要素が徐々に変化して、その中に全然新たなる一個の要素が出現した。「その要素は第一革命以前においては全然注意せられず、また尊重せられずに横たわっていたものであり、何人もそれに独立に意欲し思惟する権利を許容せず、否な、国家も個人もこれを助けることをその品格に拘るものとして、愛または実行的扶助を与えず、精神的物質的賜物の分配に際していわば神にすら忘れられていたものである。これがプロレタリヤであり、プロレタリヤとはその社会生活上における資格の基礎としての教養も所有も持たず、しかも人格に始めてその価値を附与する、かの諸財を全く欠いていてはならぬという使命を感ずる人々の全階級である。」（六―七頁）。

　プロレタリヤは往時の貧民とは異なる。後者はただに所有なきのみならず、また肉体的にその生計の資を稼ぎ得ぬものである。前者は「所有は持たぬが、しかしながら労働力と而して労働力を行使する」意志とを有する。旧時の貧民は、労働を欲せざるやくざ者であったが、プロレタリエルはそうではない。「プロレタリエルは喜んで、善く、且つ多く働かんことを欲する。ただ彼れはその労働に対して相当の賃銀を欲する。而して彼れの努力と彼れの贏得するところとの不均衡が、本来不満足に対する第一の、而して最も直接の刺戟であり、同時にプロレタリエルと煩労少なくして利得多き人々との対抗、更に全然労働することなくして、しかも所有の喜悦を享受し得る人々に対する一層の対抗の刺戟たるものである。」（一三頁）。所有は名誉や知識や国法の如く、同時に二人の人に属することを得ない。しかも文明実現のためにそれは欠くべからざる条件をなしている。「一人の人に属すれば、それはその人にその使命成就の可能性を与える一方、正にその事によって他人からこの可能性を奪う」のである。故に所有を持つ者と、これを獲んとして空しく努力する者とでは、これを見ること異ならざるを得ぬ。「前者にとってはそれは不可侵の条件であり、後者にとっては拒否すべからざる要求である。前者にとっては現存事物は正当であり、後者にとっては不当である。」（二七頁）。

そこで必然一の結論が生ずる。曰く「共産主義はプロレタリヤにおいてのみ可能である。」（三五五頁）。而してプロレタリヤ階級は近世工業の必然的産物である、「吾々がここでも決定せられたものとして予定し得ることは、今日の工業形態は必ずプロレタリエルの階級を造り出さざるを得ぬということ、次に、人格の使命及び権利の意識の進歩は、この階級をば特にそれに指定せられたる原理の上に立つ、一個の独立の全一体たらしめるであろうということこれである」（三五九頁）。

以上は極めて粗略な抜抄であるが、しかもこの中にもマルクスとシュタインとの類似は認め得られると思う。もとよりシュタインにはレイボーその他の典拠があり、マルクスが直接フランスの著作そのものを読み得なかったと断定すべき証拠はない。それはまことにメーリンクその他の言う通りであるが、しかし所説の内容に近似あるに徴し、また周囲の事情を考えて、年少のマルクスが先ずこの書によってフランスの社会主義に接し、またプロレタリヤの現存事物の否定者たるの意義に着目を促されたとするのは、大過なき認定であろう。

シュタインを通じてか、或いは直接にか、とにかくマルクスはフランスの社会主義、共産主義に接し、またプロレタリヤの歴史的使命を理会した。ヘーゲル左党の哲学者として出発したマルクスは現存状態の否定者たるプロレタリヤを獲た。彼れ自身の言葉でいえば、「プロレタリヤにおいて物質的武器を見出し」たのである。而して一たびこの物質的武器を見出すや否や、彼れは退いて単に「世界を様々に解釈する」哲学者の一人たるをもって甘んぜず、「これを変革」せんと欲する実践的革命家として、直ちにプロレタリヤとの接触を求めた。彼れはパリにおいて熱心にフランス及びドイツ労働者の会合に出席し、またリャザノフの力説する如く、ブルュッセルにおいて労働者の間に組織を造ることに努力した。

然るに、かく実践的革命家たるのマルクスをもって観れば、一たびは彼れを導いてヘーゲルを離れしめたフォイエルバッハの哲学にも、更に不満を感ぜざるを得なくなった。彼れはフォイエルバッハ哲学の抽象的、客観的、観照的、理論的なるにあきたらずして、具体的、主観的、実践的、行動的なる唯物論を求めたのである。

尤もフォイエルバッハにも実践を重んずる一面がないことはない。マサリックの指摘している通り、彼れは実践は理論の解決し得ぬ疑問を解決するといい、「真実の哲学は書籍でなくて人間を造るところに存する」ともいったのであるが（Masaryk, S. 30.）、しかしマルクスにはそれが遙かに不充分に思われたのである。故に曰く、「一切従来の唯物論――フォイエルバッハのも含める――の主なる欠陥は、対象、現実、感性が単に客体もしくは観照の形式の下にのみ把握せられて、人間的、感覚的活動として、実践として把握せられず、主観的に把握せられざることである。」「フォイエルバッハは思惟の客体と区別せらるる客観的客体を欲している。しかしながら、彼れは人間行為そのものを対象的行為として把握しておらぬ。故に彼れはキリスト教の本質において、独り理論的態度をのみ純人間的態度と見ている一方に、実践は、その汚穢なるユダヤ人的現象形態においてのみ把握せられ、注視せられている。従って彼れは『革命的』実践的、批判的活動の意義を理解しておらぬ」と。これはいうまでもなく普通に Thesen über Feuerbach と称せらるるマルクスの手記の一節であって、用語は一々異なるが、ほとんどその全体を通じて同じ意味に帰着することが言われている。

このフォイエルバッハ批評は社会主義者たるマルクスの政治的実行的意志に発するものである。しかしながら、それと同時に、フォイエルバッハの純理論的態度を非とする批評には、マルクスの新たに獲た独特の理論的根拠があった。それは一切の理論は単独独立して存在するものではなくて、必ずその物質的基礎を有するものであり、理論は物質的事実の反映に過ぎぬから、単純なる理論、単純なる理論的批評は無意義であるという認識である。

もしも理論が、或いは更に広くいえば哲学、宗教、国家、法律等一切のイデオロギーが、それ自体単独に存在し得るものならば、これに攻撃批評を加えることは無論至当であるが、反対に、もしも理論には別に物質的基礎があって、一にそれによって左右せらるるものであるならば、その基礎たる物質的事実はそのままにして置いて、この事実の反映のみに手を加えることは、あたかも鏡中の影と格闘するにも比すべき無意義の所為である。唯一の有効有意義の批評は、映像の実体たる現実の物質生活そのものに手を下すもの、即ち実践的革命でなくてはならぬ。

この実践的革命を担当するものが則ちプロレタリヤである。然るに理論が単独に存立するものでないと同様に、プロレタリヤもまた随意に発生し、随意に革命を行い、且つ随意にこれを成就するものではない。これを決定するものは、階級の背後もしくは脚下に存する物質的事実であって、階級は、いわばこれに操られて舞台上に演技するものに外ならぬ。ここで少しく簡単に纏めていえば、一切のイデオロギーは畢竟物質生活の反映であるから、その物質生活そのものを実践的に攻撃せぬ、単純なる理論的批評は無効無意義であるが、さてその実践的革命もまた窮極は物質的生活の左右するところであるというのであるから、この物質的生活なるものは自律自存自変のものとしなければならぬ訳である。而してマルクスはこの物質的生活の本質を求めて生産力を得た。彼れは既に『神聖家族』の一節に、一時代の「工業もしくは生活の直接生産方法」を知ることなくしてはその時代の歴史的現実を認識することは不可能であるといい、また「歴史の出生地は天上の雲霧の中」でなくて、「地上の粗なる物質的生産」に求めなくてはならぬと説いているが、彼れのこの方向への思想は特に『神聖家族』の著作後、急角度を描き、また長足の歩をもって発展したらしい。而してこの発展をなさしめたものは、凡そこの頃に始まる彼れの異常なる経済史経済学研究の努力であった。後に（一八五九年）彼れ自ら回顧して「私の研究はこういう結果に到達した。法律関係並びに国家形態は、そのもの自体よりして理解すべきものでもなく、また所謂人間精神の一般的発展よりして理解すべきものでもなくて、むしろその総体をヘーゲルが、十八世紀のイギリス人及び、フランス人の先行に従って『市民社会』の名称の下に総括した、その物質的生活に根ざすものであるということ、然るに市民社会の解剖はこれを経済学に求むべきものであるということこれである」（『経済学批判』序）といったのがあたかもこれに該当する。

この経済学研究の大体の結果として得られたものが、かの「人間はその生活の社会的生産においてその物質的生産力の一定段階に適応する一定の必然的なる、彼れの意思より独立せる関係、即ち生産関係を結ぶ云々」という唯物史観である。その思想は既に一八四五—六年の交に執筆せられて大部分そのまま最近まで埋没せられていた「ドイッチェ・イデオロギー」の原稿に現われている。マルクスはヘーゲルをもって出発し、先ずフォイエルバッハによってヘーゲルを脱却し、更にフォイエルバッハを超え進んで、唯物史観に到達した。この第二の重要なる発展の里程標を示すものが、「ドイッチェ・イデオロギー」である。これを校訂整理して発表したのは正にリャザノフ及びその補助者等のマルクス文献考証事業中最も価値あるものの一に属する。(*Marx-Engels Archiv*, Bd. I. S. 203-306. その後、既記の如く *Marx-Engels Gesamtausgabe*, Abt. I. Bd. 5 として原稿全部刊行せらる。)

発表せられた「ドイッチェ・イデオロギー」は相当の紙数に亙るものであり、且つその論述の順序も整っていないから、ここにその正確な梗概を掲げることは困難であるが、一時代の歴史的現実を認識するにはその時代の「工業もしくは生活の直接生産方法」を知らねばならぬということについては概略左の如く記している。

人間が歴史を造り得るためには先ず生きなければならぬ。生きるためには先ず「食、飲、住、衣その他若干のもの」を必要とする。そこで「第一の歴史的行為」は「これ等の欲望を充たすべき手段を造り出すこと、物質的生活そのものの生産」である。これが一切の歴史の根本条件である。第二の行為は他人の生命を生産すること、即ち生殖することである。男女親子の関係、即ち家族がここにおいて生ずる。これが、歴史の始めにおける唯一の社会的関係である。(原文には欲望の満足そのものが更に新たなる欲望に導くことを第二に挙げてあるが、重要とは思われぬから、ここに省略した。)この生命の生産は、労働による自己の生命の生産も生殖による他人の生命の生産も、ともに二重の関係として、——即ち一面においては一個の自然的関係、他面においては一個の社会的関係、即ち多数人の協動活動として現われる。そこでこういう結論が生ずる。「一定の生産方法もしくは工業段階は、常に協動活動の一定方法、もしくは社会的段階と結び付いており、而してこの協動活動の方法はそれ自身一の『生産力』であること、人間に許されている生産力の量が社会的状態を定め、従って『人類の歴史』は常に工業及び交換との関聯において学ばれ、また編述せられねばならぬということ」これである(*Archiv*, S. 246 または *Gesamtausgabe*, S. 19.)。

この生産力の発展が階級的対抗を発生せしめ、而してこの階級的対抗が、同じく背後における生産力の発展に駆られて、独り階級的対抗のみならず、階級そのものを否定せんとする運動を生み出すということを、マルクス等はやや公式的に左の如く述べている（S. 257-8 または S. 59-60.）。

(一)「生産力の発展上に到達する或る段階において喚び起さるる生産力及び交易手段は、現存関係の下においては、ただ害のみをなし従って最早生産力たらずして破壊力たるに至る、――而して……社会の利益を享受することなしに、その一切の重荷を負担せねばならぬ一階級、社会から押し出されて、他の凡べての階級に対して決然たる対抗に立つことを余儀なくせらるる一階級を出現せしめる。この階級たるや全社会成員の多数者を成し、根本的革命の必要に関する意識、則ち共産主義的意識のそれよりして発生するところの階級である。」

(二)「一定の生産力がその内部において適用せられ得る諸条件は、社会の一特定階級の支配の条件である。この階級のその所有に由来する権力は、その時々の国家形態をその実践的、観念的表現とし、従って革命的闘争という闘争は、皆な従来支配者たりし階級に向けられる。」

(三)「一切既往の革命においては、活動の種類はそのままに委せられて、ただこの活動の配分のみが改められ、別の人々への労働の新たなる分配が行われたるに対し、共産主義革命は従来の活動の種類に向けられ、労働は排除せられ、あらゆる階級の支配を階級そのものとともに止揚する。何となれば、この革命は、現社会内においては最早階級たるの資格なく、階級として承認せられずして、既に一切の階級、国民性の解消の表現たるところの一階級によって行われるからである。」

(四)「この共産主義的意識の大衆的産出、並びに、主義そのものの貫徹のためには人間の大衆的変更が必要であり、而してこの事は実践的運動において、革命においてのみ行われ得るものである。」

この歴史観の特色は、「唯心史観の如く」各時代において一個の範疇を求めることをせずして、市民社会、即ち物質生活を歴史全体の基礎と解し、「様々なる理論的産出物、意識の諸形態、宗教、哲学、道徳等の全部をこれよりして説明し、これ等のものから生ずるその発生過程を尋ねること」「実践を理念から説明せずして、理念の形成を物質的実践から説明し、」一切の意識形態及び意識産物は「精神的批評によって……解消せらるるものでなくて、これ等唯心論的冗言の発生の源なる、現実社会関係の実践的顚覆によって始めて解消せられ得る」となすことに存する（S. 259またはS. 27.）。

意識と物質生活の関係についてはこういう説明が試みられている。人間は意識を有するが、しかし「純粋」の意識というものはない。「精神」は始めから物質から脱離し得ない約束のものであるが、その物質が、ここでは音声という動かされたる気層の形において、即ち言語として現われる。言語は、意識と同時に始まるものであり、而してそれは意識と同じく他人との交通の必要から発生したものである。されば「意識は当初から既に一個の社会的生産物であり、そもそも人間なるものの存在する限り、依然として然るを失わぬ」（S. 247またはS. 20.）。後に『経済学批判』の序文からしばしば引用されている、「意識が生活を定めるのでなくて、生活が意識を定める」という文句も既に「ドイッチェ・イデオロギー」の中に見出される（S. 240またはS. 16.）。

私は前に「ドイッチェ・イデオロギー」をマルクス思想の重要なる発展を示す里程標だといった。このことはこの書を取ってこの書以前の著作と比較する者には首肯せらるるであろう。この書以前と以後とでは彼れの思想、行論の態度、その文体筆致に明らかに趣を異にするものがある。マルクスはこの書以前において、例えば『神聖家族』において、既にヘーゲルの思弁哲学から脱却したといいながら、なお到る処現実生活と離れてただ抽象的に論理的に結論を求めることをやめていない。例えば、前にも引用したる如く、彼れは富とプロレタリヤとの対立が止揚せられて私有財産従ってまたプロレタリヤが消滅するという共産主義的帰結を引いている。しかしながら、彼処の数節に説かれているだけのことならば、ヘーゲルによって「肯定―否定―否定の否定」の階梯による弁証法的発展ということを学び、而して現社会における貧富の懸隔対立という事実を肯定及び否定として、これに適用しさえすれば、これ以外には現実の商工業について全然何事をも知らぬ者にも同じ結論は引かれ得る。この時マルクス自身「生命の直接生産方法」を知るの肝要なることをいいながら、まだ深くそれを究めていなかったのである。

「ドイッチェ・イデオロギー」にあってはそうでない。ここにあっては、彼れは単に論理的必然をいわずして、現実生活上の経験的事実によって事物因果の関係を明らかにせんと努めていることが見える。一言をもっていえば、彼れの態度は著しく実証科学的になっている。このことは無論彼れ自身の意識しているところであろう。「現実生活にあって思弁のやむところは、即ち現実的、実証的科学、即ち人間の実践的活動、実践的発展過程の叙述の始まるところである」(「ドイッチェ・イデオロギー」)と彼れは言っている。前にプロレタリヤを獲た哲学者たるに過ぎなかったマルクスは、ここにイデオロギーの世界から現実的物質生活に降り来って、科学者となった。その意味において、彼れは哲学的或いは論理的社会主義者から科学的或いは実証的社会主義者となったといっても好いと思う。

唯物史観は「ドイッチェ・イデオロギー」から『哲学の窮乏』『共産党宣言』『経済学批判』に到るまでにようやく精錬を経て行った。しかし原理の上では、その間にほとんど何等の新しきものが附け加えられておらぬように見える。この時期及びその後におけるマルクスの進歩は、大部分その経済学者としての進歩であった。しかもその経済学研究の進歩が、既に夙く与えられた彼れの共産主義的結論を毫も動かさなかったことは、前に述べた通りである。

以上私はマルクスがヘーゲルに出発してから唯物史観に到達するまでの思索道程の大略を述べた。私がそのために相当の紙数を費したのは、畢竟マルクスを始め共産主義者たらしめたものは恐らくその境涯、性格、気質殊にその道義感であって、唯物史観ではなかったこと、唯物史観は彼れが共産主義の結論を得たその後に始めて打ち立てられたものであるということを言おうとするためである。

マルクスは先ずヘーゲルによって一切事物は固定不動のものではなくて、皆な発展の過程上にあること、不変なるものはただ過程そのもののみであることを知った。而してその発展は矛盾の止揚、即ち肯定―否定―否定の否定へと、低きものからより高きものへの発展であることを学んだ。少壮ヘーゲル主義者の一人たる彼れは、政治上宗教上における現状否定者となり、且つ自由の意識実現の期待者となった。そのマルクスが、多かれ少なかれフランス社会主義思想の影響を受けて共産主義者となった。共産主義は彼れにとって現存事物の矛盾の止揚によって到達せらるるより高きものになった。次いでマルクスは、現実的物質的生活に着目し、これを解剖した結果として、窮極歴史を造るものは物質的生産力の発展であるという認識に到達した。ヘーゲルにおける理性、イデーまたは絶対的精神の位置をば生産力が代って占めることになった。これが即ちマルクスが、自家の弁証法はヘーゲルの弁証法と正反対だとい い、或いは弁証法を足で立たしめたという所以である。而して彼れをヘーゲルの唯心論から導き出してここに至らしめた第一の道案内者は、フォイエルバッハであった。これによって見らるる通り、マルクスは生産力発展の傾向と結果とを考察して始めて共産主義者になったのではない。先ず共産主義者であって、しかる後に市民社会の実証的解剖に突進したのである。マサリックのいう如く政治上的に、実践的に且つ感情上「マルクスもまた科学的社会主義者たるよりも遙かに夙く社会主義者であった。」(S. 39. Anm.)

しかし先ず社会主義者となって而して後に唯物史観を得ても、唯物史観が当然社会主義の結論に導くものならば、落想の先後は問題とするに及ばぬことである。しかし私の見るところでは、生産力の発展が共産主義的社会秩序をもたらすという結論には必然性はないのである。

生産力が歴史的発展の起動力であるというのは先ず好い。しかしこの発展は果して、また何故により高きものへの進歩であるか。ヘーゲルにあっては然りといえる。マルクスにあってはそういうことが出来ないはずである。ヘーゲルにとっては、世界は絶対者たるイデー、または理性の論理的自己発展の過程であり、従って彼れは世界史において、遂行せらるべき且つ遂行せられたる合理的なる世界計画、世界精神の形における神の啓示を認めている。歴史的経過はこの神的計画遂行の経過である。従ってこの発展は窮極的には背後の原因に促されて起るのでなくて、予定せられた最終のデスチネーションに向ってする発展である。然らば、世界史の終極目的は何であるか。それは自由の意識の実現である。もとより直接歴史を造るものは人間であって、その人間は各種の利害、欲望、激情等に動かされて活動するのであるが、これ等の利害、欲望その他は素といわば世界計画を遂行せんがために人間に賦与せられたものであって、各個人はその各自の様々なる動機に駆られて行動することによって、期せずして世界計画の遂行に参加する。「意欲、利害及び行為の無際限の群集が、世界精神が以ってその目的を遂行し、これを意識にまで高め、且つ実現するための道具であり、手段である。」時代精神をわが精神とし、時代の必要をわが必要とする英雄偉人は、畢竟世界精神の傀儡に外ならざるものである。故にヘーゲルにあっては、発展は当然より高きものへの進歩であり、この進歩の必然は、形而上学的必然である。形而上学的必然はまた論理的必然であるといって好い。

然るに、マルクスは生産力をもってイデーまたは世界精神に代らしめた。生産力は現実的物質生活上の事実であって、もとより形而上学的の意味を有するはずのものではない。生産力の発展が或る結果をもたらすということは無論認められる。マルクスのいう生産力そのものの何たるかについても必ずしも定論なく、それがそれによって定められるというイデオロギーと全く独立して自己発展をなし得るものか否かについても議論の余地はあると思うが、とにかく、例えば手磨臼に代って蒸汽製粉機が採用せられ、鉄道が駅伝馬車に代ったということが、人間関係の上に或る変化をもたらすということは無論認められる。しかし、いやしくも結果は必ず原因よりも善く、後の者は必ず先の者よりも高いとしない限り、この変化が進歩であるとは言われない。ヘーゲルの場合にそれが言えるというのは、彼れは一切の歴史的過程を最終の目的に向っての必然必要の階段と見たからである。形而上学を放棄したマルクスにはこれが出来ないはずである。彼れはただ生産力の発展が窮極の原因となって、法制、政治、科学、哲学、宗教等の上に変化が起るといい得るだけである。而してその変化は、一定の目的に向って進むのでなくて背後の原因によって起るのであるから、盲目的発展だといわねばならぬ。一言にしていえば、生産力の発展は動かすが、しかしながら、導かぬのである。ゾラの小説『獣人』の末尾に、軍隊を搭載した急行列車が、機械手と火夫とを失った無人の機関車に曳かれて轟々として走り去るところが描かれているが、マサリックはマルクス、エンゲルスの歴史哲学はこの突進する列車を憶起せしめるといっている（「絶大なる歴史的運動は宿命的規則性をもって時という大洋中に突進する。但し幸福なる結末へ。……如何にして？　何処から？　何故に？」S. 219.）。然るに、マルクス及びその亜流は、往々生産力の発展が当事者たる個々人の意志、意識に拘らず、必然的にこれを特定の方向、即ち共産主義の方向へ導く約束があり、個々人の行動は皆な期せずしてこの結果をもたらすために予定せられたものなるかの如く説くところに、ヘーゲルの「理性の欺瞞」を憶起せしむるものがある。この点において、ヘーゲル形而上学はまだマルクスの中に充分活きているといって好いのである（例えばJ. Plenge, *Marx und Hegel*, 1911. 参照）。

一切事物は矛盾の止揚によって発展するという。しかし矛盾ということは思惟についていわれることではないか。ヘーゲルの場合には一切事物がイデーの現われであるから、矛盾によって発展が起るということは至当であろう。しかし彼れのイデー、理性を放棄した唯物論者が、矛盾による発展を云々するのは、精々比喩的な言葉として取るべきものではなかろうか。私は厳格なる意味において「唯物弁証法」という成語が果して意味を成すや否やを疑っているものである。少なくも、この論理は論者の都合如何によって如何ようにも濫用し得るものであって、吾々は愛と憎、戦争と平和、衝突と牽引等々々を随意に肯定と否定とすることによって、如何ようにも好きな結論を引くことが出来よう。而して唯物弁証法なるものが、これをもって身を粉飾せんとする学界のスノッブ等によって如何に濫用、曲用、愚用せられつつあるかは、吾々の日常目撃する通り近年の最も顕著なる現象である。

マルクスの「人間の意識がその存在を定めるのでなくて、反対に、その社会的存在がその意識を定める」という公式は、一方そのモノマニヤ的濫用者も出したが、近代の史学社会科学にとって最も価値ある洞察を含んでいることは疑いないところである。しかしこの命題は一の思想、一の理論、一の運動が如何にして生産関係上の原因から発生したかは説明するが、その思想その他が果して正当であるか否か、また何故に正当であるかということは決定しない。如何なる原因のために起ったかを明らかにすることは、その思想その他のジャスチフィケーションにはなるものでない。もしそうなるならば、いやしくも有るものは皆な原因があって有るのであるから、有るものは皆な正しい、といわねばならぬ。而して誤謬の見解もまた自らそのよって生ずる原因がある。然らば、誤謬もまた正しいといわねばならぬか。もしいえばそれは学問の絶滅である。而してそう言わぬためにはよって起る原因以外、別に一見解の当否を判定する基準がなくてはならぬ。度々引く例であるが、イタリヤにおけるファシズムの隆盛、ロシヤにおけるボルシェヴィズムの勃興はともに現前の事実である。もしも唯物史観が正しきものならば、それはファシズムの隆盛をも経済的原因によって説明し、ボルシェヴィズムの勃興をも同じ経済的原因によって説明し得るに相違ない。しかしその説明が出来たからとて「理解することは恕することである」とはいえぬ。もしその原因が明らかになったからとて、ファシズムも正しくボルシェヴィズムも正しいといえば、それは主義の絶滅である。もしそう言わずして、一方は正当で一方は不当だというためには、二者のよって起る原因以外、別にその正邪を判定する基準がなくてはならぬ。而してその基準は唯物史観によって与えられずして倫理的確信によって与えられる。

この場合、或る種のマルクシストに見るが如く、ファシズムの出現は歴史的必然、歴史的順序に逆行するものであるから不当であるというように説くならば、それは再び形而上学的歴史観に復帰するものであろう。吾々はその歴史的順序というものは、一体誰れが定めたのだと問わなければならぬ。尤もマルクスその人の裡に、なおヘーゲル形而上学が活きていたと認むべきこと前述の通りであるから、かかる意見にも理由がないことはない。但しそれはヘーゲル弁証法を足で立たしめるといい、イデーは人間頭脳に反映せる物質世界に過ぎぬという場合のマルクスとしては許し難いことである。私は上に凡そ「ドイッチェ・イデオロギー」の起草に至るまでのマルクスの思索発展の順序を述べて、形而上学を棄て倫理を棄てた唯物史観が、共産主義的結論の定まった後に得られたものであることを記した。這般の消息を知ることは右の問題を論ずる上に多少の助けとなり得るものと思う。

(『マルクス死後五十年』所収)

共産党宣言の今昔

前書き

半世紀も前の話であるが、ドイツの学者ゾムバルトがまだマルクスに心酔していた頃に『共産党宣言』についてこう書いたことがある。「幾十年、社会的事物の研究に没頭したものでも、常に予期せざる未聞の真理を、共産党宣言の中に発見する。自分はすでに幾百回これを読んだ。しかもなお再びこれを手にすれば、毎回新たにこれに惹きつけられる。」

私は「宣言」を無論「幾百回」などは読んでいない。しかし明治の終りにはじめて幸徳傳次郎、堺利彦の共訳文に接して以来、十回や二十回はたしかに読んでいる。読んで「常に予期せざる真理」をその中に発見したとはいえぬかも知れないが、何時も新しい興味を感じ、『共産党宣言』の今昔というようなことを感じさせられるのは事実である。昨年の夏、内外学生の参加する或る国際的講習会でも、私はこれを主題として講演を試みたが、最近にカーの『革命研究』(E. H. Carr, *Studies in Revolution*, 1950)、ラスキの『共産党宣言への歴史的序説』(山村喬訳、法政大学出版部)、スウィージーの『社会主義』(野々村一雄訳、岩波書店)、猪木正道「スターリン」(中央公論新年特大号)を読んで興味を誘われたので、それ等にも触れつつ、自分の講演ノートを眺めつつ、この問題についての雑談を試みたい。

『共産党宣言』はドイツ語で書かれ、一八四八年、フランスにおける二月革命の直前に、ロンドンで印刷された。起草者はマルクス、エンゲルスの両人である。二人のいずれがいずれの部分を受け持ったというような考証は、しばらく略す。二人は当然「宣言」で言われた一切のことに共同に責を負う。同時にまた、「宣言」の或る版の序言中にエンゲルスが記して、宣言の核心をなす「根本的の提説はマルクスのものである」といったのも、エンゲルスの謙譲を認めつつ、一応そのままに受け取るべきものとする。

「宣言」は短い前置きの外、一、「ブルジョワとプロレタリヤ」二、「プロレタリヤと共産主義者」三、「社会主義及び共産主義文献」四、「様々なる在野諸党に対する共産主義者の地位」の四章をもって成る。最も原理的に興味があるものは右の第一章、次いで第二章に含まれている。

マルクス、エンゲルスが「宣言」で説いたのは、資本主義は資本主義の発達それ自体によって破局的崩壊に導かれる、ということであった。資本主義はやがて己れ自身に向けらるべき兇器を鍛え、また、その兇器を揮うべき人を造るという。その兇器というのは、資本主義社会にとって過大となる生産力、人というのは、近世プロレタリヤであった。

少し詳しくいえば、宣言はまず、一切従来の歴史は階級闘争の歴史であるという。封建制度の廃墟から生じたブルジョワ社会におけるそれは、ブルジョワジー対プロレタリヤの闘争であるが、前者の没落と後者の勝利とは、ともに不可避であるという。それはブルジョワジーが必然的に発達せしめる物質的生産力が、必ずブルジョワ社会に包容し切れぬほど増大して、破壊作用をなすと同時に、同じくブルジョワ社会の発展とともに必然的に発展するプロレタリヤが、必ず政治的にブルジョワジーの支配を覆えすというのである。そこに次ぎの句が来る。「ブルジョワジーがそれをもって封建制度を倒した武器は、今、ブルジョワジー自身に向けられる。しかしブルジョワジーはただに己れに死をもたらす武器を鍛えたばかりでなく、この武器を用いるべき人々をも造り出した――近世的労働者、プロレタリエルが即ちそれである。」

生産力の過大なる発達の結果は恐慌となって現れ、「ブルジョワ社会全体を混乱に陥らしめ、ブルジョワ所有を危うからしめる。」一方、プロレタリヤは、工業の発達とともにその数を加え、その組織を堅くし、そうしていよいよその力を自覚する。凡べての階級闘争は政治闘争であり、プロレタリヤの階級への組織は、政党への組織となる。やがて隠密なる内乱は公然たる革命に破裂し、「ブルジョワジーの強行的倒壊によってプロレタリヤがその支配を確定する」時が到来するというのである。

一切の従来の運動は、少数者が少数者の利益のためにする運動であったが、プロレタリヤの運動は、絶大なる多数者の、絶対なる多数者のためにする独立の運動である。現在社会の最下層たるプロレタリヤは、公認社会を形成している諸階層の上部建築全部を空中に飛ばさなければ、自ら起き、自ら立つことが出来ない。

さて政治的支配権を獲得したプロレタリヤは、その権力を「ブルジョワジーから漸次一切の資本を剥奪し」、「一切の生産用具を国家、即ち支配階級として組織せられたプロレタリヤの手に集中し、生産力の量を能う限り速かに増加せしめる」ために利用する。かくして、やがて階級別が消滅したならば、公権力はその政治的性質を喪うであろう。けだし「真個の意味における政治的権力なるものは、一階級が他の一階級を抑圧するための組織せられた権力」に外ならぬからである。かく政治的権力が消滅するということは、後にマルクス、エンゲルスの説くところによって、国家の消滅と同じ意味に帰することが明らかである。国家の消滅したその後に残るものは、階級別、従って階級的対抗のない社会である。それを「宣言」には、「各人の自由なる発展が全員の自由なる発展のための条件である一のアッソチアチオン」といってある。

凡べての時処において、右のプロレタリヤ運動全体の利害を代表するものが共産主義者であるという。また、一方においては、それは「凡べての労働階級党中最も進歩し、且つ決然たる分派、他の凡べてを推進するその分派」であり、他方においては、大衆に先んじて「プロレタリヤ運動の諸条件、進路及びその究局の一般的結果を洞察する」先頭者であるともいっている。そうして全篇の最後に、共産主義者の目的は、一切の現存社会秩序の強行的顛覆によってのみ達せられる、「プロレタリヤの獲得すべきものは世界であり、失うところは鉄鎖の外に何もない。万国のプロレタリエルよ、団結せよ」というのである。

ここで考えるべきは、マルクス、エンゲルスが革命を恣意的（或いは主意的）のものとせず、特にその必然性を強調したことである。必然の根拠は何かといえば、生産力の発達である。勿論革命は革命精神なくしてはあり得ないが、その革命精神を、彼等は独立自在のものとせず、これを生産力の発達に倚存（いぞん）するものとした。謂わば革命を生産力の函数として説明した。ここにマルクシズムの特色がある。この結論に到達するまでにはマルクスに成長があった。

それを回顧すると、マルクスはまずヘーゲル哲学をもって出発したドイツ革命家であった。しかし、一八四三年の終りに近くパリに移住するまでの彼れは、まだ共産主義者たる確信に到達していなかったように見える。本国のドイツで、ライン新聞の主筆をしている頃、すでに隣国のフランスから聞こえて来た「淡く哲学的に着色された」社会主義の反響は、彼れの耳にも入っていたが、彼れは直ぐにはそれを受け容れなかった。その頃（一八四二年秋）書いた論説を見ると、彼れが一方においてそれに魅力を感じつつ、なおそれを希わしいとも、可能とも思うに至らなかった心境が察せられる。しかるに、一たびドイツを出てパリに住むに及んで、彼れの思想はこの方向に、長足の歩みを進めたように見える。その最初の記録は、一八四四年の「ヘーゲル法律哲学批判」の緒論である。マルクスはそこで、ドイツの解放はプロレタリヤにおいて始めて可能である、と説くようになった。

彼れによると、今日（当時）ドイツの市民社会に、一般的解放を遂行すべき欲望と能力とを持つものは一もない。ただここに一つの階級がある。それは「人間の完全なる喪失であり、従って人間の完全なる回復によって始めてよく己れを獲得し得る」階級、即ちプロレタリヤである。プロレタリヤが私有財産の否定を求めるのは、社会が「プロレタリヤの原理にまで高めたものを、……社会の原理にまで高めるに外ならぬ」という。かくてしばしば引用される文言が出て来る。曰く、「哲学がプロレタリヤにおいて物質的武器を見出す如く、プロレタリヤは哲学において、その精神的武器を見出す。」「……哲学はプロレタリヤの止揚なくしては自己を実現すること能わず、プロレタリヤは哲学の実現なくしては自己を止揚することを得ぬ」と。

ここに謂う、哲学とプロレタリヤの合体は、ヘーゲル哲学者マルクスのプロレタリヤ逢着を反映するものと解せられる。これらの章句にマルクスの自叙伝的意味を察することは、必ずしも見当違いではないと思う。そうしてその翌年（一八四五年）の著述である『神聖家族』の一節では、マルクス、エンゲルスは、型通りヘーゲル的に、私有財産とプロレタリヤとを、肯定と否定として相対立せしめ、この対立が共産主義において止揚されると説いたのである。

しかしながら、プロレタリヤは如何にして発生し、如何にして対立解消の使命を果たすのか。プロレタリヤは自ら随意に選択してプロレタリヤとなったのではなく、また、随時随処、ほしいままに私有財産を解消し得るものではない。プロレタリヤを発生せしめ、また成長せしむるについては、プロレタリヤ自身の外に、その背後に働く力がある。ヘーゲル哲学に出発したマルクスとしては、歴史の登場者が自由にほしいままに歴史を造らず、彼等の意識すると否とを問わず、背後にこれを動かして、既定の目的に達せしめる力が働くという考え方は、当然のものであったろう。その力は何か。ヘーゲルの場合には、それはロゴスであり、世界精神であったが、マルクスはそれを物質的生産力に見出した。すでに『神聖家族』の中に、歴史の出生地は天上の雲霧の中ではなく、「地上の粗なる物質的生産」にこれを求めなければならぬとの言がある。一八四六年に書かれて公刊されなかった「ドイッチェ・イデオロギー」には、この考え方はすでにほとんど成熟していたと見られる。

然るに物質的生産力とは何か、またその発達の経過如何、ということになると、これを知るには、経済史、経済学に頼らねばならぬ。マルクスがそれ以前においても、決して経済学に不案内でなかったことは、明らかに証拠資料の存するところであるが、しかしこの頃から彼れが経済学の研究に突進したことは、当然理由のあるところである。一八四五年夏、彼れがエンゲルスとともにイギリスに往き、数週間滞在してその実情を視、且つ経済書を渉猟したことは、マルクスの成長のために大切なことであった。

一八四七年の『哲学の貧困』では、彼れはプルドンの経済学説を批判するのに、覚えたばかりのリカードー経済学を振り廻すという趣きが見える。二十九歳の青年学者の行為として、それは人の微笑を誘う光景である。

かかる成長の後に『共産党宣言』は書かれたのである。それは革命党の宣言であるが、しかもその革命はほしいままに起しも鎮めも出来るというものでなく、抑止し難い生産力の発達によって起る、必然不可避のものであるとせられたのである。この革命理論は、当然その保守的の一面を持つ。生産力の発達は革命を必至のものとするが、同時に、生産力の未発達は革命を不可能ならしめるとするのがそれである。この理論はその後更に整理せられて、十年後『経済学批判』(一八五九年)の緒言の一節に、有名な左の文言をもって説かれることになった。

「一の社会形態は、そこに余地ある限りの生産力が発展し尽さぬ中は決して没落することなく、新しきより高き生産関係は、その物質的生存条件が、旧社会そのものの胎内において孵化せぬ中は、これに取って代ることなし。」

これは随意、武装蜂起によって政権を略取し、一たび政権さえ掌握すれば、随意に社会主義社会を創造し得ると考えた、ブランキ主義者に対する批判となるものであるが、「宣言」の一節には、フランス革命当時、謀叛を企てて失敗した、後のブランキストの家元ともいうべきバブフの企図について説いている。曰く、

「一般的激動の時において、封建社会顚覆の時において、自家の階級的利害を貫かんとしたプロレタリヤの最初の試みは、プロレタリヤそのものの発達不充分、並びに正しくブルジョワ時代の産物に外ならぬ、プロレタリヤ解放の物質的条件欠如のために蹉跌した」と。

但し「宣言」中には、この理論から見て、一貫を欠くの嫌いある文言もある。その著しきものは、「宣言」の終りに近く、ドイツに、ブルジョワ革命の踵に接して直ちにプロレタリヤ革命の起るべきことを期待したそれである。そこでマルクス等は、共産主義者は専らドイツに注目する。それはドイツがブルジョワ革命の前夜にあり、而してその革命は十七世紀のイギリス、十八世紀のフランスよりも進歩した文明の諸条件の下に、より発達せるプロレタリヤをもって行われるに違いなく、「そうしてドイツにおけるブルジョワ革命は、直ちに続いて起るプロレタリヤ革命への前奏曲にすぎぬであろうから」といったのである。

しかし、もしもマルクスの理論を厳密に解して、プロレタリヤ革命は、一定のブルジョワ生産力の具わるをまって始めて可能となり、また必然となるものであるとするなら、マルクス等の右にいうところは、それと吻合しない。

ブルジョワ革命に続いて直ちにプロレタリヤ革命が成功し得るというなら、それはプロレタリヤ革命を成功せしめるだけの生産力が、すでに封建制度の下で発達していたことを意味することとなる。それほどの生産力が封建制度の下に発達し得るなら、一の社会形態はその下における生産力の過度の発達のために破壊されるという理論そのものが怪しくなるであろう。勿論、一の制度下における生産力の発達が、機械的にその制度を破壊するとは考うべきでなく、そもそも革命は如何なる程度の生産力が具われば可能であるか、また如何なる程度にそれが達すれば不可避となるかに対しては、もとより的確な尺度は与えらるべくもないから、この点につき無数の主観的解釈が下される結果を見ることは当然である。『共産党宣言』以来百年の間に、生産力の発達はもはや資本主義社会と両立し得る限度を越えた、ということは、無数の著者によって、幾度となくくり返し主張された。そうして事実はそれを立証しない。

プロレタリヤと農民

「宣言」公表後百年間における西洋先進資本主義国の現実経過は、「宣言」の診断とは異うものであった。それ等の国々において、資本主義の発達そのものによる破局は、何処にも起らなかったし、また今後も多分起らぬであろう。常態的失業の問題は今の世の悩みであるが、しかも全体としての経済的福祉は、百年前に比して明らかに高められて来た。高度資本主義国自体における工業労働者階級の状態が、工業の進歩とともに益々低下し、労働者は窮民となり、窮貧は人口及び富よりも速かに進むという「宣言」の文句は、余程無理な解釈を下さぬ限り、当らぬことは明らかになった。ひとり吾々が今日そう認めるのみならず、宣言の起草者の一人であったエンゲルスは、自ら明らかにこれを認め、欧洲の資本主義が当時まだまだその発達の極限に達していなかったことを告白した。ひとり過去において然るのみならず、将来においても、先進文明国の工業労働者階級が、果たして『共産党宣言』に説かれているような爆発力を持つ階級であるか、また益々そうなって行くか否かは、今日では疑わしい。

プロレタリヤといえば、今日術語的には賃銀労働者の義であるが、語源的には貧民の意味が附着している。今日となっては、米英を始め先進資本主義国の労働者は、これをプロレタリヤと呼ぶに不似合なほどの、生活程度を享受しているのではなかろうか。例えば、今日アメリカの工業労働者の大衆は、もはやプロレタリヤの称を甘受しないであろうと思われる。元来共産党宣言は、西欧即ち英仏の資本主義を眼中に置いて書かれたものである。ブルジョワ社会が過剰の生産力を生み出すとか、プロレタリヤが人口中の「絶大なる多数者」であるとかいうことは、先進資本主義国について始めて言い得ることであるが、その先進資本主義国において、労働者大衆がようやく爆発性に遠ざかって行くと見受けられるところに「宣言」に対する疑問がある。

先進資本主義国で起らなかった爆発は、却って資本主義の発達の遙かに後れたロシヤで、敗戦を機会として起り、そこで成功した。当時ロシヤ人口の八〇%以上を占めるものは農民——文盲または半文盲の農民——であり、工業労働者はその成長も新しく、その数も全人口の極めて小さい少数者に過ぎなかった。「宣言」にいう如く、ひとりプロレタリヤのみが革命階級であり、それが全人口の多数を占めるところに、その運動を正当化する根拠が求めらるるなら、マルクシズムの立場から見て、ロシヤには革命の条件は具わらぬといわねばならぬ。

ロシヤ革命の事実を目撃した後、翻えって「宣言」を読むと、そこに農民についてはほとんど何事も言われておらず、偶々それに触れているかと思えば、明らかにこれを反動階級として取り扱っていることは、むしろ驚くべきほどのものがある。第一章の或る節にいう。

「今日ブルジョワジーに当面するあらゆる階級の中、ひとりプロレタリヤのみが、真に革命的なる階級である。……下層中流階級、小製造者、店主、職人、農民（傍点小泉）。すべてこれ等のものは、中流階級の部分としての彼等の生存を絶滅から救うために、ブルジョワジーに対して闘う。彼等は、故に、革命的でなくて保守的である。否なそれのみならず、彼等は、歴史の車輪を逆転せしめんとするものであるから、反動的である。」

ここにロシヤのマルクシストが当らなければならぬ特殊の課題と困難とがある。

ロシヤにおけるマルクシズム

マルクスの資本論は一八七二年にロシヤ語に翻訳された。資本論第二版の序文中に、マルクスは満足げにこのことを記しているが、しかしロシヤにマルクス主義の実践運動が起ったのは、これより遙かに後のことであり、社会主義者としてまず登場したものは、人民主義者と訳されるナロドニキであった。

ナロドニキはロシヤの農村を地盤とし、農民解放のために働いた社会主義者であった。その際彼等の特に着目したのは、ロシヤ農村に存する、ミールと称する農村共同体であった。ミールの起源については学者間に異説もある。しかし十九世紀の現状において、それは納税、徴兵応募を保障し、延いて土地を共有し、その定時的割替を行う共同体で、一般に西欧では見ることの出来ないものとなっていた制度である。ナロドニキはこれをロシヤ特有のものとし、これがあるの故をもって、ロシヤは西欧諸国とはちがい、資本主義の発達を経過することなしに社会主義に到達し得るのみならず、資本主義の幼稚なロシヤこそ却って社会主義の実現に適した国であると結論した。この点においてナロドニキは、スラヴ国粋主義（スラヴォフィリズム）と相通ずるものを持っていた。本来ミールは、資本主義の発達とともに、ようやく解消に導かれるものであるから、これをもって資本主義の次ぎに来るべき社会の基盤とすることは、マルクシズムと相容れないはずであるが、しかもマルクス自身もまた、全然ナロドニキの主張を無視することは出来なかったように見える。

マルクス、エンゲルスはこの問題につき再三発言したが、殊に一八八一年、ヴェラ・ザスリッチによる共産党宣言の露訳本への序文中に、マルクスは、もしもロシヤ革命に接して西欧に労働者革命が起るならば、ミールを将来社会の基礎とすることが出来るといった。当時のマルクスの所見を窺うため、少し本文のままを引用する。

「共産党宣言の任務は、今日のブルジョワ所有権の目前に迫れる、避け難き没落の宣言である。然るに、ロシヤにおいて吾々の見出すものは、病的焦躁をもって発展する資本主義的秩序と、今始めて成立せるブルジョワ的土地所有と相並んで、土地の過半が農民の共同所有に属することこれである。そこで疑問が起る。ロシヤの農民共産団体は……直ちにより高き土地所有の共産的形態に移ることが出来るか。それとも、まず西ヨーロッパの歴史的進化が示すと同じ崩壊過程を閲みさなければならぬものであるかと。この疑問に対して今日与え得べき唯一の解答は、左の如きものである。曰く、ロシヤ革命が西欧における労働者革命の信号となって、両者互いに相補うこととなれば、今日のロシヤの共同所有は、共産主義的進化の出発点たり得るものであると。」

ロシヤにおける社会主義革命は、西欧における労働者革命をまって始めて成就するということは、後にロシヤ革命指導者の、一時は皆な一様に説いたところであったが、マルクスがすでに夙くそう説いていたことは、注意を要する。但しミールを持つロシヤでは、社会主義の実現に資本主義成熟の段階を飛び越え得るという考え方が、果たして『共産党宣言』の基本理論と合うか合わぬかという疑問は、依然として残る。

ところで、右にマルクスが観察した通り、ロシヤの資本主義は異常の焦躁をもって躍進した。それとともに、都市にプロレタリヤ階級が発生した。そうしてここにプレハノフを先達とするマルクシズムの発展すべき地盤が出来た。社会民主主義労働党が結成されたのは、一八九八年であり、多くの点で、当時世界最大のマルクス政党であったドイツ社会民主党に範を取ったといわれるが、その置かれた条件は、ロシヤとドイツとでは、甚だしく違うものがあった。ドイツ社会党は、その綱領（エルフルト綱領）の前文に、革命的言辞は連ねたけれども、その多数者の実践行動は、改良主義的な議会運動に終始した。しかしロシヤでは、第一、当時まだ議会というものがなく、憲法政治がない。ドイツの真似は、しようと思っても出来ない。当時ロシヤを支配したものは、ツァール政府の封建的軍国的専制主義であった。前記の如く、資本主義はその下に起って、極めて急速に発達したけれども、ブルジョワジーは微力で、且つその発生の当初からツァリズムに依存し、到底、封建勢力と抗争してこれを倒した西欧ブルジョワジーの気概と実力とを、これに求むべくもない。しかるをなお共産党宣言の公式を墨守して、ツァリズムを打倒するものはブルジョワジーであり、ブルジョワ民主主義の下に資本主義の爛熟し、プロレタリヤの充分成長するをまって、始めて社会主義革命は可能であるというなら、それはロシヤの実情においては、百年河清を待つにも等しいであろう。また現にかく解釈して、気永にその時の到るを待つべきだと主張したマルクシストもある。ボルシェヴィキに対するメンシェヴィキの立場は、大体においてこれであった。しかしツァリズムと死闘を期する革命家は、どうしてこんな悠長なことを言っていられよう。レーニンはマルクスが「社会発達の段階はこれを跳び越え得るものでもなく、また、法令をもって廃除し得るものでもない」といったのを無視して、それを跳び越える革命理論を立てた。

レーニンはロシヤ・ブルジョワジーの革命的能力を見限り、民主革命を行うのも、社会主義革命を行うのも、いずれも皆なプロレタリヤの任務であるとした。但しプロレタリヤ単独でなく、プロレタリヤが、土地を渇望する農民を率いて、これを行うべきであるとした。即ちプロレタリヤと農民との提携による民主的独裁によって民主革命を、次ぎに、プロレタリヤと貧農及び半プロレタリヤとの提携による無産者独裁によって社会主義革命を、遂行するというのが、彼れの構想であった。この構想は、ロシヤの実情に処するレーニンの独創と変通力との所産である。しかし、それがロシヤの実情に適切であったか否かは別とし、『共産党宣言』の字句を辿る限り、かような農民の革命的使命は、そこには説かれていない。

元来都市と田舎、工業と農業、プロレタリヤとブルジョワジーを相対照せしむるとき、マルクス、エンゲルスが常に前者に偏して後者をほとんど閑却したことは、著しい事実である。而してそれはまた、彼等が西欧を重んじて東欧を無視したことと相照応する。前者は文明、後者は不文、前者は進歩、後者は反動として、彼れの目に映じた。ここにマルクスとレーニンとの相違がある。レーニンがマルクスを修正し、或いは拡延したと称せらるべきことの多い中に、農民の革命的役目を強調したことは、その最も大切な一箇条であったといえる。そうしてひとり彼れの理論におけるのみでなく、実際に今日の世界革命運動上における農民の役割は、宣言に描かれているよりも遙かに重要なものとなっている。ひとり東欧の諸農民国のみならず、アジヤ諸国の資本主義反抗運動において、農民の勤めつつある役割は、工業プロレタリヤよりも遙かに重い。中国共産軍の兵力のその大半は、農民であろう。これは百年前の宣言には、予見せられていなかったことである。

しかし、レーニンは農民との同盟を強調したとはいえ、農民は何処までも率いられるものであって、主動者ではない。但し主動者でないということからいえば、プロレタリヤ大衆も変らない。レーニンは何処までもロシヤの現実に立脚し、大衆の自発的行動というものを信用せず、革命は必ず、少数精鋭の職業革命家によって率いらるべきものとした。そうしてこれがまた一九〇三年の党大会で、レーニンの率いるボルシェヴィキと西欧的マルクシストたるメンシェヴィキとの岐れた所以であった。

しかし、この少数精鋭の指導ということは、それがロシヤの現状に適切であったか否かは別とし、『共産党宣言』にその根拠を求めることは困難である。すでに「宣言」は、プロレタリヤの運動をもって絶大なる多数者が絶大なる多数者のためにする、自覚せる独立運動だとしている。そうして労働者階級による革命の第一歩は、プロレタリヤを支配階級に高めること、デモクラシーを戦い取ることだといっている。多数者の尊重、多数者に対する信頼は、終始一貫する「宣言」の主義であったと見なければならぬ。勿論そこに、共産主義者は「諸労働者階級党の中の最も進歩せる、且つ決然たる分派」だというような文句はあるけれども、しかし、共産主義者は他の労働者諸党に反対する別個の党を造らんと欲するものでなく、全体としてのプロレタリヤのそれと違った別の利害を持つものでなく、「プロレタリヤ運動を型に入れ、形を定むべき独自の分派的原理を樹てるものではない」ことは、第二章の冒頭に明らかに記されている。この点マルクス等の真意は充分に明白であると思われる。前記のラスキがその序説の中に、マルクス、エンゲルスは「共産主義者は労働者の大衆組織とは離れた別箇の一つの党派をつくってはならないことを強調した」（七七、九五頁）と言っているのは、充分理由のあることである。

共産党を、大衆党でなく、少数精鋭の前衛党たらしめんとするレーニンの党組織論に対しては、始めトロツキーの反対があった。かかる組織はやがて労働者階級に対する党の独裁、延いて、党に対する党首脳者の独裁に導くというのが、その理由である。同時に、トロツキーは常にプロレタリヤのみを重視して、農民大衆を無視し、またこれに対して苛酷であった。字句の上だけからいえば、レーニンよりもトロツキーの方が共産党宣言に忠実であったとの解釈も成り立つであろう。

そのトロツキーは革命指導者中誰れよりも西欧的であった。彼れがそれを掲げてスターリンと争った「永久革命論」なるものは、結局ロシヤにおけるブルジョワ革命に引き続く社会主義の実現は、西欧におけるプロレタリヤ革命の爆発を待って始めて可能であると説くものであった。ロシヤにおける社会主義の実現がヨーロッパの革命に依存するということは、前記の通り、マルクスがすでにそれをいい、レーニンは勿論、スターリンも或る場合それをいったが、トロツキーはそれを極度に主張した。この思想は第一次革命の年である一九〇五年の間にようやく頭脳中に熟したものだと自らいっているが（トロツキー『一九〇五年』）、それはこういうのである。

革命が一たび起ると、それはブルジョワ革命に止まっていられなくなるが、労働者政府が進んで私有財産の侵害を企てると、ひとりブルジョワ集群とのみならず、農民大衆とも衝突することになる。どうしたら好いか。「農民を圧倒的多数者とする後進国における労働者政府の地位の矛盾は、ひとり国際的規模においてのみ、即ち世界プロレタリヤ革命の舞台においてのみ解決せられ得る」というのである。

然るに幾度かの期待は皆な外ずれて、ヨーロッパの革命は空望に終った。殊に一九二三年夏秋、仏軍のルール進駐の機会におけるドイツ共産主義者の叛乱企図が呆気なく鎮圧されてしまったことは、「永久革命論」の主張者に対しても、当然致命的の打撃となった。レーニンの死後その政治的遺産を争うトロツキーとスターリンとの個人的確執は、もとより深刻を極めたものであったが、前者の失脚、追放、次いで暗殺という成り行きは、それのみによっては説明されない。世界革命は少なくも当分望みなしとの事実を前にして、しかもロシヤにおける社会主義の建設は、世界革命の起るを待って始めて可能だという立場を固執するなら、ロシヤの社会主義は、当分見込みなしと結論するより外はない。スターリンの一国社会主義論は、社会主義のための唯一の活路であったのである。

一国社会主義とソヴィエト・ナショナリズム

一国社会主義の建設は、或る意味で、ロシヤのヨーロッパからの隔絶である。ロシヤの窓を西方に向って開いたといわれるペーテル大帝以来、ロシヤ人の心には常に西欧憧憬があり、これに対するスラヴ国粋主義というものも、畢竟西欧主義が力強ければこそ起った反動に外ならぬであろう。マルクシズムは素より西欧思想であり、これをロシヤに伝えたプレハノフも、その後に続いたレーニンも、いうまでもなくトロツキーも、皆な西欧に学び、その生涯の多くの年月を西欧諸国における亡命生活の間に過ごした人々であった。然るに、今ロシヤが再びヨーロッパから遠ざかり、孤立して一国社会主義の建設に突進するに当り、これを率いるものが、未だかつて一たびも国外に亡命せず、故郷のジョルジア語とロシヤ語の外、他国語を知らぬといわれるスターリンであったことは、偶然のみではない。
一九二四年にレーニンが死に、一九二七年にトロツキーが逐われ、一九二八年から五箇年計画が発足した。これとともにソヴィエト・ロシヤでは、国家主義でもあり、国民主義でもあるという意味のナショナリズムの鼓吹が目立って来た。五箇年計画遂行のために避け難い耐乏と労働強化とは、しばしばソヴィエト愛国心と資本主義諸国に対する敵愾心とに訴えることによって励まされることになった。

革命の始めには、指導者の国際主義的、または反民族的態度が著しかったが、それが一変して、帝政時代の過去に遡ってまで、ロシヤ国民の光栄ということが、スターリンによってしばしば説かれるようになった。前記のカーが、対ヒットラー戦争が来たとき、スターリンはすでに革命的英雄よりも国民的英雄であったといったのは、誇張ではない。彼れがこの戦争を大祖国戦と名づけ、スヴァロフ、クツゾフ等々、帝政ロシヤの名将の名を挙げて将兵の士気を鼓舞したことも、度々伝えられた通りである。カーの同じく記している通り、スターリンはロシヤの過去を光輝あるものとすることに努め、マルクス主義歴史家の、過去のロシヤを一律に「後進的」とするの風を排し、例えばレーニンの尊重を受けたポクロウスキー等の学者を斥けて、ロシヤ伝統の復原を図った（前掲書二二二頁）。

これに対して、戦争の末期、一九四五年の始めに、共産党中央委員会の決議によって左旋回が行われ、歴史学界の新機関誌において、強国礼讃のショーヴィニズムの偏向が批判されたことが報ぜられている（猪木正道、中央公論新年号五五頁）。そこに指摘されているのは、ツァリズムの併合主義的植民政策を是認し、ロシヤ国家の膨脹を叙述する場合に、ブルジョワ的概念を復帰し、農民運動の革命的意義を否認し、専制政治の人物を理想化し、歴史現象の階級的分析を放棄する等の傾向であるという。

しかし思うに、これは今日のソヴィエト・ロシヤにおいて幾度となくくり返される、一の党指令と、その遵奉の忠実を競う行き過ぎと、それに対する戒飭（かいちょく）の一の場合と見るべきであろう。右の批判そのものが、事実上いかにショーヴィニズム偏向が度を失したかを察せしめるとともに、如何なる偏向もロシヤにおいては、始め党の是認または奨励なくしては起らぬことを考えなければならぬ。行き過ぎの叱正は叱正として、今日ソヴィエト・ロシヤの指導者が、一国社会主義防護のため、極力国民精神の作興に力めつつある事実そのものは変らない。而してそのナショナリズムは、ひとり資本主義国の資本家に対立するものであるのみならず、またその労働階級をも含む全国民に対立する。否な、ひとり資本主義国民に対立するばかりでなく、社会主義国（ユーゴスラヴィヤの如き）の全国民にも対立するのである。ここに階級対階級の対立が退いて、国民対国民の（或いは諸国民対諸国民）の対立が、吾々の前面に現れる。

一九四五年八月八日、ソヴィエト・ロシヤは突然日本に対し宣戦して、満洲に侵入した。日ソ両国が互いに五箇年間中立厳守を相約したのは、一九四一年四月十三日のことであるから、この宣戦は、無論中立条約の有効期間中に行われたものである。日本の降伏後間もなく、スターリンはその演説中に、この条約蹂躙は四十年前帝政ロシヤが蒙った敗戦の雪辱だという意味のことを公言した。曰く「日露戦争におけるロシヤ軍の敗北は、わが国民の心理に重大な烙印を押した。それはわが国歴史の汚点であり、わが国民は日本が敗北してこの汚点が払拭される日を確信し、待望した」と。

日露戦争の敗北は帝政ロシヤの貴族、軍人、ブルジョワジーの蒙った敗戦として、当時ロシヤの革命陣営はこれに慶賀し、現に一九〇五年の革命騒擾は、これを機として爆発したのであった。然るに、今この敗戦が、その帝政とブルジョワジーとを覆えしたソヴィエト政府治下のロシヤ人にとってもまた、雪がれねばならぬ汚辱であるというならば、その前後の撞著はしばらく措き、そもそも支配階級と被支配階級の誰れなるを問わず、そこにこの階級の対立を超越した、国民的栄辱、国民的利害というもののあることを認めなければならぬ。今スターリンが、ロシヤの農民労働者が帝政ロシヤの敗戦を己れの汚辱として報復するということは、他の諸国人民もまたその軍人が招き、軍人が蒙った敗戦を、己れ自身の汚辱として報復する権利があることを認めるという意味であるか。果して然らば、それは正しく共産党宣言にいわれた、「プロレタリヤは祖国を持たぬ」との言明に衝突するであろう。

この有名な文句は、「プロレタリヤと共産主義者」と題する「宣言」の第二章に出て来る。マルクス等はそこで、共産主義者に加えられた、私有財産を否定するとか、家族を否定するとかいう、非難に答えた後、更に共産主義者は国を廃し、国籍を廃せんと欲するものだとの非難を取り上げ、それに対して「プロレタリヤは祖国を持たぬ。吾々は彼等から、彼等が持たぬものを奪うことは出来ぬ」といったのである。

但しそれに引き続いて、プロレタリヤはまず第一に政権を掌握して国民の支配階級となり、それ自身を国民として組織しなければならぬから、「その限りにおいてそれ自身国民的である。ブルジョワ的の意味とは違うけれども。」といっているから、祖国なしという言葉は、ある制限を受けているけれども、いやしくもこの言葉が何事かを意味するものとすれば、それは少なくも、ブルジョワジー（または封建貴族）を支配者とする国を、プロレタリヤがわが祖国とはしないことだけは確かであろう。従ってブルジョワ国家（または封建国家）の栄辱をもってわが栄辱としないことだけは確かであろう。もしもスターリンの言から推究されるように、一の国民は国内における階級の対立を超越した、共通の利害栄辱を有し、他の国民もまた然りとすれば、民族と国籍とを超えた共同目的のため万国のプロレタリヤを団結せしめんとする「宣言」の主張は、根本的の制限を蒙るであろう。

プロレタリヤに祖国なしとの命題は、記述か希望かは別として、いずれにしてもそれは第一次、第二次大戦に際しての事実と相違した。両大戦において、諸国の労働者農民の大衆は、皆なそれぞれの祖国のために戦った。ひとりロシヤの労働者農民ばかりでなく、少なくも当時それよりは智的水準が高いと考えられる西欧諸国のそれも、それぞれ皆な自国のために戦ったのである。カーが、一九一四年の勝者は、国際的社会主義者でなくて、国民的社会主義者、即ちマルクスよりはラッサールの後継者であったといったのは不当ではない。そこで彼れがラッサールとスターリンとにも、その国民的たるところに一脈相通ずるところがあるかの如くに仄めかしたのは、一面観中の一面観にすぎず、それに追随して軽々にスターリンをナショナリスト視するが如きは、偏視の甚だしいものではあるが、しかし偏視すれば、この一面のあることは事実である。

『共産党宣言』が、人類既往の歴史が階級闘争の歴史であったと教えたことは、人智に対する至大の寄与で、無数の歴史的鎖錠を開く鍵を与えたものであるが、しかもなお、民族と民族との対立闘争が、階級闘争と或いは交錯し、或いは併行して行われつつある事実は、否認されない。仮りに一国内において階級の対立が除かれたとしても、人種言語歴史によって一単位として結ばれる、国民と国民との栄辱利害の対立は、必ずしも直ぐ一掃されるとは見るべきであるまい。ともに社会主義国たるソ聯とユーゴスラヴィヤとの関係の緊張は、その消息の一端を示すものである。

マルクス・レーニン国家学説の修正

右のことに続いていうべきは、マルクスの階級的国家観及びレーニンのそれに対する正統派的解釈が、今日のソ聯において、国家主義的国民主義的修正を受けつつあることである。

マルクシズムが、国家を階級的抑圧機関に外ならぬものとし、従って生産手段の私有が廃せられ、階級的対立というものが完全に一掃された暁には自からにして消滅すべきものとしたことは、今日では最早常識的の知識となっている。マルクスのこの国家観にも多少の成長来歴がある。

マルクスはここでも、一般哲学におけると同じく、ヘーゲルから出発した。ヘーゲルは束縛から自律自由への進歩ということが、世界史の予定内容を成すと考えたのであるが、元来彼れは国家というものを、「道徳的理念の実現」とした国家理想主義者であり、人類の自由は、完成せる国家の内において実現されると考えた。マルクスが若い新聞記者として書いたものには、このヘーゲルの影響がハッキリ現れている。一八四二年、即ち彼れがフランスへ移住する前年に書いた新聞論説の一に、「哲学は果たして宗教事項を、新聞論説においても論ずべきであるか」と題するものがある。前年学界でマルクスの国家観が問題となったとき、この一篇が時々引用された。

その中にマルクスは、旧来の哲学的国法学者に対し、より観念的、より根本的なる「最新哲学の見解」というものを対立させている。そうして彼れが明らかに是認するこの新しい立場は、国家というものを、個人の理性から解釈しないで、全体の理念（Idee des Ganzen）から解釈する。そうしてこの立場は、国家を大なる有機体と見、「この有機体内において法律上、道徳上、政治上の自由が実現せられ」、そうして「市民が国法を遵奉するのは、彼れ自身の理性の自然法則、人間理性の自然法則に遵う所以に外ならぬ」と見たのである。これ以外のところでも、彼れは「国家の完成」ということを説いたことがある。

然るにフランス思想の影響の下に、ようやく彼れの社会主義確信の固まるとともに、その国家観もヘーゲルを離れ、国家を階級的抑圧の機関としてのみ見るようになった。すでに国家がかくの如きものであるならば、国家の内に自由を求めることは問題にならぬ。国家の内に求められぬとすれば、自由の実現せられたときは即ちすでに国家の亡き跡でなければならぬ。これがマルクス、エンゲルスの到達した結論である。それは彼れが唯物史観に到達したのと、論理上同時であったと解すべきである。

『共産党宣言』の発表された前年、即ち一八四七年に、マルクスがプルドンを批判した『哲学の貧困』という小冊が出た。その終りに近い一節に、こういう文言がある。一切の特権的身分の廃止ということが第三階級（ブルジョワジー）解放の条件であったと同様に、「労働者階級解放の条件は、一切の階級を撤廃することである」。そうして労働者階級は旧「ブルジョワ社会に代えるに階級及び階級対抗を排除する一の聯合（アッソチアチオン）をもってするであろう」。その場合には「本来の政治的権力というものは最早なくなるであろう」。何となれば、「政治的権力なるものは、正にブルジョワ社会内における階級的対抗の公的表現であるから」。

その翌年出た『共産党宣言』に、ほとんど同じ言葉がくり返されたことは、すでに前に「宣言」の荒筋を紹介したところで引用した通りである。

この「政治的権力が最早なくなる」とか、或いは「公的権力がその政治的性質を失う」とかいわれていることが、マルクス、エンゲルスにとっては、国家が国家でなくなることを意味したのであったことは、後の著作によって充分に明白である。国家は自からにして死亡するということをハッキリ言明したのはエンゲルスで、それは一八七六―七年の著作である、所謂『反デューリング論』の一節である。そこで彼れは、資本主義の発達が頂点に達し、労働者階級が国家権力を掌握した後、国家はどうなるかを説いている。国家は死亡する、という言葉がそこに出て来る。

「プロレタリヤは国家権力を掌握して、生産手段を取り敢えずまず国有に移す。これとともに、プロレタリヤは己れ自身のプロレタリヤたることを廃止し、それと同時に、一切の階級別及び階級対抗を廃止し、それとともに国家を国家として廃止する。……国家が最早如何なる階級をも圧迫することを要せぬことになるや否や、階級支配及び従来の生産無政府状態に基づく個人的生存競争とともに、これより生ずる衝突と無節制とが、また同じく除去せらるるや否や、最早抑圧すべきものがないから、特別の抑圧権力、即ち国家も必要でないことになる。国家が真に全社会の代表者として行う最初の行為――社会の名においてする生産手段の掌握――は、同時に、その国家としての最後の独立行為である。国家権力の社会的関係に対する干渉は、各方面において逐次無用に帰し、次いで眠りに落ちる。物の管理と生産過程の指揮が、人間に対する統治に代る。国家は『撤廃』せられずして死亡する」(er stirbt ab.)。

マルクス、エンゲルスの真意はかく明白であるにも拘らず、ドイツの社会民主党学者はとかくそのままこれを承認することを憚るように見えた。指導理論家たるカウツキーは、再三その機会があったにも拘らず、とかく言語を曖昧にして、遂に国家は死亡するということを明言しなかった。この曖昧を悪み、マルクス、エンゲルスの終局目標が国家なき社会の実現にあることを強調して「吾々(マルクシスト)は目的としての国家撤廃の問題においては、毫も無政府主義と見解を異にすることなし」と明言したのがレーニンであった。

レーニンの『国家と革命』(一九一八年)は国家及び革命に関するマルクスの真精神を明らかにするため書いたと主張されているもので、従ってマルクス、エンゲルスからの引用文は、毎ページのように掲げられている。それ等の引用によってレーニンが証拠だてようとしたことは、二つあった。無政府主義者は国家を否定し、マルクシストはこれを肯定するというのは俗論で、マルクスもまた国家なく強制権力なき自由社会を最終目標とする点においては、無政府主義者と変らないというのが一つ。プロレタリヤが国家権力を握るためには、暴力革命が絶対的に必要であり、エンゲルスの「撤廃せられずして死亡する」といった国家は、社会主義革命後のプロレタリヤ国家であり、ブルジョワ国家は何処までも暴力的に「撤廃」されなければならぬというのが二つであった。

この後の見解については、マルクスの解釈としてはなお疑問の余地がある。しかしながら、前の見解、即ちマルクス、エンゲルスは生産手段私有の撤廃せられた暁には国家の自然に消滅することを期待したという解釈については、レーニンは完全に正しく、これに対してマルクスの文言を引いて争う余地は全くない。従ってこの点については、レーニンを排してマルクスを奉ずるという訳には行かない。レーニンを排するなら、マルクスをも排さなければならぬ。ドイツのマルクシスト等は、それをすることを余儀なくされた。前記のカウツキーは、元来マルクスの一言一句を重んじ、ひたすらこれに違背しないことを心がけるもののように見えたが、遂にこの問題については発憤して、「かかる状態（国家なき社会）は何時か到来することがあるかも知れぬが、しかし現在認識し得べき実状には、吾々がそこに到達することを指示するものは一もない」と言明するまでになった。

ロシヤ革命後の経過は、少なくもこの一事については、平凡なカウツキーの常識の方が正しいことを示している。

レーニンが『国家と革命』を書いたのは一九一七年の八月、即ちボルシェヴィキ革命の数月前であったが、さしもに現実主義的なレーニンが、この小冊子では、革命後の政府についてロマンチックな夢を描いている。

彼れはマルクスが一八七一年のパリ・コムミュンの経験に学ぶところが多く、これを「無産者独裁」の原型としたことを力説した。元来生産手段の私有を廃してこれを国有に移し、殊にロシヤの如き一億数千万の人口の上に、大規模なる社会主義計画経済を実行することは、当然非常なる程度に政府の仕事の拡大と権力の強化とを必要とすると考えるのが常識であるのに、レーニンはこれに反し、僅かにパリという一都市の暴動の際に出来、しかも僅かに数十日存続したに過ぎぬ、革命政府の真似事の如きものの経験を重んじて、ロシヤ革命後に成立した労働者農民のソヴィエトをしてコムミュンの所為に倣わしめようとした。

彼れは立法と行政とを同じ機関に行わしめることを考え、正規の軍隊に代えるに労働者の民兵をもってすることを考え、また行政事務は正規の官僚をまたずとも、読み書きと、算術の四則さえ出来れば、普通の労働者が、仕事の片手間に処理しても出来るという風に楽観した。

彼れが行政組織の模範を現在の郵便制度に求め、左の如くいったことも記憶されているであろう。

「吾々の当面の目標は、全国民経済を郵便制度の範に倣って組織することである。詳しくいえば、組織せられたるプロレタリヤの監理指導の下に立つ凡べての技師監督者記帳者並びに一切の吏員には、労働者賃銀を超過せざる俸給を給するようこれを組織するのである」。

しかしこの夢想の夢想性は、他人が批評するまでもなく、レーニンはその革命後数年に亙る為政の体験で充分にこれを知った。後に彼れは、労働者各人は自らよく行政の衝に当り得るといった自分の考えを「お伽話」に過ぎないものとして却けたということである。爾来三十年、厳酷なる内外現実の必要は、ソヴィエトの行政をようやく改めて、ひとりブルジョワ諸国のそれと変らぬものとならしめたばかりでなく、それよりも遙かに峻厳なるものたらしめた。その軍隊は、民兵をもって置き代えらるる代りに、拡張せられて、世界最大のものとなり、政治警察は強化せられて、遙かに帝政時のそれを凌ぎ、官僚は、党においても政府においても、特権をもって繞らされた特殊階級として、一般民衆から隔絶したものとなった。

国民の市民的自由の制限或いは無視については、色々の話が伝えられている。その中には必ず歪曲の甚だしきものもあるに相違ない。ただ私の特に知りたいと思うのは、一千数百万人の人間に課せられているといわれる、強制労働の真相である。米国の強制労働研究委員会というものが、三月十六日発表するところによれば、ソ聯内で奴隷労働に従事している人員は約一千四百万で、クリミヤ運河計画、カラガンダ炭鉱等に就役するものは、殊に劣悪なる条件の下に労働しているということであり、また日本及びドイツの捕虜は、この一千四百万人中には含まれていないとのことである（三月十六日U・P特電）。

これは果たして事実であるか否か。近頃邦訳されたスウィージーの『社会主義』は、社会主義の理論と実際及びその歴史の全般を知るために最も平易簡便なる好著であるが、スウィージーは順良なるマルクシストとも評すべき、少壮学者であり、この書の一節に、弁護的に、所謂強制労働は囚人労働であって、何処の国にもあるものだという意味のことがいわれている。ソヴィエト同盟の「強制」または「奴隷」労働という言葉で普通に意味されていることは、囚人労働であり、それは、言うまでもなく、合衆国をも含めた、ソヴィエト同盟以外の諸国に存在しているというのである（四一―二頁註）。

たしかに禁錮及び懲役の規定は、いずれの国の刑法法典にもあるであろう。それは争うには足らぬ。私の知りたいのは、その囚人労働に従うものの人数である。もしも世に伝えられる通り、一千数百万人の人間に強制労働が課せられていることが事実であるとしたら、人は、かく全人口の一割にも近い国民を、懲役によって刑罰し、或いは懲治しなければならぬロシヤというものは、そもそも如何なる国かと考えざるを得ないであろう。遺憾ながらスウィージーの書には、ソヴィエト同盟の囚人労役場の範囲については何等統計が無いということで、数字を挙げていない。けれども、日本及びドイツの捕虜幾百万を抑留し、数年に亙ってこれを労役せしめた事実に徴しても、ソヴィエトにおける強制労働者の数が余程の多数に上ることは、ほぼ推測して間違いないと思われる。

かかる状態は何時まで続くというのであるか。マルクスもレーニンも、プロレタリヤの強権が土地や資本の収奪のため憚るところなく行使されることは、充分に認めていた。ただ、かくして土地資本の収奪が完了し、階級的対抗が一掃せられた暁には、国家は自からにして死亡すると説いたのである。

それは何時のことだというのか。悠久なる世界史の未来において、何時か人類が国家なしに生存するときが来るか来ないか。誰れもわざわざ必ず来ないと保証する必要を感じないであろう。けれども二十世紀の現実世界の問題として、ソヴィエト・ロシヤで社会主義が完成し、地主や資本家がなくなったら、ロシヤ国家というものはなくなると考えられるか。今日では誰れもまじめにそれを討究する興味を持たぬであろう。今日まで共産主義者がそれを公然口にすることを憚ったとすれば、それはマルクス、レーニンの尊厳のためであったろう。

然るに今、そのマルクス、レーニン学説のこの部分は、ソヴィエト・ロシヤで公然放棄されることになった。少なくもその効力発生の無期延期が宣言された。

もとより局外者は、よしやロシヤ国内に階級別が一掃せられても、ただに社会主義計画経済がその性質上当然権力の行使を必要とするばかりでなく、強大なるソヴィエト政権が、権力者自身によって進んで放棄せられ、ソヴィエト国家が国家として消滅するであろうという如きことは、誰れも真剣に考えなかったが、ソヴィエト当局自らこのことを認めるに至ったとすれば、それはやはり一の事件である。

五箇年計画の発足後七八年の頃即ち一九三六年、ソヴィエト憲法草案についての報告中に、スターリンはこの時すでにソヴィエト・ロシヤにおいて社会主義の実現が成功して階級別というものが一掃せられた事実を認め、且つこれを誇称した。

果たして然らば、マルクシズムの約束通り、最早国家というものは必要を失い、従ってソヴィエト・ロシヤという国家は死亡するというのであるか、決してそうではない。たといロシヤの国内で階級別がなくなっても、ソ聯邦が資本主義国に包囲されて、外国からの攻撃に曝されている限り、軍隊や警察は依然として必要であり、国家は死亡することを許されない、とスターリンはいう。スターリンはそれを、一九三九年三月十日、第十八回ソ聯共産党大会への報告演説で明確に説いた。

階級別のなくなったロシヤでは、公式通り、国家が死滅すべきではないかという質問は時々出るが、それは「資本主義の包囲に対する過小評価」、スパイや暗殺者や破壊者を送り込んで、武力によって攻撃する機会をねらっている「ブルジョワ諸国家とそれの諸機関の役割と意義に対する過小評価」、社会主義国防衛のために不可欠なる「社会主義国家及びその軍事、刑罰並びに諜報機関の役割と意義に対する過小評価」を暴露するものだという。

「国家は死亡する」というエンゲルスの命題は、どういう場合に認められるか。スターリンはそれは二つの条件のいずれかの下においては正しいという。(一)一の社会主義国家を、国家関係から抽象して、その国内発展の角度のみから考察する場合、(二)社会主義がすでに凡べての国、または多数の国で勝利し、「資本主義の包囲の代りに社会主義の包囲が存在し、」従って外国からの攻撃の危険が去った場合、がそれである。

社会主義国家が資本主義国家に包囲されている限り、国家は必要であるといえば、国家の死亡は、世界の国々が皆な社会主義国となった暁に始めて期待されるということになる。しかも既に、前にソ聯の対日中立条約違反の条下にも述べたように、その支配階級の誰れなるを問わず、国民と国民との間には栄辱利害の衝突のあるべきことが、スターリン自身の発言からも推究され得るとすれば、社会主義国相互の間にも対抗の起り得べきことは、認めなければならぬ。対抗があれば、自国の防護がなければならぬ。結局、いわゆる国家の死亡ということは、全世界がただ一つの社会主義国家に統一された暁のその国家についてのみいわれることと結論するより外はない(ケルゼン『ボルシェヴィズムの政治学的批判』矢部貞治訳、九九―一〇一頁参照)。

それはマルクス、エンゲルスの考え及ばなかったことである。ここにおいてスターリンは、マルクスを批判して憚らない。「マルクス主義の国家論における一般的の命題の或るものは、不完全に構成されたもので、不適当である。」そうして三十年の実際的経験と豊富な材料があるにも拘らず、このマルクス学説を通用させてしまったのは、自分達の不注意であったと、スターリンは公言する(前掲ケルゼン訳書、八八頁)。

マルクスのみならず、レーニンもまたスターリンの訂正を受ける。その要旨は、搾取が廃せられ、搾取者はなくっても、国家は国内に対しては経済組織化と文化的教育のため、国外に対しては外敵を防ぐため、軍隊刑罰機関及び諜報機関の必要のために残るというにある。

国家死亡論は、従来もマルクス理論の中で最も空想的な部分と見なされていた。それがマルクスは勿論、リアリストであるレーニンよりも一層リアリストであり、且つ両者よりも遥かにナショナリストであるスターリンによって訂正せられたのは、最も自然の経過であったともいえるであろう。そうして今や公然その訂正を敢えてするに至ったことは、レーニンの死後十五年にして、スターリンの勢威が、すでにマルクスのみならず、レーニンの名をも憚る必要のないほどのものとなった事実を語るものであろう。

共産党宣言の今昔

そこで「共産党宣言の今昔」ということになる。「宣言」がその含蓄多き内容そのものと、公表後百年間における世界史的影響とから見て、一の宣伝小冊子として、近古無双のものであることは、何人も争わないであろう。これが、青年とはいえないが、三十歳と二十八歳の若者によって書かれたとは、驚嘆すべきことである。しかし同時に、それが三十歳前後の革命家に免れない性急と空想と偏視とを露呈していることも、また自然というべきであろう。

今日の現実を見た目で「宣言」を顧みて、一言もって評すれば、非現実的という意味でロマンチックといいたいところが多い。

「宣言」起草当時のマルクス、エンゲルスは、資本主義が当時すでに行き詰まって破局に面しているもののように考えていた。この過ちは、マルクスよりも後に生き残ったエンゲルスが、およそ半世紀の後に至って、留保なく、充分に自ら承認した。彼れはその「政治的遺言」と称せらるる文章（マルクスの『フランスにおける階級闘争』新版の序）の中に、こういった。「歴史は吾々及び吾々と同様に考えた凡べての者を敗訴せしめた。歴史は大陸における経済的発達の程度が、資本主義的生産廃止のためには当時まだ遥かに未成熟であったことを、明らかにした。歴史はこのことを、一八四八年以来全ヨーロッパ大陸を捉え、フランス、オーストリヤ、ハンガリー、ポーランド、及び近年はロシヤに、始めて真に大工業を帰化せしめ、ドイツを正に第一流の工業国とならしめた経済的革命――しかもそれを凡べて資本主義の基礎の上に、即ち一八四八年当時なお大いに拡張の余地のあった基礎の上においてせる革命――によって証明した。」

エンゲルスがこれを書いたのが一八九五年である。その後約二十年を経た一九一六年に、レーニンは『資本主義の最終段階としての帝国主義』という小冊を書いた。それによれば、帝国主義は即ち独占資本主義の異名であり、独占資本主義はまだマルクスの知るに及ばなかったものである。而してもしも資本主義はここに至って始めてその最終段階に到達するというのであるなら、共産党宣言は資本主義の最後よりは手前の段階を最後の段階として取り扱ったということになる。それはエンゲルスの自認したマルクス、エンゲルス等の過ちを、別の方法で証言したと見るべきであろう。

レーニンは、或る国々、または或る産業部門の独占資本家が、その独占利潤をもって、労働者の或る層を買収して、味方につけることを書いている。それは共産党宣言の、全世界のプロレタリヤは単一な共同目的をもって結ばれるとした、ロマンチシズムに対する批判としてもきくべきである。そのプロレタリヤは、工業生産力の増進するとともに、いよいよ甚だしい窮迫に陥って、遂に全社会を爆破しなければやまぬと「宣言」は説いた。しかしこれは事実と違う。資本主義の発達せる国々は、その後れたところに比して、労働者状態のより良い国々であるというのが事実である。資本主義が進めば進むほど、そのプロレタリヤは爆発に迫るという命題は、革命家の希望的予測によるところが多く、プロレタリヤの自主的政治意識の進歩は、むしろ彼等を盲目的爆発から遠ざけると見ることが正しいであろう。ロシヤ革命後、その指導者の衷心からの祈願と応援とにも拘らず、また、再三機会が到来したように見えたにも拘らず、遂にドイツのプロレタリヤ革命が成功しなかった事実は、このことを考えさせる。資本主義の発達による経済的福祉の比較的上進、それと相伴う政治意識の進歩は、高度資本主義国の民衆を、共産主義に対して批判的ならしめる。西欧及びアメリカの環境における労働者が、比較的最も理性的であり、今後もいよいよそうなるであろうことは、当然予期すべきことである。

先進国のプロレタリヤが益々冷静という意味で理性的となるべく予想されるに対し、事実上革命的エネルギーを発揮したのは、東欧及びアジアの農民の大衆である。ロシヤ及び中国革命において、農民の勤めた役割については、再び改めて説くまでもないが、共産党宣言はこの農民の革命的役目に対しては、全く何も言わなかった。

マルクスは、資本主義は己れ自身から生れ、育てられたものによって亡ぼされるということに興味を持った。それはマルクスが終生脱却しなかったヘーゲル哲学に発すると解せられるが、農民は資本主義によって生れ、資本主義によって育てられたものでないことは明らかであって、当然マルクスの革命理論中に、占める座席を与えられなかったのである。これをロマンチックと評するのは当らないが、マルクスの考え方に、このようなドイツ人らしい、現実を背にして理窟に耽る一面があったことは、事実である。

第一次大戦後、ドイツのプロレタリヤがロシヤのそれに比して、その成熟上数日の長があったにも拘らず、遂に革命を遂行し得なかったことについては、やはりヴェルサイユ体制の強圧に対するドイツ国民の国民的反抗が、共産主義に対する牽制勢力となったことを考えなければなるまい。ナチの運動は、その厭うべき暴虐とデマゴギーとにも拘らず、そのドイツ国民の光栄と利益とを説くところに、真実ドイツ人の心に訴えるものを持っていたと見るのが公正であろう。共産党宣言に出発し、本来国際主義者であるべきスターリンが、一国社会主義の推進上、常にロシヤ人の愛国心に訴え、階級敵に対する憎悪の標語をもって外国に対する敵愾心を煽り、外を憎む心をもって内の統一を図り、それが国民の奮起を促す上に或る効果を挙げている事実も、また同じ消息を伝えるもので、かれこれ併せて考うべきところである。

「プロレタリヤに祖国なし」という言葉に如何なる註釈を附するにもせよ、共産党宣言の民族またはナショナリズムについて説くところが、極めて稀薄である事実そのものは変らず、今日の世界の現実と対比して、今昔の感を催さしめるものが多い。マルクス、エンゲルスは、もとよりインタナショナリストであるが、時に民族的偏見というべきものを露呈したことがあった。なかんずく、彼等は帝政ロシヤを、欧洲反動の本拠として憎悪したのみならず、ただ一つポーランド人を除く以外は、すべてのスラヴ人を不文、反動的なる民族として軽蔑厭悪し、当時墺匈（オーストリア・ハンガリー）帝国に服属していたチェック人、スロヴァク人、南方（ユーゴ）スラヴ諸族が、独立してそれぞれの国家を形づくるという如きはもっての外で、これ等の民族には、独立して生存すべき歴史的、地理的、政治的、工業的条件が欠けているといった（拙著『共産主義批判の常識』）。第一次大戦後、ポーランドが独立した外に、北にチェコ・スロヴァキヤ、南にユーゴスラヴィヤという二のスラヴ民族国が出現し、殊に後者が今日、ソ聯及びその衛星諸国と民主主義諸国との間に介在して、国際政局上微妙なる特殊の役目を勤めつつあることは、マルクスの予想にも、希望にも反する事実であろう。

しかしこのことよりも、また他の如何なることよりもマルクスの予想に遠かったと思われるのは、資本主義の最も後れた、スラヴ人のロシヤに却って社会主義が実現されて、先進資本主義国たる西欧諸国及びアメリカと相対立していることであろう。そうしてその間におけるコンミュニズムとナショナリズムとの交錯もまた、マルクスの当時の理論をもって説明するにはあまりに複雑なる様相を呈している。ロシヤでは、階級敵を憎むを名とするナショナリズムが唱えられている。そうして、西欧に反抗するアジヤ諸民族のナショナリズムは、加勢または声援せられ、東欧諸国におけるそれは、民族主義的偏向として圧制されている。もとよりそれには根拠がある。「註文をつけずに、ためらうことなく、無条件にソ聯を護ろうとするもののみが国際主義者である」とスターリンは言うのである。

すべての強国が陥る国民的エゴイズムは、ソヴィエト・ロシヤについてもようやく著しくなりつつある。右のスターリンの言の如きも、多少或る時代のわが軍人の他卑自尊の揚言を想起せしめるものがある。

（『共産主義と人間尊重』所収）

［附録］ラッサールとマルクス

引用最も頻繁なる書目及びその略符号

1) *G. R. S.* Ferdinand Lassalle, Gesammelte Reden und Schriften. Herausgegeben von Eduard Bernstein in Zwölf Bänden, Berlin 1919-20.

2) *Briefe L.* Aus dem literarischen Nachlass von Karl Marx, Friedrich Engels und Ferdinand Lassalle. Herausgegeben von Franz Mehring, II. Aufl., Stuttgart 1913. Bd. IV. Briefe von Ferdinand Lassalle an Karl Marx und Friedrich Engels von Februar 1849 bis Juli 1862.

3) *Briefe M. E.* Der Briefwechsel zwischen Friedrich Engels und Karl Marx 1844 bis 1883. Herausgegeben von A. Bebel und Ed. Bernstein, 4 Bde., Stuttgart 1921.

4) *Oncken.* Lassalle. Eine politische Biographie von Hermann Oncken. Dritte vollständig durcharbeitete und erweiterte Auflage, Stuttgart und Berlin, 1920.

5) *Bernstein.* Ferdinand Lassalle. Eine Würdigung des Lehrers und Kämpfers von Eduard Bernstein, Berlin 1919.

6) *Mehring.* Karl Marx. Geschichte seines Lebens von Franz Mehring. III Aufl., Leipzig 1920.

7) *N. S.* Ferdinand Lassalle, Nachgelassene Briefe und Schriften. Herausgegeben von Gustav Mayer in 6 Bänden, Stuttgart-Berlin, 1921-1925.

上篇

一

ラッサールは一八四八年以来、マルクスの同志であり、またこの関係を持続せしめようと努めた跡が窺われるが、一八六三年ラッサールが、ドイツでドイツ全国労働者協会（Allgemeiner Deutscher Arbeiterverein）の運動を起した時、ロンドン及びマンチェスターにいたマルクスとエンゲルスとは、毫もこれに声援しなかったばかりでなく、両者間の往復書簡集によって見れば、悪意の中立ともいうべき態度をもってこれに臨んだのである。ラッサール自身公衆に向ってはその旧同志との関係が、最後まで親善なりしものの如く装おうとしたようだが、マルクス、エンゲルスの緘黙が何を意味するかは、充分理解しておった。ラッサールに最も親近なるハッツフェルト伯爵夫人が、これを怨んで、マルクスが人をもってラッサールの不慮の死を弔せしめたのに対して、マルクスはラッサールを見棄てたと云い（*Briefe M. E.* Bd. III, S. 187）、また人に与えた書簡の中に「マルクスは政敵として、ラッサールに対してその遺産を相続せんがため絶えず陰謀を行った。彼れは一八五九年以来ラッサールの不俱戴天の敵である。――しかし決して偉大なる人物ではなくて、わずかにライン地方で知られているに過ぎぬ。学識はあるが、民衆を教える人ではない。今日までその亡命地において、彼れは一体何を完成したか。」と云ったのは（zitiert bei *Oncken*, S. 341）恐らく幾分ラッサール自身の感情をも表白するものであろう。

然らばマルクスは何故にラッサールの運動に対して右記の如き態度に出でたのであろうか。これに対しては、後にマルクス自らラッサールの後継者たるシュヴァイツェル（J. B. von Schweitzer）に向ってラッサールの功過を評し、また己れの態度を説明している。それに曰く、「ラッサールは、十五年の仮睡の後に、再びドイツに労働者運動を覚醒せしめた。――これは彼れの不朽の功績たるものである。――しかし彼れは大なる過ちを犯した。彼れは目前時々の事情によって動かされることが余りに甚だしかったのである。彼れはその出発点たる小問題を――矮小シュルツェ・デリッチ（Schulze-Delitzsch）の如きに対するその反対を――運動の中心問題として、自助自頼に対する国家的補助を主張した。これは畢竟フランス・カトリック社会主義の首領ビュシェーが、一八四三年以降、フランスにおける真の労動者運動に反対して唱えた標語を再び採用するものに外ならぬ。聡明なる彼れはこの標語をやむを得ざる過渡手段以上のものとは認めていなかった。ただその当面の（所謂）実行可能性のためにのみこれを是認することを得たのである。この目的のために彼れは最も近き将来にその実現し得べきことを主張しなければならなかった。そこで『国家』は変じてプロシャ国家となった。かくして彼れは、プロシャ国王、プロシャ反動主義者（封建党）否な僧侶党にまでも譲歩を余儀なくせられたのである。ビュシェーの組合に対する国家補助に彼れは憲章党の呼号した普通選挙を結び付けた。彼れはドイツとイギリスとの事情の相違を看過し、普通選挙法に関する低帝国（bas empire）の教訓を看過した。しかのみならず彼れは、当初から――民衆の苦艱に対する万能薬を所持すると主張するものの例に漏れず――その運動に宗派的性質を帯びさせた。……また彼れは正に宗派開祖なるが故に今までの運動とのあらゆる自然的聯絡を否認した。彼れはその運動の真正の基礎を、階級運動の現実的諸要素に求めないで、却って或る独断的なる処方に従って、後者の経過を指定しようとするプルドンの過ちに陥った。予が今ここに事後に云うことは、大部分ラッサールが一八六二年ロンドンに来て、予に彼れとともに新運動の先頭に立たんことを求めた時、彼れに予言して置いたのである。」（一八六八年十月十三日附。zitiert bei *Onken*, S. 342)

これは一八六二年八月七日ラッサールがロンドンを去った後で、マルクスが「ラッサールは九月に帰国したら多分新聞紙を創刊するつもりだと云うことを未だ僕に言っていた。僕は好報酬を払うならばその新聞のイギリス通信員になろう。但し吾々は政治上では一二遠隔の終局目的の外全く一致点がないのであるから、これ以外何等の責任を負い、政治的組合は引受けることはしないといった」(*Briefe M. E.* Bd. III, S. 83) というのと相照応する。

二

上述するところによれば、マルクスはラッサールとその終局目的を同じうするに拘らず、その実際運動上に取るべき手段について意見を異にしたので提携を肯んじなかったと解すべきもののようである。しかし仔細に考察すれば、この両者が見解を異にするのは単にマルクスがその目的を成就すべき手段を択ぶに厳格であり、ラッサールが目的のために手段を問わなかったと云うだけのことではない。無論これもあるが、それだけではなくて、更に一層深いところで両者はその立場を異にしていた。実際運動上に取るべき手段についての見解の相違も、一部分はこの立脚地の相異から来ているとも解せられるのである。

二者の立脚地の相違とは何か。マルクスがヘーゲルから出てヘーゲルを離れたのに対して、ラッサールが旧ヘーゲル主義者（Althegelianer）をもって終始したことがそれである。アルベルト・ランゲはかつてマルクスとラッサールとを比較して、両者の差異は前者がヘーゲルの思弁的形式を守ること忠実なるに対して、後者が一層自由独立なる態度をもってこれに臨んでいるところにあるといった。しかしメーリンクのいう通り、この判断は或る関係においては正に顛倒である（*Geschichte der deutschen Sozialdemokratie*, 5. Aufl. Bd. II, S. 242)。二者の中遙かにヘーゲルに忠実であったものはマルクスではなくてラッサールであった。まことにマルクスは遂にヘーゲルの弁証的思考法を棄てはしなかった。しかしマルクスの弁証法はヘーゲルからは出ても、彼れ独特のものであった。彼れが自らいう通り、マルクスの弁証的方法は「ただに原理上ヘーゲルのと異なるばかりでなくて、実にその正反対のものである。ヘーゲルにとっては思惟なるものは——ヘーゲルはそれを観念という名称の下に一個自立の主体たらしめている——現実の創造主で、現実は単にその外的表現たるに過ぎないが、予にあっては反対に、観念なるものが物質の人間頭脳中に転置せられ、翻訳せられたものに外ならぬのである。」(*Das Kapital.* Volksausgabe, S. LXVII)。即ち彼れはヘーゲルが頭頂をもって倒立せしめたものを足をもって正立せしめたのである。ラッサールはマルクスをもって見れば、倒立せるこのヘーゲルを奉ずるものであった。ヘーゲルを脱却したマルクスは「人間の意識が人間の生活を決定するのではなくて、反対に人間の社会的生活がその意識を決定する」と主張するのに対して、ヘーゲルは、概念の自発的発展を断定して「絶対的概念は、ただに永劫の昔から存するのみならず、また現存全世界の真の活きた霊だ」と主張する。この絶対的概念の自己発展が或いは自然に現れて必然の法則となり、或いは人間に現れて自意識となる。故にヘーゲルの主張する歴史哲学は、歴史上に行動する人間の諸動機を歴史的事件の最終原因とはせずに、これ等動機の背後に探究すべき真の動力があることを認めるのである。ただ彼れはこの動力を歴史そのものの内に求めないで、これを外部から、哲学的イデオロギーから、歴史に輸入するのである（Engels, *Feuerbach*, S. 43, 45）。ラッサールが大体この立場を守るものであったことは、その著作、なかんずくその法学上の大著述『既得権体系』（*Das System der erworbenen Rechte*, 1861）及びその最も優れた社会主義的作物たる『労働者綱領』（*Das Arbeiterprogramm*）によって明らかに窺われる。元来マルクスが上記ヘーゲルの立脚地を離れるに至ったのは、シュトラウス、バウエル殊にフォイエルバッハの影響に負うところ多きものとすべきであるが、ラッサールに至っては、全然これ等の人の急進思想を閲みしてはおらぬらしい。メーリンクの指摘するところによれば、ラッサールは、その著作中に幾ど彼等の名を挙げてもおらぬのである（a. a. O. S. 245, *Oncken*, S. 343）。マルクスの評語に所謂「彼れの思弁的概念への膠着」（*Briefe M. E.* Bd. III, S. 17）はここに由来するのである。

三

前記の如く、ラッサールのヘーゲル学徒たるの立場は、その『既得権体系』によく現われている。この書においてラッサールが期するところは「実定法と法律哲学との調和」であるが、彼れの序文中に記すところに従えば、実定法学者と法律哲学者との離隔の罪は、多く後者の負うべきものである。「もし哲学者にして、ヘーゲル法律哲学の所有権、家族、契約等の稀薄なる一般的輪廓に甘んじ止まらないで、進んで個々の具体的法律制度の哲学的発展という……意味においての私法哲学の記述に移ったならば、これ等個々の実定法制度の特定内容に徹して、所有権、相続権、契約、家族等の抽象的普遍的範疇は全く用をなさぬこと、ローマの相続概念はゲルマンの相続概念とは異なり、ローマの家族概念はゲルマンの家族概念とは異なる等のこと、即ち歴史的精神の版図（Reich des historischen Geistes）に属するものとしての法律哲学は、論理的永久的範疇に携わるべきものではなくて、法律制度は歴史的精神概念の実現に外ならず、様々の歴史的民族精神及び時代の精神的内容の表現に外ならざるものであるから、またかかるものとしてのみ理解せらるべきものだということが、直ちに分明となったであろう」(*G. R. S.* Bd. IX, *S.* 39)。而して本書第二部において具さに相続概念についてこの理を証明し、且つ同一の例について、真正の法律哲学を造り出すためには「……かのヘーゲルの結構そのもの、並びにヘーゲルの歴史哲学の全建築及び建築学は全然これを放棄しなければならぬこと、及びヘーゲル哲学にはその根本原理とその方法とのほか何物も保存すべからざること」が証明されるといっている(*S.* 40)。しかしラッサールが要求するヘーゲル哲学の改革はヘーゲルの掲げた同じ旗幟の下に行われ、ただ別の道を取って勝利に導かれるというのである。それは常にヘーゲル哲学の根本原理と方法とである。ただそれがヘーゲル自身に対して勝訴するに過ぎぬ。ヘーゲルは法律の知識の不足のためにこの学問を遇することが、他の学問に対するよりも不当であった。「彼れはローマ法曹を抽象的悟性の発揮と解しているが、吾人は本書第二部全篇を通じて、これは今日のわが法律家について言わるべきことで、ローマ法曹については理は正に反対なることを最も実証的に証明するであろう。吾人は彼等の行為がむしろ思弁的概念の発揮に外ならぬこと、あたかも宗教的並びに芸術的精神の場合に然るが如く、自ら透徹せず、自ら意識せざる行為に外ならぬことを学ぶであろう。……しかし、これによって証明されることは、ヘーゲルの哲学はヘーゲル自ら承知していたよりも遙かに正しかったこと、及び思弁的概念はヘーゲル自ら認識したよりもなお遙かに広い版図を、なお遙かに強く支配しているということに外ならぬ。」

そこでラッサールの場合には、常に観念または歴史的精神概念が終局の説明になる。例えば、彼れは相続法について、ローマの相続法はローマ人の不死不滅の観念から生じ、古代ゲルマン人のそれは、財産の所有者は一定瞬間のその保持者ではなくて、家族であるという観念から生じたものであるという説明を下している。而してそれが最終の説明であって、かかる観念が何故に生じたかということは尋ねてもまた答えてもおらぬのである。

ラッサールは第一部第七節の脚註中に、私人所有権の範囲が文化の発達に連れてようやく狭められて来たことを詳述している。始めには聖物(sacra)が先ず個人の自由処分権外に除かれたが、なお久しく人間そのものが所有権の客体であった。次いで奴隷制度が緩和せられて体僕制となり、隷農制となった。人間を何等かの形で所有権の客体とすることが少なくも法律上廃止せられたのは、フランス革命をまってのことであった。しかし、今日といえども政治的並びに経済的社会的にはこの事はまだ廃止されておらぬ。今日のヨーロッパは甚だ興味ある二つの所有問題に当面しているのである。第一に政治的には、一国民の公共意思が一家族の所有物たること(君主政治)を廃止するの問題である。第二に社会的には、他人の直接可用性に対する所有権の最早存在することなき今日において、その間接搾取に対する権利は果して存在すべきものであろうか。即ち自己労働力の自由行使と発展とは、果して資本所有者の排他的私有物たるべきものであろうか。また従って生産物の売価と、一切労働の賃銀全額との差額をもって成る資本利潤の私有権が、企業家としての企業家に、その精神労働の報酬以外に果して与えらるべきものであろうか、という問題である（a. a. O. S. 390-398）。

然らばこの発展は何故に行われるか。ラッサールはそれに対して、僅かにこの所有権範囲の累進的局限は「人類自由の積極的発展に基づくに外ならぬ」ものだというに過ぎないのである。彼れに従えば、自由観念の発展の結果は、人間自由の、前に譲渡し得べきものと認められていた部分が不可譲渡のものと認めらるるに至ることでなくてはならぬ。「それが人間自由の不断の増進であることは、自明の理である。けだしこれによって自由の積極的本質を否定する（自他を問わず）恣意（Willkür）が削減制限せらるるに過ぎぬからである。しかしこの自由の発展増進は、個人相互間の関係に関して必然的に、特定個人の排他的任意支配に服属せしめ得べきものの制限として現れて、従って必ず私有権範囲の削減として現れざることを得ず、また現に然ること上方略述したるが如くである」（a. a. O. S. 399）。

かくの如き説明が、マルクス主義者の見地からしては、一の説明と称するに足らざることは明らかである。後にロードベルトスが、一民族における権利意識変化の事実は何によってこれを知るべきか、及び現在もしくは後代の一時代意識の内容を彼れは果して如何にして確定せんとするかを問うたのに対して、ラッサールは「貴下が自分自身並びに時代に対して理性と論理と科学とによって証明し得ることは、即ち時代の欲するところのものである……」と答えたことがある。この答は「甚だ非法学的であるが、しかし、甚だヘーゲル的」なること正にフォアレンダーの評する通りである（*Marx, Engels und Lassalle als Philosophen*, 1921, S. 75）。

四

ラッサールは『既得権体系』が出版されると、一部をマルクスに贈ってその一読を求めた。マルクスのこれに対する批評は比較的枝葉部分に対するものであったが（*Briefe L.* S. 325-334）、しかしマルクス主義の立場からしてラッサールの根本思想に加えた批評としては、これよりもエンゲルスが一八六一年十二月二日附でマルクスに与えた書簡の一節の方が明確である。「……ラッサールが今なお法理念（die Rechtsidee）絶対法（das absolute Recht）を信じているのは甚だしい迷信だ。彼れのヘーゲル法律哲学に対する抗議は、大部分甚だ当を得ているが、しかし彼れは未だその新しい精神の哲学とよく融合しておらぬ。仮りに哲学的見地からしても、過程の単なる瞬間的の結果でなくて、過程そのもののみを絶対的なるものと解するところまで行かなければならぬはずである。而してその場合には、歴史的過程そのもの以外に、何等の法の理念は生ずることとなかるべきはずである。」

　これに対してマルクスは「君のラッサールに対する非難は同感だ。……観念主義（Ideologismus）が通貫していて、弁証的方法が誤用せられている。幾多の場合を一原理の下に包摂することをヘーゲルは未だかつて弁証法と称したことはない」と答えている。

　エンゲルスは更に後に『家族の起源』の一節でも「信仰ある旧ヘーゲル学徒としてラッサールはローマの法律規定をローマ人の社会状態から演繹しないで、意思の思弁的概念から演繹している」と評している。

五

　後にも説くように、ラッサールを社会主義者たらしめる上に最も影響があったのは、一八四八年の革命期におけるマルクスとの接触であって、或る機会にマルクスの言った通り『共産党宣言』をラッサールは暗(そら)んじていた。即ち彼れはプロレタリヤの階級闘争の歴史的意義を充分理解していたのである。一方にかくの如くマルクスに共鳴するところがあって、他方にヘーゲルの唯心論を確持しているとすれば、そこに矛盾不徹底の生ずるのは当然である。『既得権体系』の翌年に著わされた『労働者綱領』の長短を一言もって説明せんとすれば、この一事を言わなくてはならぬのである。マルクスがこれを評して「宣言」（共産党宣言）その他吾々のしばしば説いたことの悪しき通俗化（schlechte Vulgarisation）に外ならぬものだといったのは、酷に失する嫌いはあるが、しかしマルクスの批評としては、決して理由のないことではない。

　労働者綱領は、別の機会にも記した通り、共産党宣言と同じく、現在社会において、プロレタリヤは、ブルジョワジーの支配を覆えして、階級的対抗衝突の全くない新社会を建設すべき歴史的使命を帯びているということをその中心思想とするものである。然るにラッサールは「プロレタリヤの階級闘争を理解していたから、古典哲学の国家崇拝は、彼れにあっては、決してロードベルトスにおけるが如き、形式的凝固には陥らなかったけれども、しかも、彼れは、決して唯心論的思考形式と絶縁しなかったから、また決してかの国家崇拝とも相絶たなかった」（Mehring, *Geschichte der Sozialdemokratie*, S. 247）。そこでマルクス、エンゲルスにあっては、プロレタリヤがその志を遂げて階級的対抗のない社会が実現せられた時は、即ち階級的抑圧機関たる国家が不用に帰して、消滅する時であるのに、ラッサールは、その時をもって国家が完成の域に達し、真の国家観が実現せられる時だと解したのである。これは国家を抑圧機関と解しては到達することの出来ぬ結論である。

　ラッサールが真の国家観と相対立せしむる謬れる国家観の

一は、ブルジョワジーが抱懐する自由主義国家観である。彼れがこれを排斥して夜警的国家観（Nachtwächteridee）と称するのは、この国家観に従えば、国家は人格的自由と所有権とを保護するためにのみ必要である、即ち国家の必要は僅かにその夜警としての必要に過ぎぬというところから来ているのである。この自由主義国家観とマルクス主義国家観とは、もとより相容れぬものであるが、しかし両者の間に多少の共通はある。それは両者ともに国家を目するに抑圧機関をもってすることである。自由主義は国家を抑圧機関と見る。故にそれは、国家の職分が人格及び所有権の保障という必要最小限に局限せらるべきことを要求するのである。マルクス主義も国家を階級的抑圧機関に外ならぬものと見る。故に階級別が撤廃せられて、抑圧すべき階級も抑圧せらるべき階級もなくなった暁には、国家には最早存立の余地がないというのである。そのいうところは各々異なるが、国家と自由とを相容れ難きものと見ることは、即ち一である。自由主義は国家職分の制限に自由を求め、マルクス主義は国家消滅のその跡に自由を期待する。

この両国家観は、ともにヘーゲルの国家観と相容れない。ヘーゲルは国家を「理念の実現」として「凡べての人の凡べての人に対する利害の戦場」たる市民社会（bürgerliche Gesellschaft）と相対立せしめている。しかし国家が理念の実現だというのは、既往及び現在の国家にその事実があるというのではなくて、国家はまさにかくあるべきものだというのである。既往及び現在の国家に欠陥のあることは、ヘーゲルも決してこれを否認しない。ただ彼れは、この欠陥は既往の国家が未完成なるがためにある、即ちそれは、「歴史的事物」に過ぎぬもので、決して国家の本質使命目的を決定するものではない、国家は益々完成する偉大なる有機体で、文化人類の政治的、法律的及び道徳的自由はただ国家内においてのみ実現せらるべきものだ、と説いたのである。即ちヘーゲルにあっては、国家は理想、市民社会は現実、国家は道徳的なるもの、社会は反道徳的なるものとして考えられたのである。マルクスも始めはこの思想を継受して、国家は益々完成の域に進み、人類の解放は、この完成した国家内において遂げらるべきものであるかの如く説いていたが、その思想はようやく移って、国家の本質は抑圧者たること以外には存せぬことを信ずるようになった。この思想の変化に対して、クノウの いう如く、果して自由主義の影響があったか否かは、今しばらく措く（*Marxsche Geschichts-, Gesellschafts- und Staatstheorie*, Bd. I, S. 309）。とにかくマルクスはヘーゲルを脱して国家敵視の思想を抱くに至ったのである。ヘーゲル学徒をもって終始したラッサールは、この点において全然マルクスと所見を異にせざるを得ぬものである。

ラッサールは、ヘーゲルとともに自由は国家の完成をまって、国家の下、国家の内で実現せらるべきものと解し、また国家の本務をここに求めた。即ち『労働者綱領』の終りに近い数節において彼れはいう。歴史とは畢竟人類の自然、窮乏、無知、貧困、無力、従って一切の不自由との闘争に外ならぬ。逐次この無力を克服すること、これが歴史の示す自由の発展である。しかしこの闘争においてもし単独にこれに当ったならば、吾人は終に一歩も前進することを得なかったであろう。「この自由の発展、この人類の自由への発展を完成すべき職分を有するものは、国家である。」国家は個人の単純なる集合でなくて、個人の「道徳的全体への統一」である。「国家の目的は……人間を積極的発展、漸進的進化を遂げしめること、換言すれば、人類の使命、即ち人間の能くし得る文化を現実にすること……人類の自由への教育と進化と」であると（*G. R. S.* Bd. II, S. 197-8）。

然らば何故に国家は労働者階級の勝利をまって完成の域に達するか。それはラッサールに従えば、労働者階級はその無産無援の境遇にあるところから本能的に国家の道義的目的を直覚するからである。この労働者階級が支配階級となった暁の国家は、最早従来の国家の如く、事情に促されてやむを得ずするのではなく、充分自覚して、この「国家の倫理的本質」をその本務とするであろう。而してこれによって国家は、歴史上未だその比を見ざる精神の高翔と、幸福、教養、安寧、自由の増進とをもたらし、歴史上の最も光輝ある時代も、為めにその光りを失わざるを得ぬに至るであろうという。即ち理念はここに実現されるのである。かく労働者は、国家の真目的を正しく認識するものであるが、ラッサールの立場からいえば、その正認せらるると誤認せらるるとを問わず、国家は永遠の過去より未来に亙って儼然として存在すべきもので、その国家本来の目的もまた不変なるべきはずである（拙著『社会問題研究』増訂版所載「マルクシズムと国家」参照）。

六

ラッサールが国家を観ることは、上述の如くである。国家当体の崇拝は、やがてあらゆる国家の崇拝に帰着しようとする傾きがある。勿論民主主義者、社会主義者たるラッサールが直ちに現存国家を是認することはないとしても、彼れの現存国家を待つことがマルクス、エンゲルスよりも遙かに寛容なるべき理由は確かにある。マルクスは現存国家権力を目するに「全ブルジョワジー階級の共通事務を処理する委員会に外ならぬもの」をもってしているが、ラッサールにおいては、国家本来の職分が、現在支配階級たるブルジョワジーのために誤認せられているというに過ぎぬ。その現存国家に対する態度もまた無条件否定の態度ではない。ベルンシュタインとメーリンクとはともにドイツ社会主義者中最も深くラッサールを知り、ともに他の点においてはマルクスとラッサールとの主張の相違が、一見感ぜらるるところよりも実は遙かに小さいことを力説するものであるが、国家観の一点においては、両者の立場に相容れ難きもののあることを認めている。而してベルンシュタインはこの国家崇拝をラッサールのアキレス腱と評し、また労働者綱領は「その他の特長あるにも拘らず、後のラッサールの運動上に現れた、あらゆる過失の萌芽を既に含む」といっているのである。(*Bernstein*, *S.* 169, Mehring については前出の個所を看よ)。

故に、ラッサールとマルクスとが運動上に取るべき手段について意見を異にしたのは、これを択ぶ上に一方が放胆で、一方が細心であったためばかりではない。而して両者が根本思想上に立場が異なるところあるがため取るべき手段についても必ず意見を同じうし得ざるべきことをマルクス、エンゲルスは早くから看破していたらしいのである。右にベルンシュタインが「アキレス腱」といい、また「ラッサールの運動上に現れた一切の過失」というのは、いずれも彼れのビスマルクに接近せんとした政策を念頭に措いて書いたことである。然るにラッサールが公けにビスマルクに好意を示さんとする形迹が見えたのは、一八六三年秋のライン州遊説の時で(ビスマルクがすでに五月十一日附で、労働者問題論議のためラッサールの来訪を誘った書簡は後にグスターフ・マイエルによって発表された)あるが、エンゲルスは既に同年六月中にマルクスに向って「あの男は今全然ビスマルクに奉公して働いている」といっている(*Briefe M. E.* Bd. III, *S.* 134)。

七

マルクスとラッサールとの主張の上における相違は、ほぼ上記の如きものである。然らばマルクス、エンゲルスはただこの故にのみラッサールと行動を共にすることを避けたのであったか。ラッサールのライプチッヒ労働者委員会に対する公開答書が公けにせられ、またドイツ労働者総同盟の設立せられる前後においてマルクス、エンゲルスの間に交換せられた書簡を読んだ者は、この問に答えるのに多少躊躇するであろう。マルクスは、前に引用したように、十五年の仮睡の後再びドイツの労働者運動を復活せしめたことがラッサールの「不朽の功績」たることを後に至っては認めている。しかしラッサールの生前にマルクス、エンゲルスの間に交換せられた書簡を通じて見れば、ラッサールは決してこの有意義の事業を起こした人ではない。二人の態度には往々潜(ひそ)かに政敵に備えるかの如きものさえ窺われるのである。

一八六三年三月一日の公開答書が刺戟となって、五月二十三日ドイツ労働総同盟はライプチッヒに創立せられ、ラッサールはその総裁に選ばれた。然るにその三日前(五月二十日)にエンゲルスはマルクスに向って「ラッサール事件と、そのドイツ国内に引起している騒ぎとは不愉快になり始めた。今が君の著作を完成すべき最も緊急の時だ。再び別種の宣伝者を得るためだけにも。しかのみならず、かくして反ブルジョワ主義のために地を成すことは必要である。ただその事について、この男に位置を占めさせては大変だ」と云い送っている（*Briefe M. E.* Bd. III, S. 130)。

少し晩れてマルクスがエンゲルスに与えた書簡には、こう書いてある。「僕は今年の始めからあの男〔ラッサール〕に手紙を書く気になれずにいる。彼れの説を批評すれば、それは時間の浪費だ。且つまた、彼れは一言一句を『発見』として自分のものにしている。彼れの剽窃を指斥して責めるのは滑稽であろう。僕は吾々の物を、彼れが塗り潰した形において、彼れから取り戻そうとは思わぬからである。と云ってこの大言壮語と挙措の拙劣とを承認する訳にも行かない。彼れは直ぐそれを利用するだろう。それ故、彼れの怒りが破裂するまで待つより外はない。その場合には僕には好い口実がある。彼れが常に『共産主義』を説くものでないといっていることがそれである。僕はその場合にはこう答える。僕がもし彼れに注目すれば、この信仰告白の反覆は、僕をして

（一）世間に向って、彼れが吾々を如何に、またどの点で剽窃したか、

（二）吾々の説が彼れの代物と如何に、またどの点で異なるかを示すことをやむなからしめたであろう。

だから『共産主義』を毀傷せず、且つ彼れを傷(きず)つけざらんがために、彼れを全然無視したのだと答えるのである。」

これに対してエンゲルスは同意して「君のラッサールに対しての政策は至極当を得ている。――幾年間もかの男から思想上搾取を受けて、その返礼として、彼れの一切の愚行を承認するというのは余りに酷い。」と云っている（S. 136, 138)。本篇の始めに私が「悪意の中立」と称したのはこれである。

ラッサールの死後マルクス、エンゲルスは彼れの運動の有意義の事業であったことを認めている。またマルクスはラッサールが自ら共産主義を説くものでないといい、且つその運動政策の当面の事情に支配せられることが余りに甚だしかったのを咎めているが、しかしラッサールの死後間もなく、彼れも自ら国際労働者協会（第一インタナショナル）を率いるに当っては、当面の事情を顧慮して、「往年の大胆なる用語」に抑制を加える必要を認めたのである。而して後述の如く、国際労働運動という大旆(たいはい)の下に諸国社会主義者を糾合するためしばらく主義細目の異同を問わなかったところに、マルクス主義者はマルクスの政治的手腕の非凡を認めているのである。然るにその同じマルクスが、ラッサールの運動に臨むには上記の如き態度をもってしたとすれば、それはマルクス、エンゲルスの感情に、ラッサールの運動の意義を冷静公平に批判することを妨げる何物かがあったからではないだろうか。そこでラッサール及びマルクス、エンゲルスの前後十数年に亙る交情を知ることも必要となって来る。

下篇

一

ラッサールは何時始めてマルクスと相識になったのか。ラッサールは一八二五年にドイツ東部のブレスラウで生れて、途中でライプチッヒの商業学校に入ったことはあるが、その外は郷里の中学校と大学とに学び、一八四四年になって始めてベルリンに出で、そこの大学に入った。フランス国境に近いトリエルで生れた、七歳年長のマルクスも同じくベルリン大学に学んだが、それは一八三六年の秋から一八四一年までのことで、ラッサールがベルリンに来た時には、彼れは既にライン新聞の主筆も罷めて、パリに転居しておった。さてラッサールも、論文の資料蒐集のためパリに遊んだことがある。それは一八四五年末のことで、マルクスは既にその年の始め退去を命ぜられて、ベルギーに去っていたから、この時も二人は会見する機会を得なかったはずである。それから一八四八年四月までマルクスはドイツ国外にいて、この時に帰国して再びケルンで新ライン新聞を起こしたのである。一方ラッサールは、その間にハッツフェルト伯爵夫人と相識り、その離婚訴訟を引受けて一八四六年六、七月以来ライン地方(重にデュッセルドルフ)に住んでいた。二者はここで始めて会ったのであろう (*Onckem*, S. 70)。ラッサールは直ちに同志として、且つ後進としてマルクスの民主主義運動に参加した。彼れはマルクスとの接触により明らかに影響を受けたけれども社会主義の確信はこの時すでに持っていた。彼れは後年マルクスに与えた書簡中に「記録文書と僕の諸論文とは、僕が一八四〇年以来革命家にして、一八四三年以来断然たる社会主義者なることを証明する」と云っている (*Briefe L.* S. 241)。この言明に対して久しく直接の証拠は見られなかったが、ラッサール研究の専門家、グスターフ・マイエルによって発見編纂せられた、ラッサールの少時父に与えた長文の書簡によって、彼れが少なくも既に一八四四年には、ヘーゲルとそうして多分ロレンツ・フォン・シュタインの影響によって、共産主義をもって市民社会の母胎から生れ出づべきより高き存在としていることが、今日では確証されている (*N. S.* Bd. 3. 拙訳岩波文庫本『労働者綱領』解説九―一二節参照)。

二

かくして得たこの同志をマルクスは如何に遇したか。マルクス自身はしばらく措き、彼れの周囲の人物は、当初からラッサールに反感を抱くものが多かった。それがため共産主義者同盟 (Kommunistenbund) 幹部は、マルクスの提議があったにも拘らず、一八五一年四月に出獄したラッサールの入党を肯じなかった (*Briefe M. E.* Bd. II, S. 382)。マルクスは彼れを入党せしめようとしたくらいであるから、他のものよりは比較的ラッサールに好意を抱いていたものらしい。一八五三年中には「ラッサールは幾多の『しかしながら』にも拘らず強固な気力ある人物だ」といっている（*Briefe M. E.* Bd. I, S. 396)。

しかしこの文句によっても推察される通り、彼れはラッサールに決して全幅の信頼を置いていたのではなかった。そのラッサールの信用を甚だしく傷けたのは、デュッセルドルフの労働者からわざわざロンドンに派遣せられたと称するグスターフ・レヴィーなる一人物のラッサールの行状に関する密告があったことである。それは一八五六年のことで、マルクスは三月一日附の書簡でこれをエンゲルスに報じている。その大要を云えば、ラッサールはハッツフェルト伯爵夫人が勝訴して、三十万ターレルを得てから人物が一変し、貴族に媚びて労働者を顧みなくなった。ハッツフェルト伯爵との訴訟において、伯爵の代理人と検事とを買収して伯爵を脅迫した。贅沢な生活に耽っている。労働者は彼れが変節せんとするものだと信じている。労働者の彼れを憎むことは甚だしいから、一朝事ある時に彼れがデュッセルドルフにおれば、労働者に虐殺されるであろう。等のことである。而してマルクスは「極めて厳密なる調査の結果彼等（労働者）の正しいことを信ずる」と云っているのである（*Briefe M. E.* Bd. II, S. 99)。

エンゲルスに異議はない。「彼れの大なる才能のためには惜しむべきだが、これ等のことは余りに酷い。彼れは常に恐るべく警戒を要する人間だった。スラヴ国境の純血ユダヤ人たる彼れは、党の口実の下に何人をもその私利のために利用しようと待ち構えていた。さてその上に、この上流社会に入り込もうとする性癖は……常に不快だった」というのがその答である（S. 102)。

この密告の事実の有無如何というに、それは全然無根だったとはいわれない。しかし密告に誇張があったということは、認め得るようである。もしラッサールが真に密告通りの人物ならば、公私ともに事を共にすべき人物ではない。然るに後年ラッサールが労働者総同盟の運動を起こした時、先ずこれに参加したものの一人は、外ならぬ密告者レヴィーであった。しかのみならずレヴィーは総同盟創立大会に出席して、ラッサールを独裁的権力を有すべき総裁に選挙することに賛成し、またデュッセルドルフ及び附近の都市において、彼れは自ら起草したラッサール（及びライプチッヒ労働者）信任感謝の辞に人の署名を求めている（*Briefe M. E.* Bd. II, X)。これは甚だしく密告の効果を弱むべき事実である。しかのみならずラッサールは後に至って件のレヴィーが金銭問題について己れに不快の念を抱くべき理由のあることを云っている（*Briefe L.* S. 248)。しかしマルクスは、もとよりこれ等の事実を知るはずがない。そこで彼れはラッサールを好ましからざる、信用すべからざる人物として遇するようになったのである。

三

次にマルクス対ラッサールの交情を傷ける機会を供したものは、イタリヤ戦争であった。一八五八年の夏、ナポレオン三世はサルヂニヤの首相カヴールを浴泉地プロムビエールに招いて、対オーストリヤ戦争について商議した。フランスはサルヂニヤと同盟してオーストリヤと戦い、サルヂニヤはロムバルヂヤとヴェネチヤとをオーストリヤの羈絆より脱せしめて一王国を建設し、フランスはイタリヤよりサヴォイとニースとの割譲を受くべきことを約したのである。

オーストリヤ以外のドイツ諸国がこの戦争に対して如何なる態度を取るべきかは、複雑なる問題であった。もしオーストリヤとともにドイツ全民族の統一を行うべきものであるならば、ドイツ諸国は無論オーストリヤとともにフランスと戦わなければならぬ。しかし一方においてナポレオン三世が扶けて遂行せしめようとすることは、イタリヤの民族的独立の第一階梯であって、それは当時同じく民族的統一に憧憬していたドイツ人の同情禁じ難き運動である。しかしまた他面において、この戦争がナポレオン三世のための帝王戦争であることは疑いを容れぬ。しかのみならずナポレオン三世は、同盟の代価としてサヴォイとニースを求めている上に、所謂イタリヤ「統一」もフランス帝国の利害と牴触せざる限りにおいてのみの統一であった。とにかくイタリヤの民族運動に荷担するものは、同時にナポレオンを援けなければならぬ。これが問題の難点であった。ナポレオン三世及びオーストリヤ政府は、もとより自国に有利となるようにドイツ国内の輿論を動かそうとして百方努めた。ナポレオン三世の機関の主張するところは、この戦争はオーストリヤとイタリヤとに関することで、ドイツと相関するところはないというのである。これに反し、オーストリヤ側の説を聴けば、ナポレオン三世が南方で志を得た後に、次に脅かさるべきものはライン河である。故にラインの左岸を安全ならしめんと欲するものは、上部イタリヤにおけるオーストリヤの現在地位を維持しなければならぬ、即ちライン河をポー河で防がなければならぬというのである。

右のフランス側の議論は、大体においてオーストリヤを除外し、プロシャを盟主としてドイツ統一を遂行せんとする、所謂小ドイツ党の綱領に一致するものであった。勿論この派に属する者の中にも、この際ナポレオン三世を援けて、これと諒解あるロシヤを進出せしむることを憂うるものもあったが、しかし小ドイツ党の主張から見れば、もとよりナポレオン三世側の言論の有理なることを認めなければならぬ。ナポレオン三世はドイツと戦うものではない。もしオーストリヤをドイツより除外すべきならば、今はその最好機会ではないか。オーストリヤと伊仏との相戦うに乗じてドイツはむしろプロシャを戴いて統一のために一歩を進むべきではないか。

ラッサールが一八五九年に著わした『イタリヤ戦争とプロシャの課題』(*Der italienische Krieg und die Aufgabe Preussens*) で主張するところは、この小ドイツ党の綱領と一致する政策であった。イタリヤ独立は善き事である。ただ共にこれを遂げんとする者は悪しき人である。イタリヤの抑圧は悪しき事である。而してこの悪しき事を行わんとするものは果して誰れか。ラッサールの曰わく「オーストリヤはそれ自体において確定し徹底せる反動原理である。故にそれは終始あらゆる自由観念の最も危険なる敵であった。ルイ・ボナパルトは個人的には専制君主であり、暴君である。しかし彼れの支配の基礎となり、彼れが再三再四宣明しなければならぬ原理は、民主的原理である。人民の意思、普通選挙権、労働階級の状態改善である」(*G. R. S.* Bd. I, *S.* 49)。彼れはオーストリヤを憎むこと甚だしく、或いは、オーストリヤに比する時は、如何なる黒奴も白光を放つといい、或いは、ロシヤ政府は、その利害と一致する限り、その人民を文明の域に導かんと努めているのに反し、オーストリヤにおいては、その人民と反対に政府が野蛮原理を代表し、人工的強圧的にその文化諸民族をこの原理の下に屈服せしめている、ともいっている。而して結局ラッサールの主張するところは次の語に帰着するのである。「唯一の相応(ふさ)わしき、偉大なる、ドイツ民族の利益たるとともに均しくプロシャの利益たるべき態度は、プロシャの次の言明である。曰く、もしナポレオンが南方において民族の主義に基づき欧洲地図を修正するならば、善し、吾等もまた北方において同一事をなさん。ナポレオンはイタリヤを独立せしむるか。善し、然らば吾等はシュレスウィク・ホルシュタインを取らん。」この宣言とともに兵をデンマークに送れ。「ドイツ民族とともにプロシャの死活の利害たるこの戦争においては、ドイツの民主主義者自らプロシャの旗旒(きりゅう)を担い、これに対する障害は偉大なる一民族の心臓に五十年来鬱積せる民族的感情の爆発が独り能くする膨脹力をもって、ことごとくこれを圧倒するであろう。もしプロシャにして躊躇して何事をもなさざらんか、これによってドイツにおける君主政治は最早国民的行業に当ること能わざることが再三証明せらるるのである」(S. 107, 112)。

マルクスの所見は違う。彼れにとって最も憎むべきものは、ナポレオン三世であった。フランスの共和主義者を復活せしめ、再び欧洲革命の火を燃上らしむるためには、先ずナポレオンを倒さなければならぬ。ラッサールはナポレオンのドイツに対する敵意を認めておらぬのに反して、マルクスは、彼れの真目的がラインにあることを確信していた。ナポレオンに次いで憎むべく恐るべきは、ナポレオンと了解あるロシヤである。この二者に比較すれば、オーストリヤはむしろ害の小なるものである。いやしくも欧洲の自由を念とするものは、これを援けなければならぬ。マルクスの真意はこれより少し後、彼れが人に与えた書簡の中に簡明に約説せられている。曰く、「イタリヤ戦争については、小生のこれに対する意見のわが友フリードリヒ・エンゲルスが一八五九年ベルリン エフ・ドゥンカー（ドゥンカー書店）より出せる著名の小冊子『ポーとライン』中に言明せるところと全然一致するものなることを記し置かざるべからず。この書の原稿は、そのベルリンに向って発送せらるるに先だちエンゲルスより小生に送附せられしものに有之候。小生等は小生等が一八四八年新ライン新聞において、あらゆるドイツの新聞雑誌中最も断乎として言明主張せるが如く、自由独立のイタリヤを欲すること、ハンガリヤに対し、ポーランドに対すると正に同様に有之候えども、小生等は、ボナパルトが（ロシヤと黙契して）イタリヤの自由、もしくはいずれか他の民族問題を、ドイツを滅ぼす口実となすことを欲せざるものに有之候」と（*Archiv für die Geschichte des Sozialismus und der Arbeiterbewegung*, Bd. X, S. 66)。

マルクスは勿論ラッサールの説を是認しない。「ラッサールの小冊子は大間違いだ」と云い、またラッサールに己れのイタリヤ戦争に関する意見を告げると同時に「将来一人が党の名において行動する場合には、次の二途いずれかを択ばなければならぬ。即ちその者が予め他の者と相談するか、或いは他の者（マルクス自身とエンゲルスとを指す）がその人に顧慮せずに自己の意見を公然主張するか、いずれかである」と告げている（*Briefe M. E.* Bd. II, S. 325, 363)。

四

このラッサールとマルクス、エンゲルスとの立場の相違は、如何に解釈すべきものであろうか。右に引用した『イタリヤ戦争』の終りの一節の句によれば、ラッサールは民族主義者であるといって好い。しかし著作の表面に現れたところだけを取っても、簡単に一方が愛国者で他方が非愛国者であったところから意見の相違が生じたのだとは決定する訳には行かぬ。何となれば、ラッサールは民族感情の爆発を説いてはいるが、ナポレオンのオーストリヤ攻撃を傍観すべしというのに対してマルクスは、ナポレオン三世のドイツ民族攻撃を許すべからずというのであるから、いずれが民族的でいずれが民族的でないともいわれない。ただラッサールの立場は前記小ドイツ党の立場と一致し、マルクスの立場は大ドイツ党の立場と共通点が多いというだけの相違である。現にマルクスは「既にドイツ存立のためにも、彼等（政府）に向って、中立せずに、君が適切に云ったように、愛国的たるべしとの要求を提起しなければならぬ」（*Briefe M. E.* Bd. II, S. 325）と云っているのである。マルクス、エンゲルスは、少なくもこの場合には、民族主義是非を問題にして争ってはおらぬこと正にベルンシュタインの説明すこぶる努めた通りである(Bernstein, —derselbe, Wie Fichte und Lassalle national waren? *Archiv für Geschichte des Sozialismus und der Arbeiterbewegung*, V.

Jahrg. S. 144-162)。

然るにラッサールがマルクスに告げるところによれば、彼れの議論には更に裏面の魂胆があった。即ち彼れは実はその小冊子に説いたことがプロシャ政府によって行わるべきことを期待もせず、また希望もしなかった。即ち彼れは、プロシャ政府がフランスに対しては中立を守って、その機会にシュレスウィク・ホルシュタインを併合する挙に出ようとも思わず、それを希望もしなかった。彼れは対仏戦争の必然避け難きことを予期し、ただこの戦争を不人望のものとすることによって、革命の機運を促そうとするのである。即ち前掲引用句中に、彼れはもしプロシャが彼れの小冊子中に説くところを実行しなければ、ドイツの君主政治は国民的行業に当ること能わざるものだといっているが、普通の読者が解するところによれば、これはプロシャ政府を激励して、書中説くところの政策を実行せしめるための言葉でなくてはならぬはずである。然るにラッサールの真意は、一見激励の辞と解せらるるものを、実はプロシャ政府非難のために用い、これによってこれをして民望を失わしめようとするにあったというのである。

ラッサールはマルクス、エンゲルスに『イタリヤ戦争』を贈呈した後、一八五九年五月二十七日の書簡中にドイツにおける反フランス敵愾心の激昂を説いた後「民意に反して政府によって企てられた対仏戦争が爾かく我々の革命的発展に有利なると同様に、眩惑せる民衆の人望によって後援せらるる戦争は、吾々の民主主義的発展のために甚だしく不利である。……勿論僕は一瞬時といえども、政府が第三節に提議せられた途を取ることが出来ようとも、取るであろうとも思ってはいない。否な正反対である……しかし、それ故にいよいよ僕はこの提議をする必要を感じた。他なし、それが直ちに転じて非難に変るからである。」と云い（*Briefe L.* S. 182）、また六月中頃の書簡に「人望ある対仏戦争に僕は不幸を見る。しかし人民に不人望な戦争は、革命のためには非常な幸福である。……そこで問題は二つに分たれる。わが政府は戦争しなければならぬ（而して彼等はするであろう）。而して吾々はそれを不人望のものにしなければならぬ。……吾々の利益となることはほぼ左の如きものである。

（一）戦争の行われること（これは前記の如く、わが政府が自ら行う）。

（二）その失敗に終ること（これも同じく政府が自ら行うであろう……）。

（三）人民が戦争に反民衆的、君主的、反革命的主旨をもって、即ち人民の利害に反して企てられることを確信すること。——この事のみが吾々の配慮し得ることである。

従ってこれを配慮するのが吾々の義務である」（S. 187-8）。

『イタリヤ戦争』の文字の表面に現われたところがラッサールの真意だとすれば、彼れの立場は小ドイツ党の立場であることは、前述の通りである。しかし右の私信によれば、彼れの真意は別のところに存したものといわなければならぬ。而してかくの如き権道を取ることに対する是非の批評をしばらく措けば、別の機会に彼れが「而して予はなお、トルコの遺産がドイツの手に帰して、ドイツの兵士または労働者聯隊がボスポルスの岸に立つ日に逢わんことを望む。」「予の生涯において、予の憎みしものありとせば、それは小ドイツ党である。……吾等は皆な大ドイツ　マイナス王朝を欲せねばならぬ。」「予は予の生涯において、小ドイツ党の利益となるべき一言をも吐いたことがない。予はこれを真摯、戦争、革命、共和国に対する恐怖の産物に過ぎず、また一個の民族を売る行業に外ならぬものと認める」(Briefe von F. Lassalle an Carl Rodbertus-Jagetzow vom 8. und vom 2. Mai 1863, zitiert bei *Bernstein*, S. 85, 86, 87.) といっているのは『イタリヤ戦争』の「真意」と一致するものである。

マルクスとラッサールとの間には仔細に観察すれば、確かに立場の相違があって、マルクスがヨーロッパ社会の革命という見地に立つに対して、ラッサールはドイツ人の眼鏡をもって観察判断し、次に記すフォクト問題についてマルクスが「誰れがドイツの公衆判断などを問題にするものか」といったのに対してラッサールは詳かに党の首領の取るべき政策を説いた後「もしかの『ドイツ』の字にアクセントがあるならば、君はドイツの革命家で、またドイツのために働かんと欲し、且つ働かねばならぬことを忘れ給うな」と言ってもいるのだが (*Briefe L.* S. 226)、しかし『イタリヤ戦争』を中心にしての論争では、二者は直接には民族主義是非で争ったのではなく、二者ともに革命家の見地から、革命のために果していずれの途を取るのが有利であるかを論じたので、見解の相違は後に両者のともに認めた通り、前提たるべき事実の観察の相違に基づくもの、革命のために「最も適当なる政策」の何なるかに関する所見の相違に基づくものであった (*Marx, Herr Vogt., Briefe L.* Mitte Juni 1859)。

五

しかしイタリヤ戦争が二者の交際に及ぼした影響は、上述のものだけでは済まなかった。ラッサールの意見は、マルクスがフランス政府の支給の下にあると認めたカール・フォクトの説と大体において一致するものであった。マルクスはラッサールにそのことを挙げて「嫌がらせ」に類することを云ったらしい。前に引用した、六月中旬のラッサールの書簡にはこういう一節がある。「君はフォクトは買収せられているという。それは有り得べき事だ。……君は僕の仲間が悪いということによって僕を否定しようとするのか。然らば僕はこの挨拶を返上することが出来る。君は不幸にして今回はベネデイ及びワルデックと説を同じうするのだ」(*Briefe L. S.* 190)。

然るにその後久しからずして、マルクスを激怒せしめたフォクトのマルクス誹毀事件が起った。

フォクト事件の顚末を記すと、彼れのマルクス誹毀はマルクス自身は先ず与かり知らぬと云って好いが、マルクス門下の側では幾分これを挑発した嫌いがたしかにあった。フォクトは自然科学者、唯物論者であったが、政治運動に携りフランクフルト国民議会では左党領袖の一人であり、五人の帝国摂政が選挙せられた時には、選に当ってその一人となり、ギーセン大学教授の位置は政治運動のため棄て、一八五二年来ジュネーヴに住んでいたが、イタリヤ戦争に際して、ドイツ民主主義者の取るべき態度に関する綱領を定め、フライリヒラートその他在ロンドンのドイツ亡命客にこれを示し、且つこの方針に基づいて、新たに起されたスイスの一週刊紙に対して寄稿を求めて来た(一八五九年四月一日)。マルクスがフォクトの行動に不感服であったことは、そのエンゲルス宛の書簡によっても窺うことが出来るけれども、しかし公けには彼れに対して何等の攻撃を加えなかったが、マルクスの友人で特に親密ではなかったが、革命時代以来彼れと交通していたものにカール・ブリント(Karl Blind)と云う人物があって、これがマルクスにフォクトの秘密なるものを告げた。フォクトはドイツを売らんとするもので、ナポレオン三世の補助金を得て運動している。或る南ドイツの操觚(そうこ)者を三万グルデンで買収しようとした。ロンドンにおいても贈賄を試みようとした。イタリヤ戦争は既に一八五八年の夏ジュネーヴでジェローム・ナポレオン公とファッィー並びに一味の者との会見において討議せられ、将来のハンガリヤ王としてはロシヤのコンスタンティン大公が指定せられている、云々というのである。マルクスはこの話を、自分もその特別寄稿家となった *Das Volk* の主筆のビスカンプに聞かせたところが、後者はマルクスに諮らずに、これを種にしてフォクトに対する嘲弄的な文章をその紙上に掲げ、その一部を彼れに送附した。これだけならまだ好かったのであるが、更にリープクネヒトは *Das Volk* 印刷所においてフォクト攻撃の匿名冊子で、上記の秘密暴露の記事を含むものの校正刷を発見し、且つ植字工某の証言するところによれば、その原稿はブリントから廻附せられ、且つブリント自筆のものであったと云い、校正もまた彼れの手跡によって行われておったと云うのに安心して、両三日の後、その試し刷一部をその通信員をしていたアウグスブルグのアルゲマイネ・ツァイトゥンクに送り、且つ附け加えて、この冊子の著者は最も信頼すべき人物で、書中の記事にはことごとく証拠があると云い送った。ところがアルゲマイネ・ツァイトゥンクでこの冊子を紙上に掲載すると、フォクトは該新聞に対して誹毀の訴訟を提起したので、新聞社はリープクネヒトに約束の挙証を求め、リープクネヒトは同じくそれをブリントに求めると、後者はこれを拒絶し、冊子の内容の如き事実をマルクスに告げた事実はやむを得ず承認したが、冊子の著者は自分ではないと云って固執した（ブリントの虚言者なることは後に明らかにせられた。）リープクネヒトは甚だ拙劣な立場に陥ったのである。不思議にもドイツの裁判所は、これでも有罪の判決を下さないで、結局フォクトの敗訴には帰したが、これがためフォクトは、不当の攻撃を受けたにも拘らず、法律は彼れを保護しなかったと云う事実を世に示す形ちとなって、その立場は非常に有利になったのである。

然るにフォクトはこれだけに満足することをしないで『予のアルゲマイネ・ツァイトゥンク告訴事件』と題する印刷物を公けにした。これより先き、*Das Volk* にフォクト嘲弄の記事が掲げられた時にも、彼れは *Bieler Handelskourier* に一文を寄せてマルクスを戴く一派の亡命客は、元と「悪党」と称せられた連中であって、この連中はドイツ労働者の間に陰謀を企てているが、その陰謀は大陸の秘密警察にはことごとく偵知せられていて、必ず労働者を不幸に陥らしめるものであるから、労働者は宜しく彼等に対して警戒しなければならぬと云う意味のことを書いたが、今その「告訴事件」を公けにするに及んで、前日の誹謗を更に詳細に繰返し、殊にマルクスをもって、もと革命運動に荷担したことのある人々に対して、そのいわば旧悪を種に金銭を強請する脅嚇取財団の団長とした。この刊行物はかなりセンセーションを惹起したが、ナチオナール・ツァイトゥンクは、この材料からして造り出した二篇の長文論説を紙上に掲載し、フォクト自身の冊子よりもこの論説の方が先ずマルクス一家の目に触れた（一八六〇年一月末）。勿論マルクス自身もこれに対して冷然たることを得なかったであろうが、殊にマルクスの妻はこれがために打撃を受けた。そこで彼れは未だフォクトの小冊子を見ない前にナチオナール・ツァイトゥンクに法律上の制裁を加える必要を認め、この新聞を告訴した。不幸にして訴訟はフォクトのアルゲマイネ・ツァイトゥンクに対する場合と同じく失敗に終った。最初にこれを提起した市裁判所では、誹毀的文言はナチオナァル・ツァイトゥンク自身の用いたものでなくて、他人の文言の引用に外ならぬから、事実不充分なりとの理由をもって却下せられ、更に高等法院は脅嚇取財団、貨幣偽造団の首領をもって呼ぶことは、マルクスに対する侮辱にはならぬと云う、奇怪な意見であって、いずれもマルクスの敗訴に終ったのである。フォクトに対する文筆上の制裁たる『フォクト君』（*Herr Vogt*）はなお多くの準備を要したので、十一月に入ってようやく脱稿した（拙著『価値論と社会主義』三四二―七頁）。

マルクスが新聞論説を見て激憤の頂上にある時に、ラッサールは冷静に、彼れの取るべき最有利の手段について忠告を試みた。その中で彼れはマルクスもまたブリントの如き人物の言明を直ちに信用したという点においては責がないことはないといった。故に彼れに示すべき別の証拠がないならば、先ずフォクト収賄の非難を撤回して、然る後に自己の弁護に移らなければならぬ。不当なる攻撃者を遇するにこの正当の態度をもってすることは、確かに異常の克己を要することであるが、弁護を有効ならしめんためには、先ずこの方法に出でなければならぬ、と説いた。次いで彼れは、リープクネヒトがアルゲマイネ・ツァイトゥンクの如き反動主義の新聞に通信することを非難した（*Briefe L.* S. 219-222）。

これはマルクスにとっては勿論愉快でない。フォクト自身の小冊子は未だ見ていなかったが、彼れの被買収はマルクスの確信するところである。それに対する非難を撤回するというのは、彼れのなし得べきことではない。またアルゲマイネ・ツァイトゥンクについては、マルクスはもとよりこの新聞の友ではないが、少なくも外交政策上においてはこの新聞の態度は寛容であって、その点においてはドイツ新聞紙中にあって例外をなしている（*Mehring,* S. 298）。故にマルクスは彼れの目にはアルゲマイネ・ツァイトゥンクもフォルクス・ツァイトゥンクも択ぶところはないと答えた。ラッサールはこの説を難じ、またマルクスのナチオナール・ツァイトゥンク告訴は、少なくも文筆上のフォクト反駁が世に現れるまで待つことを利益とすると説いた（S. 225）。

ラッサールはこの書状がマルクスの感触を害せずして、彼れの正直なる友情の汲まれんことを望むと書いたが、マルクスはそこに何等の好意を認めなかった。彼れにとっては今敵か味方かいずれかよりない。彼れは到底ラッサールの忠言と批評とに耳を傾ける余裕がなかったのである。彼れが如何にラッサールを怒ったかは、そのエンゲルスに与えてこれを罵った書簡によって窺うことが出来る。「かの男の言うことは何ということだ。リープクネヒトに対するかの男の道徳家気取りはどうだ。僕が同盟（共産主義者同盟）に入会させようとしたに拘らず、彼れの悪評のためケルンの中央役員が全員一致でそれを否決したのを、かの男は忘れたのか。実際僕はデリカシーから、凡べてこの事を彼れに秘密にして置いたのだ。二三年前デュッセルドルフから僕に派遣せられて、彼れに対する言語道断の（一部分反駁すべからざる）非難をもたらした労働者代表者のことも、そうだ」（*Briefe M. E.* Bd. II, S. 382）。

マルクスは今この「デリカシー」を擲って、ラッサールへの書簡中に「君に対する公けの非難（その中にはデュッセルドルフからの労働者代表者の言明もある）は同盟の書類中にある」といい、また合衆国ボルティモアの一在住者からの、彼れがベルリンで一友人を欺いて三百ドルを騙取したという報告紙片を同封した（*Briefe L.* S. 245, 243）。ラッサールは怒ってマルクスにこの密告者の指名を求めた。殊に右の報告紙片がマルクスの質問に応えて記されたものであることを見て憤懣に堪えない。「君等は僕のことについて人にきいて廻ったのか‼　探索を感謝する‼　僕は常に君の、エンゲルスの、ヴォルフの、その他の人の性格をどう思うべきかを誰れにもきかずに的確に知っていた。しかも僕の君等を知ることは、君等が僕を知るより精確ではなかったのだ。君等のことを先ず他人にきいて見るということは、夢にも思い及ばなかった。君等をどう思うべきかは常に自ら知っていた。――探索を感謝する‼」(*Briefe L. S. 244-5*)

マルクスは無論指名の要求に応じなかった。また所謂デュッセルドルフからの労働者代表者は、前記の通りグスターフ・レヴィーであったのだが、ラッサールもこの人物に疑いをかけて、それをマルクスに問うた。マルクスは事実を匿してそれを否定した。そうしてラッサールがマルクスの「猜疑」云々と書いたのに対して逆襲的に「さて上記の事実と君のそれに対する解釈とを比較して見給え。そうすれば君の『猜疑』に対する特殊の才能が明らかになるであろう」といった(*N. S.* Bd. III, S. 281)。

六

この事件によって彼等は絶交するには至らなかった。しかし彼等の間の溝渠がいよいよ深くなって、互いに相信じ相提携することがいよいよ困難にせられたことは、想像に難くない。しかしラッサールは未だマルクスとともに一八四八年の運動を復活せしむる希望を棄てないで、一八六一年、これとともにベルリンで日刊新聞を起すの案を提議し、マルクスのためにドイツ国籍恢復の奔走を試みた。しかしこの提議も、一にはマルクスが「ドイツにおける波濤が吾等の船を浮べるまでに高まっておらぬ」と認め、一にはラッサールを信用しないために結局斥けられた。この年の五月マルクスがベルリンでラッサールと会見した後に、エンゲルスに与えた書面にその事が書かれてある。「ラッサールは直ちに僕に提議をした。同時に彼れは是非僕と並んで主筆とならなければならぬと打明けた。それでエンゲルスは、と僕が問うた。『さればさ、もし三人で多過ぎさえせねばエンゲルスも主筆になっていい。ただ君達二人で僕一人と同じ票数を持つのでなければ困る。そうでないと僕は毎回少数者になるから』。……ラッサールは一部学者界において、そのHeraklitによって、また別の阿諛者の間に、美酒と佳肴とによって博し得た名声に眩惑されて、一般世間では己れが不評判だということを無論知らない。加うるに、その独断、その『思弁的概念』への膠着、その古いフランス自由主義感染、その傲慢なる筆致、無遠慮、挙措の拙劣等をもってする。ラッサールは厳格な監督の下に編輯者の一人とすれば役に立つかも知れぬ。然らざるにおいてはただ失態を暴露するのみだ」(*Briefe M. E.* Bd. III, S. 16-17)。

ラッサールがなおこの計画を放棄しないで、翌年の夏ロンドンにマルクスを訪問した時、再びこれを提議して肯かれなかったことは、この篇の始めに引用したマルクスの書簡に現れている。しかもこのロンドンでの会見は、人間交際上にしばしば起る、瑣細とも重大ともいい得る金銭問題のため結局両者を相近づけないで、却って相距たらしめた。

マルクスはこの頃窮乏の極にあって、債鬼の難を一日も免れぬ有様であった。ロンドン出発前ラッサールは、マルクスの「意気銷沈せる容貌」を見て、その理由を尋ね「一八六三年一月一日まで十五ポンドを提供」し、また十五ポンド以上に至ってはエンゲルスその他の支払約束があれば、任意金額の手形を己れに宛て振出しても好いという申出をした（*Briefe M. E.* Bd. III, S. 83）。そこでマルクスは、この手形の方法により四百ターレルを融通して危機を脱しようとした。然るに「何でも引受ける」と云ったラッサールから「僕が引受けるためには、期日到来の八日前に返済金額を僕の手に交附するというエンゲルス自身の反証（Revers）を要する。勿論決して君が彼れの委任を受けて手紙を寄越したのだということを疑うのではない！　ただ自分の身辺に万一の事が起った場合のために、返済義務を負い、且つその能力ある人の書面の約束を取って置きたいのだ」という返事があった（S. 88）。マルクスは不快を感じて「皮肉な手紙を書いた」（マルクス自身の言）。それはラッサールに依頼したことを後悔するというのである。「……君をこの問題に捲き込んだことを再び大いに後悔する。……これは君の側における前提と僕の側における前提とが異なることを看過したことに因する軽率である……」という如き文言がある（*N. S.* Bd. III, S. 401）。ラッサールはマルクスの「無礼なる当てこすり」を怒り「手形を引受けることが多少の努力を要することを知ったなら、それは侮辱に値することだろうか、それとも僕が君のためにこの努力を敢てしたことに対する感謝に値することだろうか」と言い、そうしてマルクスからかかる手紙を受け取るべき覚えがないと思うラッサールは、自分は好意と友情とをもって書いた積りだがその事を確めたいから自分がマルクスに与えた手紙の写しを要求すると宣言した（*N. S.* Bd. III, S. 402-405）。

然るにマルクスは、その間にラッサールが更に今一度通信したにも拘らず、十一月七日に至るまで二ヵ月余に亘ってこれに答えなかった。しかも三月払の手形期限である十一月十二日が近づいてもエンゲルスからの送金は到着しない。ラッサールの不快は想像することが出来る。十一月六日附をもって彼れはマルクスに書いた。「十一月十二日をもって手形の期限は到来する。その一週間前即ち本月四日に僕は送金を受くべきはずであった。四日、五日、而して今や六日の入便があって、しかもなお送金は僕には達しておらぬ。君は正確と迅速とが君の主張するほどのものでないことを認めるだろう。今僕が不安を感ずべき理由があるかないかを、君自ら判断することが出来るだろう。……僕がツューリッヒからとここ（ベルリン）からと出した三通の書面に対しては回答の労に値せずと認めたとしても、君も今回は僕に即答を求める確乎たる権利があることを理解するだろう。」そうして同じ手紙の終りに、マルクスに貸与してあったロッシャーの著書の返還を求め、他市の居住者には蔵書を貸与しないという規則をマルクスのために破ったのを後悔すると言った（*N. S.* Bd. III, S. 405-406）。これと行き違いにマルクスは十一月七日附をもってラッサールに通信し、送金を通知するとともに和解を求めた。……「君は僕の手紙の解釈の仕方において誤っている。僕もまたそれを書いて誤解材料を供したのが悪かった。」然らば二人は仲違いすべきであろうか。マルクスは自ら答えて「僕は思う、我々の友情における実質的なるものはかかる衝撃にも堪え得るだけの力を有すると。……だから僕は吾々の古い関係が『凡べての事にも拘らず』依然として傷けられずに続かんことを望む」（*N. S.* Bd. III, S. 407）。

しかし時既に遅く、ラッサールはこれに答えず、マルクスも「手紙を書く気にならず、」二人の文通は全く絶えた。されば後に（一八六四年四月二十一日）ラッサールが人に、マルクスとは金銭問題のため仲違いして二年以来文通していないと書いたのは（*Oncken*, S. 528）事実であったといえる。

ラッサールも終にマルクスとの提携を断念して、翌年単独に運動を開始した。その著作物をマルクスに贈呈することは怠らなかったが、文通は一八六二年（暮？）以来絶えたのである。同時に一方マルクス、エンゲルスが相互間の文通においてラッサールを罵り、或いは嘲けることは（無論この時に始まったのではないが）いよいよ甚だしくなった。ラッサールは「すっかり将来の労働者独裁者気取りでいる。（吾々から借用した文句を御大相に振廻しながら）」と云い（一八六三年四月九日）、ラッサールがその小冊子『労働者問題のために』（*Zur Arbeiterfrage*）を贈った時には、「僕は今役目として毎日十時間経済学をやるから、外の時間をこの学校作文を読むために潰す訳には行かない」（七月六日）と云い、また彼れを「二十年前、吾々が十倍よくわが同志の間に補助貨として配布した命題を（彼れの最新発見として）冗長極まる饒舌をもって世間に吹聴する中学六年生」（八月十五日）と評したのである。

七

かくの如くにしてマルクス、エンゲルスは、ラッサールの運動に臨むに予の所謂「悪意の中立」の態度をもってすることとなった。而して右の記述によって、彼等をしてこの態度に出でしめたものは、一部分はラッサールと彼等との不幸なる交際であったということは読者の首肯するところであろう。この交情の疎隔が、主義政見の相違と相関することなきものだとはいわぬ。しかしまた全く私情を交えぬものだともいわれない。筆者はラッサールでない別人が、同じ頃同じドイツにラッサールと同様の綱領をもって運動を起したものとすれば、マルクス、エンゲルスのこれに臨む態度は違ったかも知れぬと想像するものである。後に一八八六—七年の頃、北米合衆国にプロレタリエルの大衆運動が極めて混沌たる綱領をもって発足した時、エンゲルスは旧友ゾルゲに告げて「どの国でも新たに運動に参加する国において、肝要なる最初の大なる一歩は、独立の政党として労働者を組織することであって、これが特別の労働党でさえあれば、如何にしてかは敢えて問わぬ」(zitiert bei *Mehring*, S. 316)といった。今ラッサールのドイツにおける運動がこの「最初の大なる一歩」であることは論をまたぬところであって、決して所謂悪意の中立の態度をもって臨まるべきものではない。またマルクスが一八六四年以降第一インタナショナルを指導した時の方針は、諸国の社会主義者労働者の共同運動を実現することを主眼として、必ずしも主義主張の細目に拘泥しなかった。エンゲルスは『共産党宣言』新版(一八九〇年版)の序文にこのことを説き、且つマルクスの措置の当を得たものであったことを論述した。曰く「ヨーロッパ労働者階級が新たに支配階級の威力を攻撃すべき力を再び充分養い得た時に、国際労働者協会が成立した。それはヨーロッパ及びアメリカの労働者の全戦闘力を一大兵団に融合することを目的とした。それ故に、それは宣言に開陳せられた原則から出発することが出来なかった。それはイギリスの労働組合、フランス、ベルギー、イタリヤ、スペインのプルドン主義者及びドイツのラッサール主義者に戸を鎖すことなき綱領を有(も)たなければならなかったのである。この綱領、即ちインタナショナルの規約の理由書はマルクスによって、バクーニン及び無政府主義者も認めたほどの老練さをもって起草せられた。宣言に掲記せられた原則の究極についてはマルクスは一に共同行動と論議とから必然生れ来るべき労働者の智力の進歩に信頼していたのである」と。

しかしこの言は、また多くラッサールをマルクスから受けた非難に対して弁護することに役立つであろう。而してこれ等の引用は予の右記の想像の必ずしも理由なきにあらざることを示すものと信ずる。

(『社会思想史研究』所収)

Ⅱ

価値論上の効用説と費用説

左の一篇は二三の大学学生の会合において試みた講演の大要である。

一

「効用説か費用説か」は古い長年の問題で、議論も大概尽きたように見えるが、今一応これを論じて、決してこの二つの説を相対立するものとして見る必要がないということを明らかにしたいと思う。

物の価値（経済価値）を説明するに効用または費用をもってせんとすることは、特に専門的の研究をせずとも誰でも直ぐに想到するところであろう。

「如何なる物に価値があるか。」

「物に価値があるのは何故であるか。」

私はしばしば経済学入門の初学者にこの問を発して見るが、その答は不思議に相半ばする。物に価値があるのは、それが「役に立つから」というのと、造るに「手間がかかるから」というのがそれである。言うまでもなく、この答が極めて素朴な形における効用説と費用説とであるが、専門学者の学説も結局は大体この二者を出でぬといって好かろう。而して十八世紀以来十九世紀中葉に至るまで、価値論の主流をなすものは費用説であったが、一八七〇年代に入って遽（にわ）かに効用説が勃興して、主客の位置が顚倒したように見えたこと、更にその後の発展においてこの両説の調和が試みられたことは、いずれも改めて紹介するまでもない世間周知の事柄である。私も効用説と費用説とは当然両立し得べきものだと考えている一人である。それは単に極端を忌む折衷説ではない。厳密な理論的推究上、必ずそうなければならぬはずだと論結するのである。従来唱えられた重なる費用説の論拠を点検すれば、それは決して効用説を拒否し得るものではない。効用は価値の決定者でなくて単にその必要なる前提に過ぎない、云々の如きは、ただ言葉の表面上で効用説を排斥するだけの効果しかない。同時に効用説を取る者の側から見ても、或る場合或る種の財の供給量がそれを生産すべき費用によって調節せられ、従ってその意味において費用が価値を左右することは、少しも承認して差支えないことである。私は本章において這般の消息を明らかにし、併せて費用説というものが如何なる場合に、また如何なる場合に限って有効であるかを説明しようと思う。

二

価値を決定するものは何であるかを論ずるに先だって、先ず価値そのものの何たるかを定めて置かなければならないが、カッセル等の言う如く、この点については従来かなり無用の空論が戦わされた。しかし従来の価値論が取り扱った主題が、畢竟財と財との交換比率であったことは議論がない。A財とB財と（或いはC財とD財等々）が一定の割合、例えば一対三で相交換されるのは何故であるかというのである。

しかし交換が常則的に行われる処で財と財とが直接実物同志交換されるということはあり得ないと見て好いから、A対B（等々）の交換比率というのは、いずれも貨幣を通じての交換比率と解して好い。即ち例えばAとBとが一対三の割合で交換されるというのは、Aの一単位量とBの三単位量とが同一の貨幣額に対して売買されるということだと了解すべきである。然るに通説に従えば、一財と交換される貨幣額はその物の価格とされている。そうすると価値論の主題は畢竟一財Aの価格が他の財例えばBの三倍に等しく、C、D、E等々の五倍とか一倍とか二分の一倍とか等々に相当するのは何故であるかというに帰着する。

しかし従来の価値論殊に費用価値論者は、単に価格論に終始することだけでは満足しないのが常であった。諸々の財（貨物、または商品）は種々の価格をもって売買される。しかしこの価格の奥に価値がある。時々の価格は需給の関係如何によって様々に騰落するけれども、この騰落は決して放恣無制限に行われるものでなくて、或る中心を持っている。この中心から外れた価格は必ずここに復帰しようとする。この中心をなすものが即ち価値だというように考えたのである。即ち彼等の解する価値は、市場における一時的可変的なる価格に対する永続的恒常的なる価格であった。これが市場価格に対する自然価格または正常価格と称せられた。されば、価値論は多くの場合自然価格論であったといって大過なかろう。従来学者が価値とは一物の他物一定量と交換せらるる力（交換力、または他物購買力）だという場合、彼等が考えたことは大凡そこのようなことであった。勿論価格と価値とは往々同義の言葉と解せられ、その随意に混用併用せられた実例はすくなからず数えられるが、しかし価格と区別してこれに対して価値という場合には、価格の重心、または価格の奥にあってこれを支配するものと解することが常であったように思われる。いずれにしても価値論の任務は、価格を究極的に説明することにある。価格を説明し得ない価値論は価値論の任務を果していないものである。

私も今、価値をしばらくかくの如きものと解釈して効用説と費用説とを吟味する。これ以外に別の価値概念を立てることは随意である。ただ今はそれ等の問題に立ち入らない。

三

先ず費用説の論拠から吟味して見よう。

費用説によれば、貨物の価値はその生産に要せらるる費用によって定まるという。換言すれば、生産の費用の相等しきものはその価値が相等しいというのである。敷衍すれば、一物に比して二倍の生産費を要するものは二倍の価値を有し、半分の費用を要するものは半分の価値を有するということになる訳である。

しかし価値は費用によって定まるということは、二様の意味に解せられ得る。費用相等しき生産物は相等しき価値を有するのが正当である、費用の相等しい貨物が違った価格で売買されるのは不当だ、という意味に解するのがその一である。費用価値説をこの意味において主張したものは従来すくなくない。しかしこれは畢竟倫理的要請であって、本来の経済理論の領域内に属することではない。今一つは、その正当なりや否やは別として、費用の相等しき生産物は究極的には必ず互いに相交換される。生産物交換の割合と費用の割合とが一致せぬということは、永続的にはあり得ないという意味で主張せらるる費用説である。吾々が先ず吟味せんとするものはこの意味での費用説である。

生産物の価値が費用によって決せられるということは、或る条件の下においては、何人にも直ぐ納得できる、明白な理論である。その説明は極めて簡単に出来る。

仮りに凡べての者が如何なる物をも任意に自由に生産し、これに対しては形式上事実上全く何等の障害なきものとせよ。かかる条件の下においては、等しき費用をもって生産せらるる諸貨物が高低異なる価格をもって売買されるということは、到底起り得ぬことが明白である。もしも費用が相等しいのにその売買される価格に高低があれば、必ず何人も価格の低い方を避けて高い方に移るはずである。そうすれば、高い方の生産高は増して価格を下落せしめ、低い方の生産高は減じて価格は騰貴する。同様に一物に比して二倍の費用を要するものは二倍の価格をもって売買されるであろう。もしそうならなければ、必ず比較的不利な生産から有利な生産へ移動が起って、前者の生産額を減じ、後者の生産額を増すことによって、価格の相対的騰貴と下落とを惹き起すであろう。而してこの騰落は、費用に比例した価格の成立するに至って始めてやむであろう。これだけのところにおいては、何人も費用説の真理なることを疑うものはない。それは最も会得し易き道理である。

価値は費用によって決定されるという説は、皆なここに根拠を求めている。即ち費用相当以上の価格が成立した場合には、いわば自動的に起る供給の増加がその価格を引下げ、反対に、費用相当以下の価格の成立した場合には、供給の減少が価格を引上げるというのである。これに反し、もし費用に相当した価格が成立すれば、生産技術が変化するとか、或いは需要の増減があるとかいう外部的原因が起らぬ限り、価格そのものの中からは価格を動かす作用は起らない。即ちかかる価格はそれ自体の中には変動の原因を包蔵せざる価格である。後の学者にはこれを静態価格(statischer Preis)と呼んだ者もある。市場における売買当事者の経済的努力は、かかる静態価格を成立せしめなければやまないことは、あたかも引力が振子を垂直に静止せしめなければやまないのと同様である。垂直の位置から移された振子は、必ず垂直を回復しようとして振動する。費用に相当した高さから上下いずれかに外れた価格は、必ず費用相当の高さに一致しようとして動くのである。

四

このことは費用価値論者によって幾度も説かれた。アダム・スミスやリカードーがその市場価格と自然価格との関係について説くところは、即ちそれである。

アダム・スミスは物の価格を構成する部分として、生産に使用せられた労働の賃銀、資本の利潤、土地の地代を数え、而してこの賃銀、利潤及び地代には、それぞれ一国または一地方における平均率、即ち自然率なるものがあるとした。この自然率に合致した賃銀、利潤、地代は合して生産物の自然価格なるものを構成する。もし一物の市場価格がこの自然価格に及ばぬとすれば、賃銀、利潤、地代なる三者のいずれか、またはその全部がその平均率以下に下らなければならぬ。下れば必ず労働か資本か土地かの移動(逃亡)が起り、供給の減少による価格の騰貴が起る。反対に市場価格が自然価格以上に上れば、他の方面からの労働、資本または土地の流入、従って供給の増加、従って価格の下落が起るはずである。ただこの中の地代については、スミスの所説に不明の廉(かど)があって、地代の高下が価格を動かす原因となり得るものか、或いは地代が単に受動的に価格形成の結果として成立するに過ぎぬものか、些か曖昧を免れないが、ともかくも彼れは市場価格が自然価格と一致するまでは動揺が止まず、二者の一致によって始めて安定が実現されるものとしたのである。

リカードーはアダム・スミスが曖昧に附した地代を排除して、ただ賃銀と利潤とのみを価格の構成部分とした。労働に対する賃銀に差等があれば、労働は必ず不利なる雇傭者から有利なる傭主へ移動することによって賃銀率の平均を実現せしめねばやまぬ。利潤も同様であって、利潤率に高下があれば、資本は必ずその不利なる用途からより有利な用途に移されて、かくして利潤率を平均せしめねばやまぬ。而してこの作用によって諸貨物の市場価格はその自然価格に帰着するとしたのである。そうしてかく諸貨物の価格がその自然価格に一致したる時、即ち価格が労働者と資本家とに平均賃銀と平均利潤とを与えて正に過不及なき時は、即ち諸貨物がその生産に投入せらるる労働量に応じて相交換せらるる時であるとした。即ちリカードーが貨物の価格は労働費用(生産に費さるる労働量)によって定まるとしたのは別段不可思議な力の作用に基づくのでなくて、諸貨物の交換比率がその各々の労働費用に相当しなければ、必ず供給に対する反動が起って、費用相当のところまで価格を引上げ、もしくは引下げるというに過ぎないのである。

スチュアート・ミルその他の費用論者の説明も、何故価値が生産費用によって定まるかの点については、大要同軌に出でている。

五

費用説の根拠は大要右の如しとすれば、この説を普通の需要供給説と相背馳するもののように解するの間違いであることは明らかである。生産費説または労働費用説を取るものは、しばしば需要供給説を排斥する。リカードーの如きは、経済学上多大の誤謬は需要供給説に発するとまで言っている。マルクスが、「需要供給は、それが相互均衡に帰したとき作用しなくなる。……需要供給はそれが相互に止揚し合ったとき、もはや何ものをも説明しなくなる」とか、また「需要供給の比例は、一方には市場価値(即ち価値)と市場価格との不一致を説明するに過ぎぬ」云々といったことも、しばしば引用されている。これは、需要供給説は不充分である、需要供給説は需要供給を既に与えられるものとして受け取り、更に、その需要または供給が如何にして定まるかを不問に附している、というのであるならば、至極尤もであるが、しかしかくいうことは、決して需給説を誤謬とするものではない。費用説もやはり需要供給によるのほか費用の価格支配を説明することは出来ないのである。

リカードーが需給説を失当としたのは、一貨物の供給は直ちに踵を接して需要に追随すると見たからである。即ち一貨物に対する需要が増進すれば、その価格は騰貴してその生産費を超過する。しかし価格がかく生産費を超過すれば、生産者は破格の利潤を獲得する。これに刺戟されて直ぐに生産高が増加する。価格は再び下落する、とこう考えたのである。しかし価格がかく再び下落して生産費に帰着するということそれ自身が、別に需要供給以外の何等か超越的な力によって然るものではない。リカードー曰く、「帽子の生産費を減ぜよ。然る時は需要が二倍三倍もしくは四倍となっても帽子の価格は結局その新しき自然価格まで下落するであろう。生活を支うる食物衣服の自然価格を下落せしむることによって、人間の生活費を減ぜよ。然る時は、労働者に対する需要は或いは甚だ大いに増進することあるべきに拘らず、賃銀は結局下落するであろう」と。

しかしながら生産費が下落したので帽子の価格が下落し、生活費が下落したので賃銀が下落するのは何故であるか。いずれも時の需要に対する供給の増加によって然るものと答えなければならぬ。それ故、物の価値が費用によって定まるということは、毫も需要供給説を排斥せざるのみならず、却って需要供給説そのものによって証明されるといわなければならぬ。ただ需要供給が価格を定めるということは、いずれの価格についても言い得ることであるが、かく需給の関係によって定まった価格がその生産費に相当せぬものであると、いわば自動的に供給の増減が促されて、そのために価格が費用の方へ惹き着けられるというに過ぎない。従って費用に相当する価格を成立せしめるものも需給であるが、費用に価格を引き着けるものもまた需給である。ただ費用に相当せぬ価格を成立せしめる需給関係は、それ自体の中に変動の原因を蔵しているが、費用に相当するような価格を成立せしめる需要供給関係は持続的恒常的であって、人間の嗜好が変って需要に変動が起るとか、或いは生産技術が進歩して生産費が低減するとかいうことがない以上、それ自身の内からは変動せぬという差異があるだけである。

マルクスの「需要供給はそれが相互均衡に帰したとき作用しなくなる」から「もはや何ものをも説明しない」というのも、極めて不用意の発言である。需要供給が相互均衡に帰するとはどういう意味であるかというに、恐らく、A商品一千箇を売らんとするものがあるに対して、正しく一千箇を買わんと欲する者がある場合にはそう言って差支えないであろう。しかし一商品一千箇の供給に対して正しくそれだけの買手があるか否かは、価格の如何によって定まることで、価格を度外して、ただ漫然需要と供給とが一致するとか、そのいずれかが他を超過するとかいうことは言われない。或る価格でならば買手は一千箇までは買わぬであろう。また他の或る価格でならば一千三百箇或いは一千五百箇をも買おうとするかも知れない。即ち需要と供給とは或る価格において始めて相均衡するのである。しかもかく両者の相均衡した場合に、需要供給の作用は停止したといわれようか。無論さようなことは言われない。一定の価格において需要と供給とが相均衡した場合、もしも需要もしくは供給の上に何等かの変化が起れば、価格は必ず変動しなければならぬ。この場合価格を変動せしむるものは需給の変動である。既にこれを変動せしむるものが需給ならば、これを一定の点に支えるものもまた需給でなければならぬ。需要供給は価値と市場価格との不一致を説明するに過ぎぬというのは、例えば引力は振子の振動は説明するけれども、その垂直静止は説明しないという魯鈍に等しい。マルクスの場合でも、一商品が如何にしてその価値通り、もしくはその生産価格通りに売買されるかは、需要供給によってするほか説明のしようがないのである。

繰り返して言うが、費用が価値を決定するということは、決して需要供給法則の適用範囲外に属することではない。それは当然この法則によって説明せられ、ただ費用が或る反作用を行うことによって供給を規制するというに過ぎないのである。敢えて需要供給説が正しくて、直ちに費用説が謬りだというのではない。この両説は両立して少しも差支えないというのである。

六

同一費用をもって生産される諸物の価格に高低の差があれば、その低い方の生産は短縮せられ、高い方の生産は拡張されるということが費用説の根拠である。

しかしこれは、各人が随意にその最も有利とする生産に従事し得る事実上の自由がなければ言われないことである。仮りにA商品はB商品に比してその生産に三倍の費用を要するものとする。然るに需要供給の関係上ＡＢは市場において同じ価格をもって売買せられたとする（無論それは起り得ることである）。この場合Bの生産者は三分の一の費用をもって同じ価格を収得し、Aの生産者はその正反対の位置に置かれる次第である。もしも就業転業が実際に自由ならば、Aの生産者（或いはその中の或る者）はAをやめてBの生産に移り、或いはまた新たに生産を営もうとする者は、Aを避けてBの生産を選択すべきはずである。もしそうすれば、Bの生産高は相対的に増加し、Aのそれは減少するであろう。従ってAの価格は引上げられ、Bの価格は引下げられるであろう。そうしてこの騰貴と下落とは、AがB一単位の三倍の価格で売買されるまではやまないだろう。

けれどもこれは各人が一業から他の業へ自由に移転し得るものとしての話である。もしこの自由がなければ、無論費用説は成立することが出来ない。前の例についていえば、ABが同一価格で売買されるどころではない。生産費の低いBの方が却ってAよりも高い価格で売買されるということも、需要の如何によっては起り得ることである。(需要は生産費を顧慮してはいない。生産費が高い物に需要があるとは限らない。反対に生産費の低い物に需要がないとも限らない。第一吾々は物を買う場合にその物の生産費が幾らであるかはしばしば承知していないのである。)その場合に就業転業が自由ならば、無論Bの生産高が増加するはずである。然るにもしもBの生産者相互の間に中古のギルド同様の緊密排他的な組織があって、如何にこれを切望する者があっても、新来者の参加を許さぬというようなことが行われたならば、Bの高い価格は依然としてその高いままで維持されなければならぬ。かかる場合には費用と価格との間は無関係となる。生産費の廉い物が何時までも高く売れ、反対に生産費の高いものが引き続き廉く売れるということが起り得る。

同業組合のみではない。就業転業の自由を妨げる事情は数限りなくある。生産者が専売特許権を有する場合の如きは最も顕著であるが、そうでなくても、なお幾多の場合がある。度々引用された、特殊の良葡萄酒醸造の場合の如きもその一である。葡萄酒の醸造は一定の生産手続で行われるものとする。然るに葡萄そのものに良否があって、特定の葡萄は特定の土壌(例えばシャムパーニュ)より以外には栽培されぬものとせよ。かかる場合に芳醇なる特定の葡萄酒は値が高い。それがもし費用相当以上に高ければ、当然その葡萄酒の産額が増し、供給増加によって価格が生産費まで下降しなければならないはずである。然るに、今云ったように、特定の葡萄酒は特定の葡萄からのみ醸造せられ、特定の葡萄は、限られた特定の土壌でなければ作れないとすると、競争によってこの高い価格を引下げるという作用が行われない。それは手工業者のギルドが新参加者の競争を排除するのと正しく同様で、ただギルドの場合には、当事者の協約によって転業就業の自由が妨げられ、葡萄酒の場合には、自然的条件によってそれが妨げられるという違いがあるだけのことである。

同様のことは、人間そのものの能力についてもある。或る種の生産に特殊の秘伝、特殊の天賦、或いは特殊の熟練を要する等の場合には、費用と生産物の価格との間に上記同様の離隔が起る。即ち、或る種の貨物が需給の関係上或る程度以上に高価となれば、その生産の増加が刺戟されて価格は再び或る水準まで下落するというのが費用説の根拠であるが、今のような場合には、この作用が起らない。或る生産物が高く売れても、その生産方法には特殊の秘密があるか、特殊の天賦ある者に限ってその生産または生産の指導に当ることが出来、普通の者には近づけないとすれば、価格は費用相当以上に離れても、何時までも離れたままに留まって、生産者は引続き破格の利益を収めるであろう。（特殊の熟練は練習によって取得し得るものであるから、少し別である。但し或る種の熟練は或る種の天賦ある者にして始めてかち得られる。この場合には熟練も上記特殊の葡萄と同様に取り扱って好い訳である。）

七

これで、費用説が成立するためには、各人が意の如くその最も利益とする生産に従事し得る自由、即ち就業転業の自由がなければならないことは明らかであろう。通常その生産にかかる自由の存する生産物を、任意に増加し得る貨物（beliebig vermehrbare Güter）と呼んでいる。それ以外のものは広義における独占財である。

以上は任意に生産することは出来ないが、ギルド手工業者の生産物にせよ、特殊の上等葡萄酒にせよ、とにかく新たに生産し得る貨物について云ったことである。それですら費用説は適用されない。いわんや新たに生産することの全然不可能なる諸貨物においてをや。雪舟の画、ミケランジェロの彫刻或いは『共産党宣言』の初版本等々という如きものは、全然新たに造り出すことの出来ないものであるが、これ等のものにあっては、その価格はその生産費から何等の拘束を蒙ることがない。生産費を再生産費の意味に解すれば、これ等のものは全然再生産出来ないのであるから、生産費はない訳である。生産費がなければ、その価格に及ぼす作用も無である。もしまた生産費を過去において現実に費された生産費の意味に解すれば、過去の事実はただ過去の事実たるに過ぎぬ。過去において一物に或る費用が投ぜられたという事実は、毫も人をして欲せぬ貨物に或る価格を支払わしむる力を持つものではない。同時にまた、一物に僅かに或る費用が投ぜられたという事実は、毫もその物が不足する場合にその価格の騰貴することを妨げ得るものではない。この場合にもし価格を費用まで引下げ得る力があるとすれば、それは供給の増加でなければならぬ。その供給の増加が不可能だというのであるから、所詮価格は生産費と無関係に定まるという外はないのである。

今までに述べて来たところでこれだけのことが分る。自由に生産し得る貨物、即ちその生産上に自由競争の行わる る貨物にあっては、その価格は、その生産の費用を重心として、これに帰着せんとして運動する。何故かといえば、一物の価格が費用以上に上ると反動によってその供給の増加が促され、費用以下に下るとその供給の減少が促されるからである。これに反し、自由に生産すること能わざる貨物にあっては、価格は費用の支配を受けない。何となれば、価格が費用相当以上に上っても、「その価値は供給の増加によってこれを低落せしむることを得ない」(リカードー)からである。そうすると、費用価値法則が成り立つのは、供給増減の作用が可能であるためである。費用価値法則が成り立たないのは、供給増減の作用が不可能であるためだということになる。いずれにしても費用価値法則の成立不成立が、需要供給によって説明されなければならぬことは納得されるであろう。

何故このような分り易いことを反覆して管々しく説明する必要があるかというに、筆者が従来の経験によると、費用が物の価値を定めるといい、殊に労働費用が物の価値を定めるという場合に、往々、費用が需要供給の作用と離れて、何か全く別の力にでもよって価値を左右するのでもあるかの如くに思い詰め、需要供給が価値を左右することを認めては費用価値説は破壊されなければならないように考えている者を、時々見かけることがあるからである。

八

以上をもって費用説の適用には限界があること、また何故に限界があるかを説明したものとする。そこでこの適用範囲は広いかどうかという問題である。

リカードーは大多数の貨物はその生産に自由競争が行われるから費用法則に従うと解した。マルクスも無論同様である。これに反し、自由に生産し得る貨物というのが却って例外で、多数の貨物はその生産上秘密を要したり、或いは企業家に特殊の能力を必要としたりするから自由には生産されないと主張する者もある（例えばディール）。その現在における当否如何の論はしばらく預かるが、学説史的事実としてリカードー以後費用法則適用の範囲は学者によってようやく狭ばめられる方に向って行った。その点で興味があるのは、所謂比較的生産費説と労働者不競争団の説（theory of non-competing groups）である。

比較的生産費という言葉はスチュアート・ミルに始まったと承知するが、学説そのものはリカードー自身の創唱に係るものである。元来費用学説を成立せしめるには、前記の通り、完全な就業転業の自由がなければならぬ。而してこの自由は利潤率の平均、賃銀率の平均、という結果をもたらさなければならぬ。賃銀率はしばらく措いて利潤率について言えば、価格が費用に相当せず、これに比して高低があれば、必ず或る生産者は他の生産者よりも高率の利潤を収めることになる。そうすると、必ず他の比較的不利な生産業から資本がこの有利な産業に流入して、生産額を増し、価格を引下げ、以ってこれを生産費用に相当した水準に合致せしむるとともに、他面においては資本の流出、生産額の減少、価格の引上げによって、同じくこれを費用の水準に合致せしめなければやまないというのがリカードーの価格論の論拠を成している。故にもし何等かの障害によって、この資本の流動、従って利潤率の平均が妨げられれば、彼れのいう如き費用価値説は成立しないのである。而して彼れは、当時の実状として、国際間にはこの資本の自由流動が行われないから、彼れの価値理論は外国貿易には適用されぬ。「一国内において諸貨物の相対価値を支配する同じ規則は、二国もしくはそれ以上の国の間に交換せらるる諸貨物の相対価値を支配するものではない」といった。

彼れの設例はすでに御承知のことと思うが、英国とポルトガルとの貿易において、前者においては一定量の毛織物の製造には一年間一百人の労働、後者においては九十人の労働を要し、また葡萄酒の醸造には、前者においては百二十人、後者においては八十人の労働を要するものとする場合に、イギリスにおける百人の労働の所産たる毛織物がポルトガルにおける八十人労働の所産たる葡萄酒と交換されることは（イギリスは百二十人の労働を要すべきものを百人の労働の所産をもって購い、ポルトガルは九十人の労働を要すべきものを八十人の労働所産をもって購うことを得るから）双方の利益であって、この交換は永続的に行われるはずだと説いたのである。しかし、かく八十人の労働所産と百人の労働所産とがお互いに引続き交換されるということは、リカードーの一般価値法則からいうと、同じ一国内においてはあり得ないことである。それが行われるのは、国際間には——少なくも当時の実際としては——利潤率の平均がないからである。然るに利潤率の平均実現は度々繰り返すように、就、転業の自由なることを意味するものであり、就、転業の自由は、一般に費用価値説成立の前提条件であるから、その条件の欠けている国際的交換の比率は、費用以外別の要素をもって説明しなければならぬとした訳である。費用の法則が適用されぬとすれば、「それより前の一法則、即ち供給需要の法則によらなければならぬ」とミルは言った。それ故にシュムペーターの如きも、リカードーの国際交換理論には費用説放棄の端緒をなす一面があると見ている。これも首肯し得ることである。

九

不競争団の説はケルンズ所唱のものとして知られている。その結論は、労働者の間には階層または集団（group）があって、層と層、または集団と集団との間には自由に競争が行われないから、労働者（広い意味の）が生産に投入する労働量と、それに対する報酬との割合が均一とならぬ。一方に労働に対して比較的多額の報酬を受ける者と、他方に比較的少ない報酬を受ける者とがあっても、労働者の属する層が違えば、競争によってそれが平均されるということがないということにある。このことが何故費用価値理論に関係があるかということは、少しく説明しなければならぬ。

今まで費用が価値を決定するという理論は如何にして説明されるかを論ずるのに、その肝心の費用がそもそも何をもって構成せられるかの問題には触れずに来たが、リカードーは、大略の言い方としては、費用は投入労働量で定まるように説き、厳密にいう時は、投入労働量と生産物売却までに経過する時間とをもって成るといった。後の学者はその「時間」を少しく改めて「制欲」と称した。今ケルンズもこれに従って、貨物の生産上に忍ばるる主なる犠牲は労働と制欲とであり、賃銀と利潤とは、それぞれこの犠牲に対する報酬であるとした。そこでもしも労働者相互間、資本家相互間に完全なる競争が行われれば、賃銀と利潤とは各々労働及び制欲なるその犠牲に比例し、従って賃銀及び利潤の泉源たる生産物の価値は、またその生産費に比例する次第である。然るに資本間には自由競争が行われるけれども、労働者相互間には上記の通り完全な競争が行われないから、価値と生産費との一致も妨げられざるを得ない。それが互いに同じ層に属する労働の所産であれば差支えないが、層を異にする労働の生産物であると、例えば二十単位の労働を含む生産物が五単位の労働を含める物と一対四の割合で交換されるという訳には行かなくなる。例えば競争が不可能なため、或る種の労働の報酬が格外に高いということがあれば、かかる労働の生産物は他の物に比して生産費相当以上の価格で売買されることになる。故に生産費の法則は、「普遍的に如何なる階級の貨物の価値をも支配するのではなく」て「或る貨物の或る交換における価値を支配する」に過ぎないということに帰着する。

費用説は無論始めから限られたる適用範囲を持つものであったが、リカードーからケルンズに至るまでに、その範囲は更に一層狭ばめられた。

一〇

費用説の適用範囲がかく狭く限局されれば、人々が転じて今度は効用説に頼ることを思うのは当然の次第である。イギリスのジェヴォンス、墺仏のメンガー、ワルラスが各々その効用価値説を提げて輩出したのが、ケルンズが不競争団の説を唱えたのとほぼ同時であった（一八七〇年代の始め）ことは、必ずしも偶然とのみは言われない。

しかし一転して効用説に頼るというけれども、その行路は必ずしも平坦でない。従来とても価値を効用によって説明しようとした者は決して一二人に限らないが、その誰れもが逢着する難問があって、而してこの難問のために多くの者が蹉跌した。それは効用多大にして価値少なき（もしくは皆無なる）物があるのは何故か。効用少なくして価値大なる物があるのは何故か。という問題である。而して一八七〇年代の新効用論者は限界効用の概念によってこの関門を通過した。

価値は効用によって定まる。しかし価値を定める効用は抽象的な効用（例えば供給の状態を離れて、水というものはそもそも人間に有用であるか否かという如き意味における）ではなくて限界効用である。この限界効用の意味に解すれば、常に効用大なるものは価値高く、効用少なきものは必ず価値が廉い。アダム・スミスやリカードー等を悩ました、効用大なるに拘らず価値が僅少または皆無だというものはあり得ないのである。限界効用説というものは、その主張者の或る者が言うような前人未発の新見解だとは認められないし、また一八七〇年代に唱えられたままの限界効用説にはなお多大の欠陥があったに相違ないが、しかし積年の宿題の如く思われた、効用ありて価値なき物あるはいかん、という問にともかく回答と説明とを与え得たことは、確かに一の進歩だとして許さなければならぬ。

しかし以上説明の通りであるならば、限界効用説もまたその内容の上からはさほど新奇とするに足らぬ。畢竟限界効用説は、ほとんど経済学そのものとともに古い需要供給説を立ち入って説明したというべきものである。一物に対する需要が増加すればその価格が騰貴し、その供給が増加すれば価格が下落するということは、いやしくも人が物価論を試みて以来誰れも承知し、また承認する常識である。（需要または供給が増減し、その結果として始めて価格が騰落するというように説いては充分精確ではないが、その点しばらく不問に附する。）しかし何故そうなるかということは、限界効用によって説明される。一物の供給が増せば、何故その価格が下落するか。供給が増せば、今まで満たされずに了った、より弱き欲望が満たされる。即ち限界効用が下落する。限界効用が下落すれば価格が下落する。而してこの説明で行けば、一切貨物の価値が、稀少財のものも独占財のも、任意増加財のも皆な一律的に説明されるのである。

需要供給説と費用説とが性質上決して相拒否するものでないことは、前に多分煩わしいまで繰り返して述べた。然るに今効用説は右述の如きものである。そうすると、費用説と効用説とを決して相対立するものとして見る必要がないことも、自然に明白であろう。ただ限界効用説が唱えられ始めたその頃においては、新説の主唱者は、革新家の抱負をもって必要以上に「旧説」に対する反対を強調した嫌いがある。ジェヴォンスの如きは、自己の学説を「新奇なる」意見として唱え、リカードー、ミルの学説またはこれを踏襲する者を力強く排撃した。勿論旧来の学者に、ジェヴォンスが言う如く、労働を価値の原因とするという意味で費用価値説を説く者があれば、それは当然限界効用説とは相容れない。しかし前にしばしば述べたように、リカードーやミルがいうところは、畢竟、生産費に相当する価格はそれ自体の内には変動の原因を包蔵せぬ安定の価格だというにあるならば、限界効用説は少しも費用説を承認する妨害にはならぬ。現に極力「旧派」の学説を攻撃したジェヴォンスその人といえども、労働が間接の方法において価値を定めることは認めている。即ち一物の生産に幾許量の労働が要せらるるかがその物の供給を定め、この供給量が限界効用（ジェヴォンスの術語では最終効用度）を定め、限界効用が物と物との交換比率を定めるという順序で、労働が価値を支配することは充分承認するのである。けれどもリカードー等のいうところとても、結局はこれと大差ない。リカードーの不用意の立言の中には、価値が労働から発生するとか、労働が価値の原因であるとか言っているところも確かにある。しかし彼れが明らかに証明し得るところは、畢竟次の如きものである。市場における貨物間の交換比率（或いは市場における貨物の価格）は需要供給の関係によって定まるのではあるが、労働投下によってその供給量を増加し得るものにあってては、供給が直ちに需要に追随して、交換比率（価格）を費用に相当せしむるような需要供給関係を造り出さずには措かぬというのである。これだけのことなら別段争うだけのものはないはずである。

二

費用説に対して限界効用説の長所とされるのは、任意に生産すべからざる物の交換比率を説明し得ることである。しかしこの点については、問題はない。リカードー以下いずれの費用論者も、不可増財は論外としている。これ等の物の売買の価格が限界効用によるということは、当然承認しなければならないのである。ただ限界概念の把捉が不充分であったため、効用が多大で交換価値が僅少というものの取り扱いに困しんだけれども、これは説明すれば彼等も容易に会得するであろう。次に、自由に生産し得る諸財の価値であるが、この種の財と不可任意増加財との差違は、前者の価格は、久しきに亙ってはその費用以上にも費用以下にも停まり得ないということである。無論この種の財にしても、需給の関係如何によって随分高くも廉くもなる。けれども価格が一定の基準を外れて騰落すれば、必ず反動が起って、或いは供給が増加し、或いは供給が減少して、以って価格をその基準の点まで引下げ、或いは引上げる。

而してその基準となるものが生産に要せらるる費用であるという。供給の増加によって何故価格が引下げられ、減少によって何故価格が引上げられるかと言えば、改めて言うまでもなく、買手にとっての限界効用が下りまたは上るからである。少しも効用説を排斥する必要はない。

効用説と費用説との折衷論者としてはしばしばヂーツェルとマーシャルとが挙げられる。しかし独りこの二人のみではない。厳密に推究して行けば、如何なる費用論者も効用（限界効用）なき物に価値ありと強要することは出来ないはずだし、如何なる効用論者も、財の稀少性そのものが人力によって左右せらるる場合に、その生産に要せらるる費用が限界効用を、従って延いて価値、価格を左右することは、争う必要がないはずである。価値をば全然交換と無関係なる概念として打ち立てる場合はとにかく、諸物の交換関係を制規するものとしての価値を説明しようとすれば、どうしてもここへ落着しなければならぬ。これ即ち私が度々、効用説と費用説とを相対立するものとして見る必要はないという所以である。

元来一切の貨物または経済財を分てば、人力をもって増加し得るものと得べからざるものとにされることは、誰れも言う通りであるが、少しく仔細に見れば、一方の極端には(a)その数量の絶対的に固定せるもの、例えば前記雪舟の画、『共産党宣言』の初版本の如きものがあり、他の極端には(z)人力によって全く自由に、且つ即時に増加し得るものが想定される。前者の価値即ち交換力は、ただその限界効用によって説明する外はない。従来の通俗語でいえば、需要供給によって定まるというより外ないのである。而してかく需要供給の関係で定まる価格は、即ちその時の状況における安定の価格である。それより廉い価格が成立すれば、必ず供給が需要を満たすに足らず、またそれより高い価格が成立すれば、供給が需要に剰まるから、より廉い価格は引上げられ、より高い価格は引下げられるという位置にある価格である。然るに後者の価格も同じく限界効用によって定まることに変りはない。しかし吾々は更にそれ以上に進んで、かくして定まるその価格は、常にその生産費に比例せんとするものだといい得る。それは価格が費用に相当せず、而して就業転業の自由、即ち資本労働流動の自由が存するところでは、供給量が自動的に増減して、あたかも価格を生産費に比例するものたらしめるからである。而して価格はかく生産費に相当することによって安定を得る。無論時々の需要供給によって定まる価格も安定の価格であるが、生産費に一致することによって、価格は更に一段高次の安定に達するのである。(但し一段高次の安定を得ることそれ自身が、需給以外の何等かの別の力によるものでないことは注意を要する。)

しかし財貨にしてその数量を即刻増減し得るものは、実際上はほとんど絶無であって、大多数のものは上記両極端の中間の何処かにいる。而して当然(a)に近づくほど価格は生産費から独立し、(z)に近づくほど多く生産費の支配を受ける。然るに生産には、長短様々ながらいずれも時を要するから、時間が長くなればなるほど費用の支配が現れ、短ければ短いほどその反対である。マーシャルが「……通則として吾人が考察しつつある期間が短ければ短いほど、吾々は大なる注意を価値に及ぼす需要の影響に分たなければならぬ。また期間が長ければ長いほど、価値に対する生産費の影響は益々重要となるであろう」と言ったのは、何人も異存のないところであろう。

一二

効用説と費用説との関係をかくの如きものとして了解すれば、通俗に費用が価値を定めるという場合に、誤解を伴わしめないだけの用意が必要である。

費用が価値を定めるということは、或る条件の下では正しい。けれども価値を交換力の意味に解するならば、それは決して直ちに費用によって造り出されるものではない。そもそも生産の費用が果して何物に還元されるかの問題は、本篇ではしばらく預かる。有力な学説は費用を還元して労働とするか、或いは労働及び制欲(または待忍)としている。いずれが正しいかは今論じないが、そのいずれが正しいにしても、労働または待忍が直ちに上記の意味の価値を造り出すものではない。労働(または労働及び待忍)が造り出すものは生産物である。その生産物が幾許の価値を有するであろうかは、差し当り需給の関係によって定まる。たとい何ほどの費用をかけた物でも、これに対する需要がなければ費用通りの交換力を持たないことは勿論である。昔度々引用された例に頼れば、葡萄酒は一定量の労働を費して醸造される。その葡萄酒を更に一定年月間保蔵すれば一層芳醇なものとなる。しかしこの場合、労働と待忍とを費して生産されたものは芳醇なる葡萄酒であって、直ちに価値そのものではない。同じ一定量の労働と待忍とを費しても、それに相当する需要がないか、或いは(畢竟同じことになるが)葡萄酒醸造量が過多ならば、当然費用通りには売れないのである。ただ労働は(或いは労働及び待忍は)一面生産物を造り出すとともに、他面生産上に忍ばるる犠牲である。従って生産物の価格がこの犠牲に比例しない場合には、産業部門間に競争の許さるる限り、必ず生産の増加、またはその減少が促されて、結局犠牲に相当した価格を成立せしめるような需給関係が造り出されるということが出来る。またただ独りこの意味において、費用が価値を決すると言い得るのである。而して犠牲と価格とが比例する状態というのは、即ち資本に対する利潤率が平均し、労働(労働を仮りに等質なものと見て)に対する賃銀率が平均する状態である。

マルクスの価値論を批評する場合にも、これだけの準備は必要である。彼れは労働をもって価値形成実質なりとしている。この価値なるものを、商品の交換比率に無関係なるものと解釈すれば格別だが、さなくして、これを商品相互の交換関係に或る帰向中心を与えるものとするならば、当然需要と無関係にただ費用労働量のみによって商品価値を定めることが困難となる。マルクスが商品価値を定めるという「必要労働時間」の語を、往々相異なる意味に用い、多くの場合には、これによって一物を生産するため平均上技術的に必要なる労働時間を意味しながら、時々はこれを需要に対する比例上必要なる時間という意味に解せんとするのは、これがためだといって好い。この論法で推して行くと、結局例えばリンネルの一ヤール二シリングの価値あるべきものが、供給過剰のため、一ヤール一シリングにしか売れなかった場合、現実に投入された労働は二シリングに相当するだけのものであるが、社会的必要時間は一シリング相当分に過ぎぬと言うことになる。しかしこれ等の点は前年度々論じたことであるから重ねては説かず(拙著『経済原論』三〇三―四〇一頁参照)、ただ費用が価値を定めるという命題は、如何なる意味に解すれば正しいかということだけを述べるに止(とど)める。

ついでに記せば「社会必要労働時間」を平均上技術的に必要なる労働時間の意味に解しても、これまた需要と無関係に価値を定め得るものではない。生産の費用が凡べての生産者を通じて均等でない限り、百人の生産者の平均費用と、百二十人、百五十人の費用平均とは同一でないからである。然らば或る商品の生産に百人の生産者が従事するか、百二十人、もしくは百五十人が従事するかということは、一体誰れが定めるか。無論該商品に対する需要量である。これと離れては、平均という意味での社会必要労働時間というものも定められないのである。リカードーがこれと異なり、製造品たると鉱産物たると、土地産物たるとを問わず、その価値を定める生産費は常に参加生産者中の最高生産費だと明言したことは、周知の事柄であろう。マルクスも土地産物のみについてはリカードーに従い、最高（或いは限界）生産費の原則を採用し、またそれに基づく較差地代説を取った。前年高田保馬博士とマルクシスト数氏との間に展開せられた地代論論争は、この地代説が果してマルクス価値説、余剰価値説に牴触することなきや否やの点を争うものであるが、私の見るところでは、マルクシストの立場は明らかに不利である。殊に同じマルクシスト間のマルクス解釈が区々に出でて一致を欠き、同一陣営内で乱闘を開始した事実は、その位置の薄弱なることを示している。或るマルクシストの如きは、腹背の論敵に対して、ただ効果少なきへらず口を利いているように見受けられた。

（『マルクス死後五十年』所収）

搾取理論の根拠

一

社会主義の何たるかを説明するにあたって、私は社会主義者の第一に要求するところは法律的形式的平等に対する経済的実質的平等であり、而してこの所謂平等の要求は、畢竟搾取廃止の要求に帰着するといった（拙著『近世社会思想史大要』）。学者の社会主義に対する定義は素より様々であるが、搾取の撤廃が社会主義者の最小の共通要求であるとすることは、ほぼ異論がないところであると思う。故に社会主義理論の根柢には、必ず何等かの搾取理論がなくてはならぬ。

そもそも搾取とは何ぞ。普通に解せらるるところでは、搾取とは労働せぬ者が、他人の労働の成果を収得することである。厳密にいえば、労働することはしても、その労働に比例せぬ多額の報酬を収めることも、その報酬が他人労働の成果を蚕食すると解せらるる限りにおいては、当然搾取であるべきである。この意味の搾取は、例えば領主が農民を強制して、その収穫の一半、三分の二または五分の二等を取る如き場合には、一見自明の事実である如く見える。

「アダムが耕し、エバが紡ぎし時
そもそも誰れが紳士なりしぞ。」

云々は搾取に対する抗議または愁訴の最も素朴なる形において表明せられたものである。しかしながら私有財産制度の下に職業的分業が行われ、分業者各個がその生産物または勤労を任意に相互に交換して、それぞれその欲望を充足する交換経済においては、問題は爾かく簡単ではない。独立の手工業者とその顧客との関係についていえば、例えば靴工が靴を製造し、これを売却して得た代金をもってその生活必需品便宜品或いは時に贅沢品を購入する。彼れは果してこの場合、その与えたるところと等しきものを収めたか、それ以上を収めたか、或いはそれ以下を得るに止まったか。更に資本家とその賃銀労働者との関係についていえば、例えば紡績職工はその雇主のために糸を紡ぐという労働を給付し、その代りに一定額の貨幣賃銀か、或いは時には生活必需品の実物給与を受ける。製鉄職工にあっても造船職工にあっても、電車の車掌運転手にあっても、どの賃銀労働者にあっても皆な同様である。

これ等の場合に、これ等の労働者は果してその提供するところよりも多くを受けたか、少なくを受けたか、或いは正しくそれと同量のものを収めたか。与えるところと受くるところと相等しからずとすれば、前者は後者の幾倍もしくは幾分の一に相当するか。これ等の場合において与えられたものと収められたるものは同質でないから、直接に物そのものについて大小の比較しようがない。靴x足と綿糸y斤とそのいずれが大きいかを問うのは、全然無意義で、且つ不可能である。これ等異種異質のものを取って相互にその大小を比較するには、当然これを一の公分母に引き直さなければならぬ。而してそれは価値より外にはない。即ち搾取とは、少なくも交換経済の下においては、価値の搾取以外にはあり得ない。造り出されただけの価値が果してこれを造り出した者に帰するか、或いはそれに寄与せぬ他人の収得に帰すかということが問題となるのである。故に社会主義理論の根柢には、必ず何等かの搾取理論がなくてはならないが、搾取理論の根柢には、少なくも何等かの価値理論がなくてはならぬ。

この点において私はかつて自らこの問題について述べた意見を訂正しなければならぬ。私はかつてマルクスの労働価値説を批評するに関聯して、搾取を証明するためには価値論は必要ではないといい、ベルンシュタインを引いて、余剰労働は「……一個の経験的事実であって演繹的証明を必要とせざるものである。マルクスの価値論の当否は余剰労働の証明にはどうでも好いことである」と述べ、またツガン・バラノウスキーとともに「資本主義社会並びに歴史上それに先だつ社会組織内において労働搾取の事実の存在することを証明するためには、何等の価値学説に頼る必要がない」と説いた（拙著『価値論と社会主義』二二四―二二五頁）。しかし右に述べ来った理由によって、私は今はこの二者の説に同意することが出来ぬ。交換経済社会についての搾取理論の根柢には、何等かの価値論がなければならないことを今日は承認するものである。

二

大概の場合、搾取論の基礎となった価値理論は労働価値説である。一貨物の価値はその生産に費さるる労働量（或いは曰く、生産に必要なる労働量、或いは曰く、生産に投入せらるる労働量、或いは曰く、貨物に体現せらるる労働量）によって決せられる。従って資本家、地主の如き、少なくも社会主義者の目から見て労働に従事しない者が、その所得として或る価値額を収得するとすれば、それは労働者が造り出したる価値を搾取したものでなくてはならぬ、というのがその要旨である。而してここに所謂生産に費さるる労働量とは、ただに直接一物の生産上に費さるる労働量のみならず、間接に、該貨物の生産に充用せらるる生産手段（原料道具機械等）に費さるる労働量をも併せ含むことは当然である。この点についてはロードベルトスの公式を記憶して置くことが便利であろう。それによればx財は$m+\frac{n}{o}$量の労働の所産である。この場合mは直接貨物の生産に費さるる労働量、nは間接に生産手段の生産に費さるる労働量、而してoは生産手段が消耗せらるるまでに生産せらるるx財の数量である（Rodbertus, *Zur Erkenntnis unsrer staatswirtschaftlichen Zustände*, 1842, S. 12. その他）。

労働価値説は殊にリカードーによって発達した。リカードーは、決して価値は労働のみによって定まると説いた訳でなく、ただ任意に自由に生産し得る貨物にあっては、生産上に費さるる労働量がその交換価値を決定する主要要素だといったに過ぎないのであるが、しかし彼れ自身、或いは労働が価値の泉源（source）であると言ったり、或いはまた労働は価値の基礎（foundation）であるという言葉を用いたりしたことがあるから、価値は労働これを造るという解釈がそれから生じたのは必ずしも無理とは言われない。

然らば果して価値は労働によって造られると言い得るものであるか、否か。この問題に答えるに先だって、先ず価値は労働によって決定されるということが果して言い得るものであるか否かを吟味しなければならぬ。

三

ここに推理を進めるため、始め極めて単純なる経済社会を仮想し、後にそれ等の仮定を撤去して、現実の状態に近づけて行きたいと思う。

思考の順序、推究の基礎として、先ずロビンソン・クルーソーの経済生活を仮想することは、決して一部学者の謬って排斥するように、理論上許し難い方法でもなく、空虚無用なる思弁でもない。それは或る場合には現実の経済生活をその最も単純化せる形態について考察することを可能ならしめ、またしばしば経済学的推理の準備練習としても至当且つ有用の方法であるが、今吾々の場合にはその必要がないからしばらくこれを省略し、吾々はここに簡単なる交換経済をもって出発する。即ちその各員はそれぞれ特殊の生産（または勤労の給付）を専掌し、その生産物を相互に交換すると仮想する。即ちその生産物を売却し、かくして収め得る所得をもってその所要物を購入するのである。生産物の一単位量と交換せらるる貨幣額をその価格とする。貨幣の使用を抽象した交換経済を仮想することの不当なるは、カッセルの頻りに切論するところである。以下論ずるところは、貨幣の存在を仮定しても、しないでもその要旨において変りはないが、生産物対生産物の直接交換が行われるとするよりも、生産物が一定額の貨幣に対して売却せられ、また貨幣をもって購買されるとした方が簡明であるから、便宜上これを仮想する。

かくして置いて、次に私は各経済当事者は当然合理的に行動し、また行動し得るものとする。換言すれば、最少費用の本則に遵って行動すると仮想するのである。このことは当然自由競争の仮想となる。而してその自由競争は二の内容を持つ。

一は、同業者間の競争、詳しくいえば、同一商品を生産、供給する者相互間、それを購買する者相互間の競争である。別言すれば、最も高き買手に売る自由、最も廉き売手から買う自由である。

二は、異産業間、もしくは異職業間の競争、即ち各人がその最も有利とする職業に就くの自由、就業転業の自由である。有利不利とは、無論生産物（または給付勤労）と費用との関係においての有利不利をいうものである。

四

かかる仮定を設くれば、吾々はここに二の命題を立てることが出来る。第一は、同一種、同一品質の貨物には僅かに一箇の価格のみが成立すること、第二は、各人は、簡単にいえば、同一の努力に対して均一の所得を収めること、厳密にいえば、生産上の費用に対して同一比例の収益を収めることが即ちこれである。

同種同質の貨物については何故に単一の価格が成立するか。言うまでもなく、もし同種同質の貨物について、二もしくはそれ以上の価格が成立する時は、買手は廉い価格を定めた売手の前に殺到してその価格を競り上げ、売手も同様に敢えて高き価格を支払わんとする買手の前に殺到してその価格を競り下げ、この競り上げ競り下げは、二以上の価格が相接近して同一に帰するまではやむことがないはずだからである。ジェヴォンスはこの命題を名づけて無差別の法則（law of indifference）といった。これを説明すること左の如くである。

曰く「一貨物がその品質上完全に均一同質なる場合には、いずれの部分も無差別に等しき部分の代りにこれを用いることが出来る。故に同一市場において、且つ同一瞬間においては、一切の部分は同一の比をもって交換せられねばならぬ。或る人が正さしく同様なる物を別様に取り扱うべき理由はあり得ない。而して一物に対して需めらるるものの他物に比しての超過は、極めて些少のものといえども彼れを促して前者の代りに後者を取らしめるであろう。好く均衡を得たる交換においては、天秤を転じ、選択を支配するものは、極めて微細の逡巡である。一貨物における微細なる品質の差異は、かくの如く取捨を来たし、交換比を相違せしめる。しかしながら、全く何等の差異の存せざるところ、または差異の存することの全く知られざるところにおいては、全く何等取捨の理由はあり得ないのである。全然同等均一なる穀粉の幾樽かを売るにあたって、もしも商人が勝手にこれに様々なる価格を定めたならば、買手は勿論より低廉なるものを選ぶであろう。而して購入せらるる物に絶対的に差別なき場合においては、一千ポンドの価値ある物の価格における一ペニーの超過といえども充分なる選択の理由となるであろう。故に適当の説明をもってすれば、疑うべからざる真理たる左の結論が生ずる。曰く、同一公開市場においては、いずれの瞬間においても、同一種の品物に対して二の価格はあり得ない」と（*The Theory of Political Economy*, 4th ed. p. 91.）。

この無差別の法則がなければ、一物の価格幾許ということが言われない。売手買手の各人について、また売買せらるる貨物の各単位について、一々違った価格があることになるからである。一物の価格幾許ということが言われなければ、後に説明する通り、その価値幾許ということも言われない。吾々が一物の価値幾許といい得るのは、前記第一の自由競争あるがためである。

五

然らば、この単一の価格はどの高さで定まるか。この問題において上記第二の自由競争が重要の意義を発揮する。価格は第一次にはその時の供給対需要の関係で定まる。一貨物の価格は、その価格で需要せらるる数量とその価格で供給せらるる数量との一致せる点で定まるのである。仮りにxなる価格で需要せらるる一貨物の数量と同じxなる価格に対して供給せらるる数量とが一致せずして、前者が後者を超過すれば、価格はx以上に騰貴し、かくして需要量の制限せらるることにより、両者の一致するに至ってやむ。この価格における需要量が供給量に及ばぬ場合には、当然反対の作用が行われるのである。即ちカッセルが、価格は一貨物に対する需要を制限してその供給と一致せしめるために成立するという所以である。尤も一貨物に対する需要量は、ただに該貨物の価格によって左右せらるるのみならず、同じ主体によって購入せらるべき、他の諸貨物の価格においてもまた左右せらるるものであるから、厳格にいえば、一貨物に対する需要はただにその価格のみならず、併せて他の諸貨物の価格の函数である。即ち同じくカッセルが

$$N=F(p_1 \cdots\cdots p_n)$$

の公式を立てた所以である（Nは需要、$p_1 \cdots\cdots p_n$は諸貨物の価格）が、しかし今の場合には簡単に一貨物の価格はその需給によって定まるとだけいって推論を進めても間違いは起るまい。

右記の如く、価格は先ずその時の需給の関係によって定まる。しかしこれは第一次の均衡もしくは安定に過ぎな

い。第二段において、諸貨物の価格はその生産費と均一の比例を保つことによって一層高度の均衡もしくは安定に達するのである。貨物の価格は、その生産者の収入を形成する。そこで諸貨物の価格（即ち需給関係によって定まった価格）がそのそれぞれの生産者に、その生産上の犠牲に対して同一率の利益をもたらすものであるならば差支えはないが、もしこの利益に相対的損得がある場合には、第一次に成立した均衡は破れざるを得ない。即ち一旦成立した価格によって比較的不利の地位に置かれたものは、そこを去って比較的有利なる職業に移り、以って諸貨物供給の比例を動かさなければやまないのである。仮りに同一の費用を掛けて生産した二貨物ａｂが、需給の関係上から異なる価格で、例えばａはｂより高く売れたならば、上記第二の転業の自由のある限り、ｂの生産者、もしくは生産者中の或る者はｂの生産をやめてａの方に移るはずである。移れば、高い方のａの供給が増加して、その価格が下降し、ｂの供給は減少してその価格は上進するはずである。この下降上昇がやむ点は何処であるか。いうまでもなく、それは各生産者の生産物価格から受けるところの相対的利益が均一に帰する点である。換言すれば、価格が生産費に比例する点、同一生産費を要するものは同一価格に売れ、一物に比して二倍の生産費、三倍の生産費、または四分の三の生産費を要するものは、それぞれ二倍、三倍または四分の三の価格に売れる点である。諸貨物がかかる価格をもって売買せらるる場合には、それ自体の中から変動は起らない。需要に変動が起ったとか、或いは生産費が技術的理由によって増減したというなら格別であるが、かかる価格それ自身の中には変動の原因は包まれてないのである。これに反し、一時的需給の関係によって生産費と比例せぬ価格が成立した場合には、かかる価格そのものが自動的に或る貨物の生産増加、他の貨物の生産縮小を促して価格を変動せしめ、以って生産費と価格とを一致せしめなければやまないのである。

しかし記憶しなければならぬ。上述の如き価格が生産費によって第二次の均衡を得るということは、全く上記第二の自由競争を条件として言い得ることである。もしこの異産業間の競争がなかったならば、価格と生産費との関係について吾々は全然何等の断定をも下すことが出来ぬ。仮りに需要供給の関係によって一貨物ａの価格が定まり、而してその価格はその生産費との比例において遙かに高きものであったとする。（一貨物に対する需要はその供給量を顧慮してはおらぬから、如何なる高価格も如何なる低価格も成立し得る。）該貨物の生産者は他の生産者に比較して格外の利益を収めるであろう。しかしながら、ａの生産者等が法規によって保護せらるるか、或いは相互間の約定合同によって独占を設定するか、或いはａの生産には特殊の技術または秘密があって、常人がその生産に参加することを許されないという如き場合には、生産費に比較して高い価格は何時までもそのままに留まって、その生産者は引続き破格の利益を享得するであろう。価格は上記第二の自由競争の行わるる場合にのみ生産費の支配を受けることを忘れてはならぬ。

かくの如く、相対的に生産費と一致する価格はそれ自体の中に変動の原因を含まざる価格である。故に学者或いはこれを静態価格（statischer Preis）と名づけるものがある。オッペンハイマーはこれを説いて、生産者の中の何人にも生産の縮小または拡張を促すことがない価格であるといっている（*Wert und Kapitalprofit*, I. Aufl. S. 33.）。かつて学者のしばしば自然価格（natural price）と称し、また正常価格（normal price）と称するものもまたこれである。而して正統学派以来しばしば説かるる如く、この自然価格が、市場価格、即ちその時々の需給によって定まる価格の旋廻中心となる。一物の市場価格がその自然価格以上に上れば、生産の拡張が促され、反対ならばその縮小が促されるからである。

学者は久しく貨物の使用価値と交換価値とを分ち、交換価値とは、一物の他物の一定量と交換せらるる力、または他物を購買する力と解せられた。（この所謂交換は直接物と物との交換と解するも、貨幣を中介としての物と物との交換と解するも、いずれなるも妨げなし。）需給の関係によって例えばａ財の一単位がｂ財の二単位と相交換されるとすれば、その時その処においてａは2bと交換せらるる力を有するものである。しかし交換価値という場合の交換力または購買力は、時々各瞬間の需給によって定まる一時的もしくは偶然的のものをいうのではなくて、永続的本則的の力を意味するものと解せられる。従って、一物の交換価値とはその市場価格でなくて、その自然価格を指すものと解するのが正当である。市場価格または価格は需給によって左右せられるが、価値は生産費によって決せられるというのはこの故である。

六

価値とはそもそも何であるか。一物の価値とは、一物の評価者にとっての意義または重要性を意味する。もとより価値の厳密なる定義を下そうとすれば、その用語について様々の異見があるべきであるが、とにかく価値は重要性を意味するということは大体の説明としては異存のないところであろう。全く重要ならざるものが価値を有するということは、冷たき熱湯というにも類する形容矛盾であろう。即ち価値とは評価者がその福祉が一物の得喪に倚頼（いらい）するを認識することに基づいてその物に認める重要性であるというは（カール・メンガーによる）、大体において動かし難き価値の定義である。ただ評価者が認めるところの重要性というが、その評価者の個人なるか、社会なるか、共同経済組織の社会なるか交換経済組織の社会なるかによって、所謂重要性が何事を意味するかを更に少しく説明しなければならぬ。

ロビンソン経済においては、問題は簡単である。ロビンソンにとっての諸貨物の価値は、直ちにそれ等のものの彼れの欲望充足上に有する重要性を意味する。彼れにとっての小屋一棟、上衣一着、小銃一挺、独木舟（まるきぶね）一隻、投網一張り、魚十尾等々の価値は、欲望の充足がこれ等の諸貨物の単位の有無に倚頼（いらい）するを認識することに基づく尊重の程度如何によって定まる。換言すれば、一貨物の一単位、例えば独木舟一隻を失うことによって、彼れがいずれの欲望の充足を、或いは如何なる程度の欲望充足を、犠牲にしなければならぬかによって定まるのである。這般の原理を説明することは、限界効用論者得意の壇場である。

しかしこれ等の諸貨物が生産要素の投下によって再生産し得べきものである場合には、一物の価値は該貨物その物の得喪によって得喪せらるる欲望の充足によらず、該物喪失の場合に有限なる生産要素をその補充に充用するために起る他の欲望充足喪失の程度如何によって定まるということが出来る。これは限界効用説と毫も抵触することなくして、しかも価値をば効用と正反対視せらるる費用をもって説明するものである。これについてのハインリヒ・ヂーツエルの美事なる推究は、今日でも古典として尊重せらるべき値がある。とにかくロビンソン経済にとっては、一物の価値は、主体がその物に認める重要性だということは極めて簡単に説明し得るのである。然るに、評価者が単一の個人でない、何等かの程度における社会である場合にはどうするか。問題はやや複雑である。

七

個々の貨物に対する個々人の評価は、一々に異なり得る。従って一物の喪失によって幾許の、如何なる強度の欲望充足が失わるるか、また一物の保有によって幾許の、如何なる強度の欲望充足が保護せらるるかは、人によって異なるのである。しかし個々人の主観的評価は、かく千差万別であっても、一定貨物一定単位の該社会そのものにとっての価値は、単一でなくてはならぬ。もし単一でなければ、それは評価の上においては単一の社会を形成しておらぬ、即ち社会の評価というものがないというべきである。然らば、その単一の評価は如何にして行われるかというと、その社会が共同経済的組織の社会であると交換経済的組織の社会であるとによって同一でない。前者にあっては、該経済全体に対する一貨物の価値は、経済主体の統一的意思によって評定される。勿論この場合に評価が経済主体によって統一的に行われるということは、その個々の属員の欲望を無視して行われることを意味しない。主体は全員のために全員各自の欲望とその軽重とを計量し、他面これを満たすべき諸貨物の存在量、もしくは現有の生産力を顧慮し比較して、いずれの欲望充足を重しとし、また従ってそれを満たすべきいずれの貨物を重しとすべきかを決定するのである。一家族経済にとっての諸物の価値は、家長によって評定される。無論その場合において、家長その人の個人的欲望のみを顧慮するのではない。例えば小児の或る欲望を満たさんがために家長の或る欲望充足を犠牲にし、或いは僕婢の欲望充足のために家族員の或る欲望を抑制するというようなことは無論度々起る。しかしそれ等の場合に何人のいずれの欲望充足を先重すべきか、またどの程度においてすべきかということは、家長その人の判断によって決する。

ロビンソンが黒人フライデーを得たる後、この二人が一の社会を形成するものと見れば、この社会にとっての諸物の価値はロビンソンの意思によって決せられるのである。大規模なる共産主義経済における評価も原則上においては同様にして行われる。

八

然るにもしフライデーがロビンソンと同じ白人であって、別に独立の一家計を営み、その生産物を任意契約によって相互に交換するものとすると、それは幼稚単純ながらも既に一個の交換経済をなすのであって、前記の統一的評価は行われなくなる。何となれば、ロビンソンもしくはフライデーが全体に代って評価するということが行われないからである。仮りにロビンソンがａｂは同価値、ｃはその二分の三、ｄはその四分の一という風に、各貨物の価値を定めても、フライデーがそれに従わなければそれまでである。ロビンソンがその生産するａ一単位をもってフライデーの生産に係るｂ一単位を購買せんと欲しても、後者は必ずしもそれを肯んぜぬであろう。この交換経済の参加人員が増加すれば、事態はいよいよ紛糾を加えるのである。

かかる社会において社会の統一的評価を表現するものは、価格形成の外にはない。価格は各人個々の評価から出発して形成せられる。しかし必ずしも個人の評価とは一致しない。成程個人の評価とは一致しない、しかし各個人はこの統一的評価と見るべきものに服従するのである。一貨物を買わんとする者は、その合理的に行動する限り、如何にその物を高く評価していてもその価格以上は支払わぬ。反対に如何にその物を低く評価している者も、その価格以下をもってはこれを購入することが出来ぬ。彼れはこの価格を支払うか、然らずんばその購買を断念するより外はないのである。

価格は、既記の如く、需要量と供給量とを一致せしむるため、もしくは一致せしめるところに成立する。この価格を敢えて支払う者のみが能く購買者となり、これを甘んじて受け取る者のみが供給者となり得るのである。一定価格が成立すれば、その価格を支払うことを肯んぜぬ幾多の候補購買者、またその価格をもって満足せぬ同じく幾多の候補販売者は、売買から除外せられる。従って一貨物の価格は、しばしば誤り解せらるるように、それに対する個人的評価の平均を表現するものではない。何となれば、敢えて該価格を支払う者は、皆なその貨物を少なくも価格以上に評価する者でなくてはならぬが、その価格以上に評価する者の評価の程度には、何等の定限がない。また反対に、売買から除外せらるる者の評価は、ただ価格以下であるということのみ明らかなので、その程度は該価格以下零以上無数の階等があり得る。而してこれ等の売買から除外せられたる購買者の数と、それに参加せる購買者の数との間には何等の関係がない。勿論除外せられた者と等しい員数だけが売買に参加するという訳ではなく、参加せる者の評価と価格との距離が、除外せられたる者の評価と価格との距離と相等しいということには、何等の保障もないのである。

然らば、価格はいずれの個人的評価とも一致せぬものであるか。それは限界的購買者の評価と一致するということが出来る。限界的購買者とは、売買に参加し得たる購買者中の最も弱き者、即ちその中の最も評価低き者である。この限界的購買者は、一貨物をその価格と等しく評価せる者と見ることが出来る。従って貨物の一単位が失われて、供給量と需要量との一致が損われたる場合には、価格はこの限界的購買者を除外するに必要なだけ、もしくは彼れをしてその購買を一単位縮小せしむるに必要なだけ、騰貴するのである。

前に一物の価値とは評価者がその福祉のその物の得喪に倚頼(いらい)するを意識することに基づいてその物に認める重要性であるといった。この評価は前述の如く、ロビンソン経済においては極めて簡単に行われ、共同経済においてもさまでの困難なく行われる。ただ交換経済に至っては、経済全体を指導統制する単一の意思なく、また経済を構成する各個人がそれぞれ区々の評価をし、それに基づいて行動するから、孤立人経済または共同経済におけると同じく、社会そのものが直接に物の重要性を認めるということがない。ただ一貨物の一単位が失われた場合、社会全体は何ほどの損失を蒙るかを考えて見ると、社会は限界購買者の欲望充足一単位だけを失うのである。該貨物一単位の有無に倚頼(いらい)する福祉とは、即ち限界購買者の欲望充足である。即ち該財一単位は社会にとってこの限界的欲望充足に等しき重要性を有(も)つ。而してこの重要性は価格に表現せられるのである。社会はその限界的購買者を通じて一貨物を評価するということが出来る。しかし何人がその限界的購買者となるかは、もとより需要供給の関係によって、価格によって定まる。価格が騰貴すれば、前より高き評価を持つ者が限界購買者となり、反対にそれが下落すればより低き評価者が限界購買者、即ち社会的評価の表明者となるのである。

九

価格が如何なる場合、また如何にして生産費の支配を受けるかは、前に説明した通りである。然らば、その価格を支配する生産費なるものは何であるか。元に立ち帰って、この問題を考えて見なければならぬ。

先ず私はしばらく一切の貨物は直接労働のみによって生産されるものとする。即ち一切の生産が何等の過去の労働の所産たる生産手段をまつことなしに行われるものとする。前記ロードベルトスの公式 $m+\frac{n}{o}$ の n は皆無と仮定するのである。これが実際の事実から甚だ遠い仮定であることはよく承知している。生産上機械道具の使用なきものとするは未だしも、原料をも要せぬものとするのはほとんど不可能事を想像するかの如くであるが、推究の順序としてしばらくこれを仮定したい。必要なる修正は後段に至って加えるつもりである。或いは生産者が皆な無価値の自由財を原料として使用するものと見ても宜しい。とにかくこの仮定を設けると、一貨物の生産物はその生産に要せられた労働量のみであることが明らかである。生産者は生産のために、労働以外に何等の犠牲を払っていないのである。

今かかる仮定の下においては、一貨物の価格、従って価値は、確かにそれに投入せらるる労働量のみによって決せられ、同一労働費用を投ぜられたるものは同じ価格、二倍または二分の一の労働費用を要するものは、二倍もしくは二分の一の価格を持つということが出来る。何となれば、もしも同一労働費用の投ぜられた二種の貨物が、異なる価格をもって売れたならば、生産者の収得する報酬は、払われた犠牲に対してその率を殊にする訳であるから、いやしくも転業の自由の存する限り、当事者は必ず比較的不利なる貨物の生産から有利なる生産に移って、前者の供給を減じ、後者の供給量を増加せしめて、以って労働費用と価格とを一致せしめなければやまぬからである。一般的に価格が労働費用と比例しなければならぬ理由もこれによって分明となるであろう。而して価格と労働費用との一致し、もしくは比例し得た状態というのは、即ち各生産者の労働とそれに対する報酬との割合が平均を得た状態にある。この場合生産者は、労働以外のものを投じていないから、この報酬はしばらくこれを賃銀と称しても好い。また生産に対する報酬であるから、生産収益と称しても好い。そうすれば、諸貨物の価格は各生産者の賃銀率または収益率が平均を実現することによってその労働費用に安定するということが出来る。

一〇

かかる状態の下においては、吾々は確かに労働が価格もしくは価値を決定すると言って好い。また労働費用が時々の価格の帰向中心を成すといっても好い。しかしながらかくいい得るのは、必ず既記第二の、産業間の自由競争（産業内の自由競争はいうまでもなく）を前提してのことである。もしこの競争に障害があれば、労働費用と価格との一致は実現せられぬ。例えば、a貨物に対する需要増進のためその価格がその労働費用と比例を失するところまで騰貴しても、何等かの障害によって他の方面からの生産者の流入、即ち労働の流入が起らなければ、価格が何時までも労働費用から離れたままでいなければならぬ。従って自由競争がなければ、労働が価値を定めるということは全然言われないのである。

上述のような仮定の下においては、たしかに労働は価値を定めるということが出来る。しかしながら速了してはならぬ。労働が価値を定めるということは、労働が直ちに価値を生み出すという意味ではない。労働（無論筋肉労働に限らぬ）は自然と協力して技術的に或る物を造る。故に労働は貨物を造るといい得るは当然である。しかしながら、その造り出された貨物が果して幾許の価格、従って価値を有するかは、一に需要供給の関係によって定まる。同一量の労働の費された貨物が常に同じ価格で売れるとは限らない。同一量の労働を投じて益々一定の貨物を生産すれば、費すところは同一なるに拘らず、生産物の価値は供給増加のために却って下落するであろう。学者或いはパラドックスを弄して、労働は価値を造らずして却ってこれを滅却すると説くのも故なきことではない。即ちエドウィン・キャナンはその著 *A Review of Economic Theory*, 1929 中に労働価値説を評して、「純労働費用説は多分そのかち得たるが如き人望の幾分を価値の創造と有用且つ有価なる物の創造との通俗の混同に負うものである。しかしながら、事実上、労働は決して価値を創造するどころではなくて、これを滅却する。労働は供給を拡大して、稀少を来たさしむるよりはむしろこれを緩和する。家屋を稀少且つ不廉ならしむるものは煉瓦職人の存在ではない。吾々が窮乏を感ずるのは、煉瓦職人の不在なる時、もしくはその煉瓦を積むこと少なき場合である」(p. 186) といっている。

ただ労働は、一方において貨物を造り出すとともに、他方において生産上に忍ばるる犠牲であるから、競争が自由で、各人が合理的に行動する限り、収益と犠牲との割合が不平均なる状態はそのままでは静止せぬ。而してその平均作用によって供給の増減が起り、労働費用以上の価格は自動的に下落し、それ以下の価格は自動的に上進するのである。価格を費用に帰向せしむるものは、常に供給の増減である。故に貨物は、投入労働の幾許なるを問わず、差し当っては常に需給によって定まるだけの価格、従って価値しか持ち得ない。ただ競争のためにその供給が賃銀率(もしくは収益率)を平均せしめるような方向に動く。要するに、貨物の価格は需給によって定まるが、ただ労働費用と比例せぬような価格を成立せしめる需給関係は、それ自体の中に変動の原因を蔵しておって、永続しないというに過ぎないのである。繰り返して言うが、労働が造り出すのは貨物である。ただ他面労働費用は供給の比例性 (proportionality) の調節者たることによって、それ自体と比例した価格を成立せしめるような需給関係を実現する。而してこれだけの意味において労働は価値を定めると言い得るのである。従って労働が価値を定めるということは、決して需給法則に抵触するものではない。否な、却って需給法則そのものによって説明されるのである。その生産上如何に多量の労働の費されたものでも、それに対する需要がないか、或いは需要が微弱であれば、無論労働費用に応じた価格で売れるものではない。一定の労働費用を要する貨物がそれに応じた価格で売れ、従ってそれだけの価値を持ち得るのは、需給が然(しか)あらしむる proportionality を保った場合に限る。而してこの proportionality が保たれるのは、労働が各用途において同一率の報酬を受け得るように配分せられた時である。

二

ここに至って私は上に設けた重要なる一の仮定を撤去する。右には凡べての産業において全然生産手段を要せぬものとしたが、それをここで撤去して見る。

生産に生産手段を用いると用いないとの差別は何処に存するか。生産手段を用いない場合には、生産者はただ労働のみを支出する。生産手段を用いる場合には、彼れは先ず生産手段そのものを自ら造るか、或いはこれを購入し、而してこれを用いてその本来の目的たる生産を営む。自ら生産手段を造る場合には、先ず生産手段の生産に労働を投じ、次いで本来の目的たる生産に労働を投じ、この間接直接に投ぜられた二様の労働は、生産物の価格によって酬いられるのである。また生産手段を購入する場合には、先ずその価格だけの金額を調達しなければならぬ。これを調達する法は、該生産者の所得の一部、即ち彼れの生産物売却代金の一部を消費しないで留保して置いて、この金額に達せしめるか、或いは他人からこれを借入れるのである。しかし借入れる場合には、貸附ける者が予めこれだけの金額を消費から留保していなければならぬ。さて生産手段は消耗されて生産物に転形する。しかしこの消耗には遅速があり、原料の如きは速かに化して生産物となるが、機械道具建物に至っては、その消耗に数年十数年或いは数十年またそれ以上を要することもある。今これ等生産手段に投ぜられた労働は、生産手段が消耗されて、全部生産物に転形し了り、而してそれが売却せらるるをまって始めてその全部の報酬を受ける。従ってこれに投ぜられた労働の或る部分は、十数年或いは数十年の後に至って、始めて賠償されるのである。生産手段を自ら造らず、これを他人から購入した場合も、その道理に変りはない。即ちその購入に投ぜられた金額は、該生産手段が全部生産物に転形し、而してその生産物の売却せられた暁に、始めて完全に賠償されるのである。生産手段を用いてする生産というものの本質について、吾々は先ずこれだけのことを会得して置く必要がある。

さて生産手段使用の価格形成に及ぼす影響を理解するには、生産手段を使用する産業と、従来通り全然生産手段を用いない産業との存する場合を仮想するのが最も便宜である。

一二

この場合には、生産物の価格は無論差当り需給関係によって定まる。しかしこの価格は究極どの処に安定点を見出すか。無論各生産業者の利益率の平均を得るところである。然らば、如何なる価格において各産業の利益率は平均し得るか。

さきに仮想せられたる場合においては、貨物の価格がその労働費用に比例する時、各当事者の利益率（賃銀率または収益率）は平均するというのであった。しかし今度の場合においてはそうでない。何となれば、生産手段を要する産業にあっては、生産者は労働費用の外に更に一つの犠牲を負担しなければならぬからである。これをごく簡略に説明するため、ここにａｂ二産業があって、ａは何等の生産手段を要せず、ｂは高価なる原料または使用久しきに耐える道具を要するものと仮定するのが便宜である。

もし生産物の価格がその労働費用に比例するならば、何人もｂを避けてａに就くのが当然であろう。けだし原料道具を備えるには、これを購入する資力を持たねばならぬ。その資力は、消費を節してその所得から剰されなければならぬ。この享楽の一時的放棄は、通則として何人もこれを喜ばざるのみならず、また場合によっては、例えば家族員多数なるがため当面の生活に余裕がない者等にあっては、この「一時的放棄」は実行し得ないことがある。而して生産手段が使用久しきに耐えるものである場合には、これに投入した金額は長年月を経た暁に始めて全部回収されるのである。そこでもしも同額の利益を収めるとすれば、何人も生産手段を要せぬ産業に集まってその生産物の供給を比較的多からしめ、生産手段を要するものにあっては、人はなるべくこれを避けてその生産物の供給を比較的欠乏せしめるという結果にならざるを得ない。即ち生産手段を要する生産物は、然らざるものに比して、払底性（scarcity, Knappheit）が高いのである。随って生産手段を要する生産物の価格は、同じ労働費用を要し、しかしながら生産手段は用いない生産物よりも、若干高いところに留まらざるを得ぬ。そうすると労働費用を同じうする二貨物の一方が、他方よりも高いというのであるから、この差額はこれを労働費用以外の何ものかに帰せねばならぬ。

右には生産手段を購入する場合を取って説明したが、生産者自らその生産手段を造る場合においても、その理は正に同一である。即ちこの場合には、生産者は先ず生産手段に労働を投じ、次にこの生産手段を用いて生産を営み、生産手段がことごとく生産物と化し、而してその生産物が売却せられた暁に始めてその労働に対する全部の報償を収めるのである。そこでかく労働を投じてからその報酬を収めるまで待つことを欲しないか、或いは待ち得ない事情の下にある者は、かかる生産を避け、その労働に対してより夙く報酬の与えられる産業を選択しなければならぬ。そこで前述の場合と同じく生産手段を必要とする生産物は、然らざるものに比して、比較的に払底を告げなければならぬ。従ってその価格は比較的高いところに留まらなければならぬ。それがどの程度まで高いところに溜まるかは、生産手段を要する生産物と然らざるものとの相対的払底如何によるものであるが、この払底性の如何は、労働を投じてからその報償を収めるまで待つことを、人がどれだけ避けるかによって定まる。これを避けること甚だしければ、生産手段を要するものと然らざるもの（同じ労働費用を要するものとして）との価格の開きは大きく、待つと待たざるとが全く意に介せられぬこともしこれありとすれば、その場合には両者の価格は一致すべきはずである。

一三

ここに「待つ」という言葉を用いたが、生産手段を要する生産と要せざる生産との差異は、畢竟「待つ」ことを要する生産と然らざるものとの差異に帰着する。生産手段を生産者自ら造る場合のことは直ぐ右に述べた通りであるが、生産手段を購入する場合といえどもその道理は一である。即ちこの場合には、これを購入すべき資力を準備しなければならぬ。準備するというは、畢竟消費を差し控えて貯蓄をする、即ち享楽を待つということによって行われるのである。さきに述べた生産手段を用いざる生産にあっては、生産物にただ労働のみが投入される。生産手段を用いるものにあっては、労働が投入せられ、更にそれ以外に「待つ」ことが要せられる。生産手段が持続的のものであって、長年月の使用に耐えるほど待つことを要することは多くなる。そこで、もしも同じ労働費用を要する生産物が異なる価格で売れたならば、廉い方の貨物の供給は相対的に減少し、高い方の貨物が相対的に増加するは、再三述べた通りである。今同じ労働費用を要するも、一方は労働費用以外更に待つことを要する生産物が同一価格をもって売れたならば、待つことを要する方の生産物供給は、必ず相対的に減少してその価格に差異を生ぜざるを得ぬ。この差額は労働費用の差異によって生じたものではないから、これを「待つ」ことの有無に帰せねばならぬ。即ちこれが「待つ」ことに対する報酬を構成する。即ち資本利子、もしくは旧来の用語（リカードー、マルクス、オッペンハイマー等の）にいう資本利潤である。

リカードーが有名なマッカロック宛書簡において（一八二〇年五月二日附）「この問題（価値問題）についてなし得べき最善の考慮を尽した後、予は貨物の相対価格の変動を来たし得る原因が二つあることを信ずるものである。第一に貨物の生産に要する相対的労働量、第二にかかる労働の成果が市場に搬出せらるるまでに経過すべき相対的時間がそれである。固定資本の一切の問題は、この第二の規則の下に属する……」といった意味は、上に試み来った推究によって納得されるであろう。リカードーが「時間」と言ったものをシーニオアは「制欲」と名づけた。それを更に後の学者は waiting または Warten（マーシャル、カッセルその他）と称した。利子もしくは資本利潤はこの待つことに対する報償である。

唯くれぐれも注意すべきは、この「待つ」ことに何等の倫理的意味を含ませてはならぬことである。「待つ」ことは、或る見地よりすれば、或いは道徳上嘉賞すべき行為であるかも知れぬ。しかし一行為の賞讃すべきと否とは、経済理論の与り知るところではない。また利子が waiting に対する報酬だということは、この報酬を支払うことが道徳上正当だという意味ではない。ただ自由交換経済組織の下においては、利子を支払わなければ waiting が得られない。別言すれば、その生産上労働費用の外に更に「待つ」ことを要する生産物は、比較的に払底するから、これを要せぬものよりも高価となるというに過ぎない。高価となることが、至当だとも不当だともいうのではない。ただこの比較的高価を払わなければかかる貨物は得られない。もしくはかかる貨物は比較的に欠乏するから高価が支払われるというに過ぎないのである。シーニオアの鋳造した「制欲」という術語は、この点において無用の弁論に資料を供した。

一四

この点においてリカードー以来度々引用せられる、植林もしくは葡萄酒保蔵の例は、吾々の理解を進めることに役立つと思う。リカードーは、単純な労働価値説を固持するマッカロックの反省を促すためにこの例を引いたのである。葡萄酒が醸造後、三、五年もしくは十年窖中に貯蔵せらるることによってその価値を増すことは、労働費用によっては説明せられぬ。即ち新醸の葡萄酒と幾年か貯蔵せられたものとを比較すれば、醸造の労働費用は同一であるのに、（保存に費用を要するならばそれを控除する）古き葡萄酒の方がその価が高いのは何故であるか。これは醸造後直ちに飲用するか、または売却することをしないで、幾年かを「待つ」という附加的犠牲があるために、古酒の方が需要との関係において比較的欠乏するということ以外にはその説明は見出されないのである。

或いは言うであろう。貯蔵せられた葡萄酒は、新酒よりも芳醇であるからその価が高いのであると。勿論古酒の芳醇なることは否定しない。しかし味よきものは必ずしも高価ではない。たとい古酒は如何に芳醇であっても、古酒も新酒と同じく豊富潤沢に供給せられたならば、よしその味わいは同じからずとも、その価格は彼れよりも高いところには留まり得ないはずである。芳醇なることは、無論これに対する需要を喚起する。しかしもしこれに対する需要の多大なるに比例して、新酒醸造以上に特別の困難なくその供給を増し得るのであったならば、その価格は永続的に新酒以上には、上り得ぬはずである。カヴィヤーは味よき前菜である。しかしカヴィヤーが高価であるのは、独りその味よきことにのみよるものではない。カヴィヤーは正しく同じカヴィヤーであっても、もしそれが鮭の卵か或いは鰊の卵の如く豊富に獲得せられたならば、決してその高価を維持することは叶わぬであろう。鮎は高価で鰯は低廉である。しかしもし正しく今と同じ味わいを持つ鮎が、銚子の浜で地引網で漁獲せられることにでもなったらば、鮎と鰯との価格の差は決して現在の如くではあり得ないであろう。古き葡萄酒の場合もまたこれに等しい。古酒が高いのは、その供給が比較的払底するためである。新酒の供給が常に古酒に比してより潤沢であるからである。而して払底と潤沢とのこの差異は、酒を市場へ出すまでに「待つ」ことを要すると否と、或いは多く「待つ」ことを要すると否とによって起る。古酒により高き価格を支払うことが正当であるか否かは経済理論の問うところではない。ただ経済理論は説明する。労働費用以外更に「待つ」という犠牲を要する生産は、他の条件にして変らざる限り、人がこれを避ける。従ってその生産物は比較的に払底する。比較的に払底するものの価格は比較的に高い。ただこれだけのことである。

同じことは植林についても言える。耐久的な家屋や機械や道具の使用についても言える。いずれの場合にも「待つ」という要素が価格の労働費用に比例することを妨げるのである。

一五

以上私は、生産が生産手段を用いて行われる場合とそれなしで行われる場合とを比較し、生産手段を用いる場合には、生産上「待つ」という一要素が加わるため、その生産物が比較的払底し、従ってその価格が高くなることを説明した。即ち既記両様の自由競争の行わるる処では、労働費用のみの要せらるる生産物同志はその費用に比例する価格に安定し、生産手段を用いる、即ち「待つ」ことを要する産業の生産物は、この比例以上の価格に安定する。而してかかる価格の成立することによって、生産当事者はその犠牲と収益との平均せらるるを得るのである。

さて右に私は、生産手段を用いぬ生産はただ労働のみを要し、待つことを要せぬものとして説いた。しかし厳格にいえば、たとい生産手段を用いずとも、一生産物の完成は若干の時を要するのを常とするから、労働を投下してから生産物の価格においてその報酬を収めるまでには、常に多少「待つ」ことを要するであろう。労働してからその報酬を受くるまでに全く待つことを要せぬと見て好いのは、労働を自ら生産に投じないで、ただ労働のままで賃銀に対してこれを他人に売却する場合である。この場合の労働の売価、即ち賃銀は、純然たる労働のみに対する報酬と見るべきものである。そうすると、労働の賃銀合計は必ずその労働によって生産せられた貨物の価格よりも低いということが分る。何となれば、労働そのものは必ずその生産物よりもその払底性が低いからである。もとよりここに払底というは、需要に対しての払底をいう。例えば、織り上げられた羅紗は、毛織物職人の労働そのものよりも直ぐに役に立つ。反面毛織物職人にとっては、羅紗を織り上げて市場に供給するよりも、直ちに雇主に対してその労働を売却する方が容易い。とにかく労働そのものを労働のままで売却せんとする者よりも、織り上げた羅紗を供給し得るものの方が少ない。この意味において生産物は常にこの生産に参加する労働そのものよりも比較的に払底である。労働そのものは、市場において、常にその生産物よりも比較的過剰である。故にしばらく地代の要素を抽象すると、生産物の価格から賃銀を控除すればそこに若干の余剰が残る。それが即ち生産物を労働そのものよりも比較的払底せしむるところの要素、即ち「待つ」ことに対する報酬、即ち利子もしくは資本利潤である。もし敢えて「待つ」者が多ければ、生産物の比較的払底性は緩和せられ、賃銀と生産物の価格とはそれだけ相近づくのである。

所謂搾取が行われるとは、畢章生産に投入せられた労働の賃銀合計が生産物の価格に及ばないことを指していう。換言すれば、労働者の賃銀総額が生産物全部を買うに足らぬことを指していうものである。然るに上述の説明によって、生産物は常にその生産に要せらるべき労働そのものよりも払底であることが明らかになった。より払底なるものは価値が高く、より過剰なるものは価値が低い。従って経済理論からいえば、生産に要せらるる労働そのものは、当然その生産物よりも価値が低いといわなければならぬ。搾取という場合には、必ず労働がその価値以下の支払を受けたことを意味しているが、上述の如き場合において、労働者がその造り出した価値よりも少なく酬いられたという証明は成り立たない。これを証明するには、労働価値学説によらなければならぬが、しかし労働価値学説そのものは、結局或る仮定の下において、互いに労働費用を等しくする生産物は、自由競争の行わるる限り、やがて必ずその払底性を等しくするに至る、——労働費用相等しきに拘らず、一方の生産物が他方よりも払底ならば、必ず払底なるものの生産は増大し、比較的多量なるものの生産は抑制される——と教えるに過ぎぬ。無論払底性を離れて価値を説明し得るものではない。かく論じ詰めて来れば、結局一切の経済財は——生産物も生産手段も——その需給関係、或いは払底性に応じた価格をもって売買せられ、而して正にその価格だけの価値を持つというより外はないことになる。しかも既に一物の価値がその価格に従うとする以上、詐欺強迫の行われぬ限り、互いに相交換せらるるものは、必ず互いに価値を等しうするものでなくてはならぬ。然るに搾取は、生産手段たる労働の価値と価格との異なるところにあるものであるから、相互に交換せらるるものは価値の相等しきものでなくてはならぬとする以上、搾取の概念は成立し得ないと結論しなければならぬ。それは或いは一部の読者には奇矯の説のように聞えるかも知れないが、実は私の信ずる限り、厳密なる推理の帰着する到達点である。

これは決して、現在の市場で行われている諸物の交換比率が皆な道義上から見て望ましい比率に適っているというのではない。道義的可否を言えば、無論多くの不当が犯されている。しかし純経済的に見れば、互いに価値を等しうする物と物とが交換されているのである。現在の所得分配の状態が多くの点において吾々の道義的要求に背いているということは、これは議論の余地がない。ただ労働者がその造り出した価値の一部を他人に奪われているという主張は、厳密な理論としては成立しない。労働者は経済上からいえば、その給付労働の払底性に相当した賃銀をもって酬いられているといわざるを得ないのである。

（『マルクス死後五十年』所収）

搾取論

搾取とは何ぞ

搾取という言葉は今日常用語となり、誰れでも手軽にこれを遣う。しかし搾取とは果たして何を意味するかを厳密に吟味し、且つ推究すれば、そこに厄介な難問題の存すること、従って不用意にこの言葉を遣わない方が無事であることが認められるであろう。

企業家が市場に定まる賃銀をもって労働者を雇い、市場に定まる価格をもって生産物を売る。その場合、その生産物に対して或る程度以上の需要があり、それに応じた価格で生産物が売れると、この価格から生産費を差引いたあとに余剰として利潤が残る。搾取論を唱えるものは、この利潤は即ち搾取の結果に外ならぬというのである。別言すれば、利潤は「支払われざる労働」を示すということである。凡べて商品の価値はそれを生産するために必要な労働量、即ち労働費用によって定まるのであるから、労働しない企業家が利潤を収め得るのは、ただ労働者に対し、労働者がその労働によって造り出す価値よりも少ない価値の賃銀を支払うことによって、始めて可能となると謂うのである。即ち労働者の労働と、それに対する賃銀の支給とは不等価なる交換であり、労働者は与えるよりも少なく受ける。その差額が結局利潤を成すというのである。

労働貨幣の実験成績

搾取論は多くの社会主義者によって唱えられた。しかしどれも詮じ詰めて見れば、そのエッセンスは結局右に述べたところの如きものに帰着する。すべての搾取論は——少なくも自由経済に適用されるものとしては——その根柢において、生産物の価値は労働費用によって定まるという労働価値説が成立することなくしては成立しない。

価値は果して労働費用によって定まるか否か。この問題については、夙くから説明的と規範的と二つの労働価値説がしばしば並流し、或いは混流したことを注意しなければならぬ。説明的というのは、一物の他物と交換せらるる割合に現れるそれぞれの価値は、それぞれの生産に費さるる労働量によって定まる、という意味においての労働価値説である。規範的という方は、一物と他物との交換の割合はこれを二者それぞれに費さるる労働量によって定めることが正当である、それと違った交換の割合は不当である、という意味においての労働価値説である。

多くの社会主義理論家は往々にしてこの二つの意味の労働価値説を、同時に両つながら唱えた傾きがあるが、それはとにかく、規範的労働価値説を唱えるものは、当然その規範の実現ということを考える。そうしてその多くの者が申し合せたように到達するのは、労働貨幣の考案である。

細目は別とし、この考案の大様をいえば、生産に従事したものに、その労働した時間に応じて切符(労働貨幣)で支払いをする。他方各生産物の価格は、それに費された労働時間に応じて定められることにする。生産従事者はそれぞれ受け取った切符で、その所望の品々を購入する。その購入の価格は前記の如く、費用労働量によって定められているから、何人も多く労働して少なく酬いられ、少なく労働して多く酬いられるということがなく、各人は正しくその労働に応じて酬いられる。詳言すれば、例えば二十時間労働して、それに応ずる労働貨幣を受け取ったものは、必ず他の生産者が同じく二十時間を費して生産したもの一個(もしくは十時間を費して生産したもの二個、或いは五時間を費して生産したもの四個、或いは十時間を費して生産したもの一個と五時間を費して生産したもの二個と等々)を購入し得ることを保証されるというのである。

労働貨幣の提案は多くの人によって行われたが、その中の有名なものとしてドイツではロードベルトス、フランスではプルドン、イギリスではロバート・オーウェン等のそれがある。この中ロードベルトスのそれは机上の立案に終始した。プルドンは一八四九年、ともかくもその実行を企てたが、彼れの「人民銀行」は、プルドンその人が国事犯で囚えられたため、未だ開業に至らずして閉鎖された。独りその考案を実行して、そうしてその考案に内在する困難を事実によって世に示したものは、ロバート・オーウェンである。このオーウェンの実験の始終は、労働価値説吟味の上に、側面から或る光線を投射するものと思う。

オーウェンの労働交換銀行（Labour Exchange Bank）は一八三二年九月三日、ロンドンに設立された。その仕組みをいうと、生産者はその売りたいと思う生産物を銀行に持って来る。反対に、消費者は銀行の貯蔵所からその欲するものを買って行く。それぞれの価格は、その費用に応じてこれを定め、それに相当する証明券を生産者に与えると、生産者は券面の数字に相当するだけの他の品物を銀行から買うことが出来るという訳である。例えば靴工があって、一足の靴を造るのに二シリングの原料と十時間の労働とを費したとすれば、十時間の労働に対して一時間券十枚と、二シリングの原料に対して（六ペンスを一時間に換算して）一時間券四枚、計十四枚が与えられるという風にする。靴工はその受取った時間券十四枚で、自分の欲するものが買えるはずなのである。

この銀行は始め四個月ばかりの間成功したように見えた。毎週六百パウンドの品物が銀行を通じて交換されたということである。ところが、間もなく困難が続発した。その困難の最大なるものは、銀行に生産物を持ち込んで、前記の評価法によって時間券を受け取っても、それで買いたいものが銀行にないということであった。欲しいと思うものは品切れで、無用物または流行後れの品物ばかりが銀行に残るようになったということである。それから注目を要するのは、価格は消費者の需要によって定められないで、費用によって定められるものだから、生産者がなるべく多く時間券を稼ぐことばかりを考えたということである。例えば一定の布地で二着のズボンを作るよりも、それで四着のチョッキを作った方が得だというので、そんなことも行われたとのことである。殊に原料品の供給が不足して来た。

銀行は窮して、加工労働に対しては時間券を交付するけれども、原料に対しては、これを優遇するため、普通の貨幣で支払いをするというような変則手段を取ることになった。こうなれば、銀行は既に理論的には破産したも同様である。実際に銀行は、開業後一年半余りの一八三四年五月に閉鎖の状態となった。

これは小さな一事件に過ぎないが、理論的には極めて興味ある一例証をなすものである。それは結局銀行が諸生産物の労働費用と消費者の必要から来た尊重度との不一致によって倒れたことを示すものである。それは独り一小銀行のみならず、これを一社会全体に適用しても、同一の構想は必ず同一の失敗に終るであろうことを示すものである。凡べての生産物に、それぞれ生産上に費された労働量に応じた価格を定めたとする。需要者がその価格ではそれだけのものを欲しなければ、或る品物は売れずに残る。反対に、その価格でならば買いたいという需要者が供給者を超過すれば、需要者の間に争奪が起る。これをどうすれば好いか。

一つの途は、強権をもって売れずに剰る品物の生産を制限し、反対に不足して、買手の間に争奪が行われる品物の生産を拡張することである。それは即ち生産者を過剰品の生産から不足品の生産へ、強権的に移動せしめるということである。ということは、職業選択の自由を否認し、人を社会の必要とする生産への就業に強制するということである。

今一つの途は、価格を需要供給の状態のままに上下せしむることである。これを許せば、最初の価格では過剰となる品物の価格は下落し、不足する品物の価格は騰貴するであろう。価格の下落した品物を生産することは不利であるから、生産者の凡べてかまたは或る者はそこを去り、価格の騰貴した品物の生産へ移るであろう。かくして一方における生産の縮小、他方における生産の拡大が起り、延いて下落した価格の騰貴、騰貴した価格の下落が起るであろう。そうしてこの騰落は、諸生産物の価格と価格との割合が費用と費用との割合と一致するに至ってやむであろう。

しかし注意しなければならぬ。かく諸生産物がその生産費用に応じた価格をもって売買されるのは、単に各生産物がかくかくの費用をもって生産されるという事実（即ち術語でいう、生産の技術的係数）のみによって実現されるものではない。それは需要供給状態がかかる価格を成り立たせるようなものとなることによって実現されるのである。ただその場合、生産に要せらるる費用は、供給の調整者（regulator）として働くに過ぎぬ。

労働価値説が成立し得るとすれば、ただこの意味において成立する。それ以外にその成立を説明することは出来ない。

労働費用と需要

そこで、マルクスの説を問題にする。マルクスは商品の価値はそのものを生産するため社会的に必要なる労働量によって定まると謂った。ここに社会的に必要という意味は通常もしくは平均的に必要とされるというほどの意味だと解せられる。従って一物生産の技術が進歩すれば、その物の価値は低下するのである。

しかしかくいうことは、一物の一単位量を生産するために要せらるる（勿論社会的に必要なる）労働量が与えられれば、その物が他物に比して、いかに多量に、もしくはいかに少量に、生産せられても、一定単位量の労働の造り出す価値は常に同一であると説くものであるか。前に引いたオーウェンの労働交換銀行の経験は、そう説くことの不可能なるを示唆している。即ち諸生産物の価値を費用によって定めても、そのものが人に求めらるるか否か、即ち有用なるか否か、或いは有用の度如何によって、物は不足を来したり、売れ残ったりする。この場合それ等のものの生産に要せらるる費用さえ相等しければ、大いに有用なるものも、さして有用ならぬものも、皆等しき価値を有するものと見るべきであるか。ここに何人にも疑問が起る。マルクスは一応この疑問に答える。しかし一の疑問に答えることによって、次の疑問を喚び起こす。

商品の価値はそのものを生産するため社会的に必要なる労働量によって定まるという。但し商品は人の欲望を満たすもの、即ち有用なるものでなければならぬ。無用なるものの生産に投ぜられた労働は価値を生ぜぬと、彼れはハッキリ言明している。例えば資本論の一節にこういう。「……如何なる物も使用対象たることなくしては価値たることを得ない。物が無用であるとすれば、その内に含まれている労働もまた無用であって、かかる労働は労働とは認められず、随って何等の価値をも形成するものではない」（高畠訳文による）。

果して然らば、当然の順序として、同じく有用なる物の中でも、その有用の度の大小如何によって、等量の労働によって造り出される価値は異なり得ると謂わなければならぬ。「物が無用であるとすれば、その内に含まれている労働もまた無用」であるといい得るならば、「物がさほど有用でなければ、その内に含まれている労働もまたさほど有用でなく、随って僅かの価値しか形成するものではない」と謂い得なければならぬはずである。

然るに多くの場合、一物の有用の度の大小如何は、その物と他の物との数量的関係の如何によって左右される。極めて必要なる有用物も、他との割合においてその物の数量を増して行けば、その有用の度は下降する。現在さして有用ならぬものも、その数量が減少すればその有用度は高められる。而して物の有用度が高いということは、強く需要されるということであり、有用度が低いということは、弱く需要されるということである。

こう推究して来ると、商品価値はそれに費さるる労働によって定まると、一応いうとしても、それはそれに相応する需要の対象たる場合に限ることであり、相応する需要の対象となるということは、適当の数量において生産されるということである。かくいうことは、一商品の一単位量は一定量の労働によって生産されるとしても、それがその労働費用に相応した価値を有するのは、ただ該商品が他の商品量に対し、一定の割合において生産せられた場合に限るのであり、もしもこの割合以上の量で生産せられたならば、各単位量はその労働費用相当以下の価値を取得し、反対に、この割合以下の量で生産せられたなら、労働費用相当以上の価値を有つということを意味する。それは結局諸商品の価値は、それぞれに対する需要とそれぞれの供給との状態に応じて定まるというに帰着するであろう。

これはマルクスの労働価値説から出発した推究としては、誠に意外の結論でもあるように見える。しかしこれは勝手気ままの推論ではない。マルクスが一方において、価値は労働費用によって定まるといいつつ、他方において生産物の有用無用が労働の価値形成性を左右することを認める以上、人は必ず右の如き推究を促されざるを得ないのである。それは、独り吾々がそういう結論を引くばかりではない。マルクス自身も或る場合には、価値が需要供給の状態によって定まるものとし、彼れの謂う「社会的に必要なる労働時間」の意味を、それに合うようにも解釈し得る途を開かなければならなくなった。その証拠として『資本論』から引用し得べき文言は、非常に多いとはいえないが、しかし幾つかある。その中最も頻繁に引かれるのは、市場の需要に対して過剰に生産せられた商品（例えばリンネル）

には、現実その生産に要せらるる労働量よりも少なき労働量が含まれるものと見るという意味の文言である。こういっている。「……もしも市場の胃腑が、一ヤール当り二シリングの平準価格ではリンネルの全部を吸収し得るものでないとすれば、これは取りも直さず、社会的労働時間中の余りに大きな部分がリンネル機織業の形で支出されたことになり、その結果は、個々のリンネル機織工がその各の生産物に対して社会的に必要なる労働時間以上を支出した場合と異なるところはないであろう。」

ここでは「社会的に必要なる労働時間」なるものが、前に述べたような、その時の技術上普通に必要とされる労働量という意味でなく、需要に対して必要なる労働量という意味のものに変えられてしまっている。しかし、この変更の意味は重大である。それは結局商品の価値は需要供給の関係によって定められ、一商品の生産に費さるる労働量は、この需要供給関係に相応する限りの価値形成性を有つということに帰着するのである。一商品に対する需要とその供給との関係は価格に現れる。然りとすれば、諸商品に含まれる労働量は諸商品の価格に等しきだけの価値を生むといわねばならぬこととなる。

労働の価値と労働需要

これは意外に見えるかも知れない。しかし労働価値学説も商品の有用性というものを無視することが出来ない限り、冷静なる推究は必ず吾々をこの結論に導くであろう。

そもそも労働とは何か。資本論ではそれは人間脳髄、筋肉、神経、手等の支出と解されている。しかしこれ等の支出の一定量は、それが何物に対して支出せられても、必ず一定額の価値を造ると言い切れるか。マルクスがそれを敢えてするものでないことは右に記して来たところによって察せられよう。そうしてまたそれは、世間の常識とも一致するところである。画家が画を描き、彫刻家が像を作る。その場合カンヴァス、絵具、石、木材等を要し、また仕事に時間を要する。(修業にも時を要すること勿論である。)今同じだけの材料を使い、同じだけの時間仕事をすれば、出来た作品の価値(芸術的並びに経済的の価値)はみな一様だといい得るか。誰れもそうでないことを知っている。

もとよりこれは極端の場合であって、普通の商品生産とは縁遠いように思われる。しかし芸術作品の価値が直ちにその製作に費された人間脳髄、筋肉、神経、手等の支出の量によって定まるものでないことと、或る数量以上に生産せられた場合のリンネルの一ヤールが、それに含まれている労働量と相当するだけの価値を持ち得ないこととの間には、相共通するもののあることを認めねばならぬ。凡工の作品の価値が、材料が費され、労働が費されてあるに拘らず、低いのは、鑑賞者の要求を満たし得ないから、即ち人があまり欲しがらないからである。過剰に生産せられたリンネル一ヤールの価値が低いのもまた、市場の需要が弱いから、即ち同じく人があまり欲しがらないからである。

このように詮じ詰めて来ると、結局市場の需給関係で定まる価格が価値の基準となるという結論の方へ段々導かれて来る。勿論マルクス自身がそうハッキリ言明するのではなく、また言明するはずもない訳であるが、マルクス自身の認めている立場を捉えて、それを推して進めると論理上そうなり行かなければならぬ。

この論理を労働の価格である賃銀にあてはめて見る。マルクスによれば、賃銀は労働に対する需要と労働の供給によって定まるとされる。この需要を左右するものは資本額の大小、もっと厳密にいえば、資本の中で機械や道具や原料にでなく、賃銀として支出せらるる、所謂可変資本額である。供給を左右するものは労働人口である。賃銀率はこの両者の関係によって定まるとされるのである。これがリカードーやラッサールの賃銀法則だと、更にこれに人口原理というものが参加して、賃銀率が生活必要費以上に昇れば人口増加、以下に降れば人口減少を来たすことによって、常に賃銀率を生活必要費に牽き着けるというのであるが、マルクスはこの作用を認めないから、ただ賃銀率は労働市場における需要供給によって定まると、謂うだけに止まる。

この間になお詳論を要する条項もあるが、省略して結論に急ぐ。前に推究したように、結局需要供給関係で定まる諸物の価格がその価値を定めるということが正しいとすれば、結局労働の価値を定めるものは賃銀だということを認めなければならぬ。然るに、そもそも搾取ということは、労働者がその労働によって提供するところの価値よりも賃銀として受取る価値の方が少ないと謂うに外ならぬものであるから、もしも労働者の給付する労働はそれに対して支払わるる賃銀だけの価値を持つということを認めてしまうなら、およそ搾取ということは成り立ち得ないことになる。搾取理論を成り立たせるためには、どこまでも労働者が給付する労働は、労働市場の需要供給関係によって定まる賃銀よりも多くの価値を代表する――というか、或いはより多くの価値を作るというか――ことを証明しなくてはならぬ。それをするには対需要の関係と離れた価値法則を立てなければならぬ。

マルクスの価値法則は一応かかるものとして立てられたのである。しかし、謂わゆる人間脳髄、筋肉、神経、手等の支出の一定量は、それが如何なる物の生産に支出せらるるかを問わず、必ず一定額の価値を造るということは、何人も承認を躊躇するし、マルクスもまた躊躇した。彼れは始めから、価値を生ずる労働は有用物の生産に投ぜらるる労働でなければならぬことを明記した。しかし、生産物の有用無用が労働による価値形成の有無を岐つなら、有用の度の強弱もまた価値の多少を岐つことを認めねばなるまい。それは不本意であったかも知れぬが、マルクスもまた或る個処においてそれを認めざるを得なかった。前に引用した文言やその他において、或る商品が需要に対し適度以上の数量において生産せられた場合、それに投入せられた労働量は、その労働量に相当するだけの価値は造らぬという意味を漏らしたのは、その消息を語るものと解せねばならぬ。同じ論法をもって労働者の供給する労働とこれに対する需要とに臨めば、労働者が給付するものの価値はその支払わるる賃銀に相当するといわなければならぬこととなるのは、前段に述べた通りである。

不用意なる搾取論議

今日搾取とは、雇主が勤労者に対して彼等の勤労から受けるよりも少なきものを賃銀として与えることと解せられている。換言すれば、雇主は勤労者が提供したものの僅か一部分に対して支払うというのである。然らば如何にして与えるものが受けるものよりも少ないと言い得るか。これがためには価値理論の証明がなければならぬ。而してその証明の成り立ち得ないことを、私は右に説いた。

かくいうことは、現在の勤労者の所得状態が今のままであって好いということではない。否な、社会の全体としての貧困と、その社会内における、避け得べき経済的不平等を除くために凡ゆる政治的経済的技術を動員すべき吾々の責務は、如何なる言葉をもって強調しても決して充分ではない。ただ今日勤労者がその提供する勤務よりも少ない価値をもって酬いられつつあるとの意味において搾取を受けつつあるということは、真実ではない。価値理論の証明し得るところは、それとは違うのである。低い賃銀をもって酬いらるる労働は、その価値が低いのである。

問題は何故にこれ等の勤労の価値が低いか、また如何にしてそれを高め得べきかということにある。失業者は労働しない。老者、病癈者も労働しない。労働しないものは如何なる理論によっても搾取を受けているとは言われない。しかも吾々は彼等が搾取を受けていないからといって、これに対する援助または援護の責任を免れることは出来ぬ。同様に、吾々は搾取を受けてはいないからといって、今日の勤労階級の所得の乏しい現状を放置することは許されない。ただこの現状を改善する上において、吾々は如何なる理法が勤労者の所得を決定するかを正しく知らなければならぬ。もしも勤労者の勤労所得が低いのは、勤労によって造り出された価値が他人の搾取のために削られた結果でなく、需給の関係上、勤労の価値そのものが低い結果であるならば、これに対する処置もまたこの認識から出発しなければならぬ。

最近私は二三度知識人と話をする機会があった。その人々はいずれも哲学の素養を持つ人々であったが、その話の中に、資本主義社会における搾取云々という言葉が無雑作に遣われるのを聞いた。私は特に尋ねて見たが、その人々は別段搾取理論を吟味し、それを是認した上でこの言葉を遣ったという次第ではなく、ただ社会に貧者があるのは富者の搾取の結果であろう、というくらいの素朴な気持ちでこの常用語を遣ったものであった。けれども、手軽に搾取を云々することは、恐らくは誤解を招くであろう。私の労働価値説に対する批判は、三十年来のことで、ここでそれを詳論することは出来ないが（私の労働価値説批判は拙著『経済原論』第三篇、——拙著『マルクス死後五十年』第九章（本書「価値論上の効用説と費用説」）について見られることを希う）、ただ私は搾取論成立のためにはそれを証明する価値理論がなくてはならぬこと、而してその価値理論には少なくも至難なる疑問の存することだけは指摘したいと思う。搾取理論の成立を確信するか、或いはその成否如何を問わず、ただその宣伝または煽動上の価値のためにこれを利用せんと欲するものは、もとより制止する訳に行かぬ。ただ世上多くの、漫然善意をもってこの語を用いる人々に対し、私はそれが厳密なる学術語としては恐らく通用不可能であろうことに注意を喚起したいと思う。本文を書いたのも、その目的のためである。

労に対する償、功に対する報

終りに附記して、費用に対する償いと効用に対する酬いとについて一言する。

およそ等しく労するものはまさに等しく酬いらるべきであるということは、最も素朴なる正義の要求である。同時に、功多きものはまさに多く酬いらるべきであるということも、また同じく素朴なる正義の要求である。

最高の共産社会と空想せらるるものにおいては、この両原則は問題にならぬ。各人はその能力に応じて働き、その必要に応じて与えられる、とされているのである。しかしそれより手前の社会主義社会においては、個別的に労に対して報あること、また報をもって労を促す必要は、なお依然として存するものと解せられる。この場合、社会主義者は多く功よりも労に対して報いることに重きを措くもののように見える。前に記したロバート・オーウェンの労働交換銀行の如きは、その一例であり、等しき労働の費されるものに等しき価格を定めることをその主義とした。然るに等しき労働の費されたるものは、必ずしも等しく人の必要を満たさぬために――即ち等しき功を挙げざるために――銀行は破綻したのであった。この経過を念頭に置くことは、例えばソヴィエト・ロシヤの現状を観察する上にも或る役に立つところがあると思う。

今日のロシヤはマルクスの所謂共産主義第一段階にあるものとされている。そこでは、原則として生産手段の私有は廃止されているが、しかし各人はその働きに応じて報酬を受けることになっている。その報酬の懸隔は、相当に大きい。マックス・イーストマンの記すところに従えば、その一番高い報酬と一番低い報酬との開きは、アメリカにおけると同じく五〇対一であるという。この報道は若干の割引きを要するとしても、とにかく様々の名義の下に、各人収入の差等というものが意外に大きいことは事実と思われる。

懸隔は何によって説明されるか。無論それは労働量の差等によるものではない。仮りに報酬の差が一対五〇であったとして、この開きは一人が一日八時間労働するに対し、他の一人は一日八時間の五十倍即ち四百時間労働するからであるとは誰れも考えない。またこの開きは凡べて技能の修得練習に要する時間の差のためだとも考えられない。要するに、右の如き収入の懸隔は或る種の労働が他種のそれに比し、ソヴィエト社会に対して著しく有用もしくは必要であることによるものに外ならぬ。そうして著しく有用もしくは必要ということは、少しく精しくいえば、人の欲するところであって而して得難いものということに帰着する。首相を始め共産党政治局員の実収入がどれほどのものであるかは知らないが、優れた芸能人や文学者が厚遇を受けていると伝えられるのは、正にこれによって説明される。その限りにおいてソヴィエト社会でも、労に対して報いずして、功に対して報いることが行われているものと解せられる。即ちその限りにおいて、量的に等しき労働が異なる価値をもって酬いられるのである。

然らばそれは搾取と称せらるべきであるか。多分そうはいわれていないであろう。しかし「人の欲するところであって而して得難いもの」が価値を有するということは、搾取理論の根拠となる労働価値説とは正反対の原理に立つものである。もしこの反対の原理に立つ支給を搾取と称するに躊躇せしめるものがあるとすれば、ここにも搾取理論に内在する困難がその片鱗を示したと見ることが出来よう。

（『私とマルクシズム』所収）

価値・価格・労働——福田博士記念講演会において——

一

福田徳三博士逝いて四年、今日（昭和九年五月五日）その記念講演会に臨めば、往事を回想して誠に感慨に堪えぬことが多い。

福田博士の学問に対する貢献については、今一々ここには述べ立てないが、私が常に認めて博士の功業の最も大なるものとなすものは、経済学界における問題の提出者、学者殊に後進生の刺戟者、奨励者としてのそれである。他の機会にも度々言ったことであるが、日本の経済学界は、或る時代福田博士の提出された問題を解決するに忙しかったような有様に見えた。よしまた問題の提出者は博士自身でなかった場合でも、博士がそれに参加することによって問題が大きくなったことは度々あった。殊に博士の大きい功労は、好学の風を興して、学者殊に後進者の研究を刺戟したことである。察するにこれは、博士においては、一部分は学問奨励のために努めてしたことであろうし、また一部分はその自ら学問を愛する熱情の発露として、必ずしも自ら意識しないで自然にしたことであったろう。いずれにしても博士は、後進学者の業績に常によく注目し、常によくこれを読み、機会ある毎にこれを紹介し批評することを怠らなかった。その批評は吾々をもって見ると、必ずしも皆な当を得たとは言い難く、時には失当な酷評にも陥ったことがあり、またしばしば余りに愛想の好い過褒に陥ったこともある。しかしいずれにしても、これによって後進学者の研究心が鼓舞せられたことは非常なもので、博士の奨励によって学問立身を志したものは、よほどの多数に上ることと思う。かくいう私の如きもその一人である。博士が歿せられてから経済学界はたしかに寂しくなった。博士健在の時には、何か物を書く場合に、福田博士がこれを読んで何と批評してくれるかと思う心が吾々の内の何処かにひそんでいたように思う。或る学者が言った。福田博士がなくなってから物を書くのに気が楽になった。その代り張り合いが抜けたと。それは多くの学者の偽りなき感想であると思う。福田博士の死によってわが経済学はその進歩に対する偉大な刺戟者を失った。今日において特にこの寂莫の感の深きを覚える。

二

私事に亙るが、私一個についても、博士の生前物を書いて幾度か叱正を受けたことがあり、また褒められておだてられたことがある。今その一々を書いている遑（いとま）はないが、博士の晩年、――というよりもその逝去の数月前に――一つ著述の或る部分を非難されたことがある。私が『マルクシズムとボルシェヴィズム』と題する論文集を出した時のことである（昭和四年六月）。博士はそのソ聯邦の実状を論ずる部分において労農国刊行物、満鉄刊行の調査並びに研究叢書の如き貴重すべき材料を顧みていないという非難を私に加えられた（『改造』昭和五年一月号一三七頁）。

残念ながらこの批評は斥けることが出来なかった。それは必ずしも博士の評言の一々に服したのではない。労農国刊行物及びその翻訳の資料価値については聞知していることもあり、また意見もあったが、何分昭和四年（一九二九年）の著述に、一九二一年以来のソ聯邦新経済政策のことを記しながら、一九二八年に発途した五個年計画のことを論じた文章が一篇も収録されてなかったということは、何といっても不都合である。この一点については弁解が出来ない。しかしこれは私が五個年計画のことを知らなかったためではない。聞いても始めは重要視することが出来なかったのである。正直にいうと、新経済政策の必要、その採用後の経過を見て来たものには、五個年計画の採用はあまり突然の変化で、最初まじめに受け取ることが出来なかった。また負け惜みではないが、出来なかったのが自然であると思う。後にフーヴァ教授の『ソヴィエト・ロシヤの経済生活』を見ると、或る共産党員が信仰吟味を受けた際、昨日はブハリンの言うことは皆な正しいと教えられ、今日はまた、それが皆な謬りだと教えられる。一体吾々はどうしたら好いのか、と叫んだという話が載っている。吾々においても、政策の急転に会って多少同様の感があるを免れなかった。あまり自慢になる話ではないが、とにかく事実を告白すれば右の通りである。

しかし私も博士からこのような批評ばかり受けた訳ではない。やはり晩年の著作の中で好く言われたこともある。「マルクシズム概論」は博士の最終の作物の中の一であるが（『厚生経済研究』六八七―八二六頁）その始めにマルクス研究参考書を紹介する中に拙著の書を挙げ、「小泉慶應義塾大学教授が筆にされたもの殊に『価値論と社会主義』と云ふ書物は余程優れたものであります。併し是はマルクス説の大要を伝へるといふよりは、寧ろ或る部分に就いて批評を加へられたもので、殊にマルクスの間違を鋭く指摘されたものであります」と言われてある。「余程優れた」云々は覚束ないが、これについては憶い出すことがある。

一体吾々は、マルクス学というものを、最初福田博士の手解きによって学んだ。マルクスの価値論価格論に対する解釈も、始め博士によって教えられたのである。古い話であるが、或る時、例の価値論価格論の「矛盾」云々が話題となったとき、私は、もしも価値というものを、マルクスがするように、商品間の交換比例に現れる共通なる或る物と見るならば、価格論で、自由競争の行われる処では、価格が正常的に（即ち一時的でなしに）価値から外れると言うことは、やはり自家撞着だとしなければなりますまい、という意味のことを申した。これに対して「成程、君のように言ってしまえばそれ切りだが……」と博士はしばし沈吟の態であった。マルクスに同情のあった博士は、私の解釈には不満であるが、さりとて差し当りその不満を説明すべき簡単な言葉も見当らぬという風に見受けられた。

前に挙げられた私の著述は、上記の如き私の見解から出発して書いたものである。これを「鋭い」云々と博士が言われたのは勿論当らないが、その論旨に取るべきところありと認められたのであるなら、私としては非常に愉快である。ただ不幸にして博士の言葉は極めて簡単、断片的であって、その意見を窺うには足らぬ。

ここには博士の著作の中から標記の問題に対する博士の学説を学びつつ、傍らそれに対する私見を述べて今日の講演の義務を果たしたいと思う。

三

標記の問題について、福田博士がくり返して主張するのは、財貨の経済価値（以下単に価値とのみ記す）は人々によって異なる、主観的判断であること、価格は主観的判断から出発するが、しかし価値とは異なる、万人に無差別なる、客観的事実であること、而して労働と価値との関係については、労働は価値を定めない、却って価値が労働を定めるということに帰着する。

第一に博士が力説するのは、価値は主観的判断であるということである。

『経済学原理』（改造社版）総論及び生産篇にいう、価値とは物の値打であって、客観的なる物の直（あたい）とは異なるものであって、人が或る目的を成就せんとする場合、その目的に対して手段が持つところの適当の度合だと博士は説明する。例えば人が或る土地へ行くのに、汽車に乗って行こうか馬車で行こうか車で行こうか自動車で行こうか、また同じ汽車に乗るにも××廻りで行こうか△△廻りで行こうかという取るべき手段が色々ある。その幾多の手段を比較して見て、これが一番適当である、これが費すところが一番少なくして、得るところが一番多い方法である、これはそれより劣ったところの方法であると云うように色々程度が違う。そうするとその程度に対して我々は度盛りをする。「此の度盛りが即ち価値であります。言葉を換へて申すと、価値とは或目的に対して或手段が有する意味の度合であります」という。従ってそれは客観的事実ではない。「何れも人間の主観的判断でありまして、物自身にある訳でなく、我々の心にあるものです。……即ち見る人々に依て見方が異ひます。此く価値判断とは人に依て違ふものであります」（一八九―一九〇頁）。「ですから価値には必ず目的と手段とがあります。或る手段が或る目的に対して其目的を達する度合が多いと認められる時には価値が多いと申し、其の度合が少い時には価値が少いと言はれるのでありま す。是は判断でありますから人に依てそれぞれ違ふのであります」（流通篇下七五二頁）。

四

かく価値が主観的差別的なるに対して、価格は客観的無差別的である。一定の市場において、例えば小麦x量が鉄y量と交換されるということは、人によって異なるのでなく、何人にとっても変りなき客観的の事実である。ただかく客観的の事実は成立しても、交換せらるる物に対する評価は人によって異なるから、価値（主観的なる）の上から見れば互いに相等しきものが交換されるとはいわれない。交換当事者に対して、相交換せらるるものは必ず価値を異にしなければならぬ。そこで当然与えたものの価値と、受けたものの価値との差額がなければならぬということになる。そこで当然福田博士はこの差額、即ち博士の所謂余剰価値なるものの成立を強調する。同時に博士は交換上において相等しき価値同志が受授されるという等価交換の思想を強く排斥しなければならぬ。故にいう「今日に於ける交換即ち流通は常に同対同の取引であると云ふことをマルクスは前提として居るのであります。是が抑々（そもそも）間違ひであると存じます。如何なる流通関係に於ても必ず其処に余剰があるのであります。……今日の経済生活に於ては総ての取引者はそれぞれの余剰価値を得るのであります。余剰価値が存在しなければ価値の移転が行はれず、流通生活は成立しないのであります。」（流通篇下七三〇頁）。而してこの余剰は独り生産者がこれを得るのみならず、消費者もこれを得る。売手が得るのみならず買人もこれを得るという。

まことに福田博士の如く、価値を主観的判断とすれば、この結論は当然である。単一無差別な価格が成立しても、その価で交換をする当事者は必ず受けるものと与えるものとに対する評価を異にしているはずである。否な、評価を異にするからこそ交換を行うのである。与えるものと受けるものとが彼れにとって同価値であるならば、特に彼れを促して交換を行わしめる理由もない。よし特に交換を避けないまでも、少なくも彼れにとって、進んで交換を行うべき理由はないのである。

ただ右にいう如き余剰価値があることによって、これが調節者となって、始めて主観的評価から客観的の価格が成立するという説明はやや会得し憎い（ママ）。普通に見れば、各人の主観的評価または生産費が人によって一々異なるのに、客観的な単一の価格が成立するから、そこでこの両者の開きが博士の所謂余剰価値として消費者または生産者に帰するのだと考えられる。尤も経済学原理のこの部分については、博士の思想はまだ充分熟していなかったように思われるが、とにかく余剰価値という第三の要素があるによって始めて主観的なる判断が客観的事実たる価格となるという説明は、少なくもあれだけでは、不充分であるように思う。

五

しかしそれはしばらく措いて博士の価値観について述べる。

そもそも価値とは何か。この点について私自身は兼ねてカール・メンガーの定義を推している。それに従えば、財の価値とは、吾々が欲望満足の上において特定の財または財の分量の所有に倚頼（いらい）することを意識することによってこれに認める重要性であるという（大意）。メンガーの用語にはなお訂正すべき余地があるかも知れないが、本旨はあれで充分尽されていると思う。

価値とは物に認めらるる重要性である。この重要性が認めらるるということは何処から起るかといえば、吾々が吾々の欲望満足が一物の有無得喪によって左右されることを意識するからである。吾々の欲望満足を左右するということは、先ずその物が直接間接に吾々の欲望満足に役立つという性質を持たなければならぬ。けれども、それだけでは充分でない。欲望満足に役立ち得るのであっても、その物の存在量が無制限であれば、吾々はその個々の数量に対しては毫も倚頼（いらい）を意識することがない。吾々が空気の特定量、例えばその十立方尺というものに対するときの如きがそれである。そうして見ると、特定のものが価値を有（も）つというのは、第一にその物が欲望を満たすべき力を有し、而してその特定物を失うことによって欲望満足の可能性が同じく失われるか、或いは傷つけられるような状況にあるということが必要である。

そうすると結局、一物が価値を有つには効用と稀少性とが備わらなければならぬという、ごく普通の命題に帰着することになる。成程この命題は陳腐である。度々くり返し説かれたことである。しかし陳腐はこれを排斥する理由にはならない。効用があって而して稀少なるものが価値を有するということは、動かし難い、経済学の根本本則である。そうしてこの本則は、特定の社会形態と無関係に通用する。これは資本主義経済に限って通用するものでもない。社会主義社会に限って通用するものでもない。いやしくも一方に満たさるべき欲望があり、他方にこれを満たすべき外界手段のこれに対する処では、如何なる社会にも、否な社会を成さぬロビンソン・クルーソーの生活にも、これは適用せらるる命題である。

今福田博士の説明は、メンガーの定義と、言葉の上では違っている。しかし意味の上では大差ありとは思われない。否な、「価値とは或目的に対して或手段が有する意味の度合」であると博士がいう、その意味とは何か。もしこれがドイツ語のベドイツングであるならば、メンガーのも同じであるから、言葉の上でも互いに近いといわなければならぬ。福田博士は特に欲望の満足ということを持ち出すことを避けて、目的に対する手段云々と言われたが、卑見によればこの目的が欲望満足である以上は、特にこの語を避ける必要は薄弱であると思う。

六

そこで価値は物に認められた重要性だというのだから、当然これを認める人、即ち評価主体がなくてはならないことは勿論である。その評価者は誰れであるか。単一の個人であるか、或いは社会であるか。社会である場合に、それは一切物の個人的処分を容(ゆる)さぬ共産主義社会であるか、或いは財産私有を基礎とする交換経済社会であるか。そのいずれかなるによって問題はやや趣を異にする。少しくその一々について考察して見たい。

第一に単一の孤立人(ロビンソン・クルーソー)の生活を仮想してその諸財貨に対する評価について考えて見る。この場合は至極簡単である。彼れにとっての諸財貨の価値とは、これ等のものの彼れの欲望満足に対する重要性を意味する。彼れにとっての小屋一棟、上衣一着、小銃一挺、独木舟一隻、山羊一頭、魚十尾等々の物の価値は、これ等の物それぞれを喪うことによって彼れが果してどれだけの欲望満足を放棄しなければならぬかの認識によって定まる。而して同種の財の数単位がある場合に、その一単位が彼れによってどの程度に尊重せらるるかを説明するのは、限界効用論者得意の壇場である。

ついでにいうと、福田博士はあまり限界効用学説(博士の所謂限界利用学説)を尊重せられなかったらしい。例えばこう言っている。「墺太利派の限界利用学説に於きましては、供給の側を度外に置いて需要の側ばかりを見るのでありますから、此三原則（最高満足の法則、利用逓減の法則、享楽均等の法則）が直ぐに価値の根本法則となるやうに説くのでありますが是は間違ひであります」と（八一八頁）。

けれども「供給の側を度外に置いて需要の側ばかりを見る」というのが、限界効用論者は財貨の存在量（供給量）の多少を度外して価値を定めようとするとの意味ならば、それは彼等にとって冤罪であろう。限界効用論者は、他の諸学派の学者とともに、価値が財の効用とその存在量とによって定まることを力説している。財の存在量は、需要の側に属することではない。私自身は限界効用説を、その主張者自身が吹聴したほどの革新学説だったとは認めていない。しかし従来経済学者が、効用が価値の欠くべからざる要件なることを認めながら、しかも効用が大で価値が小、或いは効用が小で価値が大なるもののあることを説明し得なかったのに対して、彼等が新たに限界効用という概念を立ててこの難関を通過したのは、一つの成功であったといわなければならぬと思う。

七

オスワルトの『経済原論講義』（H. Oswalt, *Vorträge über wirtschaftliche Grundbegriffe*, 1920）はよく正統学派以来伝来の学説を利用しつつ、しかも極めて捉われない、自由な態度で演述せられた、特色に富める経済原論であるが、私はこの人の限界効用説に対する評価を面白く読んだ。即ち彼れはこの学説を、一つの新しい根本理論とは認めず、ただ一つの新しい適切な説明方法として尊重するというのである。

それに曰く、「多くの人は限界効用が価値を定めるという命題を、全く新たなる価値理論と見るほどに重要視した。そうしてこの『限界効用学説』は果して正しきや否やに関して多くの議論が行われた。予はただ別の場合に言ったことを繰り返す外はない。曰く、問題はこの場合においても、果して一つの断言が正しきや否やに関するものではなくて、一つの説明が果して明瞭（anschaulich）であるか否かに関係するものである。而してこの事に関しては議論は出来ぬ。何となれば、それは問題の説明を受けるところの人の如何によることであるから。わが輩一個としては、予は限界効用の理論は、一財の価値、即ちその経済的重要性は、かかる財のあることが少なければ少ないほど大きいという命題の、ただに機警のみならず、実に有効なる解示（Veranschaulichung）であると思う。何となれば、財量の大小は、この財が与え得るところの様々の効用中のいずれのものが個々の場合にそれに倚存するかを決するが故に。諸君の中の多くの人は、この点予に同意せらるるであろう。しかし諸君の中の誰れ彼れが見解を異にして、個々の単位に倚存する効用は、かかる単位の多くあればあるほど小さいという命題は、これなくとも彼れには充分明瞭であって、従ってこの命題は、特別の説明を必要としない、少なくも説明のこの試みによっては明瞭の度を加えないという類のことをいうならば、予は彼れと争うことは出来ぬであろう」と（S. 70-71）。

たしかに一個の見識であろうと思う。

八

再び元のロビンソン経済に還る。

前の例では、ロビンソンが諸財貨の一定の与えられた数量を有するものとして話をした。しかしロビンソンの有する財貨の量は、限定せられたものではない。彼れはその必要とするものを新たに生産することが出来る。而してこの生産のために彼れが費すものは、主として労働である。——主としてというのは、或る物は単に労働のみによっては生産せられぬからである。例えば彼れが一定の労働xを投じて植え付けた苗木が、何年かたって有用の木材になったとする。この木材の彼れにとっての重要性は、他の同じく労働xの投下によって即時に生産し得るものよりも高い。このより高い価値は労働によって購われたものではない。即ち学者が種々の形で経済的成果を待つその待忍を、労働と相並んで生産手段と認める所以である。しかし今日はそこまで論及せず、単に標記の問題についてのみ議論をするつもりであるから、しばらくロビンソンは単にその労働のみによって凡べて所要の財を生産するものとして論ずる——。そうすると、彼れはこの労働を如何なる財の生産——または再生産——に向けるか。無論先ず最も彼れの欲するもの、即ち彼れにとっての限界効用の最も高いものである。しかし限界効用の高いものでも生産によってその数量が加われば限界効用は低くなる。そこで労働は限界効用の次に高いものの生産に向けられる。かくして漸次他の諸財貨が生産されまたは再生産されて行くはずである。

そこで仮りにロビンソンが完全に合理的に行動し、而して生産の数量は任意に如何なる微量ずつでも増減し得るものとする。かく仮定すれば、諸財貨の価値即ち限界効用は、その生産に費さるべき労働量に比例する、ということが出来る。それはそのはずである。もしもロビンソンが合理的に行動して、必ず常に小さい効用よりも大きい効用を求め、而して生産の増減は全く任意に行われるとする以上、いやしくも同じ一定量の労働によって生産せらるる幾多の財の種類があって、而してそれ等のものの限界効用が高低一様でなかったとすれば、労働は必ず限界効用の低いものから高いものへ振り向けられ、高い限界効用を他と同じにまで引き下げなければやまぬからである。既にこの作用が行われるとすれば、吾々は諸財の価値はその労働費用によって測られる、例えば同じ二時間の労働で生産せらるる幾つかの財貨があるとすれば、そのいずれの価値も相等しい、と言うことが出来る。相等しくならなければならぬのである。

九

右に私は、財貨の価値は費さるる労働によって測られると言った。これはもとより新たに生産し得るもののみについて言われるのであるが、しかもかくいうことは、決して財貨の価値が限界効用によって定まるとの命題と牴触するものではない。価値は何処までも限界効用によって定まるのであるが、ただ労働は労働費用が限界効用と並行するように諸財の生産に配当されるに過ぎないのである。

ここで前に引用した福田博士の言葉が憶起される。博士はそこで費用を投じたから物に価値が生ずるのではない。価値を得んがために人は費用を投ずることを辞せぬのだといい、「故に労働は価値を定むといふよりも価値は労働を定むと云つた方が当を得てゐるのであります。価値が生ずるといふことがあるから、我々は敢て労働に従事するのでありまして、労働を起すそもそもの動機は、価値を得又増さんとする事是であります。」といわれた（総論生産篇四一七頁)。

正にその通りであると思う。

ロビンソンの場合においても、彼れが一定量の労働を投じて生産したということが直ちにその生産物の限界効用を高からしめるのではない。労働とは或る目的のためにする心身の力作の謂であるとして、この心身の力作が加えられたということは直ちに価値を造り出すものではない。もしロビンソンが不合理的に行動して、全く欲望を充たすこと能わざるものを製作するか、或いは欲望を充たし得る物にしても、これを適当の比例以上に生産する時は、該生産物は当然費用労働に比例しただけの価値は育ち得ないこと勿論である。財貨の価値は、多数学者のいう通り、結局効用と稀少性とによって生じ、その高低は限界効用によって定まるものであるが、ただ任意に生産し得る物にあっては、限界効用と労働費用とがかけ離れたままでいるということがない。けだしもし労働費用に比して限界効用が高ければ、労働は必ずその物の生産増加に投ぜらるるべく、また反対の場合には必ず生産の減少が起るに相違ないからである。吾々がロビンソン経済において、価値は労働費用によって定まるということをいい得るのは、ただこの意味においてである。

ロビンソン経済のことはこれくらいにする。

一〇

次は評価者が単一個人でなくて、社会である場合である。社会に対する財貨の価値とは如何なるものであろうか。この場合は前述の通り更に二つに分けられる。社会が一切の個人的所有を絶する共産社会である場合と、社会成員の間に分業が行われ、(分業の行われることそれ自身は共産社会にもあるが) その分業者はいずれも財産私有者で、その相互の間に交換が行われる交換経済社会である場合がこれである。

共産社会にあっては、評価は経済主体の統一的意思によって行われる。もしそれが小規模の共産家族の場合ならば、この評価を行うものは恐らく家長 (またはその委任を受けたる者) であろう。大規模なる共産主義国にあっては、当然国家それ自身である。而して家長なり国家なりは、それぞれその必要を認めるところに従って諸財の統一的評価を行うこと、ロビンソンが諸財の軽重の度を定めるのと同じくするのである。

勿論この場合に、経済主体が統一的に評価を行うということは、決してその社会の成員の欲望を無視して財の軽重を定めるという意味ではない。ただ各属員の欲望を顧慮すべきか否か、或いはそれをどの程度においてするかについて統一的意思が判断を下すというのである。あたかもロビンソンがその自ら判断するところによって諸財の軽重を定め、それに従ってその生産力を諸財の生産に割り当てると同様に、共産家族の家長または共産主義国家も、その左右し得る生産力を、その最も重要と認める財貨の生産に充て、その限界効用が或る程度まで下降するに至って、更に他の財貨の生産にこれを向けるのである。ただこの限界効用の高低を評価するものは、何処までもこの統一意思の主体である。無論この主体は彼れ自身の個人的欲望のみを重んじて他人のそれを顧慮しないというのではない。ただこれ等社会諸成員の欲望満足をどの程度に尊重して然るべきかは、一に主体がこれを決するのである。例えば共産国家において、与えられたる生産力を享楽財（而して如何なる種類の）の生産に充つべきか、生産財（而して如何なる種類の）の生産に充つべきか、或いはそれともこのいずれをもやめて軍需品の生産にこれを充つべきかということは、一に政府当局者がこれを定める。

この場合当局者は無論人民の欲望の方向及び強弱を無視することはせぬであろう。しかし人民の個々の欲望をどの程度に尊重すべきかは、当局者が判断する。例えばソヴィエト・ロシヤにおいて、（これを書いた昭和八九年の頃）人民大衆の衣食住は概ね欠乏し、彼等は切にその速かなる改善を求めているという。しかし政府はこれ等衣食住に対する当面の欲望を充たすよりも、将来のために生産財を造り、或いはそれをも犠牲にして軍備を充実せしめることを急務としている。即ち政府はその自らの評価に従って行動して、これと異なる他の判断を許さないのである。

これが共産主義社会の評価である。

一一

次は交換経済の行わるる社会の評価である。この社会の評価となると、前記二つの場合（ロビンソン経済、共産経済）と全く趣を異にする。第一に明記して置かなければならぬことは、交換経済にあっては、当然社会全体を代表する統一的意思がない、従って孤立経済におけるが如き、また共産経済におけるが如き、統一的評価というものが行われないこと、これである。勿論財貨に対する評価は行われる。しかしそれは社会を構成する個々人の評価である。勿論一の社会を成す個々人の評価は互いに影響を受け合わないという訳には行かぬ。そこに多くの模倣同化の作用が行われることは否定することが出来ぬ。例えば流行現象、または特定階級の「身分相当」の生活等にはこの作用が著しく現われる。しかしかく互いに影響するにはしても、個々人の評価は何処までも個々人の評価であって、社会の統一的評価ではない。言うまでもなく、統一的評価は統一的意思によってのみ行われる。交換経済にはその統一的意思が欠けているのである。

然らば交換経済にあっては社会的評価というものは全く行われないのであるか。無論前述の如く、共産主義社会が行うと同じ意味においての社会評価は、これは行われないと答えなければならぬ。ただやや擬制的に、或いは形容的に社会の評価と称し得べきものがないのではない。

価格の成立が即ちそれである。

価格はもとより千差万別なる個々人の主観的評価を基礎にして形成される。しかし成立した価格は、客観的事実として存在する。A財を欲する程度、B財を欲する程度、A財に比してB財を重んずる度合は、人によって一々異なり得るであろう。しかし、市場においてA財のx量とB財のy量と、もしくは両者共に貨幣z量と交換されるということは、これは何人にとっても変りない客観的事実である。而してこの客観的事実は、様々なる評価を持つところの個々人に服従を要求する。仮りにA財一個の価格z円なりとする。各個人の評価は、もとより必ずしもこれと一致しない。或る者はAをz円以上に評価し、或る者はそれ以下に評価する。しかしその社会においては、如何なる主観的評価を抱くものも、何人もz円以外の価格をもってはA財を売買することが出来ぬ——少なくも永続的には出来ぬ。即ち如何に高くA財を評価する者といえども、彼れがz円をもって購入し得ること明らかなるものに対して、敢えてz

円以上を支払うことはせぬ。よしまた支払おうとしても出来ぬ。何となれば、売手間の競争は、必ず価格をz円まで引下げざるを得ないからである。反対に、如何にA財を低く評価する者でも、z円以下ではこれを買うことが出来ぬ。彼れはこの価格を支払うか、然らずんば全然購買を断念するより外はないのである。そうするとA財にz円なる価格が定まるということは、勿論精確にいえば、その価格において力の均衡が成り立つというに過ぎないのであるが、しかし前記の如く、やや擬制的にいえば、社会がA財一個がz円と、もしくは同じくz円と交換せらるる他の諸財貨と相等しきものとして取り扱われんことを要求するものだ、人のA財一個をz円以上または以下と交換することを、社会が拒否するものだ、ということも出来る。この意味において価格はこれを財貨に対する社会の評価の表現と見ることも出来るのである。

経済学上価値なる語は久しく二つの異なる意味に用いられて来た。一は、人の物に対する主観的の尊重（esteem）を意味し、他は一物の他物の或る数量と交換せらるる力、または交換比例（ratio of exchange）という客観的事実を示すのである。この二つのものは別物である。この二つの異なるものに対して、同じ価値という言葉を用いることに対しては、以前から反対があった。例えばノイマンの如きは、一財の重要性とそれが他の財と交換せらるることを同じく価値と称するものは、あたかもVogelbauer（鳥籠）とSchwarzwaldbauer（シュワルツワルドの農民）とを等しくBauerなりとするの不合理にも等しいと言ったことがある。一理ある言葉であるが、しかし前述の如くに説けば、一財が他の財と一定の割合で交換されることが社会のこの物に対するesteemを現わすものだと見ても好かろうと思う。即ち二つの異なった現象を同じ一の価値なる名辞をもって指称するにも理由はあるのである。

二

以上論じ来ったところによって、交換経済社会における価値の問題は、畢竟価格の問題に帰着する。一物が社会にとってどれだけの価値があるかと言えば、それはその価格に現れただけの価値があると見なければならないのである。価値はないが価格はある、ということ、また反対に、価格はないが価値はある、ということは、価値を上記の如きものと解する限り、共に許されないのである（個人の主観的評価が客観的価格と一致しないことは、それは当り前であるが、この場合には、問題にならぬ）。成程或る物を価値以上に買ったとか、或いは価値以下に売るとかいう場合はある。しかしこれは、何も価格と離れて別に価値の基準がある訳ではなく、一時的の価格が永続的または一般的価格に対して上下があるというだけのことである。例えば何かの事情で在庫品を捨て売りするという如き場合には、価値以下の価格で売買が行われたようにいわれる。しかし、この場合の価値というのは、実は普通の市場における価格、しかも持続的価格の意味に外ならぬ。或いは困窮せる友人の蔵書を好意で高く買い取るという如き場合も同様で、つまり普通の相場（即ち価格）より高く買うという意味に過ぎないのである。であるから、何処までも出発点は価格である。吾々は交換経済の下においては、ただ価格の高低を見て価値の高低を擬制するに過ぎない。価格決定の理論を離れて別に価値決定の理論があるのではない。価格と価値との間の開きの如く見えるものは、一時的の価格と比較的持続性を帯びた価格との開き、即ち従来学者の所謂市場価格と自然価格（または正常価格、または静態価格）との開き、或いは一時の価格と長期間における価格との開きに外ならぬのである。

一三

そこで価格論ということになるが、ここではそれを詳細に説明しない。ただ財貨の価格は、略言すれば、需要供給によって定まる、やや正確にいえば、その価格で需要せらるる数量と供給せらるる数量との一致する点に定まる、と言うに止める。もしも価格がこれから外へ外れれば、いやしくも各人が合理的に活動する限り、必ず価格を元に復せしむる反動が起る。

しかしこれは第一次の安定に過ぎない。第二段において、諸財貨の価格は、その生産費に対して均一の比例を保つことによって一層高度の安定に達する（勿論新たに生産すること能わざるものは論外）。もしも均一の比例が保たれなければ、即ちもしも生産費を同じうするものが高低異なる価格で売れたならば、必ず一方の生産額は減少し、他方のそれは増加して、価格間の関係を生産費間の関係と一致せしむる如き需給関係を実現せしめねばやまぬであろう。

普通に価格と価値との間に開きがあるという時の開きは、この第一次の安定価格と第二次の安定価格との開きに過ぎないのである。

一四

然らばこの生産費を構成するものは何であるか。その詳論はここでは省略し、ただ生産費を構成する重要なる要素が生産に支出せらるる賃銀額であることだけは議論の余地がない。右の賃銀額は何によって定まるか。一には生産技術上一物の生産に必要とせらるる労働量（生産係数）、二には労働の需給によって定まる賃銀率これである。この関係において労働費用は財貨の生産費を左右し、また前記の意味の社会価値を左右する。これだけの意味で価値を左右するものは労働費用だというのは正しいことである。

ただここでも吾々は前に引いた福田博士の言葉を憶い起さなければならぬ。博士はいう、「……労働は価値を定むといふよりも価値は労働を定むと云つた方が当を得てゐるのであります。価値が生ずるといふことがあるから、我々は敢て労働に従事するのでありまして、労働を起すそもそもの動機は、価値を得又増さんとする事是であります」と。

今の場合も同様である。単に高い生産費をかけたという事実は、その生産物の価格を、需要の有無如何と無関係に、高からしめるものではない。否な反対に、吾々が一物の生産に高い費用を投ずることを辞せぬのは、生産物の価格が生産費に比して高いから、――もしくは高いと予想されるから――である。ただしかし、かくして生産額が増加されれば、供給の増加によって価格は下落するし、反対に価格の低いもの――もしくは低いと予想せらるるもの――の生産額は減少して、その価格は引上げられる。その結果として、諸財貨の価格はそのそれぞれの生産費と並行せんとする。従って結果から見れば同じ生産費をかけたものは互いに同じ価格で売れ、また従って生産に投ぜられた労働量――生産費の重要要素としての――がその生産物に或る割合で他の生産物と交換せらるべき資格を附与するかの如く見えることは、あたかも前に述べた、ロビンソン経済において、任意生産せらるる財貨の価値（限界効用）がそれぞれの生産に費さるる労働量によって測られるのと同様である。しかし一物が他の物と或る割合において交換されるということは、それは需給の関係によることであって、直接にはそれに労働が投入されてあるか否かによって左右されるものではない。如何に多くの労働が費されても、その生産物に効用がないか、或いは効用はあってもその物が適当の比例以上に多量に生産せられた場合、それがその費用に比例した価格を持ち得ないことは言うまでもないところである。故に上来説明して来たような、価格によって擬制せられた価値は効用と稀少性の本則によって定まるものであって、労働費用或いは費用一般は、ただこの稀少性を通じてのみ価値を動かすものであるということを承知しなければならぬ。労働が造るものは、価値でなくて、生産物である。ただその生産物は効用と稀少性とによって価値を取得するのである。

標記の主題について私の思うところは大要上述の如きものである。私の所言には何等新奇のものがない。それは当然である。私は大体正統学派の思考法に基づき、これに若干の限界思想と均衡思想とを加味して解説を試みたに過ぎないのである。思うに経済学の進歩は一方から見れば遅く（slow）、一方から見れば夙い（early）。正統学派の主要理論が大部分今なおその価値を失わない点から見れば、進歩は遅いというべきである。経済学の主要理論が十九世紀初頭に既に道破せられた点から見れば、進歩は夙いというべきである。而してその正統派経済学、殊にスミス、リカードー、ミルに対する興味を吾々に吹き込んだ人は即ち福田博士であった。二十余年前、博士は吾々学生のために国富論講演会を開き、またしばしばリカードー、ミルの価値を力説して訓えられた。当時私の友人の一人が「今更ミルでもありますまい」と口を滑らし、諄々と訓戒されて閉口した愉快な、ユーモラスな光景は、今なお私の眼前にある。今私が上に述べ来ったことは、必ずしも一々博士の所説とは合致しないかも知れない。しかしこの考え方は、かつて博士の教えを受けて学び得たものである。私としてはこれをもって博士記念の講演会に参加することを最も適当と思うのである。

附記　以上は昭和九年五月五日神田一橋講堂に催された福田博士記念講演会における講演の原稿である。ところがこの原稿を携えて登壇して見ると、外のことも言いたくなったので色々附け加えた。同時に準備して行ったことで言わずに終ったこともかなりある。従って実際の講演は原稿とは大分違ったものになった。来聴者諸君、幸いに諒せられたし。

（『マルクス死後五十年』所収）

過剰の労働者と過剰の商品

唯物弁証法は今日最も人を悩ましつつある問題の一である。多くの学者は今日この問題について何等かの発言をしなければならぬ義務を感じている如く見受けられる。この有様について、私は別の機会に左の如く言ったことがある。「マルクスは唯物弁証法によって資本主義の必然的崩壊及び共産主義の必然的到来を断定した。マルクスの断定の正しきや否やは別に論ずべき問題であるが、とにかくマルクスの歿後三十余年にしてロシヤに共産主義革命が起り、マルクシズムをその国教とするともいうべきソヴィエト共和国聯邦が出現した。この革命が東西文野の諸国に及ぼした影響は、百余年前フランス革命が欧洲諸国に与えたそれに比すべくして、その深刻は更に幾倍を加えるものであった。ただに欧米諸国のみではない。日本はもとより、トルコ、エジプト、ペルシャ、印度、支那、至る処においてマルクスの著作はその国の青年の、或いはその精神を養う食餌となり、或いはしばしばこれを酔わしめる酒ともなった。而して……マルクシズムの基礎は唯物弁証法にある。ここにおいて唯物弁証法は一時の流行語となって、真摯篤実なる学者も、軽佻にして新奇を喜ぶ者も皆なこれを口にし、哲学的素養なくして、しかも知らざるを知らずとすることを愧づる者は、争ってこれに雷同するようになった」云々。

私は決して哲学論としての唯物弁証法論を無用とするものではない。否な反対に、この問題については、私自身及ばずながら自分だけの見識を定めたいと、ひそかに心懸けているものである。しかし他面において、唯物弁証法なるものが今日幾多のマルクシストによって妄用濫用せられていることは争い難き事実であって、甚だしきに至っては、マルクスの立言に前後矛盾があるのは、資本主義社会そのものに矛盾があるためであって、これこそ真に唯物弁証法の極致を得たものだと公言する者をさえ出すに至っている。これと同時に、吾々に切実の利害関係ある、例えば資本主義の崩壊は不可避の約束であるか否か、或いはその崩壊は何時、如何にして行われるかというが如き、現実的諸問題に対しては、唯物弁証法は、何等の実証的興味を感ぜしめぬ、稀薄な解答しか与えることが出来ぬ。ヘーゲルの弁証法なるものは、一切事物は皆な発展の過程上にあるものであって、宇宙間ものとして、固定不動なるはなく、而してこの発展は、矛盾の止揚、即ち正―反―合の階梯によって行われるとするものであるという。而して一切の発展は、ヘーゲルにあっては、絶対者たる理念もしくは理性の自発的発展から起るものであるという。今マルクスは、このヘーゲルの理念もしくは理性に替えるに物質をもってした。物質が実在であって、理念は人間頭脳中における物質の影像に外ならぬものとなった。これが即ち彼れが逆立ちしていたヘーゲル弁証法を正しく足で立たしめたと自ら称する所以であることは、既に度々説かれている通りである。

しかし一切のものは物的矛盾のために滅びて、より高きものによって代られるという命題は、この抽象的命題だけならば、人に何等格別の興味を感ぜしめぬであろう。資本主義の経済学的解剖を志す者にとって、人類社会は物的矛盾のために崩壊する、人類を載せている地球も物的矛盾のために崩壊する。地球の属する太陽系も物的矛盾のために崩壊する。而して人類社会の一形態たる資本主義社会もまた同様にして崩壊するというが如き命題ならば、もとよりこれを否定すべきではないかも知れないが、特にこれを肯定する興味をも感ぜしめぬであろう。吾々が知りたいのは、資本主義を崩壊せしめるという、その特定の具体的原因とその作用とである。資本主義社会は、果してそれに内在する「矛盾」のために倒壊するか否か。私は必ずしも深くそれを問わない。またかかる抽象的の設問ではこれを肯定することも否定することも、大して有意義でない。ただ一たび問題が経済的事実の域内に入り来って、例えば、資本の高度化は必ずプロレタリヤを失業せしむるか否か。プロレタリヤの政治的勢力は生産力の増進とともに増進すべしと考えらるるか否か。農工業上における大経営は中小経営を壊滅せしむるか否か。生産力の増進は必ず生産過剰の結果に導くか否か、等々の形で提起されれば、吾々は是非ともこれに答えなくてはならぬし、また崩壊の必然不必然は、この種の具体的問題に答えることによって始めてこれを論証し得るのである。

前述の如く私は、唯物弁証法を決して無用とは思わず、常にこの問題を充分考えたいと心懸けているものである。しかしながら、資本主義崩壊の必然不必然、共産主義実現の必然不必然を論ずるには、吾々は必ず具体的原因についてその作用を考察した上で結論を下さなければならぬ。けれども具体的原因についてその作用を考察する以上は、弁証法的用語は全く無用である。例えば、マルクスは『資本論』中に資本主義発展の究極を予想して、プロレタリヤの大衆が国家権力を掌握して、少数資本豪族からその手に集中せる資本を剥奪することの必至なるべきを説き、資本家的私有は自己の労働に基づく個人的私有の否定であり、その資本家の剥奪は「否定の否定」であるといっている。しかしこの場合の弁証法的用語は、資本主義崩壊の必然を論証するためには、単に一つの警句か、または装飾たる以上の用をなしてはおらぬ。或いはいうであろう。弁証法的用語を嫌っても、弁証法的思考たることを失うものではないと。無論その通りである。しかしマルクスを「剥奪者の被剥奪」の結論にまで到達せしめたその論究の諸階梯は、マルクスの哲学とは無関係に承認し、もしくは否認し得べきものである。生産力の発達は資本組成の高度化と相伴い、而してこのことは労働者の一部分を失業せしめて労働者を窮迫せしめ、且つその境遇を不安ならしめると、マルクスはいう。しかしこの理法を承認（もしくは否認）するためには、決して唯物弁証法を信奉しもしくは排斥することを要しない。またマルクスは大経営または大資本の優越を認めて、中小経営または中小資本は競争上の敗者となって消滅せんとする傾きがあるという。しかもこの理を承認するにも、同じく唯物弁証法による必要はない。生産力の発達とともに利潤率低減の傾向があるということについても同様である。労働者大衆の購買力欠乏のため生産物の販売が困難となるということについてもまた同様である。学者は事実の観察と推理に基づいて、或いはこれ等の理論を承認し、或いはこれを否認する。その承認否認は唯物弁証法により、もしくはよらざることとは無関係になし得るのである。しかもこれ等の理論の凡べてを是認すれば、当然マルクスの資本主義崩壊論の根拠を是認することとなる。しかもそれは弁証法の弁の字を知らずにもなし得るのである。また実際、資本組成高度化による労働者の失業、利潤率低減の傾向、生産力消費力不均衡による販路の梗塞等は、マルクス以前にリカードー、マルサス、シスモンヂ等全く弁証法を知らない者によって既に説かれて、マルクスに継承せられたものである。資本集中の傾向に着目せるものに至っては一々挙げるに遑（いとま）なきほどであろう。

重ねていうが、唯物弁証法論は決して無用ではあるまい。しかしながら、資本主義崩壊、共産主義実現の必然不必然を論ずる場合に唯物弁証法を云々することは、殊に論者が弁証法のヂレッタントなる場合には、しばしば人をして、空言的思弁または思弁的空言の中に低迷せしめる危険がある。それも悪くないかも知れないが、私はマルクスの資本主義解剖を吟味する上において、不慣れな哲学的用語をもって議論を難解にする前に、吾々が経済学、社会学当然の領域内において解決し得べき、また解決しなければならぬ問題のなお少なからず残っていることを言いたいのである。ここに如何なる問題が残されているかを指摘するだけでも、決して無益ではあるまいと思う。

マルクスはその歴史哲学において、ヘーゲルにおいて絶対者たる理性が占めていた位置を、理性に代って生産力に占めさせた。即ち歴史的発展は凡べて生産力の発展によって起る。資本主義についていえば、資本主義を崩壊せしめて共産主義の到来を必然ならしめるものは、生産力の発展であるというのである。しかしながら、生産力の発展が資本主義を崩壊せしめるとは、具体的には何を指していうものであろうか。私の解するところでは、畢竟それはエンゲルスも或る機会に言った通り、資本主義的生産方法の発達は、傭われ得ない労働者と、販売され得ない商品、即ちこの生産方法自身にとっての過剰労働者と、過剰商品とを造り出すことによって、自らその存続を不可能にするというに帰着する。

『共産党宣言』の一節がブルジョワジーはただに己れ自身に死をもたらす武器を鍛えたるのみならず、またこれを揮う人々をも造り出した云々と言っているのは、即ちこれを形容的に説いたものである。然らば、資本主義は如何にして過剰労働者を造り出すか。これを説明するのはマルクスの所謂資本的蓄積の法則、または産業予備軍説である。然らば、資本主義は如何にして過剰商品を造り出すか。これを説明するものは、販路欠乏の理論または恐慌理論である。然るに販路欠乏のよって来る原因は、所得の分配と生産力との不一致にある。換言すれば、労働者大衆の購買力が生産力の発展と相伴わぬことにある。然らば、労働者の購買力は何故に生産力に比較して乏しいかといえば、それを説明するものは前記の産業予備軍説である。同時に反対に、過剰の商品の生産が延いて労働者を過剰ならしむることも起るであろう。生産力の発展はかくの如く過剰労働者と過剰商品とを造り出し、而して、この結果現象はまた相互に右記の如き因果関係に結び付けられているのである。マルクスを批評するにはこの理論の当否を吟味しなければならぬ。

何故に過剰労働者が造り出されるか。マルクスに従えば、資本の蓄積進行とともに、所謂資本の有機的組成が変えられて、機械、道具、原料等に投ぜらるる不変資本部分が増加して、賃銀として支出せらるる可変資本部分の割合が減少するためであるという。而して資本の不変部分増大ということは、事実上においては機械の採用を意味するものと解して好かろう。機械の採用それ自身は当然不変資本の増加を意味するが、機械採用の結果として生産力が増進すれば、原料の消耗が多くなる。而して原料はマルクスの場合には、賃銀と相対する不変資本の一部分を成すからである。かくの如くにして賃銀資本即ち可変資本の資本総額に対する割合は、蓄積の進行とともに減少する。而して労働に対する需要の大小を定めるものは、この可変資本のみであるから、労働者の境遇の良否窮達は、一にこの資本部分と労働人口との関係如何によって定まる。前者が後者に対して豊富なる場合には、労働者の状態は比較的安楽であり、その反対の場合には、反対の結果を見る訳である。而してマルクスは、機械の採用は労働者の一部を不要ならしめると解している。この失業者が即ち産業予備軍であって、これが産業現役軍の賃銀騰貴を妨げる重錘の役目を果すものである。

労働者状態良否の説明をかく資本額と労働人口との関係に求めるのはアダム・スミスやリカードーがなすところと同軌に出るものであって、この点マルクスの論法は極めて正統学派的或いは賃銀基金説流であるといって好い。ただ労働人口と相対立せしめられる資本額の範囲が、彼等の場合よりもようやく狭小となり、スミスの場合に資本総額であったものが、リカードーに来ると、それから固定資本を控除した流動資本となり、マルクスの場合にはリカードーの流動資本から更にまた原料を控除した可変資本となっている。オッペンハイマーはこの関係を左記の如き公式に現わしたことがある。

アダム・スミス　$L=\frac{k}{p}$

リカードー　$L=\frac{k-f}{p}=\frac{z}{p}$

マルクス　$L=\frac{k-f-r}{p}=\frac{v}{p}$

（Lは賃銀、kは資本、pは人口、fは固定資本、zは流動資本、rは原料補助材料、vは可変資本を示すものである。）

これによって観ると、マルクス経済学体系の中枢をなすべき分配理論は、畢竟人口と可変資本との関係、即ち労働力の需給関係によって定まるということになる。この需給関係によって賃銀が定まり、賃銀が定まることによって有産階級の収得すべき余剰価値額が定まるという次第になっているのである。而して別の機会にも言った通り、この賃銀の決定、従って搾取余剰価値額の決定に対しては、マルクスの価値法則は全く無力である。例えばリカードーの如きにおいては、賃銀の決定そのものが、人口法則を通じてやはり価値法則の支配下に置かれたのであるが、マルクスの場合には、賃銀と労働力の価値との一致に対する保障は、全然欠けている。賃銀が慣習的に定まった労働者の生活費以上に上っても、その事自身が賃銀を復旧せしめるような需給関係の反動を惹き起さない。賃銀が生活費以下に下降した場合もまた同様である。有産階級は労働者を搾取するという。しかし労働者が「搾取」せらるることを好まないのは、有産者が「搾取」を欲すること切なると少しも異なるものではない。問題は労働者が何故にその好まざる被搾取に甘んぜねばならぬかということである。国家はその威力を用いて暴動は鎮圧する。しかし国家は強制的に賃銀を規定して、以って資本家の搾取を保障しているのではない。労働者は労働力需給の関係上、資本に対して不利なる位置に置かれているから、「搾取」されざるを得ないのである。而して労働力に不利なるこの需給関係は、公権によって造り出されるのではない。ただ資本がその有機的組成を益々高度に進めることによって（即ち資本総額中における不変資本の割合を益々大ならしむることによって）自ら造り出すというのがマルクスの説である。

要するに、現在社会における労働者の状態を説明するものは、可変資本と労働者人口との関係である。而してこの関係は、結局労働者を極度の困窮に陥らしめねばやまぬというのが、マルクスの断定であるらしい。しばしば引用せらるる『資本論』の左の文言は、このことを述べたものである。「産業予備軍たる相対的過剰人口を常に蓄積の範囲及びエネルギーと均衡せしめる法則は、火神ヘフェーストスの楔が巨神プロメシュースを巌に打ちとめたよりもより堅く労働者を資本に鎖づけにする。それは、資本の蓄積に照応した窮乏を生ぜしめるのである。かくて一方の極における富の蓄積は、同時にまた、その対極たる、己れ自身の生産物を資本として造る階級の側における窮乏、労働苦、奴隷状態、無知、兇暴、道徳的堕落等の蓄積たるのである」（第一巻第二十三章）。しかし果してこの断定が正しいか否かは、労働人口及び可変資本それぞれの増加速度に徴して見なければならぬ。

マルクスの産業予備軍説は、一面においてマルサス人口原則の排棄を意味する。マルサスは人口と食物との増加速度を相対照して、後者が前者に及ばざることを断定したのであるが、マルクスは、マルサスが食物に対しての絶対的過剰人口と見たものは、実は簡単にいえば、機械の採用による失業者に外ならぬと言い、従って、資本主義的生産方法の撤廃とともに、所謂人口過剰の原因もまた一掃せらるべきことをその中に含めたのである。しかしながら、マルクスの見地に立脚しても、人口増減の速度はやはり労働者状態を決定する一因素たるを失わないものである。仮りに可変資本額は不変なるものとすれば、この需要に対する労働力供給量は、人口によって定められる外はない。もとよりマルクスの見地からいえば、大経営との競争のため没落して、余儀なく無産者群に身を投ずる中産階級者をも斟酌しなければならぬが、しかも労働者数を決定する最大因素が人口の増減であることは争い難いところであろう。殊にマルクス自身をして言わしむれば、資本主義の発展とともに中産階級は没落して益々薄弱なる階層となるべきはずであるから、労働者階級がこの階層から補充せらるる割合は、益々減少するものと見なければなるまい。かように見来れば、マルサスにとっての問題は、マルクスにとっても同じく問題でなくてはならぬ。与えられた一定の可変資本額に対するものとすれば、賃銀なり就業の機会なりは、人口増加の遅速によって定められる。人口の増加が急速ならば、やはりマルサスの言う通り、それが困窮と罪悪とによって制圧される可能性は残されているはずである。マルクスは可変資本の総資本に対する相対的減少を力説しているけれども、それは人口増加よりも速かなる速度をもって失業者の発生し得べきことを承認せしめるに過ぎぬであろう。

残るところは可変資本の増減、もしくは増加の速度如何である。しかしマルクスの論証だけについて見れば、この要素は全然未知未定の事項である。吾々はマルクスによって総資本に対する可変資本の相対的減少を教えられる。そうしてそれは容易（たやす）く承認し得るところである。しかし労働者の福祉の程度を定めるものは、総資本に対する可変資本の割合ではなくて、人口の増減に対する可変資本絶対額増減の速度如何の一事である。可変資本絶対額の増減は、当然総資本蓄積の遅速と、資本組成の高度化の遅速とによって定まる。前者が後者よりも速かならば可変資本は増加し、反対ならば減少する。而して、かくして知り得た可変資本額の増減を更に人口の増減と比較しなければならぬ。即ち労働者将来の境遇を制定するためには、吾々はこれを決定する三つの要素を先ず確かめねばならぬ。人口と資本蓄積と資本高度化とのそれぞれの速度即ちこれである。而してこの三者皆なこれを理論的に決定し得るだけの条件は与えられておらぬのである。従って爾今産業予備軍が益々増加し、「労働者の窮乏、労働苦、奴隷状態、無知、兇暴、道徳的堕落等云々」が益々甚だしきを加えるということは、マルクスの論拠では理論的に論証し得ないはずである。ただマルクスに拠って考うれば、人口と可変資本との関係が如何に労働者に有利であっても、賃銀の騰貴には或る限度があるとは言い得るであろう。けだし賃銀の騰貴が或る程度以上に搾取率（余剰価値率）を減少せしむるに至れば、或いは利潤の刺戟が鈍らされて蓄積の勢いが阻碍せらるるか、或いは資本の高度化（人間労働に対する機械代用）を促進することによって、可変資本対労働者数の関係を再び後者に不利とならしめるものと予期されるからである。けれどもそれは余剰価値に対しての賃銀騰貴の限度についてのことであって、労働者の所謂実質賃銀（即ち賃銀額をもって購入し得る必需品、快適品、享楽品、或いは贅沢品の数量）は労働の生産力が増進しさえすれば、理論上は定限なく騰貴し得るはずである。

リカードーが始め労働者に及ぼす機械採用の影響を楽観し、後にその説を改めて、「機械を人間労働に代用することは、労働者階級の利益にとってはしばしば極めて有害なることを、納得するに至った」といい、「労働階級が懐ける、機械の使用は彼等の利益を傷つけることがしばしばであるという意見は、成心や誤謬に基づくものではなくて、経済学の正しき原理に適えるものだ」というに至ったことは有名な事実である。彼れはその主意を約説して、一社会の純所得の増加は必ずしもその総所得の増加を意味せぬ。「地主及び資本家がその収入を仰ぐところの一方の基金は増加しながら、同時に今一つの基金、即ち労働階級が主として倚頼（いらい）するところの基金は減少することがあり得ることを納得すべき充分の理由を認める」といっている。

スチュアート・ミルがリカードーに従って考案した例証は、下の如くである。一人の自作農業家があって、穀物二千クオターを資本とし、これをもって労働者を扶持して耕作を営む。労働者は彼れのために、年々二千四百クオターの穀物を生産する。即ち資本利潤は二割となるのである。農業家は年々この利潤を消費する。然るに、彼れは今一年間その資本の半額、従って労働者の半数を割いて農場の改良を企て、この改良の完成したる暁には、僅かに従来の労働者の半数をもってこれを有効に耕し得るものとする。一年の終りにおいて、彼れは一千クオターの資本と、改良せられたる農場とを有する。この一千クオターをもって雇傭せらるる労働者は、当然従来の半数に過ぎぬ。然るに、もしこの半数の労働者をもって農場の改良によって能く従来通り年々二千四百クオターを産出することが出来るならば、農業家は巨額の利潤を収め、これを蓄積して、やがて更により大なる労働雇傭者となるであろう。しかし、農業家にとっては、二千四百クオターの収穫を挙げず、僅かに一千五百クオターの収穫に過ぎなくても、優にこの改良を企つべき理由がある。何となれば、それで現在の流動資本一千クオターは償われて、更に固定流動両資本総額二千クオターに対する二割五分の利潤が収められるからである。（簡単のためしばらく土地改良は永久に有効なるものとする。）そうすると、この場合土地改良のために雇傭労働者の数は半減しなければならぬ。即ち改良は農業家にとっては極めて有利なるものであって、しかも労働者にとっては極めて有害であり得るのである。機械の採用と土地の改良とその理において異なるところはない（*Principles,* Bk I, ch. VI, § 2, 3.）。

これが機械採用の労働者に及ぼす影響に関する正統学派の代表的意見である。それがマルクスの見解と相近いものであることは一目して明らかであろう。しかし、リカードーやミルやその他の学者が主張するのは、機械の採用は労働者にとって有害なることあるべしというにある。彼等が「証明せんと欲するところは、機械の発明及び使用は総収益の減少に伴わるることあるべしというに尽きる」（リカードー）のである。必ず有害でなくてはならぬということは証明せられていない。

労働節約は機械の本務である。従って機械の採用はその事自体を見れば、当然労働者を不要ならしめる結果となるべきはずである。問題は、かくして不要にされた労働者は、遂に不要にせられたままで終るか、或いは直接間接何処かに雇傭の途を見出し得るかということに存する。最も都合よく想像すれば、左の如くなるであろう。

即ち一産業に新たに機械が採用されれば、生産費従って生産価格が低廉となり、需要の反撥を惹き起す。従って、もし仮りに生産入用人員が半減し、生産物の価格も半減したために需要が倍加したとすれば、機械採用のために結局一人の失業者をも出さずに済む訳である。この想像は余り好都合すぎるであろう。しかしこれも絶対的にあり得ないことではない。また低廉となった生産物それ自身に対する需要は増さずとも、その消費者の他の貨物に対する購買余力は、そのために増進するとも考えられる。従って他の貨物の購買量が増加し、これ等貨物の生産が機械による失業者の一部または全部をば、直接間接に吸収するであろう。またもし貨物は低廉となったのに、その貨物をも、他の貨物をも買わぬとすれば、その購買力の余裕は貯蓄されると見て好かろう。貯蓄は何等かの方法において労働者雇傭資力となって市場に出現するはずである。更にまた機械の採用というが、機械の製造そのものが人手を必要とする。但しこの場合に明白なることは、機械によって節約せらるる労働量は、機械製造のために要せらるる労働量よりも必ず少なくなくてはならぬ。もしそうでなければ、機械の採用は全く意義を成さぬ。とにかくかくの如き理由によって、或る学者等は、機械によって不要となった労働者は、必ず機械の採用そのものによって直接間接に雇傭の途を発見すると主張する。
勿論上述の如き場合が決して起り得ないとは限らない。例えば、印刷術の発明によって失業した写字生の数は、たちまちこれに取って代った植字工印刷工の数によって凌駕される。また今日鉄道従業員の数は、遙かに往時の駕籠かき人数を超過するであろう。しかし上述の場合において、機械採用のために生産物が低廉となると同時に一方において消費者の購買力には変りがないものと仮定している。然るに、この仮定は必ずしも事実に合わない。機械の採用のため失業者を出した場合、もしその失業者自身がその産業自身の顧客であったならば、生産物の低廉はその限りにおいて毫も需要の増加を惹き起さぬであろう。故に機械採用に基づく失業に対しては、補償は行われ得るが、しかし理論上必ずそれが完全に行われるという保障はない。

結局問題は、ミルもいう如く、機械その他生産上の改良の採用の速度如何によって決せらるるであろう。もし機械その他が大なる程度において突然採用せられたならば、この場合には、これに固定せらるる資本の大なる部分は、既に流動資本として使用せられていた基金から供給せられねばならぬから、労働者の利益はそのために傷つけられるであろう。しかしミルは生産上の改良がかく急激に採用せらるることは先ずないものと見ておった。すなわち曰く「しかしながら、改良は常に極めて徐々に導入せられ、それが流動資本を現実の生産から撤回することによって行われることは稀有或いは絶無であって、年々の増加によって行わるることを常とする。流動資本が同じく急速に増加しておらぬ時と処とにおいて、固定資本の大いに増加する実例は、たといあっても少数である。」「故にただに固定資本を犠牲にして行われる場合のみならず、固定資本の増加が、人口の成長が慣習的にそれ自身を適応せしめたるその普通の増加を妨げるほどに多大且つ急速なる場合においてすらも、労働階級は必ず苦しまなければならぬけれども、しかもこの事は事実上においては極めて起る見込みの少ないことである。何となれば、その固定資本がその流動資本に対する比例以上の比率をもって増加するという国は、恐らくないからである」と。ここに所謂流動、固定両資本は、事実上においてはほぼマルクスにおける可変、不変両資本に相当するものであるから、不変資本の増加率については、ミルの所見はマルクスのそれと隔たりのあることが認められる。しかし事実上可変資本の増加は少なくも人口増加と歩を保っている。これは畢竟生産力の増加によって結局資本の蓄積、従って不変可変両資本の増加（その速度は異なるにもせよ）が促進されるからだと見て好かろう。とにかく資本の有機的組成が高くなっても、被傭労働者の員数の増加はそのために妨げられぬであろう。この事はオッペンハイマーが農村人口の都市流入の事実によって証明せんとしたところである。もしも産業予備軍は不変資本の相対的増加によって造り出されるものならば、機械を使用すること多き工業がこれを造り出して、むしろ農業がこれを吸収しなければならぬはずである。然るに実際においては、それと正反対の運動が、しかも余りに顕著に行われている。ドイツの一例を引用しても、一八二〇年においてドイツ全人口約二千四百五十万人中六百万が都市、千八百五十万が村落住民であったのに、世界大戦前においては農村人口は千七百万人に減少し、商工業人口は五千万に増加している。文明諸国の統計を見れば、何処の国においても同様の現象に逢着する。人口は到る処において、不変資本の増加の速かならざる農村を去って、その速かなる都市に集中しつつあるのである。これは確かにマルクスの理論とは相反すと見らるる著大なる現象である。

尤も、これに反対してマルクスを弁護するものはある。その一は、ベルンシュタインの説で、それによれば、人口の都市流入は、人口が農業から工業に移ることを意味するものではなくて、畢竟農村で営まれていた工業が単に地理的に都市に集まるというに過ぎぬ。詳しくいえば、従来村落で営まれた手工業が、都市大工業の競争に対抗し得ないで倒れ、或いは農家の副業として営まれた各種の工業的作業が同じく大工業に圧倒される結果、これ等の手工業者、或いは副業を失った農民が都会に趨（はし）るというに過ぎぬというのである。この理由でオッペンハイマーを反駁するものはこの外にもある。ユリウス・ヴォルフもその一人であり、わが高田博士にも同軌の説があったと記憶する。

この批評には道理がある。オ氏自身もこの批評に一部の真理のあることを認め、都市流入者の群が村落における工業分子によって少しく膨脹させられていることは事実だといっている。しかし彼れに従えば、それは僅かに一小部分のことで、到底農村民都市流入の著大なる事実全部を説明し得るものでないことを、数字をもって説明せんと試みている（Oppenheimer, *Das Grundgesetz der Marxschen Gesellschaftslehre*, S. 119 ff.）。とにかくベルンシュタインの批評は真相の全部を尽しておらぬように思われる。もしも、彼れの言うが如く、都市流入人口は皆な旧の手工業者または副業工業者であるならば、国民経済の発達の長幼如何に拘らず、全生産階級中、原生産業に従事する者（或いは原生産労働量）と製造工業に従事する者（或いは工業労働量）との比率は常に同一でなくてはならぬ。換言すれば、各人所得中の農産物に費消せらるる部分と工業品のために費消せらるる部分の割合は、終始同一でなくてはならぬはずである。しかし事実はこれと異なる。即ち経済生活の発達に連れて、工業品に支出せらるる所得の割合、或いは全人口中工業労働に従事する者の割合は益々増加するからである。

何にしても、人口都市流入の事実がかの如くなる以上は、資本有機的組成の高度化は、直ちに労働者の就業機会減少を意味するものでないことは認めなければならぬ。故に以上の論述に基づいて、ほぼ結論することが出来る。資本主義は過剰の労働者を造り出すという理論は、無根拠とはいわれないが、マルクスの推理過程上には欠陥と少なからざる誇張とが犯されている。

次の問題は、資本主義は果して必然的に過剰商品を造り出すや否やである。

資本主義が必然的に過剰商品を産出するといわれる所以は、生産力は急激に発展するのに購買力または消費力がこれに伴わぬからである。少なくも私は幾多の論者とともにマルクスの説をしばらくこのように解釈する。何故購買力の発展が生産力の発展に伴わぬか。この説の一つの基礎となるものは、上述した産業予備軍の理論である。則ち資本は自ら過剰の労働者を造り出し、その状態を劣悪ならしめる。これが労働者大衆の購買力増進を妨げ、甚だしきはこれを減少せしめるというのである。従って産業予備軍説に対する批評は、当然延いて過剰商品産出説に対する批評ともなる。然らば余剰価値を収得する資本家の購買力は、何故に増進せぬか。それは資本家が自存の必要上、その所得の大なる部分を蓄積して資本とする必要に迫られているため、その消費財購入のために投ずる所得部分は、ごく限られるというのである。そもそも資本家が生産によって利潤を獲得し得んがためには、第一、生産行程上において労働搾取が行われ、第二に、生産せられた商品が販売せらるることを必要とする。もしもそれが販売されぬか、僅かに一部分販売されるに過ぎぬか、或いは生産出費と普通利潤とを加算しただけの価格では売れぬとすれば、その場合には、成程労働者は搾取を受けるが、この搾取は資本家にとっては搾取として実現せられないのである。直接の搾取の諸条件と搾取実現の諸条件とは同一でない。「前者は社会の生産力によってのみ制限せられ、後者は様々なる生産諸部門間の比例と、社会の消費力とによって制限せられる」。然るに社会の消費力なるものは絶対的の生産力によっても、また絶対的の消費力によっても定まるものではなくて「人民大衆の消費を多かれ少なかれ狭隘なる限界内においてのみ変動し得る最低限度に引下げる対抗的分配関係を基礎とする消費力によって定められる」のである。一方「更にまたそれは蓄積衝動——資本の増大と拡大せられた規模における余剰価値の生産とを求める衝動——によっても制限される」。マルクスはかような言葉で説いている。而してかくの如くにして起る「内部的矛盾は生産の外部的舞台を拡大することによって均衡を保とうとする。然るに生産力がいよいよ発展するに従い、それはいよいよ消費関係のよって立つ狭隘な基礎と撞着するのである」。

右に述べた限りのマルクスの説は、恐慌理論上においてロードベルトス等の唱える所謂消費過少説（Unterkonsumtionstheorie）に外ならぬようである。現にマルクス自身明瞭に「さながら社会の絶対的消費能力だけが限界であるかの如くにして生産力を発展せしめんとする資本制生産の衝動に比較して考えた大衆の貧困及び消費制限が、常に凡ゆる現実的恐慌の終局原因となっている」といっているのである（改造社版『資本論』⑸二二五頁）。しかし少し考えて見ると、マルクスの理論は一見して認められるほど明白な道理を説いているものではない。生産力は無限に発展し、消費力は制限されているといえば、如何にも当然両者間の不均衡が惹き起されねばならぬように思われるが、何故消費力が制限されるかといえば、労働者のそれについては、前記産業予備軍説がこれを説明するが、資本家消費力の制限は、蓄積のためである。しかし蓄積された資本は、結局市場に購買力として出現する。ただその対象が直接消費財でなくて労働力か、原料か、或いは機械道具かであるというだけのことである。故に蓄積せられた資本もまた購買力として働くのである。蓄積の行われただけ、購買力が減退すると考うべきものではない。ただ購買の方向が異なるだけである。故に発展し行く生産力をもって、資本の購買対象を、資本の購買対象をと、その方向に生産を向けて行けば、理論上過剰生産を免れ得る途はあるはずではないか。ただかくしてこの方向に発展して行けば、生産の主力は消費財から益々生産用具の生産に集中せられて行くはずである。而して生産用具の生産といえば、結局銅、鉄、石炭等を要するものであるから、近時の所謂重工業の発達は、畢竟生産が上記の方向に発展しつつあることを示すものである。這般の消息に着目したのは、たしかにツガン・バラノウスキーの功績の一であろう。彼れは資本主義生産方法が、必然的機械的には行き詰まるものでないことを力説し、極言して、労働者は唯一人を除くの外ことごとく消滅して凡べて、機械によって代られ、右の唯一人の労働者は莫大なる機械の助けによって、更に機械と而して資本家の消費財を生産するようになったとしても、しかもなお資本の増殖行程は少しも妨げらるることなく行われるであろうとまで言った（*Archiv für Sozialwissenschaft und Sozialpolitik*, Bd. 19《1904》, S. 289.）。

このツガンの批評の当否如何は、前年福田、河上両博士の間に行われた論争以来マルクス主義者、非マルクス主義者の間に度々くり返して論ぜられた。しかしこれを是とする者と非とする者とが説を異にするのみならず、これを非とする者必ずしもその理由を同じくしていない。私自身は上記の通り、ツガンとともに所謂「行き詰まり」の機械的必然性を認めることは出来ないというものである。事実においても、今日まで欧米諸国の資本主義は、マルクシストの度々の予言にも拘らず、純経済的に行き詰まろうとする傾向は示していない。ロシヤ革命は或る意味における資本主義の行き詰まりであるが、これは過度の資本蓄積のためでなく、戦争という経済外の原因のために起ったものである。

この点について考えなければならないのは、資本の蓄積によってやがて消費材の生産が増加する場合、この増加はその価値（数量でなく）について言えば、差し当り蓄積せられた資本の一小部分に過ぎないことである。行き詰まり必然論を唱えるものは、消費力の増進が生産力の増進に伴わないという。即ち前記の如く労働者の購買力は乏しく、資本家の利潤は蓄積せられて、購買力を超過する生産増加を惹き起すというのである。しかしこの場合の生産増加は、数量の増加であって、直ちに価値額の増加でないことを注意しなければならぬ。迂廻的生産が行われ、益々耐久的なる生産手段が使用せらるるに従って、生産手段の生産に投入せられた労働量（即ち価値）は、年々僅かにその一小部分のみが消費財の価値に移る。ごく簡略に言えば、仮りに一億円の資本が蓄積せられて、それが機械に投入せられ、翌年からこの機械が消費財の生産に充当せられて、十年間の使用に耐えるものとすると、その翌年から消費財の生産は、その数量からいえば多分著しく増加するであろうが、消耗不変（厳格にいえばその中の固定資本）の価値額からいえば一千万円増加するに過ぎず、あとの九千万円は引続き寝かされたままに残る。（その翌年は更に一千万円が生産物の価値に移され、八千万円が寝かされる。以下これに準ず。）即ち仮りに一億円の機械が新たに生産せられて使用せらるる場合にも、消費財の価値としては年々一千万円の支払をもって足るのである。資本の用途は畢竟かく消費者の支払に先だって生産手段を購入し、従ってその生産（生産手段の生産）を可能ならしめることにあるといって好い。而してかく或る一年に新たに購入せらるる生産手段の価値と、新たに年々消費財のために支払わるべき価値額との差は、生産が迂廻的に行われ、生産手段の耐久年限の長いほどいよいよ大きくなる。而して現在において耐久的生産手段が使用せらるるか否かは、資本利子の高下によって定まる。利率の低落はいよいよ迂廻的なる生産を可能ならしめ、利率の騰貴はその反対の結果をもたらすのである。

ただマルクスの右の理論を論評する場合に些か当惑するのは、資本主義崩壊論または恐慌論に関するその態度が首尾一貫せず、一方で消費不足説を唱えながら、別の場処ではこの説を嘲笑していることこれである。即ち『資本論』第二巻中単純再生産を論ずる章の一節に「恐慌は支払能力ある消費または消費者の欠如から来ると説くのは、一の純然たる重語（Tautologie）である」と言っている。ただに重語たるのみならず、この説は事実に背いているという。「労働者階級なるものは彼等自身の生産物の中から余りに小さな一部分を受けているのであって、彼等の生産物受け分が大となり、労銀が増騰することになれば、随って窮境からも救われるであろうと説くことによって、右の重語がヨリ深い論拠に立つかの如く見せ掛けようとする者があるとすれば、我々はただ次の如く答うべきである。――どの場合の恐慌も、労銀が一般的に昂騰し、労働者階級の手に帰するところの年生産物中の消費に予定された部分が現実的に増大する一の期間によって準備されるものであると。」而してこの一項について、エンゲルスは嘲笑を含んで、

「ロードベルトス恐慌説の万一の信奉者たちの注意までに。——F・E・」とことさらに註記している（改造社版(3)三六九—三七〇頁）。彼れはこの註記と前段引用の「大衆の貧困及び消費制限が常に凡ゆる現実的恐慌の終局原因になっている」云々との間に、自ら毫も矛盾或いは不審を感じなかったものであろうか。とにかく恐慌論についてはマルクスの理論を批評することの外に先ず彼れの真意の那辺にあるかを確かめなければならないのは、問題を一層紛糾せしむるものである。

資本主義崩壊の論拠として看過すべからざるは、マルクスの利潤率逓減の理論である。この理論はいうまでもなく、労働価値法則当然の帰結である。生産力の増進は、一部その原因、一部その結果として必ず資本有機的組成の高度化をもたらすという。労働者から搾取される余剰価値は可変資本とのみ一定の比率を保つ約束であるから、資本の組成が高度となるに従い、即ち不変資本の割合が増大するに従い、余剰価値と総資本との比率、即ち利潤率は益々低減せざるを得ないはずである。資本主義を活かしむるものは利潤であるのに、その利潤率はかくして必然的に低減するという。マルクスはこれに資本主義運命の宣告を認めようとするのである。

利潤率低減の傾向は、元来正統学派以来伝承の宿題である。アダム・スミス、リカードー、皆なそれぞれの説明をこれに試み、マルクスもまた同じ傾向を看取してこれに別様の説明を試みたのである。ただリカードーがこの現象を生産力（土地）の逓減によって説明せんとしたるに対し、マルクスが反対に生産力発展にその説明を求めたのは好対照をなしている。ただ仮りに、かくして利潤率は低減して行くものとして、それが或る程度以上に進んだ場合には如何なる結果をもたらすであろうか。利潤率はいよいよ益々低減するにも拘らず、資本は益々幾倍する速度をもって蓄積せられ、遂に資本家にとって無用なる資本を堆積せしめて、資本主義そのものの存立を不可能ならしめるというのは、マルクス、エンゲルス所望の結論であろう。

しかしながら、また別のポシビリチーも想像し得られる。資本の蓄積は何のために行われるか。もしそれが利得の刺戟によって行われるものならば、利得の減少は蓄積を阻害しもしくは停止せしむるはずではないか。マルクスの先人リカードーはそう考えた。即ち彼れは人口の増加に連れて土地の限界生産力減退し、それとともに利潤率低減し、利潤率低減のために資本の蓄積の勢いは鈍り、これがために賃銀は労働者生活費と一致し、従って人口増加そのものもまた止む「静止状態」(stationary state)というものの到来を予想した。而してこの状態を到来せしむる蓄積の停止は、利潤が皆無に帰すれば勿論のことであるが、実はそれ以前に、即ち幾パーセントかは言わぬが、利潤率が或る程度以下に僅少となった時に既に事実となる、とリカードーはいっている。マルクスは勿論これを承認せぬであろう。資本主義がそのまま静止の状態に停まるというが如きは、彼れの立場からして、論外の沙汰であろう。しかし利潤が減少すれば、蓄積の勢いが鈍るということは、マルクスの立場から見ても不合理ではない。現に彼れ自身も、資本家的蓄積の一般法則を論ずるに当っては、賃銀の騰貴によって利潤が減少すれば、蓄積が為めに阻害せらるべきことを認めている。その場所はマルクスが資本の蓄積が速かに行われても、労働者の賃銀は為めに永続的に騰貴し得るものではないことを言わんとする一節である。曰く、「資本の蓄積による労働価格の昂騰は、左に掲ぐる二条件のいずれか一方を前提するものである。一、蓄積の進行を妨ぐることなき故に、労働の価格が昂騰を続けるということ。……二、労働の価格が昂騰して、利得の刺戟が鈍る故に、蓄積が弛(ゆる)んで来ること。この場合、蓄積は減退することになるが、それと同時にまた、かかる蓄積減退の原因(即ち資本と、搾取し得べき労働力との間の不均衡)は消滅する。要するに、資本制生産行程の機構は、それが暫行的に造り出した障碍をみずから除去することになるのである。」と(改造社版⑵六一〇頁)。資本蓄積の刺戟がもし利潤であるならば、かくいわれるのは当然である。これを利潤率逓減の理法に適用すれば、当然この逓減の結果、資本蓄積の速度は鈍るといわねばなるまい。賃銀の騰貴は利潤を減少せしめるから蓄積を阻止して再び賃銀を旧の低率に復せしめるけれども、資本高度化の結果たる利潤率の低減は、いよいよ資本蓄積の歩みを速かならしめ、遂にこれを駆って破滅の淵に投ぜしめなければやまぬというのでは、マルクスは幾多のポシビリチーの中からただ所望の結論のみを求めているという批評を免れぬであろう。

以上は余剰価値率を不変なるものとしての議論であるが、余剰価値率は無論変化し得る。殊に労働生産力が増進すれば余剰価値率を引上げて、しかも労働者には苦痛を感ぜしめず、その実質賃銀を従来通りに維持するのみならず、却ってこれを上進せしむることは決して困難でない。望ましいか否かは別として優に行われ得ることに相違ないのである。即ちこの方面からも利潤率の低落を必然必至の約束と見ることは許されない。ここでもマルクスの結論は傾向的だという批評を受けなければならないのである。

生産力と生産関係との牴触は、一社会形態を滅ぼして次のより高い形態と代らしめるというのが唯物史観の教えるところである。それを資本家社会に適用して具体的にいえば、畢竟現社会は過剰労働者と過剰商品の産出のために存続不可能となるというに帰着するものと解せられる。本文はこの問題について若干の所見を述べたに過ぎないが、私は平生マルクシズムに関する議論が無用に難解なる術語をもって行われ、時にはそれが有意無意に幻惑作用を逞しうする場合もなきにあらずと感じているので、ここに平明なる用語をもってマルクシズムの重要問題の所在を指摘しようと試みた。マルクス評論を多少ともこの方向に赴かしめることは著者平生の所願である。

（『マルクス死後五十年』所収）

Ⅲ

私と社会主義

一

私とマルクシズム

社会主義の問題については私は二三十年来マルクス反対者と見られ、そういう者として批判を受けて来た。最近雑誌に続けて共産主義批判の文を書き、それを集めて一冊の小冊子を作ったので、また新たに批判を受けることになった。

私の本は、標題（共産主義批判の常識）にもある通り、共産主義について誰れもが一通り心得ているべき、ほんの常識程度のことを書いたに過ぎない。確信あるマルクシスト或いは共産主義者は、この程度のものを読んだところで、痛くも痒くも感じないだろう。それはよく分っている。ただ今日この程度の初歩的の知識の用意なしに共産主義を論じ、或いは時の風潮に動かされて共産主義に傾くものが、決してすくなくないと私は見た。そうしてそれはその人自身のためにもならぬことだと思ったから、主としてそういう若い人々を目標としてあの本を出した。あれを読んで、立ち止まって考え直す人が果たしてあったか。あれば最も仕合せである。あれを読んでいよいよ共産主義の確信を堅めたというものもあるか。それもやむを得ない。いずれにしても、専門家でない一般の世間が、まずあの程度のことを知り、然る後に去就を決するということであって欲しいと思った。私を批評するものの中には、私の本を読んだ若い人々から、あれに対する批判を求められたので書くという、断り書きをしたものがあった。もしもそれだけ私の本が人々に疑問を起こさせたのであったとすれば、著者としては目的の幾分を達したといえる訳である。私に対する批評は随分多かった。中には二三号に亙ってそれを連載した雑誌もある。これ等の評論に学ばなければならぬものが多いことは勿論であるが、ともかくも私の本が看過もしくは軽視されなかったのは、著者として満足していいことであると思う。

考えて見るのに、私はマルクスに対して決して冷淡ではない。過去も現在もそれに充分重きを置き、また多くの点において彼れに学ぶところがあったことを自分で認めているものである。ただ私のマルクシストと違うところは、マルクスを近世の大なる思想家の中の一人として見ること、またマルクスをインフォリブル（誤りなきもの）と信じないこと、他の思想家に対すると同じくマルクスに対しても、必要の場合に批判的であることとである。ここでは過去を顧み、近世社会思想殊にマルクシズムを学んだ自分の経歴について、話をしたいと思う。

福田徳三

私は長く慶應義塾で社会思想史の講座を担当していた。社会思想史の講座というものは、多分慶應義塾が私のために設けてくれたのが日本で最初のものであったと思う。始めは社会問題という名称の下に、ハインリヒ・ヘルクナーの名著『労働者問題』の体例にならい、近世労働者問題全般に及ぶ講義をしていたが、段々その中の社会主義思想を取り扱う部分に興味が集まり、またかねて用意のノートもあったものだから、その方にばかり力を入れて、他がお留守になったので、名称を社会思想史と改めることを許してもらったのである。それが昭和の初めであったと思う。それからたしか昭和十八年まで続けた。昭和八年塾長就任後も、この講義は続けたが、戦争で多忙となり、殊に学生の答案を読む時間がなくなったので遂にやめた。今は平井新君が担任しているはずである。

長年の講義の間に、私は多くの社会主義者に興味を持った。ラッサール、ロードベルトスの国家社会主義に興味を持って、少し読んだことがある。十九世紀末における各国社会党運動の平俗化にあきたらずして起ったフランスの革命的サンヂカリズム、それの一派生物とも見られるイギリスのギルド社会主義、サンヂカリズムと親縁ある無政府主義等も、次ぎ次ぎに興味の対象となった。しかし、何時も中心にいるのはマルクスであった。ロードベルトス、ラッサールを論ずるにも、サンヂカリズムや無政府主義を論ずるにも、やはり話はマルクスに帰って来る。事実十九世紀後半の社会主義思想を、マルクスを度外視して論じられないことは誰れがやっても変りはないだろうが、私は格別の関心をもってそれをした。それは青年の頃からマルクスに特殊の興味を抱いていたからである。

青年の私に、或いは吾々に、マルクスを吹き込んだのは——外でも書いたが——慶應義塾で経済原論を吾々に教えた福田徳三博士であった。それは今から四十年ほど前の明治四十年の頃で、福田博士のマルクス理解は、今思えば当時まだそれほど高級のものではなかったと回想されるが、ともかくも博士は、当時の日本で、原文で資本論を読んだといわれるごくごく少数の一人であり、世間一般の無知識に乗じて随分マルクスを振り廻したものである。堺利彦その他当時のマルクシストに対しても、幾らかマルクスを教えてやるという態度を見せた嫌いもあった。博士は或る時自分は熱中能力（Begeisterungsfähigkeit）においては人に負けないといったことがあり、事実アリストテレスからルヨ・ブレンタノまで、かなり多くの思想家学者に熱中したが、マルクスに対する情熱は久しく渝らなかった。

マルクスに対する態度を敵味方と分ければ、博士は結局反対陣営に属する人ではあったが、それでも終始マルクスのファンであった。ドイツの学者でも、ゾムバルトは当初からマルクスに対する批判を忘れず、しまいには激しいマルクス攻撃者となったけれども、始めは明らかにマルクスのファンとして出発した。『共産党宣言』については、彼れは「幾十年社会的事物の研究に没頭した者といえども、常に予期せざる未聞の新しい真理を共産党宣言中に発見する。予は既に幾百回これを読んだ。しかもなお再びこれを手にすれば、毎回新たにこれに惹き着けられる」といった事実がある。『経済と法』を書いてカント的論理をもって唯物史観を批評した法哲学者スタムレルも、やはりドイツ大学教授の中では最も夙くマルクスに惹き着けられ、その価値を認めた一人であった。省みれば私自身も幾分そうであったと言えるが、福田博士は一層そうであった。だから結局マルクス反対陣営の人でありながら、博士は必ずしもマルクスに対する反対批評を喜ばない風が見えた。博士とマルクスについて談論したことは度々ある。私がマルクスを批評するのに対して、博士は論理の上ではそれを認めながら、しかし何とか弁護できぬものかと感じたらしく、それを語気にも漏らすようなことがあった。

福田博士によってマルクスを教えられ、博士とともにマルクスに牽引を感じながら、私の方が師よりもマルクスに対して冷静もしくは無遠慮であったといえるかも知れない。

堺利彦

とにかく私は右の通り、割合に夙くマルクスをかじっていた。だから、例えば初期の河上肇の社会主義的センチメンタリズムに対しては些かあきたらず、マルクシストの堺利彦が下したのと似たような批判を雑誌（中央公論）で加えたことがある。そんなものを見たのだろう。堺から人（改造記者秋田忠義君）を介して面会を求められたことがある。ところが堺は、事柄は忘れたが、（資本論共同翻訳事業の縺れだったかも知れない）当時何かの事で激しく福田徳三を攻撃していた。私は久しく堺の読者であり、マルクシストでありながら彼れの態度が余裕があって、ドグマチックでないのに好感を抱いていたが、しかし現に自分の旧師と喧嘩をしているその相手と新たに交際を始めるのは気が進まなかったから、ありのままの訳をいって断わった。堺からは、やはり同じ人をもって、「まことに気の付かないことをしました」と丁寧な挨拶があった。

この堺の求交は、別段私に同志になれというほどの意味ではなかったであろう。また堺と親しく交っても、私はマルクシストにはならなかったであろう。けれども、それによって色々変った見聞はしたかも知れない。とにかく私は三十匁々のその頃、大して著書や論文を発表していた訳ではなかったから、その無名人の書いた僅かばかりのものに注意してくれたのは、一人の知己というべきであったろう。

ついでに記すと、私はその後間もなく、偶然堺に会った。或る日用事があって、その頃愛宕町（であったか佐久間町であったか）にあった創刊後間もない「改造社」の仮住居を尋ねると、丁度そこへ原稿を届けて来た堺が入って来たので、互いに挨拶した。丁度いい機会だからと、社長の山本實彦君が二人を近所の帝国ホテルの午飯に案内してくれた。社を出て三人でブラブラ歩いて行くと、堺には尾行の刑事が後からついて来た。それはたしか大正八年のことであった。帝国ホテルは、ライトが設計した現在のものではなく、まだ山下町にあった古い木造の洋館であった。

堺は食卓でよく話をし、別れるときには「いいところで御目にかかりました」と丁寧な挨拶をした。いかにも世慣れた人という感じを受けた。無論私より十数年の年長者である。食卓での談話中、堺が福澤先生を褒めたのを覚えている。殊に『福翁自伝』の一節に、少年時代の先生が、稲荷の社に悪戯をして、社の扉を明けて、這入っていた石を捨て、代りの石を拾って入れて置いたら、やがて初午（はつうま）が来て、人々がお神酒を上げてその石を拝んでいるのを見て面白がった、とあるのが面白かった、といったのを、堺らしいと思ってきいた。当時は今と違い、福澤先生の著書については世間で何もいわない頃であったから、私はきいて愉快であった。

また、『共産党宣言』の翻訳の話も出た。幸徳傳次郎と堺との共訳は、始めて日露戦争当時発表されたもので、私も学生時代から読んでいた。それはたしか英訳本からの重訳で、今から顧みると訳語に不適当なもの――例えばブルジョワジーを紳士閥とするような――もあり、決して完璧とはいえないけれども、力の入った文章体の名訳で充分人を動かすものであった。一体共産党宣言が日本で始めて読まれたのは何時頃からであったのかと、それを堺にきいて見た。「吾々は翻訳するとき始めて読んだくらいのものです」と、至極アッサリした返事であった。

堺とはその後少しばかり文通し、著書も幾冊か贈られたことがある。堺も私もバーナード・ショーを愛読したところから、ショーの新刊作品について問合せを受けたりした記憶がある。しかしその後だんだん私のマルクス批判の立場もハッキリしてきたし、また二三のマルクシストと論争を始めたりしたので、自然疎遠になって行き、晩年にはまったく打ち絶えた。

堺のマルクシズムは啓蒙的な祖述の域を出でず、独自の批判も進展も示さずに終ったが、彼れの平明達意の文章によるマルクシズム解説は、かなりの影響があり、たしかに日本の思想史には記録さるべき人であったと思う。何よりも記憶すべきは堺の場合、またその直接の後進たる山川、荒畑諸君の場合、当時の日本でマルクシストとなることは今とちがい、冷遇と迫害とが待ち受ける以外、一身上には何の利益も期待されなかったことこれである。しかもその中にあって、堺の論調が常に余裕があって悲歌慷慨的でなく、また善玉悪玉的独断に陥っていなかったことを、私は快よく思っていた。

外遊

ここで自分の西洋留学時代からのことを回顧して見る。

始めてロンドンに着いたのは一九一二年の秋で、私は二年前に慶應を卒業したばかりの二十五の青年であった。当時アスキスを首相、ロイド・ジョージを蔵相、チャーチルを内相とする自由党内閣は所謂人民予算を実行し、また急進的な社会政策、殊に強制的社会保険の実施に突進しつつあるときであった。ロンドンでは一般に自由党は人気がない。下宿の主婦は女中のために保険金納付のスタンプを貼ることについて不平をいう、一部の医者は、保険法による診療をボイコットするという騒ぎの最中であった。二十五歳の私が刺戟を受け、十九世紀以来の自由主義の変化、自由主義と社会主義の問題等について深く考えさせられたのは当然であったと思う。勿論私は留学以前から社会主義の問題には注意を惹かれ、前記の福田博士による啓発は別としても、ゾムバルトやディールの著書、進んではごく少しばかりの原典によって或る程度の知識と意見とを持っていたが、イギリスの社会的現実が私の上に更に力強い刺戟となったことは争われない。

ロンドンの、かのネルソン記念柱の立つトラファルガー・スクエヤーから北に上るチェアリングクロッス・ロードは、古本屋街であるが、その東側の中ほどに、社会主義、無政府主義、婦人参政主義等、に関する急進的書籍のみを取り扱うヘンダソンという書店があった。小さな店で、ストックも知れたものであったが、何しろ、大正元年のその当時、日本ではウッカリ持って出歩くことも出来ないような、禁制の書ばかり店一杯に並べてあるのには驚いた。たちまちその家の常得意となり、一理窟ありそうな主人及び温良な息子とも懇意になって、郊外の下宿からロンドンに出るたびにその店に立ち寄り、書棚に並べてあるものを――小冊子類が多かったが――片端から買った。イギリス人の常として、とかく大陸の文献には冷淡であり、独文、仏文のものはあまりなかったが、共産党宣言の英訳を初め、英文のものは、大抵ここで揃えることが出来た。

かく手当り次第に社会主義文書を渉猟(あさ)るとともに、系統的に近世社会主義思想及び実践運動の由来経過を明らかにし、これに対する批評的態度を定めたいとの欲求がようやく強くなって来た。そこで別段それについて学校で講義などするという当てもなしに、少しずつ近世社会主義に関するノートを作り始め、ドイツに転学して後もそれを続けた。後に帰朝して慶應義塾で社会問題を担当したとき、差当り役に立ったのはこの時以来心がけていたノートであった。

ドイツはイギリスよりも長く滞在する予定のところ、第一次大戦が始まったので逃げ出して、再びイギリスに帰ったが、始め数個月で片付くだろうと思った戦争が前後四年に及んだので、私の留学計画も色々変更を余儀なくされた。戦争が数個月で済むだろうと思ったことについては可笑しい話がある。私は戦争が済んだら早速またベルリンへ還るつもりでいた。それ故、ろくに荷物拵えもせず、ちょっと旅行をするというくらいな気持ちで、手提鞄を提げて下宿を飛び出した。その手提鞄の中に、私は、謂わば旅先きで読むくらいのつもりで、カウツキー校訂の『資本論』民衆版を一冊入れた。この本はあたかも一九一四年、しかも私が出発する直前に出版されたもので、ドイツでも開戦騒ぎで、ほとんどまだ誰れも取り上げて評判していなかったと思う。無論国外では多分誰れも知らなかったであろう。その後資本論の本文校訂はドイツでもロシヤでも大いに進歩したが、当時においては、この民衆版におけるカウツキーの緒論、註解及びリャザノフの手に成る索引は、研究者に対する一大啓発で、貴重なものであった。

私がその一巻を鞄に入れて持ち歩いて帰朝した後、二三年たって、福田博士の主唱による資本論共同翻訳の企てが起った。私は故あってこの計画に参加しなかったが、時を同じうしてこの民衆版の内容をやや詳しく雑誌（三田学会雑誌）に紹介した。内心、マルクス通をもって任ずる福田さんも多分この版本のことは知るまい、些か先生を驚かせて見ようくらいの了見もあってしたのである。果たせる哉福田さんは大いに驚き、早速手紙を寄越して翻訳事業のため参考にしたいから、是非民衆版を貸してもらいたいと言って来た。予期したことだから、私は好い気持ちで本を提供した。こんなことは他人にとっては面白くもなんともないにきまっているが、一つの昔話として記して置く。

社会思想史講義

それは後の話であるが、私が帰朝したのは、大戦の勝敗の未だいずれとも分ち難く、米国は参戦を決せぬ一九一六年の早春であった。帰って見ると、日本は参戦国であって、しかも有利な傍観者の地位にいた。間もなく、日本からはあらゆるものが外国に売れ、正貨は滔々と流入して却ってその始末に困るという状態になった。今では聞いても信じられないことであるが、対米為替は一時百円が五十ドルを超えたのも間違いのない事実であったのである。そこへ一九一七年の三月と、次いで十一月にロシヤに革命が起り、翌年の秋ドイツ、オーストリヤが降服して休戦条約が結ばれると、当然異常の好景気に対する激烈な反動が来た。それとともに思想界もかつてない混乱に陥った。交戦国は戦争が終ったので平時の状態に回（かえ）らなければならないが、その平時の状態というのは何か。四年間の大戦争で、戦前の欧洲の社会はほとんどその根柢から変ってしまったように見えた。如何なる状態に復したら好いのか、その状態が分らないという有様に見えた。そこに一方ロシヤにおいては革命が進行し、その影響はハンガリーその他東欧諸国に波及した。そこであらゆる種類の社会改造案が提議され、急進的社会思想はどんなものでも歓迎されるという次第になった。日本でも、『解放』『改造』その他これに類する雑誌は、雨後の筍の如く簇生し、社会思想に関し多少の知識を有するものは世間の引張り凧になった。私がロンドン留学当時以来作成を続けた社会主義研究のノートも、時々思いがけない役に立つことになり、それを利用して新聞雑誌に寄稿することもようやく頻繁になって行った。これは留学中の私の全く予想しなかったことであった。

　社会思想史の講義を始めた頃は、十八世紀の産業革命から説き起こして、万遍なく西洋諸国の主なる思想体系を叙述することに努めた。その頃はまた世間の論評も多方面に亙り、大杉榮一派は無政府主義を唱え、森戸辰男君は讃美的にクロポトキンを紹介し、有力なる労働組合でサンヂカリズムに傾くものがあり、ギルド社会主義にも相当の支持者があった。今から顧みると隔世の感があるが、後に極めて現実的な組合運動の中心となった労働総同盟のその名称は、たしかフランスでサンヂカリズムの本拠であった労働総同盟（Confédération Générale du Travail）から取られたものであったと承知している。しかしこれら様々の社会思想体系は、皆な歳月の中に流行の起伏とともに重要性を失い、大正十二年の震災前における組合運動のアナ（Anarchism）かボル（Bolshevism）かの争いをほとんど最後として、社会思想上の問題としては、（満洲事変、支那事変以来のファシズムの勃興に至るまで）、マルクシズムただ一つが残ることになった。いうまでもなくこれは、一にはマルクシズム自身の思想的理論的価値そのものによるものであり、他面においては、ロシヤ革命の現実、殊に世界の強大国ロシヤにおける社会主義建設とコミンタンの宣伝とによるものであったことは争われない。

いずれにもせよ、この趨勢は私の講義にも影響した。即ち始め私は十八世紀末以降の全時期に亙り、且つ主として英仏独三国について社会主義思想の全発展を叙述したのであったが、段々にその中でマルクシズムの比重が加わり、仕舞にはマルクシズムの叙述とこれに対する批判とが講義時間の大半を占めるようにもなった。そこで私のマルクシズム批判の来歴について述べる順序となった。

マルクス価値論論争

最初に不満を感じたのは、マルクスの価値、余剰価値、価格理論であった。

大正十年頃の日本では、マルクス価値理論の批判よりもまだその解説が必要とされていたと思う。有名なボエムの『カール・マルクス及びその体系の終結』は、発表後二十数年を経た当時においても依然その価値を失っていなかったが、私はむしろ古典派経済学、殊にリカードーの理論とその発展の経過を学ぶ間に、マルクスに対する批判が自分の内に熟して行ったことを憶い出す。私がリカードー、マルクス、ロードベルトスの価値理論に興味を感じ、その一人一人でなく、三人を一括して考察の対象としたのは大正七八年頃からであったと思う。私がマルクス一人を単独殊別のものとして考察せず、これを同系の思想の流れにおいて捉えたことは、幸いに正しかったと思う。これによって私は、マルクスもまた他の優れた理論家等と同じ問題に当面し、同じ困難に逢着したのであったことを、冷静に認めることが出来たと思う。これによって往々一部のマルクシストに免れぬ、凝り過ぎの独り相撲に類する偏執と訓詁癖とから免れることが出来たと思う。

リカードーは、自由競争の行われるところでは、諸商品の値段は、そのそれぞれを生産する上に費される労働の量によって定まると謂ったのである。ロードベルトスもマルクスもともにこれから出発してその労働価値説、延いて余剰価値説（ロードベルトスの場合には賃子説（レンテンテオリー））を打ち立てたのである。リカードーはなぜ右のように謂ったかといえば、それは畢竟、もしも同じ労働量の費された商品が異った値段で売れるということが起ったなら、廉く売れる方の品物を造るものはそれをやめて、高く売れる方の品物を造るに違いない。そうすれば、供給の増減によって、廉かったものは高くなり、高かったものは廉くなるに違いない。という推究の上に立つのである。それを後年の術語でいえば、諸商品がそれに費された労働量に比例した値段で売れない場合には、利潤率の平均が破られるからだということになる。即ちリカードーの価値理論は利潤率の平均を根拠として始めて成り立つものだということが出来る。

　ところが、生産に投じられる資本が皆なことごとく賃銀として労働雇傭のために支出されるか、或いは賃銀として支出される割合がどの資本についても常に一定しているものとすればこれで宜しいが、そうでなくて、或る産業では他の産業よりも、機械や建物に金がかかり、また機械や建物の耐久性も一々同じでないとすれば、右の理論は成り立たない。リカードーはこの問題に打っ突かって考えて、段々に多くの制限を自己の労働価値説に加えて行った。そうして周知の通り、遂に商品の価値を定める原因は一つでなくて二つだと明言するに至った。一つは諸商品を造るために要せらるる労働量、今一つは生産物が生産され、市場に出て売れるまでに経過する時間、即ち資本の寝かされる時間の長短である。シーニオア、ジョン・ミル、或いは更にそれ以後に至るまでリカードーの後継者はこのライン――即ち単純な労働費用説でなく、生産費説のライン――に沿うて理論を進めた。

　ロードベルトスもマルクスも、――殊にマルクスは、――リカードーに学び、始めはリカードーと同じく利潤率平均の作用によって労働価値説を説明したものであったことは、彼自身の言明によって疑いもなく確かである。ところでもしも彼れがリカードーとともに労働の外、更に資本の寝かされる時間の長短というものを価値決定の原因として認める二元論に到達してしまえば、彼れの労働価値学説は成り立たず、延いて余剰価値学説も成り立たぬ。そこで、彼れはリカードーの如く、資本がことごとく賃銀として支出せらるるか、或いは資本の中賃銀部分の占める割合が一定している場合に限って労働費用が価値を定めるという代りに、利潤率の平均さえなければ、価値通りの交換（即ち生産上に費された労働量に従う交換）は行われると言おうとした。

リカードーからのこの離隔は、マルクスとして重大事であって、彼れとしては余程の苦心もしくは苦悩があったのかも知れぬ。また、あって好かったはずである。けれども、この離隔は解決にはならぬ。利潤率の平均さえなければ価値法則（諸商品の交換は労働費用によって支配されるという）は行われるというが、そもそもその価値法則は、マルクスにあっても利潤率の平均そのものを理由として成立したものではなかったか。その利潤平均を度外視してしまって、如何にして価値法則そのものを説明するか。その説明はどこにも求められないのである。

また利潤の平均は自由競争と表裏をなすものである。然らば利潤率の平均さえなければ価値法則は行われるというマルクスは、自由競争さえなければ価値法則は行われるというのであるか。もとよりマルクスは躊躇なきを得ないであろう。

然らば交換を支配するものとしての価値法則は、一体何時何処で行われるというのであるか。マルクスの資本論その他多くの章節に自由競争が、或いは価値法則の条件なるが如く説かれたり、或いは価値法則に対する妨害なるが如くに説かれたりする曖昧は、右の離隔にその端を発したものと、私は考える。

マルクスの価値理論はリカードー説の一つの展開であるが、リカードー——ミルのラインに従う限り正しく、これを離れた限りにおいて失敗したと、私がくり返し説いた所以はここにある。

私はロードベルトスに対してもほぼ同様に考えた。しかし私のロードベルトスに対する批判の二論文（大正九年）は何の反響も呼ばなかった。ところが、その批判の続きとして、今度はマルクスを対象とした論文を改造に寄稿すると（大正十一年）、多くのマルクシストから反対批判を受け、従って私もそれに答えることになった。私が直接論争した相手は山川均、河上肇、櫛田民蔵の三君であったが、それ以外にも多くの人がこの論争問題について発言した。私は大正十一年から昭和三年まで六回弁論をくり返した。（この論争の記録は拙著『価値論と社会主義』新版昭和二十三年に収められてある）。途中で、われながら無益のことに時を費しているように感じつつ筆を執ったこともあったが、今となって見ると、必ずしもそうでない。私は後に自著『経済原論』の中にかなり系統的に詳しく価値論上における効用説と費用説、——殊に労働価値説——の批判を試みたが、それをなし得たのは、その論争の間に自分の考えをハッキリ纏め確めたからであった。私の成長はやはりそれによって助けられたというべきである。

価値法則と賃銀

ついでながらいうと、マルクスの価値法則は労働者の賃銀率を定めることが出来ない。そもそもマルクスによれば、生産せられた価値総額から賃銀総額を差引いた残りが余剰価値総額を定めるはずであるから、もし価値法則が賃銀率を定め得なければ、それは余剰価値も定め得ないということになる。成る程マルクスは労働者生活費によって定まる労働力の価値ということをいってはいる。しかし、マルクスの場合には、リカードーやラッサールにおける如く、この労働力の価値が労働者の賃銀を定める作用は働かないのである。リカードーやラッサールの場合には、賃銀が労働者の生活費の上下に離れることは、直ちに人口の増加または減少という反動を促し、延いて再び賃銀を生活費まで引下げまたは引上げるというのであった。マルクスには、この説明がないばかりでなく、明らかにこの所謂賃銀鉄則を否認している。而してそれに代って、賃銀が常に生活費まで引下げ、もしくは引上げられるべきことを説明するものは何も与えられていない。マルクスの場合、労働者の賃銀はただ労働力の供給と、これに対する需要とによって定まるとより以上のことはいえないのである。

然らば、労働力の供給を定めるものは何か。それはマルクスにあっても結局人口である。少なくも主として人口である。労働に対する需要を定めるものは何か。可変資本、即ち賃銀として支出せらるる資本額である。云い換えれば賃銀資本額または賃銀基金額である。

しかし労働者の賃銀が賃銀基金額と人口とによって定まるとするのは、所謂賃銀基金説ではなかったか。而して労働組合の賃銀引上げの努力の無効であることを説くものとして、およそ賃銀基金説ほど労働運動者の嫌悪の的となっているものはない。しかもマルクスが賃銀決定の要因について説くところは、結局賃銀基金説の流れを汲むより以外のものではない。賃銀決定の考察についてマルクスは結局アダム・スミス、リカードーの系統を嗣ぐに外ならぬものであることを、数学式の形で現して比較した学者がある（フランツ・オッペンハイマー）。それは賃銀率（L）は、一方は人口（p）、他方は賃銀に充てらるべき資本額と、この二の量の関係で定まるとすることは、三人に共通であるが、その賃銀に充てらるる資本額というのが、スミスの場合には資本全額（k）、リカードーの場合にはそれから固定資本（f）を差引いた残り、即ち流動資本（z）、マルクスの場合には更に流動資本から原料（r）を差し引いた残り、即ち可変資本（v）であるとすること左の通りである。

アダム・スミス　$L=\frac{k}{p}$

リカードー　$L=\frac{k-f}{p}=\frac{z}{p}$

マルクス　$L=\frac{k-f-r}{p}=\frac{v}{p}$

これは今日まで割合に看過されて来たかも知れないが、しかし充分考察を要する点であると思う。

マルクス地代論批判

マルクスの価値法則と不可分の関係にあるものは、彼れの地代理論である。私は右の価値論論争の中には問題に論及する遑（いとま）がなかったが、同じ頃（大正十三年）三田学会雑誌に「較差地代と絶対地代」と題した長い論文を書いた。問題はこうである。

マルクスは一面においてリカードーの地代論を認め、他面においてその不完全を指摘した。広く知られている通り、リカードーは土地の地味の違いが地代を定めるということを説いた。即ち優良地と劣等地とがともに耕されているとすれば、両者の地味の違い、即ち収穫高の違いだけが優良地の地代を成すというのである。その場合、彼れは現在耕さるる最劣等地、即ち謂わゆる耕作の限界にある土地は地代を生じないとした。

地味の差が地代の差を成すことはマルクスも認めた。ただ彼れはそれ以上に、いやしくも耕さるる土地は凡べて、最劣等地といえども地代を生ずると主張した。即ちリカードーの較差地代論に対する絶対地代論である。この絶対地代論において、マルクスとロードベルトスとの近似は著しい。両者はともにその根拠を、一定額の資本は工業よりも農業上においてより多量の労働を動かすという認定、即ちマルクスの術語でいう資本の有機的組成が、農業では工業よりも低いという認定に求めた。即ちもしも農工業において造り出される価値は生産に投ぜらるる労働量によって定まるものとすれば、農業に投ぜられた資本は必ず工業に投ぜられた同額の資本よりも更に多くの収益をもって酬いられる。この両者の差が土地の絶対地代を成すというのである。

ここまでのところ、マルクスの議論はロードベルトスのそれとその軌を一にする。そうしてロードベルトスの理論の方が先きに発表されている。（殊に詳しく一八五一年の第三社会的書簡において）。然からば果たしてマルクスはロードベルトスに借用するところがあったものか否か。マルクスの資本論及びその余剰価値学説論を見れば、彼れがロードベルトスをよく読んでいたことは明らかであるが、果たして彼れに対して負債があったものとすべきであるか否かは、当時私にはハッキリ考証できなかった。ただ両者の間に著しい類似があることを認めるのみである。

この絶対地代論に対してはすぐ批評が起る。それほど土地に投ぜられた資本に対しては収益率が高いなら、なぜその差等がなくなるまで資本が工業から農業へ流入しないかというのがそれである。ロードベルトスのこの批判に対する防備は薄弱であった。マルクスにはともかくも備えがある。それは地主の土地独占が資本の流入を妨げるというのである。別の言葉でいえば、独占が利潤率の平均を妨げるというのである。

それは一応それとして認めて好い。しかし独占の存在のために破格の利潤が成立するということは、独り農業に限らず、いやしくも生産物に対する需要があって、そうして有効な独占が競争を遮断し得るならば、それは何処にも起り得ることである。マルクスがロードベルトスとともに力説した、農業資本の有機的組成が工業におけるよりも低いということは、それに対して特に何の関係も持たないのである。前に述べた、利潤率の平均は諸商品の価値通りの交換を妨げるが、さりとて利潤率の平均がないということ、即ち自由競争が行われぬということは、価値通りの交換に対して何の保障となるものでもないという私の考察は、ここでも再び憶い出されて好いのである。

その後高田保馬君と数人のマルクシストとの間に地代論争が行われた。それはマルクス理論がリカードーの較差地代説を認める部分について、それが果たしてマルクスの価値学説、余剰価値学説と相牴触することがないか否かの点を争うものであった。私の見るところでは、マルクシスト相互の間のマルクス解釈が区々に出で、時に同一陣営内で乱闘の光景を演出した事実は、その地位の薄弱を示したものと思う。私の右の論文の主題もこの論争と関係のあるものではあったが、多分地味な慶應内の機関誌に発表されたこともよるか、問題にはならなかった。後にそれを『リカアドオ研究』という論文集にも収録したが、あまり人の目には触れなかったであろう。

野呂榮太郎

マルクスの価値論地代論に対する私の批判は、昭和改元の頃すでに結論に達していた。あたかもその頃、慶應義塾で、私の教える学生の中に野呂榮太郎がいた。彼れは後に急進マルクシストの闘将として青年の渇仰を受け、その著書は死後十年の今日もなお読まれている。それは卒業後のことであるが、在学中も、すでに彼れは学生運動者として名を知られ、そのマルクス理論に対する造詣は群を抜いていた。当時吾々教授の目に映じた野呂は、沈着な、病身ながら毅然たる風貌を持つ好青年であったが、彼れにとっては、私の講義中に聴くマルクス批判は不満甚だしきものであったと察せられる。殊に多数の学生が、私の批判に服するかの如くに見えることは心外であったろう。彼れはしばしば講義の途中で、「先生」と呼び、手を挙げて質問の許しを求めた。許すと、立ち上って、私の批判に服し難き理由を述べた。或いは人も知る通り、彼れは一方義足で起居が不自由であったから、立ち上るとき、ゴトゴト床を鳴らしたのを覚えている。私は幾度かこの足音を教室で聞いた。彼れは大正十五年春の卒業生であったから、この質問応答は十四年から十五年へかけて行われたものであった。社会思想史の外、更に私は彼れの級のドイツ語経済書講読を担当してドイツ語を教えた。この両科目のいずれにおいても、野呂の成績は抜群で、私は彼れの答案に全級の最高点を与えたことを覚えている。

卒業の後も吾々は私交を続け、彼れは久しく毎月第一木曜日の晩に品川の私の宅で催した集まりにも来たことがある。もうその頃の彼れは尾行の刑事を私の家の前で待たせる身分となっていた。無論彼れは激烈な一面を持っていたに違いない。しかし私の見た彼れは、物静かな礼儀正しい人であった。或る日尋ねて来た彼れと最後に会ったのは、何年のことであったかもう覚えていない。その頃すでに肺患は進み、また何時検挙を受けるかも知れぬというので、著述を了るまで安全の隠れ処を得たいといって苦慮していた。その日、彼れは私に依頼の用事があって、わざわざ尾行刑事をまいて来たのであったが、うまく鵠沼の家から脱け出すことが出来たのは、その日たしか葉山から天皇陛下が御帰京になるというので、警戒のため刑事等が臨時に召集されたその隙をねらったものであったという。私が特に記憶しているのは、この次第を物語る彼れが、皇室に対して、今日は陛下がお帰りになりますので、云々と、極めて鄭重な言葉遣いをしたことである。これは聴き手の私がそれを求めると思ってのことであったか、或いは彼れ自身平生から軽躁な言語を好まなかったのであるか、いずれにしても、この人物は粗悪な言葉遣いだけで強がる革命家のタイプではないと、その時思ったことを覚えている。

考えて見れば、野呂と教室でマルクシズム問答をした日は、既に四半世紀の昔となった。彼れが生きていれば、吾々の間の思想上の距離はいよいよ相距たるものとなっていたであろう。或いは私交も続けられぬほどになっていたかも知れぬ。しかし、彼れの生前、私はひそかにこの後輩の才幹の非凡を重んじ、その一身を気遣った以外、彼れと些かの不快の記憶もない交際に終始したことを幸いと思う。マルクスを批判しながら私は幾人かマルクシストの友達を持っているが、野呂はその中の最も顕著な一人であった。

「マルクシズムと国家」

一まず価値理論地代理論の結末をつけた大正の終りに、私はやはりマルクシズム研究の一部として「マルクシズムと国家」という論文を書き、これを岩波の雑誌『思想』に寄稿した。これも相当の長篇であった。

これより先き、ロシャで一九一七年十一月にボルシェヴィキ革命があり、しばらく戦時共産主義の続けられた後に、一時の退却である新経済政策への方向転換が行われた。これが一九二一年、日本の暦で大正十年のことである。

その頃ドイツでマウトナーの『ボルシェヴィズム』という本が出た（W. Mautner, *Bolschewismus*, 1920.）。これはドイツ人らしくよく勉強して書いたというだけのもので、別段犀利な洞察を示したとは感じなかった。これより先き、レーニンが『国家と革命』で、マルクス、エンゲルス文献を縦横に引用して国家及び革命に関するマルクシズムの真義を宣明すると唱え、カウツキーがドイツ社会民主主義を代表する立場からこれを弁駁して激烈な論争が行われて以来、従来閑却せられていたマルクスの国家観革命論に関する論議が頓に盛んとなった。然るにマルクスもエンゲルスもこの主題について、経済学における資本論の如く、纏まった一巻の系統的著述を遺していないから（不充分なるエンゲルスの「家族の起原」を別とすれば）、従って研究者はこの両人により長い年月に亘り様々の機会に書かれた文書を渉猟しなければならぬ。マウトナーの書は、この渉猟の手引きとして甚だ恰好で調法なものであった。福田博士はこれを利用して『ボルシエヴヰズム研究』を著し、その他にやや後れてその翻訳も出で、私自身も大いにこれによって便利を得た。かくして私の興味はマルクスの純経済理論から国家、社会、階級等、社会学の領域に属する諸問題の考究に向うことになった。「マルクシズムと国家」はその産物の一であった。

次ぎにその事について記したいと思う。

二

『国家と革命』

前に私は、ロシヤ革命の現実と、レーニンの小冊子『国家と革命』（一九一八年）が捲き起こした論争に刺戟されて、ようやく国家、革命、社会階級等の問題に注意を集中したと書いた。何分今からほとんど三十年前のことであるから、今の気持ちで当時を回想し、今の気持ちで昔を語るという嫌いを免れないが、出来るだけ当時の文書に拠り、間違いないように話したいと思う。

レーニンその人は甘美もしくは迂遠な理想家型とは反対の、最も現実的な革命家であり、『国家と革命』は痛切なる現実的必要（彼れの立場から見て）のために書かれたものであったが、同時にそれはマルクス、エンゲルスに関する博大なる文献的学識をもって書かれた、或る意味で極めてアカデミックな体裁の著作であった。『国家と革命』はレーニン自身の国家及び革命観を述べたものであるが、彼れは自家の見解としてこれを唱えず、この問題に関するマルクス、エンゲルスの真精神を宣明するものとしてこれを著した。（また多分その通り信じたと思われる。）従ってこの書は毎頁のようにマルクス、エンゲルスからの引用文を掲げ、しかもその引用が尋常のマルクシズム学生にとっては未聞のもの、もしくは不注意に看過ごしたままのものが多く、ただその点だけからいっても極めて重視すべき著作であった。

　レーニンは当時通用の二つの見解に反対した。マルクシズムは無政府主義とは違う、無政府主義は国家を否定し、マルクシズムは国家を肯定するという解釈がその一つ。今一つはプロレタリヤによる国家権力の掌握、即ちブルジョワ国家をプロレタリヤ国家に変えることは、平和合法的なるデモクラシーの方法によって可能であるとする見解である。レーニンはこの二つのいずれにも反対した。マルクシストもまた国家なく強制権力なき自由社会をその最終目標とするものであり、この点、無政府主義者の期するところとは正しく同じであると明言するとともに、プロレタリヤが国家権力を掌握するため暴力革命は絶対的に必要であることを強調した。そうして、それを、前述の通り、自家の見解としてでなく、マルクス、エンゲルスの唯一つの正しき解釈として強調した。

　今日、共産主義者は果たして暴力革命を企図するものであるか否かについて、世間の疑惧と党側の弁解とが頻りに交換されたから、この点を少し詳しく説くことは無用であるまい。今日、各国の共産主義者がもはやレーニンの『国家と革命』を重んじないかどうかは別問題である。事レーニン自身に関する限りにおいては、彼は暴力革命の必要を寸毫の疑義を容（ゆる）さぬ明確なる言語をもって強調し力説した。

　国家の否定に関聯して、エンゲルスの『反デューリング論』の一節に、生産手段の国有化が行われた後において、国家権力の社会的関係に対する干渉は漸次不要となり、「次いで眠りに落ちる」。物の管理と生産過程の指揮とが人間に対する統治に代り、「国家は撤廃せられずして死亡する」云々という文言がある。この文言は国家が平和緩慢の過程で消滅することを説いたものと解せられ、一見暴力革命必要論と反対の印象を与えぬとも限らない。レーニンは極力それを戒める。「死亡」するというのは、ブルジョワ国家ではなくて、それに取って代って、生産手段を国有に移し、階級別撤廃のことを行うプロレタリヤ国家に外ならぬ。ブルジョワ国家そのものは、何処までも暴力革命によっての外撤廃せられ得ない。それがマルクス、エンゲルスの真意であるということが、彼れの反復して力説するところである。レーニンはそれを五個条に分けて説く。念のためそれを紹介しよう。

第一、エンゲルスはプロレタリヤは国家権力の掌握によって階級別を廃止し、「また国家を国家として廃止する」といったが、これは一八七一年のパリ・コムミュンの経験を約言したもので、彼れはここではプロレタリヤ革命によるブルジョワジー国家の「廃止」を意味したのである。これに反し、死亡という語は、社会主義革命後におけるプロレタリヤ国家の残骸に関するものである。この革命後において、プロレタリヤ国家もしくは半国家は死亡すると謂うのである。

第二、エンゲルスによれば、国家は「一個特殊の抑圧権力」である。従ってプロレタリヤを抑圧するためのブルジョワジーの特殊権力は、プロレタリヤの「特殊抑圧権力」をもって代えられねばならぬ(無産者独裁)。それが即ち国家としての国家の廃止である。而してこのブルジョワジーの抑圧権力とプロレタリヤ抑圧権力との交代は、断じて「死亡」という方法をもっては行われ得ない。

第三、エンゲルスの所謂国家の死亡または入眠は、「社会の名においてする(国家の)生産手段掌握」以後、即ち社会主義革命の時期に関するものである。而してこの時期における「国家」の形態は最も完全なるデモクラシーである。ブルジョワ国家はただ暴力革命のみがひとり能くこれを廃止する。国家自体、即ち最も完全なるデモクラシーは能く死亡し得るのみである。

第四、エンゲルスの国家の死亡という語は、ただに無政府主義者に反対するばかりでなく、また「自由なる民衆国家」という成語の流布者にも反対するものである。エンゲルスはこの成語を煽動上の理由からしばらく寛仮したに過ぎず、学問的には不完全なるものとしてこれを排斥した。いやしくも国家なるものは、いずれも抑圧権力であるから不自由なるものである。

第五、エンゲルスはマルクスとともに、常にブルジョワ国家に関しては暴力革命の不可避を説き、ドイツ社会民主党員に向って一八七八年から一八九四年に至るまで、執拗に暴力革命の讃美歌を歌って聞かせた。而してそれは決して論争上の興奮の結果でもなく、大言壮語でもなく、実に民衆を暴力革命に関する見解に教育するというその必要に出でたのである。

以上の説を綜括してレーニンは、「プロレタリヤ国家をもってブルジョワ国家に代えることとは暴力革命なくしてはこれを行うべからず。プロレタリヤ国家の排除、即ち国家そのものの排除は『死亡』の方法においてのみ可能である」といった。

果たしてこれがマルクス、エンゲルスの解釈として正当であるか否か。これは厳密なマルクス文献の引証に基づいて論定しなければならぬ事柄であるが、ただ革命の問題に関するレーニンその人の思想や主張そのものは、一点の疑いもなく明白である。従って今日、もしも各国共産党がマルクス・レーニン主義を奉ずるものであるというならば、それは当然レーニンの最も主要なる著作に属する『国家と革命』中に唱えられたところを忠実に奉ずるものと解さなければならぬ。もしそうでないというのであるなら、そうでない事実とその理由とを、充分詳細入念に、誰れにも分るように言明し、説明する必要がある。

レーニン解釈の当否

そこでマルクス解釈論としての当否如何ということであるが、まず終局における国家の消滅ということについては、レーニンの解釈は疑いもなく正しい。マルクス、エンゲルスが、プロレタリヤ国家によって生産手段の国有化が行われ、階級別の撤廃せられた暁において、国家は「死亡」という過程で自ら消滅すべきものであると考え、且つそう説いたことは、彼等の思想の由来からも見ても、またその文言に徴しても充分に明白で、争う余地はなかったはずである。

この点においてカウツキー以下ドイツ社会民主党のマルクス主義者が従来とかく言語を曖昧にして、これほど明白な事を明白にしなかったことは、レーニンの指斥を受けても致し方ないところであった。この点を明らかにして疑義なからしめたのは、マルクス解釈上における一の顕著なレーニンの功績である。またかくレーニンの明確なる解釈が下されたことは、カウツキーその他ドイツ・マルクシストのこの点に関する曖昧を、反対の方向に一掃する効果もあった。即ちカウツキーは国家「死亡」の点については、顕然マルクスに対して批判的となり、この点必ずしもマルクスに服し難きを言明して憚らぬようになった。即ちカウツキーは後にその『唯物史観』と題する大冊中で「かかる状態（国家なき社会）は何時か到来することがあるかも知れぬが、しかし現在認識し得べき実状には、吾々がそこに到達することを指示するものは一もない」といい、国家なき社会について考えることは実用なき「一片の空想に過ぎぬ」と敢えて言うまでになった。

従来マルクス、エンゲルスに対しては、その言々句々を尊重して、ひたすら違うことなきを期するように見えた、そのカウツキーにしてなおこの言があるに至ったのは、相当の発奮を要したことと察せられる。それを促したものは、一は第一次大戦後におけるドイツの現実であるとともに、一にはそれはレーニン以下共産主義者の窮迫に対する反撥であったと見るべきであろう。

そのドイツの現実であるが、一たび解釈論を離れて、ヨーロッパ及びロシヤにおける現実の実状に目を転ずれば、カウツキーの言うところは極めて平明なる常識であって、何人も彼れとともに国家なき社会の到来を「指示するものは一もない」ことを認めない訳には行かぬ。カウツキーがこれを書いたのは、ドイツ国民が第一次大戦によって招いたヴェルサイユ条約の重圧の下に呻吟苦悩しているときであった。ドイツ国民が外国に対して自己の存在と利害を主張しなければならぬとき、マルクスの国家死亡論は、ドイツ国民の耳に極めて空疎な言葉として響いたであろう。実際、当時人々はマルクスの国家論に慊（あきた）らず、一部では頻りにラッサールの復活が云々された。

国家社会主義者のラッサールはマルクスと同じくヘーゲル哲学に出発しながら、マルクスとは違って終始ヘーゲル主義者として留まり、マルクスが自由の実現を国家死亡のその暁に期待したに反し、自由は国家の完成を待って始めて全きを得るとした。

このラッサールに帰れと呼ぶ一部の者の声は、間もなくナチの勃興に圧倒されて全く聞こえなくなってしまったが、私見によれば、これはラッサールその人がユダヤ人であり、ナチのユダヤ人迫害がこれに及んだ結果であって、思想そのものとしては、国家及び国民を強調するラッサールの国家社会主義と、ナチの国民社会主義との間に多くの共通と認むべきものはあったと考えられる。これはドイツのマルクス主義者をマルクスの国家死亡論に対して批判的ならしめたと考えられる事情の一端であるが、然らばロシヤではどうか。

ロシヤは革命後三十年、ともかくも一の階級としてのブルジョワジーは消滅し、マルクシストのいう意味での、階級別は、一応撤廃されたことになっている。然らばこの階級なきロシヤにおいて、ロシヤ国家というもの、その国家の権力抑圧というものは、果たして死亡の兆候を示しているといえるか。何人も今日ロシヤ国家の自然消滅の日が、昨日よりも今日、より近づいていると実証的に言い得るものはない。第一に、最早ソヴィエト・ロシヤの当局者自身が、国家死亡の理論を問題にしていないのである。それは資本主義諸国家の攻撃に対して自ら衛るの必要によるものと説明されているが、ともかくも現在の世界においては、カウツキーが、国家なき社会について想像し得ることは、皆な「……思考の練習としては或いは価値があるかも知れぬが、吾々の行動に目標を与えるためには全然役立たぬ、単に一片の空想に過ぎぬ」と言い切った言葉を承認せざるを得ない。即ちマルクス国家論の解釈としてはレーニンは疑いもなく正しいけれども、現在もしくは実証的に予見し得べき将来の現実世界の記述としては、国家死亡論は今日最早真剣な考察の対象とされなくなっていることが当然である。

国家死亡論の論拠

少しカウツキーのいう、「思考の練習」に耽る嫌いがあるけれども、そもそもマルクス、エンゲルスが、生産手段の国有に移されて、階級別がなくなった暁には国家は死亡するといったのは、果たしてどれだけのことを意味するのであるかを考えて見る。それは果たしてその暁には一切の強制的拘束がなくなって、各人の恣意行動が全く放任許容されるという意味か、それとも、国家がないということは必ずしも強制が存せぬというのではなく、単に階級的抑圧が除かれるというだけのことに過ぎないのであるか。

マルクス、エンゲルスの様々の文言には、このいずれの解釈をも容れ得る余地があるように見える。レーニンは国家の消滅を前の意味に解しているが、そもそも大規模なる社会主義計画経済の下において、各個人の恣意自由の行動を許すということは、到底考えられぬ。計画経済においては、自由経済におけるよりも遥かに多くの強制が当然必要となるものと見なければならぬ。

然らば、国家「死亡」の後においても、生産過程その他における個人行動の強制は依然として存し、ただ階級的抑圧だけが除かれるものと解すべきであるか。マックス・アドラーの如きはこの解釈を取り、而してこの解釈の根拠もたしかにマルクス、エンゲルスの文言中に求められる。しかし、かかる状態は国家社会主義者例えばラッサールが、第三階級（ブルジョワジー）の支配が第四階級（プロレタリヤ）によって覆えされ、国家がその本来の使命を行う状態として想い描くところと本質的にどれほどに違ったものであるか。ラッサールが国家の完成と見るその同じものを、マルクスが国家の死亡と見るだけの差違に帰着するものではないか。

しかもその同じマルクス、エンゲルスは、無政府主義者に対する場合には、実質上国家たるものを単に名称の上だけ別の名で呼ぶことが無意義であることを指摘した。例えば、エンゲルスは或る人に与えて（一八七二年）バクーニンの無政府主義を批評した手紙の一節に、「究極において決断を下す一の意志なくして、即ち統一的指揮なくして、如何にして工場を経営し、汽車を走らせ、船舶を航行せしめんとするか」と問うた。「また、僅か二人の人間から成る社会であっても、各人がその自主権の一部を放棄することなくして、如何にしてそれが成り立ち得るか。これもバクーニンの不問に附するところである」といって、恣意行動の許容し難いことを説くとともに、バクーニンが主張する「堡塁保民委員（Barrikadentribunen）という無政府組織」が実質上は国家と択ぶところがないものであるという理由を述べて「名は毫も実を改めぬ」と言ったことがある（一八七三年三月、第一インタナショナル総務委員の秘密回状の一節）。この語は直ちに移してマルクス、エンゲルス自身の国家死亡論に対する評語とすることが出来る。

しかしラッサールが国家完成の状態として説くものをマルクスが国家死亡後の状態とすることそれ自体に対しては

特に反対しなければならぬ理由は何もない。定義は自由である。ただかかる状態において軍隊も警察も裁判所も必要であり、治者群と被治者群との対立、もしくは前者に対する後者の服従もまた存続するであろうことは、ソヴィエト・ロシヤの現状に徴しても予め弁えなければならぬ。

私は論文「マルクシズムと国家」では、マルクシズムを一方で国家社会主義と対照し、他方で無政府主義と比較した。この国家社会主義との対照のためには、別に「ラッサールとマルクス」という論文を起草して、同じくヘーゲルに出発しながらヘーゲルに留まったラッサールと、これを離れたマルクスとの国家観上の対立と、この両人の私交上の反感がその実践上の協力を妨げた歴史的事実を叙述した（拙著『社会思想史研究』六八—二八頁）（本書所収）。また前の点における対立を一層詳しく考証し評論するため「労働者綱領と共産党宣言」と題する一篇を書いてラッサール『労働者綱領』の邦訳の解説として附けた。この方は、昭和三年岩波文庫本として出てから、今日まで二十数年引き続き世に行われている。

マルクシズムと無政府主義との比較の方は当時充分なことが出来なかった。それはバクーニン文献というものがよく纏まっておらず、或いは私がよく読んでいなかったためである。この方は終戦後英人カーの好著『ミカエル・バクーニン』（E. H. Carr, *Michael Bakunin*, London, 1937.）を後れ馳せに読んで得るところがあり、「バクーニン雑感」及びバクーニン年譜を作った（『社会思想史研究』二〇四—二三九頁）。バクーニンは社会革命家であるとともにスラヴ民族主義者であった。私は彼れの伝記によってスラヴ民族、或いはスラヴ対ドイツ民族の問題に注意を促され、進んで一八四八年の革命期に始まる、マルクス、エンゲルスの民族問題諸稿と更にその他若干の資料を読んで「階級と民族」を書いて雑誌『世界』に寄せた。しかし、これはずっと後（昭和二十二年）の話である。（今は拙著『共産主義批判の常識』に収められてある。）

暴力革命論

さて再びレーニンの暴力革命絶対必要論に帰る。

レーニンは暴力革命の絶対必要を、マルクス、エンゲルスの正しき解釈として唱えた。この解釈の当否如何。それには明らかに遺漏がある。レーニンの解釈と相反するマルクス、エンゲルスの幾度かの言明を引用することは、少しも困難でない。前にレーニンが、エンゲルスはドイツ社会民主党員に対して執拗に暴力革命の讃美歌を歌って聞かせたといったのを紹介したが、反対に、同じエンゲルスが或る場合高声に平和合法的手段の讃美歌を歌って聞かせたことも事実であり、このことは従来度々の機会に私も書いたことがある。（拙著『共産主義批判の常識』の処々にもそれを紹介した）。これ等の事実を指摘してレーニンの解釈の遺漏を衝くことは、カウツキーその他の社会民主主義者にとって容易の業であったと思われる。解釈上におけるレーニンの優越は、暴力革命論においては、決して国家死亡論におけるが如く争い難きものではなかった。のみならず、反対の確証の提示に逢って答弁難渋と見受けられた場合もたしかにあった。

しかし、更(あらた)めて回顧して、マルクシズムが一八四八年に先だつ革命醗酵期の産物であることを思えば、その本来の精神において、それは暴力革命主義であったと見るのが恐らく正しいであろう。彼れは一の物が発展の極、その反対物に転化することを説いたヘーゲルの学徒であり、師とともに、この転化は、水が零度において氷と変ずるように、突然行われると考えることに強く傾いていたはずである。故にもしマルクシズム本来の精神を云々すれば、そこにレーニンのために有利なことが多く言われ得るであろう。

しかしながらマルクス、エンゲルスの著作の全時期に亙って広く様々の機会の発言を引用して綜合すれば、レーニンの解釈の偏頗は明白であるといわねばならぬ。十九世紀後半における資本主義の発展と民主政治進歩の実情には『共産党宣言』前後においてマルクス、エンゲルスの目に映じたところとは大いに異なるものがあった。彼等はそれを、或いは進んで、或いは多少不本意ながら承認した。そうしてそれは一八九五年におけるエンゲルスが「歴史は吾々及び吾々と同様の考えを抱いたものを皆な敗訴せしめた」云々と明言するに至って極まった。

その文の続きを記せば、それはこういっている。「歴史は大陸における経済的発達の程度が、資本的生産撤廃のためには、当時まだ遙かに未成熟であったことを明らかにした。歴史はこのことを、一八四八年以来全ヨーロッパ大陸に及び、フランス、オーストリヤ、ハンガリー、ポーランド及び、近年はロシヤに始めて真に大工業を帰化せしめ、ドイツを正に第一流の工業国とならしめた経済的革命――しかもそれを凡べて資本主義の基礎の上に、即ち一八四八年当時にはなお大いに拡張の余地のあった基礎の上においてした経済的革命――によって証明した」というのである（マルクス著『フランスにおける階級闘争』緒言）。

かかる歴史的事実の承認は、不可分的にプロレタリヤの闘争条件が一変したことの承認と結び付く。エンゲルスはいう、合法運動を利とするものがプロレタリヤで、違法行為の必要に迫られる方がブルジョワジーとなった。「……ブルジョワジーと政府とは、労働者党の違法行動よりも遥かに合法行動を、叛乱よりも選挙の結果を怖れなければならぬこととなった」と。この外幾つかの文言で、彼れは市中に堡塁を築いて戦う叛乱というものが、もはや革命手段として時勢後れとなったということを、様々の言い方で説いた。

ベルンシュタインの修正主義

これはマルクシズムの成熟であるか。それとも堕落であるか。レーニンはマルクス、エンゲルスに対し常に敬虔であって、『国家と革命』の中で彼等の堕落呼ばわりなどはしていない。けれども、少なくもこれをマルクシズムの成熟とし、これを早期もしくは純正マルクシズムよりも重んぜらるべきものとすることは、肯んじないであろう。これに反し、エンゲルスの晩年の言明に重きを措き、マルクシズムを取るならば宜しくその成熟したものをこそ取るべきだと公言して、後に修正主義の名を得た改良主義的マルクシズムを唱えたのがエドアルト・ベルンシュタインであった。ベルンシュタインの『社会主義の諸前提と社会民主主義の課題』（一八九九年版）を私が始めて読んだのは、何時頃のことであったか、もはや記憶が確かでない。ただレーニンの『国家と革命』によってマルクシズムと暴力革命の問題の考察を促されたに関聯し、マルクシズムをレーニンと正反対の方向に解釈し、もしくは修正せんとするベルンシュタインが強く私の興味を惹いたのは、自然であったと思う。

ベルンシュタインの説くところは常識的であって、一般経済学者にとり、特に新奇と称すべきものは少なかった。

ただ彼れがドイツ社会民主党内において始め最も尊敬されたマルクス学者であって、しかもその人がこの説をなしたというところに意味があったのである。或る機会に彼れは「修正主義者を造るものは信仰（credo）でなくて検討（examino）である」といったことがある。またいう。修正主義の特色は「社会が不断の進化道程上にあると同じく、如何なる社会理論も（その最も非凡なるものといえども）この進化の過程と形態とに関して最終の語を下すものでなく、常にその前行者よりは真理に近づき得るというに過ぎず、また従ってこの進化についての凡べての発見法則は、僅かに条件的真理価値を有するに過ぎず、絶えず再吟味を必要とするとの認識に存する」と。

私の快く思うのは、マルクシストたる彼れのこの批判的吟味の態度である。しかもマルクス主義者がマルクスに批判を加えることは、決して門外漢の思うほど容易の業ではない。現にベルンシュタインはこの批判のためドイツ社会民主党の党議をもって非難せられ、昔の教会の破門にも似た処分まで受けそうになった。或る経済学者が評して、ベルンシュタインの批判は学的に重要であるというよりはむしろ道徳的に勇敢であるといったのは、決して過ぎたるものではない。

私は既に記した通り、多くのマルクシストのマルクスに対する無批判随従に慊らず、学者は如何なる巨大の思想家に対しても常に批判の独立を失うべきでないと主張するものであり、マルクス自身或る機会に、苦笑の語気をもって「予はマルクシストでない」といったと伝えられるその心事を、私は私なりによく諒察し得るように思うものである。ドイツ社会民主党にも夙くマルクス教権は確立されて、異端者を責めた。それは後の各国共産党におけるそれには或いは及ばぬとしても、しかも充分厳刻なものであり、マルクシストでありながらマルクスを批判するベルンシュタインの見解と行動とは、再三党大会の議題にされて批判を受けた。元来ドイツ社会党内におけるマルクシズム理解は、始めすこぶる曖昧なもので、マルクス、エンゲルスを焦慮せしめた事実がある。その正しい理解が確立せられたのはおよそ一八八〇年以来のことで、それは主として外ならぬベルンシュタインその人と、そうしてカウツキーとによるものであった。しかるにベルンシュタインはその言論が政府の忌諱に触れ、やむなく外国、殊に久しくイギリスに滞在している間に、ようやく壮時におけるマルクス、エンゲルスの観察が、十九世紀末ヨーロッパの経済上の現実状態と合わないことに着目するようになった。

第一に彼れの注意を促したのは、破壊的な恐慌が予想の如く襲来しなかったことである。労働者状態についても同様の事があった。当時イギリスの労働組合は、大陸のそれが遙かに及ばない勢力に達するとともに、その賃銀引上げの要求は世論の支持を受けた。無論労働者状態は充分良好とはいい得なかったけれども、しかも破局を必至のものとするような悪い状態に陥る形勢は、決して見ることが出来なかった。そこでベルンシュタインは、近き将来における資本主義崩壊を前提とした運動方策を公然放棄すべきことを、社会民主党に求めたのである。彼れは一八九六年以来、国外から党の機関紙『ノイエ・ツァイト』に寄稿した「社会主義の諸問題」と題する一聯の論文にその新見解を発表して物議を惹き起こしたが、なかんずく、一部の社会主義者を刺戟したのは「崩壊説と植民政策」という一篇の中で、社会主義の終局目的というものは「自分にとって全く何でもない。運動が一切である」と言明したことであった。そこで喧しくなって、一八九八年の党大会でこの問題が議せられることになった。

この時と更にあと一八九九年と一九〇一年と一九〇四年と、前後四度ベルンシュタインの意見は党の大会で議題とされ、多数者はこれを非難した。然るに一九〇五年の第一次ロシヤ革命以来、殊に一層一九一七年の革命以来、党の多数は党左翼または共産主義者に対して相結束する必要を痛感し、修正主義者と中央マルクシストはようやく相接近して、結局ドイツ社会民主党は事実上修正主義に帰することになった。

その続き

それは後のことであるが、ベルンシュタインの意見は前記の一八九八年の大会に提出して人に代読せしめた意見書に要約されている。それにはこうあった。

「共産党宣言が近世社会の発展に下した診断は、この発展の一般的傾向を示した限りにおいては正しかったが、様々の特殊の結論、なかんずくこの発展に要すべき時間の測定において謬っていた。……しかし経済的発展が予定されたよりも遙かに長時間を要するものとすれば、それはまた共産党宣言の予見せず、また予見すること能わざりし形態を取り、形状に導かれなければならなかったことは明白である。」この見地に立てば、社会民主党のまさに取るべき運動方針も自ら明らかである。即ち党の当面の職分に最大の価値を置くべきだという。当面の職分とは即ち労働者の政治的権利のための闘争、自治体における政治活動、組合組織運動であった。そうしてこの立場を詳細に系統的に主張するために書かれたものが前記の書「社会主義の諸前提云々」である。そうして著述の目的は「社会主義理論に残存せる空想的思考法を退治して、もって社会主義運動上における現実主義的並びに理想主義的要素を均しく強める」ことであったと、著者自ら言っている。

元来ドイツ社会民主党が一八九一年以来奉じて来た所謂「エルフルト綱領」には、厳密にいうと矛盾があった。このことは一度書いたこともあるが（『共産主義批判の常識』第三章）、この綱領は理論的には資本主義の崩壊を前提とする革命主義の上に立っていた。然るに実践上の当面課題として掲げられたものは、諸種の民主的政治改革と社会政策的諸方策とであった。しかし、もしもこれ等の当面要求が実現されて、有効に実施されたならば、それはそれだけ資本主義の崩壊を妨げるはずである。社会民主党にしてもしも真実革命機会の到来を待つものであるなら、労働者状態を幾分たりとも改善することに役立つべき当面諸要求は、その本来の目的のため有害でなくてはならぬはずである。然るに社会民主党は、事実上社会改良的諸方策実行のために努力しながら、他方においてその革命主義的伝統またはスローガンを棄てかねるという実状にあった。ベルンシュタインは、党がただ口の上だけでその実践とは相違する革命的空語を絶たないことを陋（ろう）として、党は宜しくその事実あるがままの通り「民主的社会主義的改良党」たることを公言せよと促したのである。それが正統派マルクシストを憤激せしめたこともまたよく諒察することが出来る。

右に社会主義運動上に「理想主義的要素」を強めるという言葉があったが、ベルンシュタインはこの点当時の哲学界におけるカント復興の風潮に影響されるところがあった。一九〇一年に、彼れは二十三年振りで帰国すると、或る学会に招かれて、「科学的社会主義は可能なりや」という題の講演を試みた。この講演は、すでにその題名からしてカント的であるが、その結論として、科学的社会主義なるものは可能でないと、いったことは、社会主義はマルクスによって空想から科学となったというエンゲルスの命題を正面から否定するものであるから、これまた当然マルクシストを刺衝した。党大会がこれを「党員の大部分に不快の念を起こさしめた」ものと決議したのも、マルクス政党としてはやむを得ぬところであったろう。彼れが科学的社会主義は可能でないといった理由はこうである。

およそ社会主義は、これを一個の学説と解しても、或いは一個の運動と解しても、いずれの場合にも一個の理想主義的要素を含み、まさにあるべき或るものを志向する。第一の場合には、社会主義は認識を根拠とし、第二の場合には、半ば物質的利害により、半ば理想的道義的利害によって導かれる。然るに所謂科学的社会主義は、教義としても、闘争運動としても、最も強くこの利害によって影響される。然るに純粋の科学は、本来成心なく傾向なきものでなくてはならぬから、社会主義はたといその手段方法の選択に際しては科学に倚頼(いらい)し、その時々の目的を評価するには科学を標準とし、その根拠を科学に求めることは益々多くなるとしても、そのもの自体は科学たることを得ない、というのであった。

このベルンシュタインの見解は、かの価値判断を与えることは経験科学の任務でないといった、マックス・ウェーバーの価値自由論、また科学的社会主義なる名辞は、認識の領域と意欲の領域との論理上不可能なる結合であって、それはあたかも「円い三角形」「黄金製の蹄鉄」というにも比すべき不合理だといったゾムバルトの見解と、同軌に出でたものと解せられる。特に新奇というべきではないが、充分首肯し得らるるものを含んでいる。

私はベルンシュタインに傾倒はせず、またそれは傾倒するにふさわしい性質の本でもないが、マルクシストを覚醒せしめ、また省慮せしめるためには、充分有用の書であると信じ、講義の中でも座談でも、時々「社会主義の諸前提」のことを引き合いに出した。有名な本でありながらまだ日本語で紹介されていなかったから、私は当時たしかまだ慶應の助手であった金原賢之助君にその翻訳をすすめて見た。金原君がそれに応じ、大正十五年岩波書店から出した『マルクシズム批判』が、原著者公認のその邦訳書である。この書に私の寄せた序文の日附は大正十四年十二月となっているが、金原君が、私の震災直後の仮住居に幾度か訳稿を携え疑義について相談に来たのを覚えているから、翻訳をすすめたのは震災前のことであったはずであり、私が頻りにレーニンとベルンシュタインとを相対照して考えたのもやはりその頃であった訳である。

ついでに記すと、この訳本は折角すすめて出したものの非常に多くは売れなかったらしい。それは一つにはこの書の性質によるかと思われる。別のところで私は鷗外の示唆に従い、書籍を分類して人を養うものと人を酔わせるものとし、『共産党宣言』や『資本論』には豊富な滋養とともに相当の酒精分も含まれていると書いたことがある。マルクシズムを取るなら、その成熟したものをこそ取るべきだといったベルンシュタインの著書には、酒精含有量は、あっても少ない。これも多少日本におけるその売行きと関係のある事情ではないかと思う。

フェビヤン社会主義

酒精分ということで自然に思い出されるのは、イギリスのフェビヤン社会主義である。これにも酒精分はほとんど皆無である。前にベルンシュタインが、修正主義者を造るものは信仰でなくて検討だといったことを引いたが、フェビヤンが一時やはり同じようなことを唱えた。彼等は熱よりも光を重んずるといったのである。ベルンシュタインは長くイギリスに滞在して、イギリス資本主義の発展の現実を見た。彼れは自分の思想に決定的影響を与えたものは学説の批評ではなくて「事実に関する認定の訂正」だといっているが、イギリス滞在中彼れがフェビヤン社会主義者と相接触したことは事実であるから、この冷静で散文的事務的なイギリス特有の社会主義から或る印象を受けたとは、間違いなく言い得るであろう。フェビヤン社会主義は決して青年の情熱を煽るようなものを含んでいない。しかし彼等が反社会主義的ドグマを排斥するとともに、社会主義的ドグマをも排斥して慊(あきた)らぬ態度には、或る爽快を感ぜしめるものがあった。

一九一四年の秋、開戦のドイツを退去して再びイギリスに帰った機会に、私はケムブリッジで、故上田貞次郎と同宿して幾日か同じ部屋で起居を共にした。上田は元来ジョン・ステュアート・ミルに養われたものであったが、そのミルとも無関係でないフェビヤニズムにも、一時興味を持った。彼れはこの一派の言説の香気なく色彩なきを評して官吏社会主義などと言ったこともあったが、イギリスの自由主義に対して起った批評としてのその価値は認めていた。私と戦争や社会問題や日本の明日ということについて、毎晩語り合ったその間に、「一つ一緒にフェビヤン・ソサイエチーに入ろうか」と彼れが言い出したこともあった。それは実行しなかったが、しかし私は申込んで、会の出版物のもらえる subscriber というものになり、爾来帰朝の後も久しく会報（*The Fabian News*）その他の刊行物の送附を受けることになった。

これは余談であるが、とにかくこの一派が社会主義そのもののドグマに対しても遠慮なく加えた批判の中には、会心のものもあった。大体マルクシズムが資本主義と社会主義とは没落（崩壊）の深谷によって隔てられていると教えたのに対し、シドニー・ウェッブやバーナード・ショーその他のフェビヤン主義者は、社会主義は谷の彼岸のものでなく、吾々の現在踏みつつあるその歩々毎に実現せられつつあるという風に説いた。

一八九六年ロンドンに開かれた国際社会主義労働者及び労働組合大会に提出された「フェビヤン政策の報告」はバーナード・ショーの起草したものだということであるが、その中の文言には処々挑戦的ともいえるものがある。プロレタリヤを一方とし有産階級を他方として、社会主義の問題が一挙にして決せられるようなそんな「センセーショナルな歴史的危機の到来を期待している社会主義者には、フェビヤン協会は何処かほかの協会に入会することを乞う」という如きも、その一例である。「本協会は、その見解の或るものが、今日では誤謬または時世後れとして排棄されねばならぬマルクス及びラッサールに対して、これ等の卓越せる社会主義者等自身がその先人たるサン・シモン及びロバート・オーウェンに対して取ったのと同じ批評的態度を維持するの必要を主張する」といったのは他の例である。そうしてこの「報告」の提出せられたのが、かのベルンシュタインの「社会主義の諸問題」が雑誌に連載せられ始めたその同じ一八九六年であった。

私がベルンシュタインの翻訳を人にすすめたその同じ頃（大正十三年）ショーの“*Perfect Wagnerite*”を話題にして、「リヒヤルト・ワグナーと社会主義」という妙なものを書いて『改造』に寄稿したのも、やはり暴力革命主義批判の続きをなすものである。

このワグナーは「タンホイザー」や「パルシファル」や殊に「ニーベルンゲンの指環」の作者である音楽家のワグナーである。ワグナーが一八四九年にバクーニン等とともにドレスデンの暴動に参加したことは知られているが、

「ニーベルンゲンの指環」が政治的意図をもって作られたものであるということは、私は全く知らなかった。私は西洋留学中、殊にその帰途、ニューヨークのメトロポリタン・オペラハウスでは、この大四部作を成す後の三つ「ワルキューレ」「ジークフリート」「神々の黄昏」（Götterdämmerung）を続けて観たが、用意のない私には、その政治的寓意は全く感じられなかった。然るにショーに従えば、この楽劇は資本主義の解剖を示したものであるということである。即ち楽劇中ライン河の水精が守護する黄金（ラインゴルト）を盗む矮人のアルベリッヒは資本家または金権者、黄金の指環は現世的権力、最高神ウォータンは宗教、その妻フリッカは法律を意味し、そうして岩窟中に指環を護る大蛇を殺し、火焔の壁を冒して、山頂の岩の上に眠るブルュンヒルデを呼び醒ますジークフリートは、革命英雄を現すものと、ショーは解するのである。

殊にショーの独自の解釈と思われるのは、この大楽劇四部作の最後の一部「神々の黄昏」が、作意の上でも音楽の形式技巧の上でも、前三部と趣きを異にするということ、而してこの不統一は、十九世紀後半における資本主義発展の現実が当初のワグナーの予想と違ったための計画変更によるということこれである。その予想の不的中というのは何か。それは前にも述べた、十九世紀後半における資本主義の発展並びに革命運動の退潮である。かかる現実に面しては、ワグナーは当初の構想であるジークフリート（革命英雄）理想化を変更せざるを得なくなった。これがひとり最後に作られた「神々の黄昏」のみが平凡なる旧式のグランド・オペラとして作り上げられてしまった所以である、とショーはいう。

このショーの解釈が果たして当っているか否か。またワグナー専門研究者がこれに対して何と言っているのか。私は全く不案内である。ただショーがワグナーを解釈しつつ革命的ロマンチシズムを警め、新しい社会を建設するには、現在の有能なる企業者に代るべき有能にして実際的なる生産経営当局者がなければならず、それがためには革命的勢力というものが単に抗議し、説教し、義憤する素人どもの陰謀でなくて、積極的、実行的、実務的勢力とならなければならぬ云々というところには、充分首肯すべきものがあると思う。

また、ショーは、ワグナーもマルクスもともに資本主義時代の終末を予言し、而してそれは当時推測し得る限りにおいては正しい予言であったことを認めている。ただ彼等はそこで停止して、一八四八年以後を空虚のままに遺したので、彼等から何等の指導を受けることが出来ない、という。また、フェビヤンと修正主義者とは、社会民主党は濃霧の中に方角を失したという事実に直面して、徒らに資本論のページの中に託宣を求める代りに、時代の歴史の光りに照らして、進路を発見しようとしているものであるが、マルクシストは異常の熱心をもってこれを抑圧しようと努めつつ右の空虚の中を彷徨している、ともいった。

ショーのこの本はあまり広く読まれていなかったらしいので、私の紹介を珍しがった人もあった。私はショーがそこで、仰山にして空疎なる革命論、偏頗なる善玉悪玉的階級闘争論を戒めたのを快く思って紹介旁々論評したのであるが、同時に、多少好奇の動機もあった。私がこの書を読んだのは、幾年か前に、馬場孤蝶の談話というのをきいて小耳に挟んでいたからである。馬場氏は私が慶應の大学予科生のときの英語の先生である。教室では正規の課業よりも、よく読んだ外国の本の話を吾々に聞かせた。彼れの博覧は当時有名なものであったが、こんなものまで見ていたのである。氏は明治の民権政治家馬場辰猪の実弟で、自ら社会主義者ではなかったが、やはり土佐人らしい、時世に憤る慷慨家肌の文人であった。日本の或る時代の社会主義者は、しばしば馬場氏から西洋の急進的文献について教えられたと聞いていたが、私自身も幾つかの本の名を教えられた。特に記憶に存しているのはクロポトキンの『一革命家の思い出』とこのワグナー論である。尤も馬場氏のは、単にショーの著作に社会主義者の立場からワグナーを解釈したものがあるというだけの話で、特に私のようにそのフェビヤン的見地から革命主義を批判した点に興味を感じた訳ではない。

馬場氏の読書はやや書に淫するという方であった。ひっきりなしに煙草を吸うと同時にひっきりなしに何か読んでいないと気持が悪いという風に見えた。後年私が慶應の塾長のとき、文学部の或る会合に出席して、必要のない本を読む必要について語ったら、馬場氏は後から立って、大いによろしい、とほめてくれた。

次に昭和に入ってからのことを話したい。

三

唯物史観及びヘーゲル勉強

昭和と改元された大正十五年の暮に、私は『近世社会思想史大要』という小さな社会主義史を岩波書店から出した。それより前、私は或る講義録のために二年がかりでやや詳しい社会主義史を書いていたが、慶應での講義用その他のためそれを半分以下に圧縮して、この本としたのであった。学生受験の必要もあったことと思うが戦前の私の著書としてはこの書はかなり広く久しく読まれた。有名人としては左翼作家の故小林多喜二の如きもこの書についてその日記に書いているということを、これは人から伝え聞いた。

二年余り後昭和三年の夏、その増訂第三版を出し、これに始めて全篇の結論として唯物史観批判を附け加えた。社会主義史を公けにする以上は当然唯物史観に対する著者の立場を明らかにしなければならないことは最初から分っていたが、それがかく延引したのは、この問題に対する自分の考えがまだよく纏まらなかったためであった。即ちマルクスの価値、余剰価値理論や、国家観革命論に対しては、前に述べた通り、私は大正年中すでに一応自分だけの結論に到達していたが、最も根本的な歴史観に対しては、批判を加える準備に一番時を要したという次第である。それはまた当然かも知れない。この準備に必要な学問に対し、私の素養は最も不足であった。

まずヘーゲル哲学から出発しなければならない訳であったが、これに対する私の知識は断片的で、理解は極めて不十分であった。それで慶應における先輩教授で、往年予科生のとき論理学、心理学を教えてもらった川合貞一氏によく疑問を質したところ、ヘーゲルをやるならやはりクノー・フィッシャーを手引きにするのが一番好かろうと指示してくれたので、それに従って彼れの『近世哲学史』中のヘーゲルを取り扱った大部の二巻本に取り着いた。御承知の如くこの書は『精神の現象学』『論理学』以降、ヘーゲルの著述の順を逐い、また章節を逐うて詳細綿密なる解説を与えるから、原著を傍に置いて読むと、初学者にはすこぶる便利であるが何分浩瀚で、私には決して楽な読み物ではなかった。しかし、無論これによってヘーゲルに通暁したとは言えないが、およそこんなものだということを知り、記憶することは出来た。かく手引きがクノー・フィッシャーであったからその痕跡は幾らか私に残っているかも知れない。後にマルクシズムに関聯してヘーゲル哲学に言及しその概要を記述する場合など、気になるので、私は括弧して「クノー・フィッシャーに拠る」と一二度断り書きをした記憶がある。

とにかく、このようにして一通りヘーゲルを覗き、それによってマルクスに対する彼れの影響がいかに根本的なものであったか、そうして後年のマルクスが、自分の弁証法はヘーゲルのそれとは違うばかりでなく、正反対のものだと自ら公言するまでに到ったにも拘らず、いかに彼れが終始ヘーゲルの形而上学から脱却しなかったかを、認めることが出来た。

ついでに感じたところを記すと、この通りヘーゲルを読むのは骨が折れたが、ところが、マルクスの伝記を見ると、彼れがヘーゲルに没頭したのはそのベルリン在学時代のことで、二十歳未満で一応これを卒業したように書かれている。更に驚くべきは同時人のラッサールで、これは十六歳のときに最も難解なる『精神の現象学』に手を着け、ヘーゲル哲学全部をわがものにするまで勉強をやめなかったと伝えられている。それがまだ大学入学以前のことである。勿論彼等はともに非凡の才能であり、その上にヘーゲルの言語は自国語だということも考えなければならぬが、それにしても、二十未満の青年の読んで充分理解し得るものを、三十を越えた大学教授が苦労にするというのは異様な話で、数学や物理化学博物学等においては絶えてないことであろう。思想、伝統の上における東西の隔絶ということを、その時痛切に感じたことを覚えている。

要するに私はヘーゲルに馴染めなかった。その哲学体系を、知識としては一通り知ったけれども、その特異の用語を遣わなければ自分の問題が考えられず、また自己の思想が言い現わせぬと感じたことはない。ヘーゲル的用語は孔雀の羽だというのは過言であるが、それを遣う人によっては、不必要に外国語を振り廻している観があったことも事実である。その頃（というのは昭和二、三年のころ）ドイツで、グロックナー（H. Glockner）のヘーゲル全集二十一冊が写真版で複刻された。ところが、人が来ての話では、ドイツ本国で五百部出れば結構と思っていたものが、日本だけで四百部註文があったということである。数字は保証の限りではないが、とにかくこの全集が日本で夥しく売れたことは事実であった。勿論、かかる古典的大全集が広く日本で読まれることはこの上もなく喜ばしい次第であるが、しかしもしこの申込みが、時の流行に後れまいとの心理からなされたものが多かったとすれば、これは喜んでばかりいて好いことではない。現に自分も申込んだ一人として、人のことはいえた義理ではないが、自分がたどたどしく一読した上での感想としては、誰れも彼れもたやすくヘーゲルと弁証法とを口にする世の風潮に対し、些か懐疑的となったことは事実である。

唯物史観批判

唯物史観に対する批判としては誰々に学んだかを回想して見ると、法哲学者スタムラーの大著『経済と法』、チェコ・スロヴァキヤ建国の偉人マサリックの同じく大著『マルクシズムの哲学的及び社会学的基礎』、パウル・バルトの『社会学としての歴史哲学』、クローチェの『史的唯物論』、ツガン・バラノウスキーのマルクシズム批判から、マルクシストでありカント主義者であったフォアレンダー、マックス・アドラーの諸著などがまず憶い出される。また小冊子であまり問題にされなかったが歴史家のエーリッヒ・ブランデンブルグの『唯物史観』も役に立った。

スタムラーは前にも述べた通り、ドイツ大学教授間で最も夙くマルクスの価値を認めた一人であるが、しかし始めからそれが認識批判的に誤謬を含むことを指摘した。彼れの批判は、形式的に過ぎるという感じを与えたが、それを学ぶことは思考の体操をするともいうべき意味で、私には有益であった。彼れはカント式論理をもって、法と経済とを社会の形式及び素材と見た。即ち法なき社会も経済なき社会も考えられないというのである。従って、法が経済を制規するとともに、経済が法を動かす作用は認めたが、しかしマルクシズムのいう如く、公式的に法を、経済を基礎とする上部建築として、両者を先後、因果の関係に置くことは謬りであるとした。

これに対しては成程そう言えるという程度に感じたが、スタムラーが因果と目的ということについて論じたことは、当然一層首肯(うなず)かれた。即ちおよそ人間の行為という行為は、それが既に遂げられた後においては、因果的に認識さるべきものであるが、それが、これから遂げらるべき場合には、これを因果的に不可避の自然過程と見るべきではなくて、一の目的設定と解さねばならぬ。既に目的設定ということがあれば、それは自然的必然が認められないことを意味するもので、ここにこの努力もしくはかの努力は果たして正しきや否や、の問題が起るというのである。スタムラーは、マルクス主義者が社会進化の自然的必然過程ということを言いつつ、しかもこの過程を促進助成し、もしくは苦痛を緩和する等のことをなし得べきものの如くに説く矛盾を指摘し、一の政党が確定せる自然的必然事を促進せんと決議することを、譬えば地球とともに太陽の周囲を廻転することを決意するの無意義なるに比した。これは唯物史観なるものに接して斉しく誰れもがまず抱く疑問に対して答えるものである。

かく唯物史観に関する重なる権威者の著書を一通り読みつつ私は考えた。自分は唯物史観の何処を承認するか、また何処に納得することが出来ないか。

まず唯物史観について吾々の直ちに同意し得る点をいえば、歴史は勝手気ままに造られず、必ず歴史的に与えられた現実から出発して造られるということ、これである。実例についていえば、例えば、農民が全人口の大部分を占める国においては、全国の土地が比較的少数の大地主の手に集中しているイギリスの如き国におけるよりも、土地の社会化は遙かに困難であろうという如きことは、普通に誰れもが言い、そうして吾々の異存なく承認し得るところである。また、人々を独立の小生産者たらしめることを考えたプルドン主義が比較的フランスで勢力を得たのは、フランスが小農工業の国であるからだという如き説明も、人は容易く受け容れる。

しかも土地社会主義という一のイデオロギーの遂行の難易が、土地耕作の現状によって左右せられ、またプルドン主義という一のイデオロギーが、フランスにおける小規模生産の実情から生れたと説明することは、たしかに唯物史観を、少なくも或る程度の唯物史観を、承認するものに外ならぬ。この意味と、この程度における唯物史観は、今日吾々の常識だというべきであろう。故にマルクスの謂うところが、或る機会における彼れ自身の言葉にある通り、「人間は自分の歴史を造るが、しかしそれを自由なる材料から造らず、自ら選択した事情の下に造らず、直接目前に与えられたる伝来の事情の下にこれを造る」というに止まるなら、恐らく何人にも異存はあるまい。無論私においても異存はない。

共産主義必然論

ところが厄介なのはマルクスがかくして造られる歴史のコースは既に定まっていて、それ以外のものは不可能であるとすること、即ち共産主義の到来は必然であるとすることである。

この共産主義必然論は絶大の魅力をもって人に迫る。しかしそもそもこの必然というのは、どれほどの意味を有つのであるか。共産主義の実現に至るまでの一々の因果の連鎖は、絶対的に抜き差しならぬものとして、明白に既に決定しているという意味であるか。然らば前のスタムラーの議論にもある通り、何のため社会主義運動というものは行われるのであるか。およそ一の運動というものは、望ましくないものを避けて、望ましいものを取るという選択の余地があって始めて意味をなすのではないか。これは唯物史観というものに接した初学者の必ず発する疑問であるが、初学者でないものにとっても、それは当然の疑問として残らなければならぬ。もしも共産主義の必然云々が、例えば戦時中説かれた、必勝の信念と同様の意味においての必然であるならば、それは運動者に対する激励として有意義であるが、しかしそれは到底厳密な意味を持つものでないこと言うまでもない。

そもそも唯物史観は、歴史的事物の発生変化を生産力の発展という原因によって説明しようとする。しかしそれはこの発生や変化の是非、当不当を言うことは出来ない。ところが因果的に説明されるというだけでそれは正当だということにはならない。スタムラーも言う通り、誤謬も原因があって起るのである。もしも原因があって生じたという説明で、そのものが正当化され得るなら、誤謬もまた正しいという真偽絶滅の結論に到達しなければならぬ。それは共産主義とファシズムについても言えることであって、同じ一つの資本主義社会から、共産主義運動も起り、ファシズム運動も起る。起るにはそれだけの原因があるのであって、それは唯物史観によって説明されるであろう。けれども原因の説明がつくということで、いずれも正当だということにはならぬ。少なくもマルクシストにとっては、共産主義は正当で、ファシズムは不当のものでなくてはならぬ。もしも「理解することは恕することである」として、両者を同等に評価するならば、それはマルクシストとしては主義の放棄とならなければならぬ。どうしてもそこに一方を是、他方を非とする基準がなくてはならず、そうしてその基準は当然マルクスの排拒する倫理的のものでなくてはならぬ。

マルクシストにはまたこういう考え方もあるように見える。資本主義から共産主義へ向うのは当然の歴史の順序であるが、ファシズムは歴史に逆行するというのである。けれどもこれに対しては問わなければならぬ。その歴史の順序というものは、一体誰れが定めて、誰れに告知されたのか。勿論人々には、それぞれ明日以後の歴史の望ましい経過についての意見がある。また与えられたる現実に徴して、可能もしくは蓋然的と予測する歴史的経過がある。而して人は全然見込みのないことを望まないから、この望ましい経過に対する意見と予測とはしばしば一つに結び付いて現れる。けれども、それは当然必然的な歴史的順序という如き形而上学的の意味を持つものではない。望ましい経過、または可能もしくは蓋然的と予測される経過は、いずれも倫理的もしくは社会学的経済学的に基礎付けられるものに外ならないのである。ここで感ぜらるるのは、マルクスに対する深いヘーゲルの影響ということである。

ヘーゲルにとっては世界史というものは合理的なる世界計画の遂行過程であったから、彼れはそこに、世界精神という形における神の啓示を見たのである。「神は世界を統治する。統治の内容、その計画の遂行が世界史である。」という言葉はそれを現している。マルクスは始めヘーゲルに出発して後にこれを離れ、かの世界精神の如きものは全くこれを排棄してしまったはずであるが、しかもなお彼れの思想の底には、その深い影響が残り、極言すれば、世界精神の代りに物質的生産力なるものを取り入れて据えたものが即ち唯物史観だという感じを抱かせる節が見える。

そうしてまた世界史の或る段階に到達すると、それが謂わば歴史の終局で、それから先きは過去幾千、万年来人類の歴史が続けてきた、現存事物（肯定）に対する否定が起り、その否定がまた否定されるという、弁証法的発展なるものが永遠にやむかの如くに思わせるところも、同じくヘーゲル的であるといえる。しかもマルクスはその段階の到達を、現在の有産階級が解消されるときという、ごく近い将来に期待した。

またヘーゲルにあっては世界計画の実現過程が世界史だというのであるから、歴史上の発展は常に進歩（Fortschritt）であり、後のものは常に前のものよりも高いとされることが至当である。マルクスもまた常に封建社会、資本主義社会、共産主義社会への発展をより高きものへの進歩としている。しかし、もしも歴史が、彼れのいう如く、物質的生産力の発展という原因に促されて必然的に起るものであり、そうして生産力そのものには当然意志も目的もないとしたら、生産力の増大によって起る変化がみな進歩だということは謂われないはずである。しかもなおマルクス等が、世界史の経過を当然進歩なりとし、例えばプロレタリヤの歴史的使命をも云々するとすれば、それはまず第一には、世界史全体を既定の窮極目的へ向っての進行と見るヘーゲル形而上学の影響に帰すべきであろう。既に世界史の目的といえば、その目的は誰れが定めたかを問わねばならぬ。それはもとより「科学的」社会主義の答え得るところでない。

今回想して書くと、幾分私の現在の考えと当時の記憶とが混合する嫌いもあるけれども、大体昭和の初め数年の間に私の内に熟し、様々の機会に私が発表した思想は、右の如きものであった。前記の社会思想史の結論以外に唯物史観について書いたものとしては、一九三二年（昭和七年）に、遠く一八四五―六年に書かれたマルクス、エンゲルス共著「ドイッチェ・イデオロギー」の全文が、ソヴィエトの文献学者リャザノフによって始めて公刊せられたのを読んだ機会に『改造』に寄稿した「唯物史観と共産主義的帰結」（本書所収）、その翌昭和八年「マルクス死後五十年」の機会に同じく『改造』に発表した同題の論文（本書所収）、それぞれ岩波講座、世界経済講座に担当執筆した「マルクシズム」（本書所収「マルクシズム」および「マルクシズム（講義要綱）」）が重なるものである。この「マルクス死後五十年」は他の諸篇とともに同じ題名の論文集に収められ、単行書として読まれている。私の作物中では世の論評を招いた方で、マルクシストから当然の悪評を受けたが、他方好意ある批評も聞いた。終戦後（昭和二十一年）これを増補して久しぶりで再刊したときは、当時世間にマルクシズム批判の書が少なかったので、著者自らが驚くほど歓迎を受けた。この時の出版者好学社は三田豊岡町にあるが、慶應義塾の近所であって殊に塾生が購入申込に押しかけるので、発売の前後には店の前に縄張りをして立ち入りを制止したと、人が来て話した。著者は誰れも同様だろうが、私もこれを聞いて大ぶ好い気持ちにさせられた。

ソヴィエト・ロシヤに対する私の観測

次ぎは失敗を書かなければならぬ。それはソヴィエト五個年計画に対する観測を誤ったことである。

昭和四年に『マルクシズムとボルシェヴィズム』という題名の論文集を出したら、翌年一月の『改造』で福田博士から批評された。私がソヴィエト聯邦の実状を論ずる部分で、ソヴィエトの刊行物、満鉄刊行の調査並びに研究叢書の如き尊重すべき資料を顧みていないのは何事だというのであった。資料については私にも言い分があった。私は久しくドイツ語で出ていた *Russische Korrespondenz*、コミンタンの機関紙『ディ・コンムニスチッシェ・インテルナチオナーレ』、同じく新聞通信「イン・プレ・コル」（*International Press Correspondence*）を購読し、満鉄の資料は無論目を通していた。しかし、一九二九年（昭和四年）の著書の中で、その前年の一九二八年から発足した五個年計画のことに少しも触れなかったのは何といっても失敗で、一言もない。この点は弁解が出来なかった。またどうしてこんな手落ちをしたかというと、私は五個年計画のことを知らなかったのではない。聞いても始め重きを措かなかったというのが事実である。

言い訳をするのではないが、ソヴィエト・ロシヤにおける戦時共産主義から一九二一年における新経済政策への退却、更にそれ以後の経過を辿って来たものの目には、五個年計画の採用はあまり突然の変化で、直ぐにそのまま受取ることが出来なかったのである。一九二一年の新経済政策採用後も、共産党内に急進的反動が起った事実はあるが、大勢は更に政府の農民に対する禁圧を一層緩くする方に向ったから、新経済政策（NEP）に対し、新新経済政策（NEO NEP）という言葉さえ聞こえて来る次第であった。而してこの政策を進める方向は、トロツキー排撃において堅くスターリンと結んだブハリンによって指示せられたように伝えられていた。然るに、この政策は突然転回し、峻厳なる集団農場化が強行せられて、所在の農民は大量的に土地を逐われ、ブハリンその人も、単に失脚したばかりでなく、死刑に処せられて身を終るという始末とまでなった。

この急転回は局外者の目には唐突であった。ひとり外国の吾々に唐突であったばかりでなく、或いはロシヤ共産党員の多くをも驚かしたであろう。一九三一年に出たもので、米人フーヴァー（C. B. Hoover）なる学者の『ソヴィエト・ロシヤの経済生活』という著述があり、これは実地踏査に基づいて書かれたものであるが、その一節に或る共産党員が信仰吟味を受けた際、昨日はブハリンの言うことは皆な正しいと教えられ、今日はまた、それが皆な謬りだと教えられる、一体吾々はどうしたら好いのか、と叫んだという話が載っていた。多くの共産党平党員にとって、これは偽りなき真情の声であったと思う。もとより観測を誤まった自分の不明は何処までも認めなければならず、敢えて負け惜しみをいうのではないが、しかし新経済政策以来の経過に注目して来たものの中には、当然私と同じ誤測に陥るものがあっても不思議でなかったと思うのである。今もかの時機におけるかの転回は、必然性の多い経済的事実の論理に従うよりはむしろ或る程度それから独立した、政治的個人的理由から行われたと思われるが如何であろう。

マルクシストの事大主義

ここにブハリン失脚のことが出て来たが、ソヴィエト共産党内における勢力者の失脚は革命以来頻々としてくり返されている。驚かれるのは、この失勢失脚に伴う論壇、感情の冷熱の急変である。ブハリンは、その得意時代には、一時労農理論の第一人者と目され、その言説は国の内外でしばしば尊重引用された。然るに、彼れが一たび失脚して以来、ひとりロシヤ本国のみならず、日本の論壇でもほとんどブハリンのブの字を言うものが無くなった。それがひとり失敗に終った彼れの政治的主張ばかりでなく、限界効用学説批評とか、資本蓄積理論とかいう彼れの純理論的業績にまで及ぶのは奇観というの外はない。もとより専制国において「お咎め者」の名を口にすることを憚る心理は充分諒察できるが、その必要のない日本の論壇で同じような遠慮が行われているのは不可解である。もとより人が破廉恥の罪ある人物を嫌うことは当然であるが、政治上の見解を異にしたということに何の忌憚もあるべきでないというのは、西欧デモクラシーの常識であるが、この常識が、ソヴィエト・ロシヤで通用せず、政治上の失敗者がほとんど破廉恥漢の如き取り扱いを受け、人がその過去の業績について語ることをも憚る心理に陥ることは、注意を要するところである。同じような事例は他にも幾つも数えられる。

往年モスコウのマルクス、エンゲルス研究所長であったリャザノフは、強大なるソヴィエト・ロシヤ聯邦の国費をもってマルクス、エンゲルス関係文書及び文献を全世界に索め、前に引いた「ドイッチェ・イデオロギー」の校訂刊行その他幾多の有益なる業績を挙げて、一時マルクス文献学の最高権威として仰がれた、然るにその後、故あって失脚すると、たちまち尊重は冷却し、爾来ほとんど彼れの名を言うものがなくなった。

憶い起せば、昭和の始めの頃、改造社が「マルクス、エンゲルス全集」の翻訳刊行を企てたとき、その編纂を信用し難しとして、岩波外三社が協力して別の全集を計画した。それは好いが、この時両者は交々モスコウに電報を打ってリャザノフの贔屓を求め、それぞれわが方こそはリャザノフの信任厚きものであると、国内に向って広告した。誰れの思い付きかは知らないが、見苦しいことであった。当時私は両者の所業に感心せず、三田文学に「二つのマルクス全集」という題で評論を試み、両者のリャザノフに対する御機嫌伺の態度を、当時の政治家の興津西園寺詣りに比較したことがある。岩波茂雄は私の多年の良友で、未だかつて私の言説を好意をもって迎えなかったことはない。ひとりこの評論だけは——当り前のことだが——不快に思ったらしく、一言もそれに触れなかった。長い友交の年月間に、私の方でも、彼れに不快を与えると知りつつ書いた文章は、この一篇くらいのものであろう。それはさて措き、これほどのリャザノフの名を、この頃マルクス文献に関聯して人が口にすることは極めて稀れになった。これも、失脚者に寄り付くな、というロシヤ的遠慮の現れであろう。

ヴァルガの場合も同様である。ヴァルガの「失脚」の真相は委しくは知らない。しかし一たび党の寵遇を失った学者の説が、学説そのものとしての真価をもって遇せられず、それを唱えるものの今の羽振りの如何によって評価される事実はここでも変らない。ヴァルガの過去の功績についても、人がこれを口にすることは、ロシヤでも日本でも今後極めて稀れになるであろう。かのルイセンコ問題についても同様である。私どもはもとより生物学説としての彼れの学説の当否を論ずる用意はない。ただ不思議に思うのは、ルイセンコ学説が党の寵遇を受けることによって科学理論としての価値が確立されたものとせられ、世人もこれを異しまぬかの如くに見える一事これである。

ここに共産主義者もしくはマルクシスト特有の権威を懼れる事大主義がある。いやしくも独立の気力を尚ぶものがこれに慊らず、またこれを不可解とするのは当然であろう。

官僚軍人層の革新論とマルクシズム

昭和六年に満洲事変が起り、十二年に支那事変となり、この間に一たび論壇を風靡したかの如く見えたマルクシズムは、新しい国家主義民族主義の前に退潮して行った。当時（昭和八年）私が書いたものの一節に「最近においてはマルクス主義者の言説が陳套に流れて生気を失い、また有力なる共産主義者に変説転向する者が続出したりしたため、ややマルクシズム退潮の観を呈しているが、しかもマルクシズムは最も力強き否定の合理主義的理論を含んでいるから、しばらくその真実の学問的価値を別としても、今後もなお充分青年及び被支配階級の心に訴える力を失わぬものであろう」と言ってある。

表面この「退潮」は明らかな事実である。しかし仔細に観れば、マルクシズムはこの時期における軍人官僚のイデオロギーの中に生きていた。

大正年間に一たび実現した政党政治に対する軍人及び官僚の反抗は、昭和に入って民衆殊に農民の窮乏を背景として力を得た。軍人官吏の間から唱えられた改造案は、いずれも反資本主義的のものであり、その反資本主義理論はこれをマルクシズムに取るものが多きを占めた。元来公式論からいえば、軍人官吏は皆なブルジョワジーの手代に過ぎぬというはずであったが、事実はそれほど簡単でない。満洲事変の前後以来、ようやく軍人の間に唱えられた革新論は、多かれ少なかれ社会主義的で、一部軍人の資本家敵視の感情はようやく露骨になって行った。池田成彬氏の談話を記した『故人今人』によれば、昭和六年の頃既に一部のわが陸軍軍人は鋒を資本家に向ける思想を抱いていたことが察せられる。その頃一日池田氏は、人とともに参謀本部のロシヤ班長橋本欣五郎を招いてロシヤの話を聞こうとした。ところが橋本は、ロシヤの話は放って置き、内地攻撃、資本家攻撃ばかりした。人が池田氏を「三井の池田」だとして紹介したが、「橋本は『私等が鉄砲を打つ時には、民衆を相手には打ちませんよ』と言って、ジロッと私の方を見て、君たち資本家を打つぞと言わんばかりの態度でした」ということである。もって軍人の革新動向の一端を知るべきである。

この思想のようやくにして成熟したものがアメリカの評論家あたりの目に映じた軍部社会主義（Military Socialism）

である。この一種の社会主義は、マルクシズムに対する反動よりも、むしろマルクシズムの一種の変形と解せらるべきものを持っていた。現に一部のマルクシストの中には、軍部社会主義の陣営に近づいて、その幕賓になったものもある。これ等軍人の自由主義、資本主義に対する批判は、大概マルクシズムからの借り物であり、素朴にその余剰価値理論を受け容れて、利子利潤は搾取の獲物であると断定し、例えば満洲国について、搾取なき王道楽土の建設というようなことを標榜した。

更に凡べての根本においてマルクシズムに存する歴史形而上学が承認されていたように見える。それは、人類は原始共産主義から財産私有の段階を経て再び共産主義社会に還るべき必然的約束を担うものだという断定である。そうして資本主義は既にその最終段階に達しており、これに次ぐものは必ず社会主義計画経済でなければならぬということも、とかくの実証的吟味を待たず、当然既に確定していることとして断定された。そうしてこれに同調しないものは、現状維持派と烙印せられ、それだけで充分一の攻撃批評となるという世の有様であった。この烙印を恐れるものは、殊に軍人官吏の間に多く、親英米は悪事の異名の如くなり、英米よりはむしろソ聯の方を進歩的とする傾きも往々にして見えた。

されば、満洲事変以後、マルクシズムは一応退潮したと言えるけれども、現状維持派の勢力は日々に縮んで、革新思想は益々伸びた。そうしてマルクシズムはこの革新思想の中に生きていたともいうことが出来る。日本を戦争の断崖まで曳きずった力が果たして何であったかは、歴史家の厳正な裁断に待たねばならぬ。ただその力と不可分に結び着いていたものは、所謂現状維持派に対する革新派であり、この両者のいずれがより多くマルクシズムに親しみを持っていたかといえば、それは明らかに後者であったとだけは言えるであろう。

前に述べたように、この革新思想には或る程度マルクシズムと共通の歴史形而上学があり、資本主義は既にその最終段階に到達し、必然当然これに代るものは計画経済だとの予断があるから、個人の創始力とその責任感を強め、その営利活動を自由にすることとそれ自体の価値、及びそれが社会の進歩を促す利益についての議論に対して、人々は多く聾となり、またそれを説くものも寥々たる有様となった。そもそも明日の社会機構は如何にあるべきか、個人の創始と活動とをいかに全員の利益のために放任また抑制すべきか、国家、自治体の直接の経済活動はいずれの方面において必要または有効であるか、その地方は如何、産業部門は如何等々の問題は、個々の場合につき理論的具体的に検討されなければならぬはずであるが、既に前記の形而上学的もしくは半形而上学的予断の繋縛に陥ったものは、偏えに個人主義、自由主義は歴史に逆行するものであるという包括的断定に満足して、かかる客観的実証的研究には少しも興味を持とうとしなかったように見える。

経済計算と経済的官僚政治の問題

かかる風潮に対して、私はルードウィヒ・フォン・ミーゼスに始まる、「社会主義社会における経済計算」論議を憶い起すことの有意義なるを感じた。昔、森鷗外は滔々たる文壇の流れに柵（しがらみ）をかけるという抱負をもって『しがらみ草紙』を発刊したと聞いているが、経済計算論議は、少なくも滔々たる社会主義必然論の流れに対する柵の用は成すべきものであると思う。ミーゼスの、後に有名になった論文が、一九二〇年の『社会科学社会政策論叢』（*Archiv für Sozialwissenschaft und Sozialpolitik*）に発表されたとき、私はこの雑誌の購読者でありながら読み過ごして、その重要性に心着かず、後に学界の問題となるに至ってから改めて読み直したことを白状しなければならぬ。但し往々経済計算論の創唱者の中に数えられるロシヤ人ブルツクースの小冊子『ロシヤ革命の光りに照して見たマルクシズム教説』の方は、一九二八年（昭和三年）にそのドイツ語版が出るとすぐ読み、特殊の興味を感じてその紹介批評を雑誌（三田学会雑誌）に書いた。経済計算の問題はその頃まだ日本では耳目に慣れていなかった。たしか昭和四年、山本勝市君が始めてこの主題について単行本を書いたとき、世人は経済計算とは何のことかを知らず、簿記の本かと思って買いに来た銀行があったということを、出版者の千倉書房主人が来て話したのを覚えている。

ミーゼスの論の要旨は、そもそも生産手段の私有が廃せられて、市場におけるその売買が行われない社会主義社会においては、生産手段の価格というものが分らないから、生産費の計算のしようがなく、合理的な経済運営は不可能である、というに帰する。これに対しては、もとより賛否両論が起り、殊に社会主義陣営の理論は、ミーゼスの批判に会って著しく進歩した。しかし何分ミーゼスの批判が問題の核心に触れているから、社会主義理論家の或る者は勢い消費及び職業選択の自由を認めぬ、軍隊的規律の社会を構想することをまでしてミーゼスの指摘した困難の解決を図り、反対に、多くのものは、社会主義の中に生産手段の公有と両立する限りの自由競争を取り入れることに、合理的な経済運営の途を見出すことを試みている。所謂自由制社会主義なるものがこれである。

勿論賛否は未だ決せず、遙かに討論終結の手前にあることであるが、私がこの論議を有用とするのは、これによって明日の社会機構如何の問題が、歴史的必然という如き、実証の彼岸から連れ戻されて、吾々がその利弊と長短とを秤量し、吾々自身が決定し得るものとして提出されることになるからである。マルクスが昔『神聖家族』の中に用いた言葉を借れば、明日の社会機構の問題が、世界計画を定める天上の雲霧の中から曳き卸ろされ、科学が討究し得る「地上の粗なる物質的生産」の問題とされるからである。

私は明日の社会が個人人格の尊貴第一を主義とし、個人の創意と責任とを重んずるものであることを願う。しかしながらそれは直ちに無制限なる財産の私有と、同じく無制限なる営利活動の自由とを要求するものと解せらるべきではない。かかる私有と自由とが人格の尊貴そのものと相容れないことが確実である場合、具体的なる必要に応じて、或いはこれを制限し、或いは社会自ら経済活動の当事者となることに、些かの躊躇もあるべきでないことは、充分私の承認するところである。但しその場合、問題はどこまでも形而上学的でなく、具体的実証的に取扱われることを期待する。一の産業を国有国営に移すべきや否やは、何処までもまずそれによって消費者たる公衆の必要がよりよく満たされるか、生産者の待遇水準が高められるかによって決せらるべきもので、抽象的なるイデオロギーによって決せらるべきものではない。この場合特に考慮に置かるべきは、官吏の活動範囲の拡大と民主政治との問題である。

普通に社会主義計画経済というとき、人は抽象的に国家の活動ということを考える。しかしこの国家の活動ということは、現実的には官吏の活動ということである。今経済生活面における国家活動の範囲を拡大し、従って官吏の仕事と数とを増大し、実際上民衆の監督の及び難い、強大なる権力層を造り出すことが、全体から見て人民の利益とすべきであるか否か。私は強くそれを疑う。

殊に私をしてこれを疑うに至らしめたものは、わが国の戦前から戦時戦後に及ぶ十余年間の統制経済の経験であった。この十余年間において日本の官吏の数と権力とは夥しく甚だしく増大し、人民もしくは議会のこれに対する監督の如きは、微弱というよりは皆無となった。人民の怨嗟は、主として官僚政治の不能率、不清廉と一切の産業活動に対する窒息的とも云い得べき煩瑣なる抑圧に対して発せられ、同時に官僚に対する人民の態度も、極度に卑屈不正直となり、賄賂請託、面従腹誹は常のこととなった。もしも経済統制または計画が、超越界から発する至上命令による必要ででもあるなら、この官吏政治の弊害を忍び、或いは大いに努力してその粛正の法を講ずべき理由も成り立つが、もしも問題は単に如何にして自由経済の実際の弊害を除去または緩和すべきかにあるとしたら、その除かるべき弊害と加わるべき弊害との極めて事務的なる比較検討が必要ではないか。もとより私は包括的一律的に産業の公有公営よりも私有私営が優ると考えるものではない。ただ日本の現在においては、なるべく官吏活動の必要、従って、官吏の数を少なくすることが、人民の——独り資本家のみならず人民一般の——利益であると考える。少なくもこれが民衆の蒙る抑圧、枉屈、不便、不公正を軽くする実際的の方法であると思う。

痛切にかく感じているときに、私は友人から借りて、経済学者ハイエクの著『隷属への道』（F. A. v. Hayek, *The Road to Serfdom*, 1944）を読んだ。ハイエクは前記のミーゼスに続いて、社会主義社会における経済計算の不可能を説く一人である。ミーゼスと同じくオーストリヤ・ウィーン学派の後継者であるが、後にイギリスに移って、爾来英語で幾多の著書を公けにしている。彼れは個人の創意と自由競争の価値を強調し、前記の書でファシズム、ナチズムと社会主義共産主義とは決して相反するものでなく、ともに同根の全体主義であること、延いてまた、計画経済とデモクラシーとが相容れ難いものであること等を、章を分って論述した。私はこの書からも刺戟を受けて『朝日評論』昨年二月号に「社会主義批判」の一文を寄せた。一般読者を念頭に置いた通俗的の評論であったが、当時、有名な綜合雑誌にかく社会主義批評の論文が載り始めたこと自身が注目すべき事実だと書いた新聞があった。もって終戦以来わが論壇の空気が察せられると思う。

これと前後して私はなお数篇、共産主義を批判する文を雑誌に寄稿した。主旨はいずれも共産主義が未だ西欧的デモクラシーを知らぬ東欧諸国特殊のマルクシズムであること、それの本髄たる暴力革命及び一党独裁の政治方法が、文明国民にとっては堪え難く、償い難き犠牲を意味し、また文明そのものともいうべき個人の品位と信義の尊重と相容れないことを云うにあった。それは大部分私の小冊子（『共産主義批判の常識』）に収められているから、今日では広く人の目に触れていることと思う。但しそこに述べてあることはいずれも既に戦前度々の機会に私の云って来たところであるから、それについて少しも新奇性を主張することは出来ない。

階級と民族

ただ例外は前にもいった「階級と民族」であって、この一篇だけは私にとって戦後始めての研究所産である。マルクスは『共産党宣言』で、既往一切の歴史は階級闘争の歴史であるといい、これによって史学の発達に一紀元を開いたけれども、しかもなお従来、階級闘争と並行、逆行或いは交錯して、民族の対抗が歴史の主内容を成し、今も成しつつあることは争うべくもない。私はこの主題に関心を抱き、その十九世紀における歴史的経過の跡を辿るとともに、一八四八年の革命期以降におけるマルクス、エンゲルスのこれに対する見解を、彼等の著作に尋ね確かめ、且つ記述することを試みた。

爾来百年にして歴史の経過には人の意表に出ることも多い。マルクス、エンゲルスが常に反感または軽蔑を露わしたスラヴ人が、ロシヤに強大なる共産主義政権を建てたことも、彼等には意外であったろう。同じく彼等が、一国を成すの資格なしとした旧オーストリヤ領内のスラヴ人が、北にチェコ・スロヴァキヤ国を、南にユーゴスラヴィヤ国を建てたことも、更にそのユーゴスラヴィヤが、同じくマルクシズムを奉じながらなお且つソヴィエト・ロシヤに対して正に一敵国をなしつつあることも、皆な意外であろう。このユーゴスラヴィヤとソヴィエトとの対立は、主として前者の民族的自主権の主張のために起るものと解せられる。しかもそれはひとりティトー政権下に限らず、ポーランド以南、東欧及びバルカンの諸国には、いずれの国においてもソヴィエト・ロシヤのヘゲモニーに対するそれぞれの民族主義的反抗の底流は動いており、モスコウはその圧伏に苦心しつつあるように見える。然るに転じてアジヤ諸国を見れば、その諸地域における民族主義運動は西欧資本主義の制覇に対する力強き抵抗の槓杆として却ってソヴィエト・ロシヤの支援を受けつつある。

　民族及び民族主義の問題は複雑であって、第一、民族そのものが果たして何であるかの定義も必ずしも明確ではない。ただ一民族が他民族の抑圧を排して自ら治めんと欲する希願は、極めて切実で根強いものであり、この問題は今日もなお遙かに解決の手前にある。かつてエンゲルスは、西ヨーロッパのプロレタリヤの勝利は一切の民族を解放する（エンゲルスはスラヴ人を解放するといった）といったけれども、問題はそんな簡単なものではあるまい。偶々配本された「鷗外選集1　沙羅の木」を披くと、詩人プラーテンの原作を訳した「子もり歌」の一篇がある。歌意はわが幼な児にポーランド亡国の悲しみを教えたものである。第一節に

　寐（ね）よいたづらに　泣くわこよ
　何故（なにゆゑ）泣くと　知らずして
　寐よいつかわれ　心より
　泣くべき痛（いたみ）を　教へてん

とある。「心より泣くべき痛」は亡国の痛である。

　続いて

　寐よわこよ寐よ　仇（あた）の捷（かち）
　ながかがつらふ　事ならず
　父はけなげに　戦ひて
　死にき汝（な）がため　わがために

　つああある（Tsar）こそ汝を　奴隷にと
　人とならん日　教ふらめ

されどめぐしこ　　汝を生みし
国は自由の　　ぽおらんど

それからニコラウス皇帝(ツアル)を憎み詛(のろ)う言葉が十節ばかり続いたあと

やよめぐしわこ　　しばらくは
恥辱の膝に　　まどろみて
人とならん日　　さめん日は
紹(つ)げかし父の　　こころざし

云々とある。この詩はロシヤ皇帝を怨む詞を連ねているが、一民族の他民族に対する抑圧は、ひとり帝制政府によってのみ行われるものではない。労働者農民の政府もまた敢えて他民族に対する圧制者たることを辞さないのは、目前の事実の示すところである。悲劇の民族であるポーランド人のみならず、「心より泣くべき痛を」堪えつつある民族はこの地上に、他にもなお多く数えられる。

民族間の平和、階級間の平和

世界に民族の闘争がなく、社会に階級の対立がなくなったら人の心は安らかであろう。不幸にしてこの闘争と対立とが地上から一掃されることは、吾々の予見し得る未来には望まれない。望み得ることは、ただそれを能う限り賢こく、人道的に和らげることのみである。

民族的相剋を煽動し激成して戦争に導くことの許し難い悪事であることは、今日誰れも認めつつある。独り異(あや)しむべきは、階級闘争については、これを激烈にして人心に憎悪を植えつけることが、却って進歩的とせられていることである。いうまでもなく、それは闘争の後に平和の、憎みの後に愛の来るべきことを説いたマルクシズムの教義に発する。即ちマルクスは階級闘争によって階級別を除き、その除かれた後に平和と愛の共同社会の実現さるべきことを期待したのである。

この理論は一応筋が通っている。しかしこの公式を現実に適用して、果たして如何なる結果がもたらされるか。それは闘争によって闘争を呼び、憎悪によって憎悪を招くという結果——少なくも今後幾つかの世代が生れてそうして死ぬ間は、そういう結果——に終始することがないと言えるか。よし仮りに幾世代の後に、階級なく抑圧なく、一人の自由が万人の自由の条件となるという如き状態が実現されるとしても、その日の来るまで、相互の理解と寛容との代りに、強いて敵味方を分けて、人に対する怨悪と憎嫉とを煽り、終生呪詛の歌を歌いつづけてこれを子孫に継がしめる一生というものが、果して人間の一生というに値するものであるか。第一次大戦のとき、頻りに戦争を無くするための戦争ということが唱えられた。しかし戦争によって戦争をなくすることが遂に空望に過ぎないことは、今ようやく認められんとしつつある。階級闘争を煽り立てることによって階級的対立を一掃しようという思想にも、これと似たところがあるとは言えないであろうか。

悠久なる歴史の未来において、何時か民族なく、階級なき状態が人類を待ち受けているとしても、吾々が寛容と相互理解とによるよりも、憎悪と闘争とによってより速かにそこに到達し得るという保証は一もないのである。よし仮りに少しばかりその時期が早められるとしても、人類の歴史を大観すれば、それは言うにも足らぬ遅速であろう。それがために快よき相互理解と寛容とを捨てて憎悪と闘争の修羅道に身を投じなければならぬとする教説に対し、吾々は民人の幸福のために、峻厳なる検討を加え、且つこれを拒否する権利があることを忘れてはならぬ。人類はもっと賢こい、人道的なる方法をもってその進歩を遂ぐべきである。幾年か書を読み、幾たびか世変に遭い、私の堅く信ずるところはこれである。

(『私とマルクシズム』所収)

小泉信三（こいずみ・しんぞう）

1888年生、1966年歿。経済学者。東京生まれ。父は金融界の要職を歴任し当時慶應義塾塾長だった小泉信吉。1910年慶應義塾大学部政治科卒業後、慶應義塾教員となる。1912年からヨーロッパ諸国留学。1916年に帰国し、同大学教授となる。主な研究領域はリカードを中心とする古典派経済学。1933年慶應義塾塾長となる（1947年まで）。1934年リカード研究の論文で経済学博士号取得。1943年学士院会員となる。1949年以降東宮御教育常時参与となる。1959年文化勲章受章。

主な著訳書、『社会問題研究』（1920年、岩波書店）、『価値論と社会主義』（1923年、改造社）、『近世社会思想史大要』（1926年、岩波書店）、リカード著『経済学及課税之原理』（1928年、岩波書店）、ラッサール著『労働者綱領』（1928年、岩波書店）、『経済原論』（1931年、日本評論社）、『マルクス死後五十年』（1933年、改造社）、『アダム・スミス、マルサス、リカアドオ』（1934年、岩波書店）、『社会思想史研究』（1947年、和木書店）、『共産主義批判の常識』（1949年、新潮社）、『私とマルクシズム』（1950年、文藝春秋新社）、『共産主義と人間尊重』（1951年、文藝春秋新社）など。

批判的マルクス入門

刊　行　2019年7月
著　者　小泉 信三
刊行者　清 藤　洋
刊行所　書 肆 心 水

135-0016 東京都江東区東陽 6-2-27-1308
www.shoshi-shinsui.com
電話 03-6677-0101

ISBN978-4-906917-93-8 C0030

乱丁落丁本は恐縮ですが刊行所宛ご送付下さい
送料刊行所負担にて早急にお取り替え致します

—既刊書—

自由・相対主義・自然法

現代法哲学における人権思想と国際民主主義

尾高朝雄著

民主主義に対する倦怠感が兆し、
リベラリズムが空洞化する時代への警鐘と指針

戦後の国際秩序を支えてきた理念を無視する力による世界の再編が進行し、リベラルな国際秩序がグローバルな特権層の活動の場とみなされ、格差が再び拡大する現在、共産主義理念が国政の現実的選択肢としてはもはや存在せず、リベラルの空洞化が有害なレベルにまで達した社会にいかなる道がありうるか。近代から現代への思想史的理路を法哲学の立場から確認し「現代」の基盤を示す、ノモス主権論の構築と並行して練り上げられた自由論を集成。6900円＋税

アメリカのユートピア

二重権力と国民皆兵制

フレドリック・ジェイムソンほか著
スラヴォイ・ジジェク編

あのジェイムソンがユートピアとして提唱する国民皆兵制?!
——ジジェクが、柄谷が応答する。

解放された社会に関する左翼のスタンダードな観念をジェイムソンが根本的に問い直す問題作。「多くの左翼がこの本で出会うものにぞっとするだろう。有名な映画のタイトルを引くなら《流血があるだろう》。だが、左翼にもう一度チャンスを与えるためにはそのような（イデオロギー的）血を流さねばならないとしたら?」——スラヴォイ・ジジェク　3500円＋税

ドゥルーズ=ガタリにおける政治と国家

国家・戦争・資本主義

ギヨーム・シベルタン=ブラン著

ドゥルーズ=ガタリのマクロ政治学に光をあてる

ミクロ政治学として知られてきたドゥルーズ=ガタリにおけるマクロ政治学の力を解放すべき時代の到来を告げる画期的力作登場！『アンチ・オイディプス』『千のプラトー』における国家概念、戦争機械仮説の再検討を経て、現代資本主義における闘争の主体たるマイノリティへの生成変化へ。いまこそ見出されるべきドゥルーズ=ガタリ政治哲学の深層。　3900円＋税